Mein Weg zum heiligsten
Berg Chinas

Alexandra David-Néel

Mein Weg zum heiligsten Berg Chinas

Aus dem Französischen
von Dagmar Türck-Wagner

NYMPHENBURGER

Zur besseren Nachvollziehbarkeit der Reiseroute
Alexandra David-Néels wurden die
aktuellen geografischen Bezeichnungen in Klammern
nach Erstnennung eines Begriffs gesetzt.
Dank an Jürgen Manshardt, Hong Li Yuan und Bruno Baumann
für die kritische Durchsicht der fremdsprachigen Begriffe.

Besuchen Sie uns im Internet unter
http://www.herbig.net

Schutzumschlag: Wolfgang Heinzel
Schutzumschlagfotos: © Fondation Alexandra David-Néel,
Digne-les-Bains
Satz: Schaber Datentechnik, Wels
Gesetzt 10/12 Punkt Stempel Garamond
Druck und Bindung: GGP Media, Poessneck
Printed in Germany
ISBN 3-485-00873-7

Inhalt

Vorwort

Als ich den vorliegenden Reisebericht verfasste, wäre es mir nicht im Traum eingefallen, dass sich Frankreich bei Eintreffen des fertigen Manuskripts in Paris im Krieg befinden könnte. Fraglos wurden die Vorzeichen immer Besorgnis erregender, und seit meiner Abreise im Dezember 1936 ballten sich die »Gewitterwolken«*, unter denen ich durch China reiste, auch am Himmel über Europa. Doch wie zahlreiche andere Menschen auch verharrte ich noch im Zweifel. Wir waren viele, die wir uns gegen eine immer offenkundigere Gewissheit sträubten und die wir uns nicht eingestehen wollten, dass eine erneute Explosion des Irrsinns uns ein Vielfaches der Gräuel des »Großen Krieges« (des Ersten Weltkriegs) bringen würde, der im Vergleich zu dem, der jetzt auf ihn folgt, den traurigen Ruhm des schrecklichsten Krieges der Geschichte zu verlieren droht, den er sich erworben hatte.

Können die Bilder, die ich von China skizziert habe, unter den derzeitigen Umständen noch Interesse bei einem Publikum finden, das voll und ganz mit seinem eigenen Kampf beschäftigt ist? Ich habe es mich gefragt und bin nach reiflicher Überlegung zu dem Schluss gelangt, dass die folgenden Seiten meinen Lesern tatsächlich aktuellen Stoff zum Nachdenken bieten.

---

* Titel der französischen Originalausgabe: *Sous des nuées d'orage*, Paris 1940.

Das Land, in dem die hier geschilderten Reisen – die ich häufig gezwungenermaßen unternahm – vonstatten gingen, liefert ein prägendes und tieftrauriges Beispiel für die unglückseligen Folgen patriotischer Gleichgültigkeit. Es liegt mir fern, zu diesem Thema wohltönende Phrasen in der Manier corneillescher Dramen hervorzuziehen; die sind überholt. Die Vernunft legt nahe, den Patriotismus nüchterner zu betrachten und ihn wieder effektiver zu gestalten, indem man ihn auf das Maß des individuellen Interesses zurückführt. Damit mindert man ihn nicht ab; ich neige vielmehr zu der Ansicht, dass man ihm auf diese Weise einen echten Wert verleiht, der ihn stärkt.

Ich bin kein Neuling in China, ich habe es über viele Jahre in den verschiedensten Richtungen bereist und habe mich auf diese Weise mit der Mentalität seiner Bevölkerung voll und ganz vertraut machen können. Als ich mich um das Jahr 1917 mit einem gebildeten Mann über Tibet unterhielt, glaubte ich, seine innersten Gefühle in Worte zu fassen, als ich mein Bedauern über die Niederlage der Chinesen äußerte, die von den Tibetern geschlagen worden waren, was den Verlust ihrer Herrschaft über Lhasa und Zentraltibet bedeutete. Zu meiner großen Überraschung antwortete mir mein Gesprächspartner mit einer Art Allegorie: »Ein Mann, der eine Million Tassen besitzt, verzweifelt nicht, wenn man ihm eine stiehlt«, sagte er. »China ist riesig, ein Stück seines Territoriums zählt nur wenig angesichts seiner unendlichen Größe.«
Seit diesem Gespräch sind die Mongolei und die Mandschurei von dem »riesigen China« abgetrennt worden, die Provinz Xinjiang (das chinesische Turkestan) ist praktisch russifiziert und unabhängig geworden. China hat sich beträchtlich verkleinert, die Anzahl der Tassen hat sich stark verringert, während ihr Besitzer weiterhin mit Gleichgültigkeit reagierte. Als ich 1937 nach Beijing zurückkehrte, fand ich die Stadt und die ganze umliegende Region von japanischen Einflüssen

durchdrungen. Einige Monate später passierte die Katastrophe. Es geht nun nicht mehr um entlegene Provinzen, sondern um das Herz Chinas, seine größten Städte und alle seine Häfen, die sich in der Macht der Angreifer befinden. Wir erleben dieses paradoxe Geschehen: Eine Nation von dreihundertundfünfzig Millionen Menschen lässt sich von einem Land verschlingen, dessen Bevölkerung kaum ein Fünftel dieser Zahl erreicht.

Das Beispiel China ist aufschlussreich. Es hatte nicht an Vorwarnungen in Form von beständigen Übergriffen gefehlt, die von den Chinesen mit Gleichgültigkeit hingenommen wurden. Die einzelnen Provinzen verschanzten sich in egoistischer Isolation, nahmen keinerlei Interesse an Auseinandersetzungen und unheilvollen Vorfällen in den Nachbarprovinzen und legten stattdessen häufig Rivalität und Böswilligkeit an den Tag. Da die einzelnen Familien zudem Inseln innerhalb der Masse der Bevölkerung bilden, fühlten sie sich auch nicht solidarisch mit anderen chinesischen Familien, und die Solidarität mit allen auf dem Boden Chinas lebenden Individuen ist eine völlig fremde Sichtweise.

Es ist zu bemerken, dass die Chinesen ihre Betäubung allmählich abschütteln: Die Idee von der nationalen Solidarität beginnt sich unter ihnen durchzusetzen. Aber wie lange wird es wohl noch dauern, bis die Überzeugung von ihrer Notwendigkeit in die Köpfe der Massen tatsächlich eingedrungen ist! Dennoch haben die chinesischen Truppen seit Beginn der Feindseligkeiten eine Tapferkeit an den Tag gelegt, die man sich nicht von ihnen zu erhoffen gewagt hätte. Sie leisten weiterhin energischen Widerstand und haben den Vormarsch der Japaner abgewendet. Diese tragen noch kleine Siege davon, die sich mit kleinen Niederlagen die Waage halten. Tatsächlich befinden sie sich nicht weiter auf dem Vormarsch – im Gegenteil. Manche Leute sagen voraus, dass sie sich am Ende aufreiben werden und zumindest einen Teil der Gebiete aufgeben müssen, die sie besetzt halten. Das ist sehr gut möglich und man kann eine nützliche Lehre daraus ziehen, wenn man sich an die Stunden erinnert, in denen die Niederlage unmittelbar bevorzustehen schien. Für ein Volk, das eng zusammenhält und von dem festen und dauerhaften Willen beseelt ist, um jeden Preis zu siegen, gibt es keine Niederlage, die nicht wieder gutzumachen ist. Aus dem Beispiel Chinas ergibt sich auch noch eine andere Lehre. Auch wenn es aus diesem Kampf nicht so unterlegen hervorgehen wird, wie seine Freunde befürchtet haben, oder vielleicht sogar siegreich, so wird es trotz allem geschwächt sein: Städte in Trümmern, verwüstete Felder, Millionen von Toten unter der Zivilbevölkerung ... Die Bilanz wird traurig sein. Eine kluge Vorausschau, eine zahlreiche, gut mit Waffen ausgerüstete und über lange Zeit ernsthaft ausgebildete Armee, vor allem aber eine starke nationale Solidarität, hätten diese Katastrophe verhindern können.

Tatsienlu (Tibetisches Grenzgebiet). November 1939.

1. Kapitel

Von Brüssel nach Moskau

Ich bin häufig »aufgebrochen«, ohne je »anzukommen«, und die große Reise, der wir uns mit jedem vergehenden Tag nähern, wird mich, das weiß ich genau, in keinen endgültigen Hafen führen, in dem man für immer Anker wirft. Eine solche Reglosigkeit wäre im Übrigen der Tod und der Tod existiert nicht. Es gibt nichts Wirkliches und Wahres außer dem ewigen Leben.

Es gibt kein Lebewesen, das nicht an jedem Tag und in jeder Minute mehr oder weniger bewusst auf irgendeine Abenteuerreise geht. Jedes der zahllosen Atome, aus denen sich ein physisches und mentales »Ich« zusammensetzt, unternimmt in jedem Augenblick irgendeine riskante Reise mit ungewissen Folgen, von unabsehbarer Tragweite, obgleich sich das Gebiet seiner Wanderungen aufgrund seiner Winzigkeit der Beobachtung durch das Mikroskop entziehen kann.

Ich war bei meinen ersten »Reisen« noch nicht sehr sicher auf den Beinen. Die Szenerie, in der sie sich abspielten, erscheint mir in meiner Erinnerung als das Gitter eines Gartentors, vor dem eine Straße entlanglief. Dieses Gitter zu überklettern, ein paar Schritte auf der Straße zu versuchen – darauf beschränkte sich die Reise, aber sie muss mir großes Vergnügen bereitet haben, denn man hat mir erzählt, dass ich sie trotz aller Vorwürfe, die sie mir einbrachte, unablässig von neuem unternahm. Der Garten war groß, er ließ meiner winzigen Person reichlich Bewegungsfreiheit, doch das »Jenseits« faszinierte mich.

Rund zwei Jahre später, als ich in Paris lebte, brach ich zum ersten Mal wirklich zu einer »Reise« auf. Eine große Frage hatte sich tyrannisch meiner Gedanken bemächtigt. Sie betraf den Bois de Vincennes, in den mein Kindermädchen mich fast täglich führte. Die immer gleichen Spazierwege, die wir nahmen, reizten meine Neugierde, ohne sie zu befriedigen. Ich fragte mich: Würde man immer noch Alleen und Wiesen sehen, die den mir vertrauten ähnelten, oder würde die Landschaft sich verändern, wenn man immer weiter geradeaus ging? Endete der Wald dort ebenso, wie er auf der Seite endete, auf der ich ihn betreten hatte? ... Und wenn es so war, welcher Art waren dann die Straßen, die Häuser und die Leute in dieser fernen Gegend? Das herauszufinden erschien mir unerlässlich. Diese Entdeckerlust veranlasste mich eines Nachmittags, aus meinem Elternhaus davonzulaufen, um den Bois de Vincennes zu »erforschen«. Ich war gerade fünf Jahre alt geworden.
Meine zweite »Reise« vollzog sich zehn Jahre später. Ich machte mir die größere Freiheit zunutze, die ich während eines Ferienaufenthalts an der Nordsee genoss, um mich heimlich davonzustehlen. Und so wanderte ich einige Tage an der belgischen Küste entlang, gelangte nach Holland und schiffte mich dort nach England ein. Ich kehrte erst zurück, als der Inhalt meiner Jungmädchenbörse erschöpft war.
Zwei weitere Jahre vergingen. Da ich ein besonnenes junges Mädchen geworden war, bereitete ich den Plan für meine dritte Flucht lange und sorgsam vor. Ein Zug brachte mich in die Schweiz, ich überquerte den St. Gotthard zu Fuß und erreichte Italien. Ohne es zu ahnen, bekam ich so einen Vorgeschmack auf die langen Fußwanderungen, die ich später in Asien unternehmen sollte. Meine Mutter, der ich Nachricht gegeben hatte, holte mich am Ufer des Lago Maggiore ein.
Wie bei all meinen früheren Streichen beschränkte sie sich auf Vorwürfe, die nicht die Freude mindern konnten, die ich aus

diesen Tagen des unbeschwerten Lebens im Freien in mir unbekannten Gegenden bezogen hatte.
Es wäre schwierig gewesen, mich zu bestrafen: Ich bot keinerlei Angriffspunkt. Entbehrungen jeglicher Art ließen mich gleichgültig. Auf eine extreme Weise, die meine Familie verärgerte und irritierte, war ich bar jeglicher Eitelkeit in Bezug auf Kleider und Schmuck und ich verachtete die Bequemlichkeit. Noch vor meinem fünfzehnten Lebensjahr hatte ich mich zudem heimlich in einer ganzen Anzahl von übertriebenen Entsagungen geübt: Fasten und Kasteiungen, wobei ich die Anleitungen aus den Biografien einiger asketischer Heiliger schöpfte, die ich in der Bibliothek einer Verwandten gefunden hatte. Es erschien mir wünschenswert und auch ein wenig rühmlich, physische Empfindlichkeiten beherrschen zu lernen, mich »abzuhärten«. Der Geist, so dachte ich mir, muss den Körper bezwingen und ihn zu einem widerstandsfähigen und willfährigen Werkzeug machen, das fähig ist, seinen Absichten zuverlässig zu gehorchen. Ich habe von diesen kindlichen Überspanntheiten mehrere seltsame Gewohnheiten beibehalten, unter anderem eine, die ich von den Stoikern übernommen habe – den verehrten Meistern meiner Jugend: auf einem Bett aus Brettern zu schlafen, eine nützliche Gewohnheit, die mir im Laufe meiner Reisen dazu verholfen hat, mich stets auf vollkommene Weise auszuruhen, selbst als ich mehrere Monate lang jede Nacht im Freien auf der blanken Erde schlafen musste.
Schließlich erreichte ich das Alter, in dem meine »Reisen« aufhörten, kindliche Fluchten zu sein, und von Motiven ausgingen, die als ernsthafter eingeschätzt wurden. Ich brach auf nach Griechenland, nach Afrika, nach Indien, zum Himalaya, nach China, nach Japan, nach Korea, nach Tibet und noch anderen Ländern mehr.
Und nun machte ich mich erneut auf die Reise. Ein beunruhigender Aufbruch: so viel anders als alle früheren, die ihm vo-

rausgegangen waren! Bisher war ein mehr oder weniger ausgeprägtes Gefühl von Vergnügen, eine erregende Vorfreude auf die unmöglich vorhersehbaren Ereignisse, denen ich entgegenging, all meinen Abreisen vorausgegangen*, selbst denen, die unter fast tragischen Umständen vonstatten gegangen waren. An diesem Abend hingegen kam mir die Atmosphäre völlig düster vor, geladen von latenter Bedrohung. Nichts minderte das deprimierende Gefühl, dass mich heimliche Feindseligkeit aus der Tiefe der eiskalten Nacht zu belauern schien, dass die Dinge ringsum, die Zeugen meiner Verstörung wurden, mit Bosheit getränkte Gleichgültigkeit auszustrahlen schienen. Ich befand mich an der Gare du Nord in Brüssel und kehrte nach China zurück.
Brüssel ist fast meine Heimat. Ich kam dort als kleine, nicht einmal sechsjährige Pariserin an, ganz und gar durchdrungen von Misstrauen und Verachtung und fest entschlossen, dieser winzigen Hauptstadt die kalte Schulter zu zeigen. Über mehrere Jahre gab ich mich nicht geschlagen. Die »Herrlichkeiten« meiner Stadt verfolgten mich: die Gaukler auf den Champs-Elysées und die von weißen Rössern gezogenen Wagen, die riesige Place de la Concorde, wo dieser einzigartige zugespitzte Stein emporwächst, der einem toten Baum ohne Äste gleicht, und die wunderbare Figur bei der Bastille, deren Haltung ich nachzuahmen versuchte, indem ich den rechten Fuß auf eine Kugel setzte und das linke Bein nach hinten ausstreckte, was mich unweigerlich der Länge nach hinschlagen ließ. Brüssel, so fand ich, war klein: Seine Einwohner, die eine bittere, Bier genannte Flüssigkeit tranken und »septante« und »nonante« anstelle von »soixante-dix« und »quatre-vingt-dix« sagten, konnten nur Wilde sein. Doch Brüssel belächelte meine Revolte; es behütete mich fünfzehn Jahre lang, umwand

* Siehe dazu *Au pays des brigands gentilshommes*, Paris 1933, dt.: *Mönche und Strauchritter*. Eine Tibetfahrt auf Schleichwegen, Leipzig 1933.

mich mit zarten Banden, hegte ganz unmerklich die Keime, die auf den nordischen Anteil meiner Abstammung zurückgehen, und es eroberte mich. Liebes altes Brüssel meiner Kindheit! Jedes deiner bescheidenen Gebäude, jede deiner friedlichen Straßen lässt, während ich dahinschreite, das Bild meines jugendlichen »Ichs« vor mir erstehen, das dir trotz all der Jahre, die vergangen sind, die Treue hält und das mich für Pilgerfahrten, die mir zu Herzen gehen, immer wieder hartnäckig zu dir zurückkehren lässt.

Eine dieser Pilgerfahrten hatte ich gerade vollzogen. Bevor ich in den Fernen Osten zurückkehrte, war es mir wichtig gewesen, die Gräber meiner Eltern zu besuchen, die alle beide in Brüssel gestorben sind, und noch einmal, und vielleicht zum letzten Mal, die Plätze wieder zu sehen, die mir so vertraut gewesen waren. Zu ihnen gehörte die Gare du Nord, der Nordbahnhof.

Im Sommer wohnten meine Eltern auf dem Land, ein Dutzend Kilometer von der Hauptstadt entfernt, in die uns Einkäufe, Besuche oder andere kleine Besorgungen häufig für ein paar Stunden zurückführten. Welch ein Verlangen fortzureisen überkam mich damals, wenn ich auf den Bahnsteigen an den Expresszügen entlangging, die bereitstanden, um ihre Reisenden nach Deutschland, Polen oder in das Russland zu bringen, wie ich es mir vorstellte: eine unvorstellbar ferne, verschneite Unendlichkeit. Meine Jungmädchenwünsche hatten sich erfüllt, weit über meine ehrgeizigsten Träume hinaus. Viele Expresszüge hatten mich in die verschiedensten Länder gebracht und viele entlegene Regionen hatte ich zu Pferde, in der Sänfte oder zu Fuß erreicht. Bald würde ich unterwegs nach Moskau sein, aber Russland und selbst China schienen mir nicht mehr »unvorstellbar fern« und meine erneute Abreise rief keinerlei Enthusiasmus in mir hervor.

An diesem 9. Januar 1937 war die Temperatur eisig, ein scharfer Wind fegte durch den Gepäckraum, wo ich neben meinen

Koffern stand. Ich war zu früh eingetroffen und hatte vergeblich nach einem Warteraum gesucht. Die Architekten, die den absurden Versuch unternommen haben, den Bahnhof zu vergrößern ohne die Fläche zu erweitern, die er bedeckt, hatten kein Erbarmen mit den Reisenden der ersten beiden Klassen, die früher behaglich und vor Durchzug geschützt in Nischen mit grünen Samtsofas sitzen konnten, die rings um einen großen Saal angeordnet waren. Der ehemalige Raum, der für die Kunden der »Dritten« vorgesehen war, ist der Vergrößerung der Eingangshalle zum Opfer gefallen und sein Publikum hat sich den besser zahlenden Gästen angenähert. Zu dieser späten Stunde, zu der nur noch Expresszüge und internationale Fernzüge abfahren, sind Reisende aus dem Proletariat eher selten. Ich fand sie vermischt mit einer dicht gedrängten Menge von armen Teufeln, die den Bahnhof dem Asyl vorzogen, weil sie diese harte, eiskalte Nacht im Warmen verbringen wollten. Diese armseligen Gestalten saßen schlafend und schnarchend einer an den anderen gepresst. Die durch die Wärme verstärkten Ausdünstungen, die von all diesem Atem, diesen unsauberen Körpern und diesen verschmutzten Kleidern ausgingen, waren erstickend.
Durch eine Glastür gelangte man auf der anderen Seite in die ziemlich kleine Bahnhofsgaststätte, die nunmehr den Reisenden mit Fahrkarten der ersten und der zweiten Klasse auch als Wartesaal dient. Die Leute aßen und tranken dort vor allem. Der dumpfe Gestank von Bier, der sich mit dem der Wurstwaren, der dicken Zigarren und der mit starkem belgischem Tabak gestopften Pfeifen vermischte, beleidigte meinen Geruchsinn ebenso sehr wie der üble Mief der auf der anderen Seite der Wand eingepferchten Menge und diese enge Nachbarschaft der Völlerei mit den leeren Mägen war mir unerträglich ... Es blieb mir nichts anderes übrig, als mich in dem unwirtlichen Gepäckraum in Geduld zu üben.
»Der Zug ist noch nicht zusammengesetzt«, war die fort-

während wiederholte Antwort der Bahnbeamten, die ich von Zeit zu Zeit befragte.
Endlich erklärte mir einer von ihnen auf meine zehnte oder zwölfte Frage: »Der Nord-Express ist gerade in den Bahnhof eingefahren.«
Auf dem Bahnsteig schob ein Gepäckträger einen Karren, der mit Koffern beladen war. Zwei pelzumhüllte Reisende folgten ihm.
»Sobald Sie frei sind ...« Ich deutete auf meine Koffer.
Der Mann rief einen seiner Kollegen.
»Nord-Express – Schlafwagen?«, fragte mich dieser lakonisch.
»Ja.«
Die Bahnsteige waren so gut wie leer, die Lampen zum Teil erloschen. Allein das schwere Schnaufen einiger Lokomotiven drang durch die nächtliche Stille.
»Abteil fünfzehn und sechzehn«, sagte ich zum Schaffner.
Dieser warf einen Blick auf die Fahrkarten, die ich ihm entgegenstreckte, und öffnete die Türen.
Yongden half dem Schaffner und dem Träger, mein Gepäck zweckmäßig zu verstauen, und nachdem das getan war, sagte er zu mir: »Ich gehe sofort schlafen, ich bin müde. Haben Sie alles, was Sie für die Nacht brauchen, in Ihrer Nähe? Benötigen Sie noch irgendetwas?«
»Nein, nichts ... Sag mir, hast du den Eindruck, dass wir auf dem Weg nach China sind?«
»Ich weiß es nicht ... Es ist wie ein Traum ...«
Die Verbindungstür zwischen den Abteilen schloss sich mit einem leisen Knall. Mein Sohn ging schlafen.*
Ich meinerseits war nicht müde. Unwillkürlich hob ich die Vorhänge, blickte hinaus, setzte mich dann auf das Bett

---

* Die Leser meiner früheren Bücher wissen, dass Lama Yongden mein Adoptivsohn ist und dass er mich seit seiner Jugend auf meinen Reisen begleitet hat.

und blieb unbeweglich so sitzen, ohne an irgendetwas zu denken.
Ohne einen Pfiff, in großer Stille, glitt der Zug leise, verstohlen aus der überdachten Halle: Es schien fast wie eine Flucht. Die letzte Bahnhofsleuchte verschwand hinter uns und wir tauchten in dichte Dunkelheit ein: eine Nacht mit tief hängendem Himmel, ohne Mond und ohne Sterne, in der allein die bleiche Helligkeit der über die Felder verstreuten Schneeflecken und der Dächer unsichtbarer Häuser die Finsternis durchdrangen.
Ich muss eingeschlummert sein, ohne dass ich mir dessen bewusst war, denn ich bemerke plötzlich, dass der Zug steht. Ich trete hinaus auf den Gang, und als ich einen Bahnbeamten sehe, frage ich ihn: »Ist das Louvain?«
»Das ist Lüttich«, antwortet er.
Schon! Es kam mir nicht so vor, als wären wir bereits so lange unterwegs.
Der Zug setzt sich wieder auf die gleiche gespenstische Art in Bewegung. Ich habe das Gefühl, durch Watteschichten zu reisen, die alle Stöße, alle Geräusche, alles Licht abdämpfen. Yongdens Aussage beschreibt genau meine Gefühle. Auch mir ist, als befände ich mich in einem Traum. Die Wirklichkeit hat ausgeprägtere Konturen, sie ist greifbarer, sie zwingt sich den Sinnen auf, die sie wahrnehmen, während das, was mich umgibt, substanzlos ist und aus durchscheinenden Nebeln zu bestehen scheint, die sich überlagern und miteinander vermischen. Und ich selbst treibe inmitten dieses Trugbilds dahin, nach dem Gutdünken ich weiß nicht welcher Kräfte oder welches unerforschlichen Willens. Zweifellos eine Folge der Erschöpfung: Die Vorbereitungen für diese Reise haben mir nicht wenige Sorgen verursacht. Ja, Erschöpfung. Oder war es etwas anderes? Geheime Vorwarnungen, beunruhigende Vorzeichen, die jene bestätigen, die ich bei meiner Abreise zu erkennen glaubte? …

Gehen wir schlafen, nichts beruhigt die Nerven besser als ein guter Schlummer.
Ich ziehe mich aus, schlüpfe in einen warmen Pyjama aus dunkelblauem Tuch, lege die Decken und Laken zusammen, die von der Schlafwagengesellschaft vorbereitet worden sind, ersetze sie durch mein eigenes Bettzeug und lege mich schlafen. Es ist mir immer zutiefst zuwider, unter Decken zu schlafen, die andere Körper als meinen eigenen umhüllt haben. Was Pyjamas angeht, so verabscheue ich sie als ständige Nachtkleidung, aber die Vorsorgemanie, von der ich besessen bin, lässt mich daran denken, dass bei Reisen per Zug oder Schiff immer ein Unfall möglich ist, und deshalb verspüre ich das Bedürfnis, anständig und bequem gekleidet zu sein, falls die Umstände mich zwingen, mein Abteil zu verlassen und mich in der Öffentlichkeit zu zeigen.
Doch verging diese Nacht zum Glück ohne Unfall. Ohne Unfall, allerdings nicht ohne Überraschung. Ich schlief tief, als ich von einem Klopfen aufgeweckt wurde. Gleich darauf ging meine Tür auf und wie eingerahmt erschien mir Lohengrin in der Öffnung. In dem engen, schwach beleuchteten Gang ging von seiner imposanten Gestalt eine sonnige Helle aus. Alles an ihm strahlte: seine goldenen Haare, seine Augen von der Farbe des Sommerhimmels, die helle Haut seines Gesichts und seine blendend weißen Zähne, die von einem liebenswürdigen Lächeln entblößt wurden. Was für einen seltsamen Traum träumte ich? Mein strenger Pyjama tauchte aus den Decken empor. Lohengrin lächelte noch breiter, mit dem gewinnendsten Lächeln der Welt: Er sprach. Er sprach Deutsch, was zu seiner Persönlichkeit passte. Ich bemerkte jetzt, dass er eine apfelgrüne Uniform trug, die mit einigen goldenen Tressen besetzt war. Traum und Poesie ade! Das wunderbare Phantom hatte sich plötzlich in einen bescheidenen subalternen Polizisten oder Zollbeamten verwandelt, der wissen wollte, wie hoch die Geldsumme ist, die ich mitführte.

Der Schlafwagenschaffner hatte mich zu diesem Zweck bereits ein Formular ausfüllen lassen. Überdies hatte er sich meinen Pass und den meines Sohnes aushändigen lassen und mir versichert, dass es ausreichen würde, wenn er sie an der Grenze vorzeigte, und dass wir während der Nacht nicht gestört werden würden, da wir Deutschland nur durchfuhren, ohne den Zug zu verlassen. Dennoch musste ich meine Banknoten vorzeigen. Der Pseudo-Lohengrin trug die Summe in meinen Pass ein, verabschiedete sich höflich und zog sich zurück.
Im vergangenen Winter hatte sich während einer Vortragsreise, die ich durch Mitteleuropa machte, in allen Ländern, die ich durchquerte – Deutschland, Tschechoslowakei, Österreich, Ungarn –, jedes Mal bei Einreise und Ausreise eine ähnliche Komödie abgespielt. Ich hatte zweihundertundfünfzig französische Franc in Banknoten in ein Portemonnaie gesteckt, um alle Diskussionen mit Leuten zu vermeiden, deren Sprache ich weder verstand noch sprach. Auf Verlangen zeigte ich sie vor und die zuständigen Kontrolleure schrieben einer wie der andere in meinen Pass ein, dass ich zweihundertundfünfzig Franc besaß, oder händigten mir bei der Einreise in ihre jeweiligen Länder zur Bestätigung ein Papier aus, das mir erlaubte, meine Banknoten auszuführen, sobald ich wieder über die Grenze fuhr. Meine Ausgaben an Ort und Stelle zahlte ich von den Honoraren, die ich bekam, und der Überschuss, der mir blieb, wurde mir mit Zustimmung der zuständigen Behörden per Bank nach Frankreich überwiesen. Aber davon wussten die braven Beamten, die an den Grenzbahnhöfen Dienst taten, natürlich nichts und keiner von ihnen zeigte je die geringste Neugierde, wovon ich auf dieser Reise von Land zu Land meinen Lebensunterhalt bestritt, da ich doch nur über diese minimale Summe verfügte, die immer die gleiche blieb.
Ich lege mich wieder hin und erwache erst nach Tagesanbruch. Der Zug hat in einem Bahnhof angehalten. Wo sind wir?
Auf einem Schild lese ich »Friedrichstraße«. Wir sind in Ber-

lin. Nur wenige Reisende gehen über die Bahnsteige; das Wetter ist grau, es nieselt. Jenseits eines Absperrgitters sehe ich verlassene Straßen mit feuchtem Pflaster. Es ist sehr früh und bei dieser Kälte haben die Berliner guten Grund, länger im Bett zu bleiben.

Mich beschleicht ein Gefühl von Traurigkeit. Nicht weit von Berlin entfernt, in einer kleinen Stadt in Anhalt, die um diese Stunde zweifellos in die gleiche graue Trostlosigkeit getaucht ist, wohnt meine beste Freundin: schweizerischer Abstammung, geboren und aufgewachsen in Belgien, verheiratet mit einem Deutschen. Ich erinnere mich an unsere Vertrautheit in Brüssel, an die Träume von Abenteuer, in denen wir uns mit sechzehn wiegten. Sie hat ihres gehabt, als ihre Ehe sie nach Indien führte; sie hat dort die Zauberwelt der Himalayagipfel kennen gelernt, doch dann hat das Schicksal eines Tages eine dunkle Seite im Buch ihres Lebens aufgeschlagen und ihr blieb die unüberwindliche Sehnsucht nach dem leuchtenden Orient und der verlorenen Freude. Und ich, der die Götter treu geblieben sind, die uns die Abenteuer liefern, ich, der sie die Rückkehr in das faszinierende Asien erlauben, ich würde die Jugendfreundin gerne in meine Arme schließen ... Wer weiß, ob sich mir noch eine weitere Gelegenheit dazu bieten wird? Doch die Umstände stellen sich meinem Wunsch entgegen. Ernsthafte Gründe befehlen mir, so schnell wie möglich nach Beijing zu reisen, wo ich erwartet werde, und noch andere, ebenfalls wichtige Erwägungen raten mir von einem mehrtägigen Aufenthalt ab ... Ein absurder Irrsinn, diese Umsicht! Richtig wäre es, die Koffer meinen Beschlüssen zum Trotz schnell aus dem Wagen zu werfen und mich auf die Suche nach einem anderen Zug zu machen, der mich in diese trostlose, langweilige kleine Stadt bringen würde, die, so weit das Auge reicht, von übel riechenden Rübenfeldern umgeben ist, und meine liebe, in der Verbannung lebende Freundin von ganzem Herzen zu umarmen ... Wer könnte also wagen, von Freiheit zu sprechen! Mein Handeln ist bestimmt von Vernunft, von Motiven, von Überlegungen, die mir Denk- und Glaubensgewohnheiten auferlegen, die ich von meinen Vorfahren ererbt habe oder die mir von meiner Umwelt eingegeben werden. Zahllose »andere« befehlen in mir, bestimmen über meine Bewegungen, hemmen sie und nageln mich fest an den Boden des Abteils. Langsam und geschmeidig wie ein vorsichtiges Tier setzt sich der Zug wieder in Gang, mit der ironischen und schicksalhaften Ruhe einer Maschine, die von einer unbeirrbaren Macht bewegt wird.

Der Beginn dieser Reise erweist sich als entschieden melancholisch. Die Stunden vergehen, ohne dass sich der Eindruck von beklemmender Irrealität zerstreut, dem ich noch immer unterliege. Yongden und ich führen mechanisch die gewohnten Tätigkeiten aus: Wir begeben uns in den Speisewagen, essen, kehren auf unsere Plätze zurück und sehen das flache Land vorüberziehen, das teilweise mit Schnee bedeckt ist und keinerlei Interesse weckt.

An der polnischen Grenze erneute Überprüfung meines Vermögens. Diese Frage der Einfuhr und der Ausfuhr von Geld scheint die einzige zu sein, über die sich die mitteleuropäischen Staaten Gedanken machen. Während meiner Reise im vergangenen Jahr hat man mich nicht ein einziges Mal aufgefordert, meine Koffer zu öffnen. Auch jetzt interessiert man sich überhaupt nicht dafür.

Abends komme ich in Warschau an. Ein Reisebüro, an das ich mich in Brüssel gewandt hatte, hat es übernommen, mir telegrafisch Zimmer zu reservieren. Das Hotel, das man mir ausgesucht hat, ist komfortabel und gut geheizt, was man bei Außentemperaturen von zwanzig Grad unter Null sehr zu schätzen weiß.

Am nächsten Tag nehme ich Verbindung mit meinen Verlegern auf: Zwei meiner Bücher werden bald in polnischer

Übersetzung erscheinen. Die geschäftlichen Gespräche holen mich für ein paar Stunden aus der nebelhaften Welt heraus, in der ich seit meiner Abreise treibe. Ich beginne wieder, die Persönlichkeit wahrzunehmen, die ich für gewöhnlich als mein »Ich« erachte: Autorin von Büchern, die übersetzt worden sind und die bald in den Schaufenstern der Buchhandlungen von Warschau liegen werden. Bei dieser Vorstellung nehmen Buchhandlungen und Bücher ein reales Aussehen an. Was jedoch weiterhin verschwommen, substanzlos bleibt wie eine in der Luft schwebende Seifenblase, ist die Alexandra David-Néel, die nach China zurückkehrt. So sehr ich mich bemühe, diese Person zu greifen und festzuhalten – sie entgleitet mir, ebenso wie die wechselnde Szenerie, inmitten derer sie sich bewegt.

Die lamaistischen Tibeter glauben, dass das »Bewusstsein« (*namche*) der gewöhnlichen Verstorbenen nach dem Tod des Körpers nicht wahrnimmt, was ihm widerfahren ist. Obgleich es nicht mehr mit einem materiellen Körper verbunden ist, so sagen sie, unterliegt es weiterhin der Macht der Gewohnheit, wird es weiterhin von den Bildern verfolgt, aus denen sich die Umgebung zusammensetzte, inmitten derer es sich zuvor bewegte, und es verspürt weiterhin die Empfindungen und die Gefühle, die sich daraus ergaben. Allein die in die Geheimnisse des Lebens und des Todes Eingeweihten, die klugen Beobachter, die während ihres Lebens die Ursachen und die Mechanismen der vielfältigen Trugbilder erkannt haben, die von der Mehrzahl der Menschen für die wirkliche Welt gehalten werden, sind fähig zu erkennen, dass die Träume *post mortem* trügerischer Natur sind.

Während meiner Aufenthalte in Tibet war es mir erlaubt, die Unterweisungen anzuhören, die zu diesem Thema von bestimmten Nachkommen mystischer Lamas bewahrt und mündlich weiter überliefert werden. Tatsächlich bilden diese den esoterischen Kommentar zu einem berühmten Werk, dem

Bardo Thö Drol, dem symbolischen Buch, das »die, welche zu lesen verstehen, von der fantastischen und irrealen Welt des Bardo« befreit* – was wahrscheinlich bedeutet, die, welche den Sinn der Lehren begreifen. Und so rief ich mir jetzt wieder die Theorien ins Gedächtnis, die ich in den Höhlen oder Hütten gehört hatte, in denen die sonderbaren Einsiedler lebten. Wer weiß, ob ich nicht tot bin?, fragte ich mich, während ich durch die Straßen von Warschau ging. Der Himmel ohne Licht, der wie eine bleierne Kappe sehr niedrig über den Dingen hing, und die durchdringende Kälte, die mich erstarren ließ, passten sehr gut zu der klassischen Vorstellung vom Reich der Schatten. Doch ich musste erst völlig davon überzeugt sein, dass ich die Welt der Lebenden bereits verlassen hatte.

Was nun? ... Die Tibeter glauben auch, dass das *namche* (die Fähigkeit, bewusst zu sein), das heißt, das wahre Individuum, sich manchmal schon vor dem Augenblick des ersichtlichen Todes vom Körper löst. Sobald dieses *namche* den Körper verlassen hat, ist der Mensch in Wirklichkeit schon *tot,* obgleich sein Körper während einer mehr oder weniger langen Zeit noch weiterhin alle physischen und mentalen Tätigkeiten ausführen kann, die er als Lebender zu tun gewohnt war. Die Aktivität dieser »leeren Hüllen« ist die Fortsetzung eines Impulses, der dem Individuum zuvor durch physische und mentale Aktionen vermittelt worden ist, die Energie erzeugt haben. Sie ist vergleichbar der Drehscheibe des Töpfers, die sich noch einige Augenblicke weiterdreht, nachdem der Fuß des Töpfers aufgehört hat, sie in Bewegung zu halten. (Es ist dies in Indien und Tibet der klassische Vergleich.) Sobald der Tod eintritt – der offenbare Tod –, lassen bestimmte Zeichen, so heißt es, darauf schließen, dass der Verstorbene bereits

---

* *Bardo* bedeutet wörtlich »zwischen beiden«, das heißt zwischen dem Tod und der Wiedergeburt.

ohne *namche* gewesen war. Im volkstümlichen Denken bedeutet das: Man kann die Lamas eines Dorfes bei einem Leichenbegängnis, das sie leiten, sagen hören, dass der Verstorbene »schon seit zwei oder drei Jahren tot« war. Es kommt auch vor, dass die Ärzte sich nicht für zuständig, eine Behandlung für sinnlos erklären, weil der Kranke, der sie aufsucht, bereits seit einigen Monaten oder Jahren »tot« ist. Diese im Volk verbreiteten Auffassungen sind nur Zerrbilder von den Lehren, die von den tibetischen Esoterikern vertreten werden.

Was mich anging – kam dieser seltsame Zustand, in dem ich mich befand, tatsächlich davon, dass ich *schon tot* war, obwohl ich weiterhin alle Tätigkeiten einer Lebenden ausführte? Hm! Die These erschien mir ein wenig gewagt. Jedoch ... Jedoch ... »Es gibt mehr Ding' im Himmel und auf Erden, Horatio, als unsere Schulweisheit sich träumt«, sagt Hamlet. Jetzt fühlte ich mich genau wie der unruhige Geist dieses nordischen Prinzen, der einem Geheimnis auf der Spur war. Gewiss, es gibt zahlreiche Dinge, von denen wir keine Ahnung haben, die unsere Sinne nicht wahrzunehmen vermögen, und gibt es zwischen dem Bereich der möglichen Erfahrungen und dem, zu dem uns der Zugang verwehrt ist, nicht die nebulöse Zone der unvollständigen und flüchtigen Wahrnehmungen, die auf unerklärliche Ursachen zurückgehen?

Zweieinhalb Jahre sind seitdem vergangen*, und wenn ich mich heute an die merkwürdigen Eindrücke erinnere, von denen der Beginn meiner Reise nach China begleitet war, muss ich zugeben, dass sie in gewisser Weise Vorahnungen waren. Diese Reise sollte unter ganz anderen Umständen vonstatten gehen, als ich es mir vorgestellt hatte. Der chinesisch-japanische Krieg machte alle meine Pläne zunichte, er trieb mich nach Süden, obwohl ich nach Norden wollte, und zwang

* Zu der Zeit, da ich im August 1939 dieses Buch beende.

mir eine Route auf, von der ich bis heute noch nicht weiß, wohin sie mich führen wird.
Die reizende Kusine eines meiner polnischen Verleger erbot sich liebenswürdigerweise, mir für die Besichtigung von Warschau als Führerin zu dienen. Es mangelte nicht an interessanten Sehenswürdigkeiten. Wie im Jahr zuvor in Prag und Budapest hätte es sich überaus gelohnt, länger zu bleiben, als ich es tun konnte. Der Winter, so sagte man mir, sei für einen Touristen in diesen Ländern keine sehr vorteilhafte Jahreszeit. Dem stimme ich zu: Doch wenn man nicht allein die Oberfläche der Dinge betrachtet, sondern versucht, die Vielfalt von Seelen zu entdecken, von denen diese strengen Städte mit ihrer schweren Vergangenheit voller erbitterter und blutiger Kämpfe bewohnt sind, verleihen ihnen die raue Jahreszeit und der bleigraue Himmel besondere Beredsamkeit.
Ich wurde an allen möglichen Plätzen und in den verschiedensten Posen fotografiert. Man gewöhnt sich an diese Bekundungen von Interesse: Sie sind so gebräuchlich geworden und werden so vielen Menschen zuteil, von Herrschern auf Reisen über Boxer bis hin zu Mördern, dass sie meiner Eitelkeit schon lange nicht mehr schmeicheln.
Ich musste Warschau mit einem Schnellzug am Morgen verlassen. Meiner Gewohnheit gemäß kam ich lange vor der Abfahrt am Bahnhof an, und da der Zug an diesem Tag mit einer mehr als einstündigen Verspätung eintraf, konnte ich mir in aller Ruhe das Publikum ringsum betrachten.
Warschau sollte einen neuen Bahnhof bekommen. Solange er sich im Bau befand, stellten sich die Reisenden in Baracken unter, die inmitten der Baustellen errichtet worden waren und in denen es von allen Seiten zog. Es war dort ebenso eiskalt wie draußen und es gab keinerlei Heizquelle: Die Eisenbahnverwaltung verweigerte ihren Kunden sogar dieses Minimum an Komfort.

Die Menge bestand fast ausschließlich aus Proletariern, Arbeitern oder Menschen vom Land mit verschlossenen, aber keineswegs unintelligenten Gesichtern, die ärmlich gekleidet waren, jedoch keineswegs zerlumpt oder unsauber. Die meisten von ihnen schleppten sich mit diesen voluminösen, unförmigen Gepäckstücken ab: Säcken und Bündeln, die man in Westeuropa kaum mehr sieht, außer bei Landarbeitern, wenn sie sich an die Orte begeben, wo man sie für Zeitarbeiten angeworben hat, oder wenn sie wieder heimkehren.
Die Frauen trugen mit besonderer Fürsorge dicke Deckenbündel, aus denen, wenn sie sie ein wenig öffneten, die Köpfe von Säuglingen lugten, die diese weiche Hülle vor dem Erfrieren bewahrte. Ich sah zwei Mütter, die jede eines dieser Bündel an ihrer Brust abstützten: Ihre Armbewegungen ließen erraten, dass sie ihre Kleider aufknöpften. Der unsichtbare Säugling und die unsichtbare Brust, die sehr dick eingemummte Frau und das an sie gedrückte Bündel wirkten ziemlich genau so wie die Annäherung zweier übermäßig aufgepumpter Autoreifen. Ein Zeichner hätte sie zum Vorbild für ein Werbeplakat für Michelin, Dunlop oder jedes andere Fabrikat nehmen können.
Die Menge war fast stumm, sie wartete, ohne die geringste Ungeduld an den Tag zu legen. Entweder hatten sich viele dieser Leute ebenso wie ich lange vor der Abfahrt des Zuges an den Bahnhof begeben oder alle Züge hatten an diesem Tag ganz außer der Reihe eine beträchtliche Verspätung, denn als die Träger endlich kamen, um mein Gepäck zu holen und es auf den Abfahrbahnsteig zu bringen, standen alle diese Menschengruppen, die ich seit meiner Ankunft wahrgenommen hatte, noch immer ruhig am gleichen Platz, ohne Anstalten zu machen, sich von dort fortzubewegen.
Sobald ich in meinem Abteil Platz genommen hatte, verteilte ich mein restliches polnisches Kleingeld zum Fenster hinaus an die Träger. Es war mir jetzt nicht mehr von Nutzen:

Noch am gleichen Abend würden wir in Russland sein und von nun ab würde ich unser Essen mit vorab gekauften Kupons bezahlen.
Zurückhaltend, aber unmissverständlich bezeugten mir die Männer ihren Dank für meine Großzügigkeit. Ich verspürte selbst eine leichte Freude, als ich sah, wie froh gestimmt sie ihren Tag begannen. Doch leider! Leider! War diese Befriedigung von kurzer Dauer! Denn nun erschien ein Dolmetscher, der bei der Eisenbahn angestellt war und der mir einige Auskünfte erteilt hatte; er war wieder verschwunden, gewiss, weil die Arbeit ihn fortgerufen hatte, und ich hatte ihn vergessen. Und jetzt stand er da, auf dem Bahnsteig, und sah mich fragend an. Meine leichte Freude wandelte sich in Betrübnis, denn ich hatte nichts mehr, was ich ihm geben konnte, und das erklärte ich ihm. Das Bedauern, das seine Enttäuschung mir verursachte, war jedoch nicht so heftig, dass es mich veranlasst hätte, ihm eine Banknote von fünf Pfund Sterling zu schenken, der kleinste Geldschein, den ich besaß. Meine Mittel erlaubten mir keine Freigebigkeiten von solchem Ausmaß.
Der Zug setzte sich mit Nonchalance in Bewegung. Diese internationalen Schnellzüge und »Superexpresszüge« haben ganz entschieden eine sehr angenehme Gangart. Ich verließ Warschau und ließ einige Männer hinter mir, die hocherfreut über ihr unverhofftes Glück waren, und einen Pechvogel, der das seine verpasst hatte. So ist das nun einmal in dieser Welt. Ich war zu sehr mit meinen Gedanken beschäftigt, um lange über diesen kleinen Vorfall nachzugrübeln. Ich war unterwegs nach Russland, in einigen Stunden würde ich über die Grenze fahren und eine Reise nach Russland hat sich heutzutage zu einer Art Abenteuer entwickelt! Würde ich es wagen, das einzugestehen? Früher, zu einer Zeit, die aufgrund der seither eingetretenen Ereignisse weiter zurückzuliegen scheint, als tatsächlich Jahre verstrichen sind, damals, als Russland noch jedermann zugänglich war, hatte ich mich immer geweigert,

dort hinzufahren, und damit sogar meinem großen Wunsch, Sibirien zu besuchen, entgegengehandelt. So groß war der Abscheu, den ich für das zaristische Regime empfand, dass es mir unmöglich erschien, ihn nicht zum Ausdruck zu bringen und ihn nicht an jeder Moskauer Straßenecke, vor jedem Palasttor in St. Petersburg laut herauszuschreien. Es war dies die Zeit, als eine kleine Elite von Intellektuellen in Sibirien, in den Verliesen der russischen Festungen und manchmal auch am Galgen für das Verbrechen büßte, dass sie sich vom Elend der Not leidenden Massen hatten anrühren lassen und versuchen wollte, sie daraus zu befreien.

In eben dieser Epoche wurde in Brüssel ein Bild ausgestellt, das – wenn ich mich recht erinnere – den Titel trug: »Der Traum geht vorbei«. Es zeigte junge Männer, die um einen Tisch saßen. Der Künstler hatte sie blond gemalt, mit hellen Augen, in denen ein inneres Feuer brannte, und in leichter Verzückung. Ihre Haltung zeigte sie reglos, schweigsam, ihre Zigaretten verglühten zwischen ihren Fingern, während sie einer Vision nachhingen, die dem Zuschauer als eine verschwommene Frauengestalt mit einer brennenden Fackel verdeutlicht wurde, die den Raum über ihren Köpfen durchquerte.

Meine fehlende malerische Kompetenz erlaubte es mir nicht, den künstlerischen Wert dieses Gemäldes zu beurteilen, aber es beeindruckte mich sehr. Es muss sogar eine besonders nachhaltige Wirkung auf mich gehabt haben, denn obwohl ich es über viele Jahre völlig vergessen hatte, stieg es nun plötzlich aus irgendeinem geheimnisvollen Winkel meines Seins wieder empor und ich sah es auf die Wand des Eisenbahnwagons projiziert, in dem ich nach Russland fuhr.

Durch eine Gedankenkette kamen mir nun auch bestimmte reale Szenen wieder in den Sinn, die ich mit zwanzig Jahren erlebt hatte: Abende, an denen junge, feinsinnige, gebildete Nihilisten, die den privilegierten Klassen ihres Landes angehörten, aus reiner mystischer Begeisterung für die Gerechtigkeit von der Verwirklichung eines Sozialstaats träumten, in dessen Genuss auch sie kommen würden. Es waren dies völlig andere Wesen als die, mit denen man für gewöhnlich in Berührung kam: Sie schienen von einem anderen Stern zu stammen …

Was mochte aus ihnen geworden sein? Einige waren zweifellos zu Märtyrern geworden; ich bedauerte sie deswegen nicht. Man konnte sie darum beneiden, dass sie jung gestorben waren, solange ihr Glaube noch intakt war. Die anderen? Vielleicht hatten bittere Lektionen, die sie im Laufe der Jahre hatten lernen müssen, sie veranlasst, an der Menschheit zu verzweifeln. Trotz allem waren auch diese als reich anzusehen. Die Erinnerung an eine aufrechte Jugend, die von ihrer Neigung zum Volk veredelt worden war, brachte Licht in die schwermütigen Tage eines desillusionierten Alters. Sie konnten stolz darauf sein, ihre jugendliche Energie nicht im Dienst einer verachtenswerten Welt vergeudet zu haben, und glücklich darüber sein, zu der kleinen Zahl von Auserwählten zu gehören, denen eines Tages der geheimnisvolle Hauch des Geistes über die Stirn gestrichen war.

War die UdSSR das Russland, das sie angestrebt hatten? War das Ziel, das sie sich gesetzt hatten, erreicht worden? Ich bezweifelte es. Mit Gewissheit hatten sie ihre Erwartungen zu hoch gesteckt! Die Mengen von Herdenmenschen, die mit niedergeschlagenen Augen durchs Leben gehen, sind kaum in der Lage, die Sterne zu sehen. Wer weiß, ob der Mensch tatsächlich fähig ist, frei zu leben, ohne zu gehorchen, ohne sich zu beugen?

Die Revolution, die das Zarenreich hinwegfegte, vollzog sich, während ich durch Mittelasien reiste. In den entlegenen Gegenden oder in den lamaistischen Klöstern, in denen ich lebte, erreichte mich nicht die geringste Nachricht davon. Es ist ein Irrtum anzunehmen, dass Ereignisse geschehen können, die angetan sind, das Interesse der gesamten Menschheit auf sich zu ziehen. So stark die Auswirkungen der Russischen Revolution

oder des Ersten Weltkriegs auch gewesen sein mögen, gab es doch Millionen von Menschen, die nichts von diesen Geschehnissen wussten oder erst mit einer Verspätung von mehreren Jahren davon erfahren haben. Was Russland angeht, gehöre ich zu diesen Letzteren und die ersten Informationen, die mich erreichten, waren sehr vage und manchmal sogar völlig irreal.
Eines Tages erreichte mich eine sonderbare Nachricht aus der Mongolei. Es ging das Gerücht, dass ein kriegerischer Anführer, der weder Asiate noch Russe noch Ausländer war*, irgendwo im Norden aufgetaucht sei. Es gab keine näheren Angaben über die genaue Gegend, doch es wurde behauptet, dass dieser Anführer und seine Truppen sich auf dem Vormarsch in Richtung Gansu befänden.
Die Hoffnungen auf einen Messias sind sowohl in den Mongolen als auch in den Tibetern tief verwurzelt und die einen wie die anderen sind überzeugt, dass seine Ankunft unmittelbar bevorsteht.
Die Mongolen halten das Andenken an Dschingis Khan heilig**, verehren ihn zutiefst und warten auf seine Rückkehr. Die Tibeter wiederum glauben an ein Wiedererscheinen von Gesar Ling***, Held ihres Nationalepos, idealisierter Verfechter der Gerechtigkeit, der die sozialen Verhältnisse in eine ausgewogene Ordnung bringen muss. War es eine von diesen beiden verehrungswürdigen Persönlichkeiten, die in Gestalt des

---

* Die Tibeter und die Mongolen – zumindest jene, die den Stämmen des Südens in der Nähe der chinesischen Grenze angehören – machen einen Unterschied zwischen den »Ausländern« aus westeuropäischen Ländern und den Russen, die sie nicht als eine von den asiatischen völlig verschiedene Rasse ansehen.

** Dschingis Khan, der große mongolische Eroberer, 1155 oder 1162 bis 1227.

*** Siehe dazu: Alexandra David-Néel und Lama Yongden, *L'Epopèe de Guésar de Ling. L'Iliade des Tibétains,* Paris 1931. Neue Ausgabe unter dem Titel *La Vie surhumaine de Guésar de Ling,* Paris 1978.

unbekannten kriegerischen Anführers erschienen war oder musste man die Ankunft eines Feindes fürchten? Man bat mich um meine Meinung dazu.
Ich hatte nur die eine: dass es sich weder um Dschingis Khan noch um Gesar handelte, die zurückgekehrt waren, sich um die Probleme unserer Welt zu kümmern, doch äußerte ich meine Ansicht sehr diskret, wie es sich empfiehlt im Orient, wo es niemals angebracht ist, Wunder infrage zu stellen.
Einige Zeit verging, die vagen Gerüchte verstärkten sich, nahmen immer mehr Form an. Der Anführer wurde als ein fürchterliches Wesen dargestellt, dem sich alles unterwerfen musste. Seine Soldaten, so hieß es, waren Riesen, fähig, die tiefsten Flüsse zu durchqueren, ohne dass ihnen das Wasser über die Knie gereicht hätte. Nichts konnte sie töten, die Kugeln prallten von ihnen ab und sie brauchten weder zu essen noch zu schlafen. Wir befanden uns damit voll im Reich der Märchen.
Als ich später die Daten verglich, kam ich zu dem Schluss, dass diese Fantastereien sich womöglich auf den Baron von Ungern bezogen hatten, einen Balten, der in Sibirien einen Feldzug gegen die Bolschewiken und danach einen gegen die Mongolen unternommen und entsetzliche Grausamkeiten begangen hatte. Als die Roten ihn fassten, erschossen sie ihn.
Um 1920 erreichten Truppen von Weißrussen, die von den Roten besiegt worden waren, das chinesische Turkestan, dann den Norden von Gansu und drängten sich der dortigen Obrigkeit auf. Diese unerwartete Invasion von hunderten von beeindruckend hochgewachsenen Kriegern versetzte die chinesischen Beamten in Angst und Schrecken, und da sie Ärger befürchteten, wiesen sie der Horde die Höhlentempel von Dunhuang als Unterkunft zu. Das war eine sehr schlechte Idee.
Die Höhlen von Dunhuang sind wie die von Wangfushia und andere Kunstdenkmäler dieser Region kostbare archäologische Zeugnisse von Reichen, die in diesem heute ausgetrock-

neten Land einst ihre Blütezeit erlebten, und die Fresken, die sie schmücken, sind von großem künstlerischen Interesse. Der Horde von Wandalen, denen man sie unvorsichtigerweise ausgeliefert hatte, machte es ein idiotisches Vergnügen, sie zu beschädigen.
Ich kam kurz nach ihrem Abmarsch nach Dunhuang: Die Spuren ihrer Zerstörungswut waren noch frisch.
Man konnte bestenfalls einige Nachsicht für die Habgier zeigen, mit der von den Wänden die Glorienscheine der Heiligen und der Goldschmuck abgekratzt worden war, mit dem die Maler die hübschen Prinzessinnen großzügig geziert hatten. Ein Stück Brot, eine Schale Reis reichten aus, um das Leben eines armen Teufels um einen oder zwei Tage zu verlängern. Ein wenig Goldstaub zu sammeln, mit dem sie den Preis dafür zahlen konnten – zweifellos dachten sie daran, diese Haudegen, die vorübergehend von den Chinesen ernährt wurden, jedoch in eine ungewisse Zukunft blickten. Doch was sollte man zu den nach Lust und Laune gebohrten Löchern sagen, mit denen man Personen in feierlicher Haltung enthauptet hatte, um Ofenrohre hineinzuschieben, zu den verstümmelten Figürchen von Schutzgeistern und Feen, die die alten Altäre schmückten, zu den mit Kohle geschriebenen Schriften quer über die Prozessionen von Opfer bringenden Pilgern, zu den idiotischen Schmierereien, welche die hübschen Damen und die ranken Göttinnen mittels eines verkohlten Holzstücks in Negerinnen verwandelt oder mit Schnurrbärten versehen hatten?
Zu der Barbarenhorde, die dort Schutz gesucht hatte, gehörten auch Offiziere und ein General. Das geistige Niveau des Generals und der anderen Offiziere konnte mit Gewissheit nicht höher gewesen sein als das ihrer Männer, da sie solchen Frevel zugelassen hatten. Russland hatte nichts an ihnen verloren, brauchte weder den Abmarsch der einen noch den der anderen zu bedauern.

Während ich durch die Gobi reiste, hatte ich ebenfalls Gelegenheit, Russen zu sehen, die emigriert waren. Auf den Straßen traf man kleine Gruppen von diesen Flüchtlingen, die einen im Wagen, die anderen zu Pferde oder auf einem Kamel, viele zu Fuß. Manche von ihnen besaßen ein wenig Geld, andere erbaten in den Städten, die sie durchquerten, die Hilfe der chinesischen Beamten oder Almosen von den Missionaren und den Ausländern. Ich verteilte ein wenig Geld und Vorräte an einige dieser aufdringlichen Bittsteller, weil es mir nicht zulässig erscheint, dem, der Hunger hat, Essen zu verweigern, wenn man selbst über Nahrungsmittel verfügt, aber ich empfand kaum Sympathie für sie. Ihr Verhalten und ihre Äußerungen brachten ihnen auch wenig Sympathie vonseiten der Chinesen ein. Diese, die in diesen abgelegenen Gegenden ihres riesigen Landes nur selten Ausländer zu Gesicht bekamen, und nur solche, die über Geld verfügten und bequem, in Begleitung von Dienern, reisten, begriffen gar nicht so recht, mit welcher Art von Menschen sie es zu tun hatten.
In diesem Zusammenhang begann ich zu vermuten, dass sich in Russland folgenschwere Ereignisse zugetragen haben mussten: eine Revolution oder ein ähnlicher Umsturz. Im Übrigen hatte ich keinerlei Zugang zu näheren Informationen. Sollte Russland sich endgültig befreit haben?
Anschließend nahm ich meine Reise nach Lhasa wieder auf*, die bis dahin immer gescheitert war. Von der mongolischen Grenze aus durchquerte ich China erneut von Norden nach Süden, durch Sichuan und Yunnan, von wo aus ich nach Tibet vordrang, indem ich am Doker-Pass (5412 m) das Kha-Karpo-Massiv überschritt. Eine viermonatige Wanderung, immer zu

* Siehe dazu: Alexandra David-Néel, *Voyage d'une Parisienne à Lhassa, à pied et en mendiant de la Chine à L'Inde à Travers le Tibet,* Paris 1927, dt.: *Mein Weg durch Himmel und Höllen. Das Abenteuer meines Lebens,* Bern 1986.

Fuß, mit dem Rucksack auf dem Rücken, brachte mich nach Lhasa, wo ich für eine Weile blieb. Es folgten das historische Land Yarlung, der Himalaya und Indien, wo ich bereits zu verschiedenen Zeiten meines Lebens länger gelebt hatte. Es vergingen einige Jahre. In den Regionen, die ich bereiste, beschäftigte sich kein Mensch mit Russland. Erst bei meiner Rückkehr nach Frankreich im Jahr 1925 erhielt ich allmählich zusammenhängendere Informationen über die Russische Revolution. Sie lag schon geraume Zeit zurück; politische und soziale Umwälzungen hatten in der Folge die ursprünglich entstandenen Verhältnisse mehrfach verändert. Und noch immer fehlte mir eine klare Vorstellung von der realen Situation, die auf das Zarenreich gefolgt war. So erging es im Übrigen den meisten Leuten.

Allerdings unterscheidet sich meine Einstellung ein wenig von der der meisten Leute, denn während diese sich hervorragend damit abfanden, durch ungenaue Berichte unvollständig unterrichtet oder getäuscht zu werden, wollte ich mir persönlich ein Bild davon machen, wie das Leben im befreiten Russland wirklich aussah.

Selbstverständlich verspürte ich das Bedürfnis, zu beobachten und mich zu informieren, doch gehörten meine Sympathien schon vorab instinktiv der UdSSR. Allerdings machte ich mir in dieser Hinsicht keine übertriebenen Illusionen; ich erwartete nicht, dort ein Volk vorzufinden, das ausschließlich aus Heiligen und aus Denkern bestand, die sich eine perfekte Gesetzgebung gegeben hatten. Ich war absolut darauf vorbereitet, zahlreiche Unzulänglichkeiten zu konstatieren, und sogar darauf zu erleben, dass die Ideale der Wegbereiter der Revolution häufig verraten wurden. Allein, dass die Massen, die nur langsam begreifen, dass sie sich in Bewegung setzen müssen, diese Ideale ins Auge gefasst hatten, vermittelte mir den Wunsch, mit ihnen zu kommunizieren.

Was folgte, war eine dieser kleinen Komödien, die komisch

und erbärmlich zugleich sind und in unserer widersprüchlichen Welt in jedem Augenblick aufgeführt werden. Die Darsteller, Marionetten, deren Fäden von ich weiß nicht welchem sarkastischen Teufel gezogen wurden, waren einige sowjetische Beamte und meine bescheidene, enthusiastische Person.
Am Anfang ließ sich alles sehr gut an. Meine Rückkehr nach Frankreich hatte ein gewisses Aufsehen erregt. Ich war die erste Frau von weißer Hautfarbe, die Lhasa betreten hatte. Im achtzehnten Jahrhundert hatten zwar einige Ausländer, in der Mehrzahl katholische Missionare, die Hauptstadt von Tibet erreicht und dort sogar gelebt, seit der berühmten Reise von Huc und Gabet im Jahre 1846* waren jedoch alle Forscher, die Expeditionen nach Lhasa geleitet hatten, nacheinander von den Einheimischen aufgehalten worden, bevor sie ihr Ziel erreicht hatten, und gezwungen worden, wieder umzukehren.**
Meine ersten Versuche waren ebenfalls fehlgeschlagen, doch hatte ich mich nicht entmutigen lassen: Es liegt in meinem Charakter, mich niemals mit einer Niederlage abzufinden. Um Erfolg zu haben, bediente ich mich einer Methode, die völlig anders war als die meiner gescheiterten Vorgänger. Während sich diese, da sie bequem reisen wollten, an der Spitze einer aufwendigen Karawane voranbewegten, nahm ich das Aussehen einer Bettelpilgerin an, die es in Tibet zu Tausenden gibt. Ohne Gepäck, abgesehen von der Marschverpflegung, die ich auf dem Rücken trug und unterwegs durch Betteln wieder auffüllte, ohne Begleitung, abgesehen von meinem Adoptivsohn Lama Yongden, passierte ich unerforschte Gegenden,

* Siehe dazu: Huc, *Souvenirs d'un voyage dans la Tartarie, le Tibet et la Chine.*
** Zu ihnen gehörten Bonvalot zusammen mit dem Prinzen Henri d'Orléans, Dutreuil de Rhins zusammen mit Grenard, Stein und in neuerer Zeit Roerich, Sorensen und andere.

machte die wunderbarste Reise, die man sich erträumen kann, und gelangte nicht nur nach Lhasa, sondern blieb dort auch eine Weile. Es war dies fast eine Glanzleistung.

Die Reporter drängten sich, um mich zu interviewen. Ein großer New Yorker Verleger schickte mir ein Telegramm, um sich die Option auf meinen Reisebericht zu sichern*. Eine amerikanische Agentur bat mich um eine Reihe von Artikeln, die in über zweihundert Zeitungen erschienen. In Frankreich berichtete ich in rund zwanzig Artikeln, die in *Le Matin* veröffentlicht wurden, in verkürzter Fassung von meiner langen Wanderung durch Tibet. Dann wurde bei Plon mein Buch veröffentlicht: *Voyage d'une Parisienne à Lhassa* (dt. *Mein Weg durch Himmel und Höllen*).

Ich sagte: Am Anfang ließ sich alles sehr gut an. Damit meine ich, es sah ganz so aus, dass mein Wunsch, nach Russland zu fahren und dort die gesunde Luft eines freien Landes zu atmen, in Erfüllung zu gehen schien.

Eine meiner Freundinnen, die Frau eines Senators, saß bei einem Essen neben dem sowjetischen Botschafter: Das war zu dieser Zeit Krassine.

Dieser Diplomat hatte einige der Artikel gelesen, welche die Presse mir gewidmet oder die ich selbst geschrieben hatte, und er wollte mich gerne kennen lernen. Während der Unterhaltung mit meiner Freundin erwähnte er meinen Namen und erfuhr, dass sie ohne weiteres das Gespräch mit mir vermitteln konnte, das er sich wünschte. Auf diese Weise gelangte ich in Kontakt mit dem offiziellen Sowjetrussland und drang sogar bis in die Botschaft in der Rue de Grenelle vor.

Ich war damals ziemlich beschäftigt und konnte gar nicht daran denken, sogleich wieder eine neue Reise zu machen, doch der Plan für künftige Entdeckungsreisen begann in mei-

---

* Alexandra David-Néel: *My journey to Lhassa,* Harper, New York und Heinemann, London. Taschenbuchausgabe Penguin, London.

nem Hirn Gestalt anzunehmen. Ich bezweifelte nicht, dass diese mir von den Machthabern Russlands, das sich endlich von dem zaristischen Obskurantismus befreit hatte, enorm erleichtert werden würden.

Ich gedachte, mich nach Sibirien zu begeben, um dort bei den Stämmen unterschiedlicher Rasse zu untersuchen, wie sich die moderne Erziehung, die man dort einführte, mit den althergebrachten Sitten und religiösen Überzeugungen der Einheimischen vertrug. Vor allem: Welchen Einfluss diese Erziehung auf die Frauen hatte und in welcher Weise die neue Regierung auf ihre Mentalität, ihre Lebensweise und ihre soziale Stellung einwirkte?

Als Orientalistin war ich auch sehr neugierig darauf, die Reaktionen der gebildeten burjatischen Buddhisten in der Baikalregion zu studieren. Die Lehren, welche ihnen die Abgesandten der Sowjets eintrichtern sollten, hatten nichts, was sie überraschen oder ihre Bewunderung erregen konnte. Seit Jahrhunderten haben die buddhistischen Mystiker und Gelehrten dargelegt, dass die Existenz des Universums von Kräften abhängt, die sich in Bewegung befinden, und dass die Körper, die uns fest und unbeweglich erscheinen, in Wirklichkeit in Schwindel erregendem Tempo tanzende Wirbel von Atomen sind. Man kann diese monistischen und pluralistischen Lehren in den Bibliotheken der großen lamaistischen Klöster studieren: Es sind dort sowohl idealistische als auch realistische Philosophien vertreten. Alle Konzepte der fruchtbaren hinduistischen Denker sind dort in außerordentlich werkgetreuen Übersetzungen zugänglich und stehen neben Werken von Autoren der gelben Rasse: Chinesen, Tibetern und Mongolen.

Die naiven »Gottlosen«*, die es gewöhnt sind, sich über die schlichten biblischen Legenden lustig zu machen – die Er-

---

* So bezeichnen sich in Russland die Vereinigungen, die für den Atheismus eintreten.

schaffung Evas aus einer von Adams Rippen oder die Reise des Jonas nach Ninive im Bauch eines Wals –, welchen Empfang mochten sie von Leuten erfahren haben, die vertraut waren mit einer Literatur, die sich auf die Quintessenz konzentrierte? Sich das erzählen zu lassen, müsste sehr amüsant sein.

Es gab auch ernsthaftere Motive, die mich bewogen, Sibirien und die Mongolei zu bereisen. In Asien besteht ein komplexes Miteinander von ganz eigentümlichen Lehren und Praktiken, deren Ursprünge für uns im Verborgenen liegen. Mehr oder weniger verhüllt oder verschleiert, treten sie in den meisten der religiösen oder philosophischen Systeme des Ostens in Erscheinung. Zu den wesentlichsten Theorien, die wir dort finden, gehört jene, die sich auf eine Energie ohne erklärbare Ursachen bezieht, die, wie es scheint, nur durch sich selbst existiert und ewig ist. Diese immer während aktive Energie ist *alles.* Lebewesen, Dinge, Phänomene welcher Art auch immer, alle nur denkbaren Welten, Manifestationen spiritueller wie materieller Natur sind immer *sie,* unter den verschiedenartigsten Aspekten. Die Ethik hat keinen Platz in diesen Systemen. Gut und Böse gelten als sinnlose Unterscheidungen. Der Orkan ist weder moralisch noch unmoralisch: Er erhebt sich, fegt über die Gipfel und durch die Täler und legt sich dann wieder. Genauso ist es mit den Stürmen, die im Geist aufkommen, Handlungen bewirken und sich dann wieder beruhigen. Es gibt nichts außer dem ewigen Spiel der Energie.*

Die Meister, die in Tibet diese oder andere, ähnliche Theorien lehren, gehen für gewöhnlich davon aus, dass sie in Shambhala

---

* Einige Informationen zu diesem Thema habe ich in *Initiations lamaiques,* Paris 1957; dt.: *Meister und Schüler,* Leipzig 1934, gegeben. Die Gesamtheit dieser Lehren, die als esoterische Unterweisung verstanden werden, umfasst auch Theorien über das Wesen der Unsterblichkeit, die Mittel, um sie zu erlangen oder um zumindest eine ungewöhnlich lange Lebensdauer zu bewirken, und verschiedene andere ausgefallene Probleme.

entstanden sind, einem legendären Land im Norden, von dem mal angenommen wird, es sei Sibirien, mal eine im Eismeer gelegene Insel.

Doch obwohl Shambhala – ebenso wie das Thule der alten Geografen – Thema einer Vielzahl von Legenden ist und zum Teil dem Reich der Märchen angehört, scheint es wahrscheinlich, dass sich dieser Name auf eine Stadt bezieht, die tatsächlich existiert hat: die Hauptstadt von Baktrien, die dort gestanden zu haben scheint, wo sich heutzutage das afghanische Balch befindet.

Die tibetischen Autoren erwähnen Shambhala häufig als das Entstehungsland der philosophischen Schulen des Mahajana-Buddhismus, unter anderem der berühmten als Kalachakra bezeichneten Schule (»Rad der Zeit«, auf Tibetisch: Tuspai hkhorlo), die im elften Jahrhundert entstand. Das hervorstechende Charakteristikum ihrer Lehre ist eine Art Pantheismus. Der Adi-Buddha (Urbuddha; auf Tibetisch: Thog ma'i sangs rgyas) nimmt darin in etwa die gleiche Stellung ein wie der neutrale Buddha in der Advaita-Vedanta-Philosophie.

Kürzlich erklärte ein tibetischer Gelehrter in meiner Gegenwart – ohne die Meinung der Orientalisten zu diesem Thema zu kennen –, er sei aufgrund seiner persönlichen Nachforschungen zu dem Ergebnis gelangt, dass Chang Shambhala (das nördliche Shambhala) eine alte Stadt oder eine nordöstlich von Tibet gelegene Region bezeichne, eine Richtung, die mit der Lage von Baktra, der Hauptstadt von Baktrien, übereinstimmt.

Könnte man in Sibirien oder in der Mongolei möglicherweise präzise Spuren von diesen Lehren zur Energie entdecken, ihre Herkunft ausfindig machen und die Art und Weise, in der sie sich über Asien verbreitet haben? Existierte dort zur Zeit eine Lehre, die sich darauf bezog, oder konnte man Einflüsse davon in religiösen Riten erkennen oder in solchen, die bei den Schamanen in den Bereich der Magie und der Zauberei fallen? Würde man bei den sibirischen oder mongolischen Schamanen Legenden, religiöse Überzeugungen und Praktiken finden, die identisch oder eng verwandt sind mit denen der Anhänger des buddhistischen Tantrismus, denen der tibetischen Bön oder auch mit denen, die man in China bei gewissen Stämmen findet, die östlich von Sichuan und nördlich von Yunnan angesiedelt sind? Es war mir ein großes Anliegen, mich in Bezug auf diese Fragen kundig zu machen, bevor die »Modernisierung« Nordasiens durch die Sowjets die volkstümlichen Kulte zerstören würde und der Sinn für ihre Symbolik verloren gehen würde.

Zwei Jahre nach meiner Rückkehr nach Frankreich überlegte ich mir also, in die Baikalgegend zu fahren, bei den Burjaten zu leben und sodann von dort in die Mongolei weiterzureisen. Unglücklicherweise traf dieser Wunsch auf ein Hindernis. Ich erfuhr, dass es nicht mehr erlaubt war, frei durch Russland zu reisen. Kein Bahnhof verkaufte Eisenbahnfahrkarten in die UdSSR. Man erhielt sie ausschließlich über eine offizielle sowjetische Agentur, die sich *Intourist* nannte.

Der Reisekandidat musste vorab einen Fragebogen ausfüllen, der sich auf seine Personalien und den Zweck und die Dauer seines Aufenthalts auf sowjetischem Boden bezog. Er musste erklären, zu welcher Religion er sich bekannte, welcher politischen Partei er angehörte, und falls seine Ansichten sich im Laufe der Jahre geändert hatten, forderte man ihn auf, das zu erwähnen, die Partei zu nennen, der er vorher angehört hatte, und die Gründe darzulegen, die ihn zum Austritt bewogen hatten. Der Fragebogen berührte noch weitere Themen. Diese Angaben wurden nach Moskau übermittelt und nach einer bestimmten Frist erhielt der Antragsteller die Mitteilung, welche Entscheidung man in seinem Fall getroffen hatte: Erlaubnis oder Verbot, in Russland einzureisen.

Zusammen mit den Bahnfahrkarten lieferte *Intourist* auch Kupons für Unterkünfte diverser Kategorien. Nur in der ersten

Kategorie wurde dem Reisenden ein Einzelzimmer garantiert. Er konnte sich nicht nach eigenem Gutdünken das Hotel auswählen, in dem er absteigen wollte, und alle anderen Vereinbarungen im Zusammenhang mit der Reise wurden ebenfalls von der Agentur arrangiert, ohne dass der Ausländer die geringste Freiheit hatte, auch nur irgendetwas daran zu ändern oder sich angenehmere oder vorteilhaftere Bedingungen zu verschaffen.

Die Dauer des Aufenthaltes war ebenfalls strikt limitiert*, da sie bereits zum Zeitpunkt des Kaufs der Fahrkarten festgelegt wurde, ebenso die Strecke, über die man die UdSSR verließ und die zu einem der drei oder vier halb offenen Grenzposten führte. Es war ein absonderlicher Widerspruch, dass man im sowjetischen Konsulat** zu diesem Zeitpunkt Reiseführer verkaufte, die Kopien der wohl bekannten Baedecker-Führer waren. Sie enthielten für das europäische Russland und für Sibirien die üblichen Angaben zu historischen Sehenswürdigkeiten und landschaftlichen Schönheiten, außerdem Preise der Hotels, der Eisenbahn, der Schiffe etc. Diese Bücher wurden in drei Ausgaben publiziert: auf Englisch, Französisch und Deutsch. An wen richteten sie sich? An Reisende, die sich frei bewegen durften, wie es scheint. Ausländern war es jedoch verboten, Russland nach Belieben zu bereisen, und Sibirien insbesondere war von den Gegenden ausgenommen, die ihnen zugänglich waren – obwohl das anders war unter den Zaren, die vermutlich mehr Grund hatten als die Sowjets zu verber-

* Die Sowjets folgen in dieser Hinsicht lediglich dem Beispiel, das ihnen andere Nationen vorgemacht haben, die ebenfalls die Touristen mit großem Reklameaufwand zum Kommen auffordern, sie aber nach einer bestimmten Zeit wieder ausweisen, ohne sich um die Umstände, das Vergnügen oder das Interesse zu scheren, die sie veranlassen könnten, ihren Aufenthalt zu verlängern.

** Als sich die Büros in der Rue de Leverrier in Paris befanden. Sie wurden in der Folge in den Sitz der Botschaft in der Rue de Grenelle verlegt.

gen, was dort vor sich ging. Zugleich war die Mongolei, die zu der Zeit, als ich in Gansu lebte, für jedermann zugänglich war, ebenfalls zum allergrößten Teil verbotenes Land geworden, seit sie eine Sowjetrepublik war. In den »befreiten« Territorien schien die Freiheit eine unerwartete Wende genommen zu haben.

Doch da meine Reise nicht touristischen, sondern Studienzwecken dienen sollte, stellte ich mir vor, dass man mir gerne besondere Erleichterungen gewähren würde, und ich beschloss, Schritte zu unternehmen, um meine Wünsche Leuten zur Kenntnis zu bringen, die ich für fähig hielt, ihre Verwirklichung zu gewährleisten.

In Paris lernte ich diverse Repräsentanten der sowjetischen Regierung kennen. Die Mehrzahl von ihnen war freundlich, liebenswürdig, aber ihrer Liebenswürdigkeit war immer eine seltsame Zurückhaltung beigemischt, wobei man spürte, dass diese Zurückhaltung nicht von einem persönlichen Vorbehalt herrührte, sondern von »irgendetwas«, von dem sich diese Männer im Hintergrund überwacht fühlten. Die Atmosphäre in der Botschaft war ungewöhnlich, auf seltsame Weise geladen mit okkulten Einflüssen. Aus der Sicht der Seelenforschung glaube ich, dass man dort ein Experimentierfeld von ähnlicher Qualität gefunden hätte, wie es bestimmte sehr alte Abteien bieten, wo sich die unruhigen Gedanken von Generationen mystischer, fanatischer oder raffiniert verschlagener Mönche bunt gemischt in den Spalten der jahrhundertealten Steine eingenistet haben und daraus entweichen, um den Besucher zu umkreisen wie ein Schwarm Fledermäuse, die plötzlich aus dem Schlaf gerissen werden. Nur waren die Gedanken in der Rue de Grenelle noch ganz neuen Datums. Im Übrigen sah es in der Botschaft genauso aus wie in allen Behörden: staubige Warteräume, trostlose Büros und das strenge und luxuriöse Arbeitszimmer des großen Chefs.

Der (inzwischen verstorbene) Botschafter Dowgalewsky schien sich für meine Pläne zu interessieren, zumindest für die, welche die für die Einwohner Sibiriens bestimmten Bildungseinrichtungen angingen, die ich gerne besuchen wollte. Mein alter Freund Sylvain Lévi, bedeutender Professor für Sanskrit am Collège de France, empfahl mich einem Georgier, einem Mitglied der Botschaft, der die Arrangements für einen kurzen Aufenthalt in Russland anlässlich eines Orientalistenkongresses für ihn getroffen hatte. Er empfahl mich auch seinem Kollegen Professor Oldenbourg, der wie er ein sehr sachkundiger Orientalist und in diesem Augenblick Generalsekretär oder Direktor der Akademie der Wissenschaften in Leningrad war und dem ich meine Reisepläne darlegte, als er sich auf der Durchreise in Paris befand. Mein Gedanke war, mir die Dienste eines russischen Studenten zu sichern, egal ob Mann oder Frau, der die regionalen sibirischen Dialekte beherrschte und sich für meine Recherchen interessierte. Man sagte mir, dass es nicht an jungen Leuten mangelte, die sich glücklich schätzen würden, mich zu begleiten.

Während die Dinge meinen Vorstellungen entsprechend voranzugehen schienen, fiel Professor Oldenbourg in Ungnade, weil ihm, wie es scheint, eine Nachlässigkeit in der Einteilung der Archive unterlaufen war. Der Georgier, von dem es hieß, er sei ein persönlicher Freund Stalins, wurde hingegen zum Gesandten in Prag ernannt, wie ich glaube, und unsere nur kurze Bekanntschaft fand keine Fortsetzung. Wie ich im Oktober 1937 in einer Zeitung in Hankow (Teil der Dreistadt Wuhan) gelesen habe, soll er füsiliert worden sein. Ein weiterer Beamter, den ich im Laufe meiner Vorstöße kennen lernte, scheint ebenfalls exekutiert worden zu sein. Ich garantiere nicht für die Richtigkeit dieser Informationen. Ausländische Eigennamen, die in den Pressemitteilungen auftauchen, sind häufig falsch geschrieben und deshalb sind Fehler leicht möglich.

Es verging etwa ein Jahr. Die Gespräche in der Botschaft führten zu keinem Ergebnis. Endlich erhielt ich die offizielle Mitteilung, dass mir ein Aufenthalt in Sibirien und eine Weiterreise von dort in die Mongolei oder nach China nicht gestattet wurden. Das war das Ende meines Traums von einer freundschaftlichen Zusammenarbeit mit sowjetischen Intellektuellen. Seit der Zarenzeit genoss die russische Bürokratie wegen ihrer Langsamkeit und Unordnung einen ganz besonderen Ruf: Man darf vermuten, dass selbst eine Revolution diese Gewohnheiten nicht zu ändern vermocht hat. Im hintersten Winkel irgendeines Büros hat ein obskurer Schreiber wahrscheinlich einen Vermerk über mich verfasst, der auf Unverständnis, ein Missverständnis oder ganz einfach auf irgendeine Ausgeburt seines dumpfen Hirns zurückging, und damit bin ich für alle sowjetische Ewigkeit eingeordnet. Wie mag man mich in diesem Vermerk wohl dargestellt haben? Als verabscheuungswürdige Kapitalistin? Leider! Dreimal leider! ... trifft diese Bezeichnung nicht auf mich zu! Oder hat man mich als zu besessen individualistisch beurteilt, als dass ich die Reize des obligatorischen Kollektivs zu schätzen wüsste? Ich habe keine Ahnung, und obwohl ich von Natur aus neugierig bin, finde ich mich ohne große Mühe damit ab, es niemals zu erfahren.

Sieben Jahre waren vergangen, seit meine Versuche, eine intellektuelle Forschungsreise nach Sibirien zu unternehmen, gescheitert waren. Nun würde ich endlich den Baikalsee sehen, von dem ich so oft geträumt hatte, ohne jedoch an seinen Ufern einhalten zu können.

Während draußen eine Landschaft vorüberzog, die wenig Interessantes bot, blieb mein Geist den ganzen Tag mit Erinnerungen beschäftigt, die zum Teil älteren, zum Teil neueren Datums waren: Ich versuchte die *reale* Situation in Russland zu erraten, zwanzig Jahre nach dem großen Umsturz, der zur Gründung der UdSSR geführt hatte, und gab mich Mutmaßungen im Hinblick auf ihre Zukunft hin. Die Nacht war hereingebrochen, ohne dass ich es bemerkt hätte, und der Halt des Zuges an der polnischen Grenze riss mich aus meiner Träumerei. Die Formalitäten, immer die gleichen, wurden vollzogen: Vorzeigen des Reisepasses, Deklarieren der mitgebrachten Güter. Die Beamten, die mit diesen Kontrollen befasst waren, betrachteten mit seltsamem, leicht mitleidigem Blick die Reisenden, die weiterfuhren, als seien sie tollkühn, zu einem beklagenswerten Geschick verdammt und auf dem Weg zum Ufer des Acheron. Im Übrigen war es sehr gut möglich, dass ihr merkwürdiger Gesichtsausdruck zu dieser späten Stunde lediglich von ihrer Müdigkeit und dem Kampf gegen den Schlaf herrührte.

Als wir wieder weiterfuhren, befanden sich nur noch wenige Leute in den Wagons, und alle Bahnbeamten schienen am Grenzbahnhof zurückgeblieben zu sein. Der fast leere Zug, der durch die tiefdunkle Nacht über schneebedeckte Ebenen rollte, wirkte wieder so gespenstisch wie bei der Abreise: Erneut verdichtete sich die beunruhigende Atmosphäre rund um diese Reise.

Wir näherten uns der sowjetischen Grenze. Ich hatte gehört, dass diese mit einem Spruchband bezeichnet sei, auf dem der inzwischen rituelle Satz stand: »Proletarier aller Länder, vereinigt euch!«, und wieder verfiel ich in Gedanken.

Der Zug verlangsamte seine Fahrt; ergriffen presste ich die Stirn gegen das Fenster, um einen ersten Blick auf das Land der Sowjets zu werfen. Die erleuchteten Wagons verbreiteten im Vorüberfahren eine flüchtige Helle: Nur für einen Augenblick sah ich aufrecht, reglos im Schnee, einen mit einem langen Mantel bekleideten Soldaten stehen, Gewehr in der Hand, Bajonett aufgepflanzt.

2. Kapitel

Von Moskau nach Beijing durch das winterliche Sibirien · Beobachtungen und Eindrücke

Wem galt die stille Drohung dieses Postens, der dort einsam im Schnee auf der Schwelle zum Land der Sowjets in der Finsternis Wache hielt? Denen, die sich dort womöglich einzuschleichen versuchten, oder denen, die daraus flüchten wollten? – Zweifellos den einen wie den anderen.

Ich hatte keine Zeit, weiter den Überlegungen nachzuhängen, die diese flüchtige Erscheinung mir eingegeben hatte. Der Zug hielt, die Träger bemächtigten sich des Gepäcks und geleiteten die Reisenden über einen nicht überdachten Bahnsteig, an dessen Ende sich vor dem dunklen Hintergrund die hochgewachsenen Gestalten einiger reglos dastehender Soldaten in langen Mänteln abhoben, die mit aufgepflanztem Bajonett den Weg versperrten.

Um zehn Uhr abends war es eisig kalt; die Schar der Reisenden hastete auf den Saal zu, in dem die Zollbeamten die üblichen Kontrollen vornahmen. Dieser Saal war sehr schön, sehr groß und die elektrischen Lampen überfluteten ihn mit Licht, ließen auf den Wänden den sowjetischen Kriegsschrei erglänzen, der dort in vergoldeten Buchstaben und in verschiedenen Sprachen geschrieben stand: »Proletarier aller Länder, vereinigt euch!«

Wer einreist, muss nicht nur den Geldbetrag deklarieren, den er mit sich führt, sondern auch seinen Schmuck, Fotoapparate, Musikinstrumente etc. Jeder muss ein Formular ausfüllen, das zu diesem Zweck ausgeteilt wird. Ohne dieses gebührend ab-

gestempelte Formular, mittels dessen er nachweisen kann, dass er diese Gegenstände nach Russland eingeführt hat, kann er diese am anderen Ende des sowjetischen Territoriums nicht wieder ausführen.
Da man mich vorgewarnt hatte, dass Bücher und Manuskripte einer längeren Prüfung unterzogen würden, hatte ich erst gar keine mitgenommen. Mein großes Gepäck reiste per Schiff. Ich vermute, dass die übrigen Reisenden es ebenso gemacht hatten, denn es waren nur Koffer und kleine Frachtstücke, die den Zöllnern auf den Bänken zur Kontrolle präsentiert wurden.
Diese erwiesen sich als nicht sehr anspruchsvoll und teilten uns auf der Stelle mit, dass wir die Kontrolle aller Gepäckstücke vermeiden könnten, die wir unterwegs nicht zu öffnen gedachten. Man brauchte sie nur plombieren zu lassen und die unberührten Plomben in der Mandschurei beim Verlassen des Landes an der Grenze vorzuzeigen. Das ist ein sehr bequemes Verfahren und ich ließ die größten meiner Koffer auf der Stelle plombieren.
Sodann zeigte ich meinen Schmuck einer Dame, der die Aufgabe zufiel, die auf meinem Formular deklarierten Gegenstände zu überprüfen. Ich hätte mir diese Formalität ersparen können, wenn ich sie in die Koffer gepackt hätte, die ich hatte verplomben lassen, doch als ich meine Deklaration ausgefüllt hatte, hatte ich noch nicht gewusst, dass mir das erlaubt war.
Die Beamtin verblüfft mich, als ihre Aufmerksamkeit von einem tibetischen Ring gefesselt wird, den kleine Rubine zieren. Sanft ergreift sie meinen Finger, um den Ring näher zu betrachten.
»Sind das Diamanten?«, fragt sie mich.
Wie kann sie sich so täuschen, hat sie tatsächlich noch niemals Diamanten gesehen?
»Das sind Rubine«, sage ich.
Sie antwortet nichts darauf.

Eine weitere Überraschung ihrerseits: Ich besitze ein Kollier von der Art, wie es die nepalesischen Frauen tragen. Es besteht aus einer ganzen Anzahl von großen alten Goldmünzen, die an einer Kette hängen. Natürlich hat dieses barbarische Geschmeide bei mir zu Hause seinen Platz in einer Vitrine inmitten von anderen Raritäten und ich denke gar nicht daran, mich damit zu schmücken. Doch da ich in diesen Zeiten universeller Demenz nicht voraussehen konnte, was ein verrückter Zöllner sich wohl denken würde, falls er diesen »Schatz« in einer meiner Taschen entdeckte, hatte ich mir die Kette für diese Reise unter meiner Bluse umgehängt. Da sie sehr schwer ist und sich hätte lösen können, hatte ich sie vorsichtshalber mit einigen Sicherheitsnadeln an meiner Kleidung festgesteckt. Ich öffne also meinen Mantel und meinen Kragen und zeige der Beamtin das Kollier. Sie ist eine Frau von etwa dreißig Jahren von kultiviertem Aussehen und guten Manieren. Sie erstarrt.
»Ziehen Sie es aus«, verlangt sie nach einigen Sekunden stummer Betrachtung.
»Ich kann nicht, es ist sehr gut befestigt.«
Und um ihr zu beweisen, dass ich die Wahrheit sage, ziehe ich an der Kette, an der die Münzen hängen.
Die Beamtin beharrt nicht weiter.
»Ist das Gold?«, erkundigt sie sich noch und der Ton ihrer Stimme verrät Bewunderung.
»Ja.«
Ich knöpfe meinen Mantel wieder zu. Die Formalitäten sind beendet, die Zollbeamtin und ihr Kollege, der ihr während der ganzen Zeit der Kontrolle an der Seite geblieben ist, entfernen sich.
Welche Gedanken und welche Träume hat diese allzu auffällige Zurschaustellung kostbaren Metalls im Hirn dieser bescheidenen Beamtin aufkommen lassen? Was glaubt sie wohl, wer ich bin? Vielleicht hält sie mich für sehr reich. Ihre Verachtung muss groß sein. Falls sie sich eine solche Meinung von

mir gebildet hat, scheint dies jedoch keinen Hass in ihr erzeugt zu haben: In ihrem Blick habe ich nur Erstaunen, Bewunderung und vielleicht ein wenig Neid gelesen.
Ein paar Schritte weiter geht ein Bahnbeamter einer seltsamen Arbeit nach. Vor ihm steht ein kleiner Korb und daneben ein Herr, der der Besitzer zu sein scheint und ihn mit einem Blick bedenkt, der angewidert und spöttisch zugleich ist. Der Mann der Sowjets zieht methodisch Gegenstände aus dem Korb, die er in seiner Hand einen nach dem anderen einen Augenblick betrachtet und dann auf die Bank legt. Er ist stumm und ernst, was mag er da tun? Ich trete näher heran. Was er aus dem Korb zieht, sind Zitronen, schöne, große, goldfarbene Zitronen, die gerade richtig saftig zu sein scheinen; der Reisende, der sie mit der Aussicht auf köstliche Limonaden eingepackt hat, war gut beraten. Nur was veranstaltet dieser Mensch mit den Zitronen? Es würde schneller gehen, sie ganz einfach zu zählen.
Was man mit ihnen macht? Oh, ich bin wirklich verblüfft! Der Beamte, der mit ihnen herumhantiert, impft sie, inokuliert sie … Er hält ein kleines Gerät in der Hand, das ich schlecht erkennen kann, kratzt leicht an der Schale und senkt dann etwas, das einer Nadel gleicht, in die offene Stelle. Es besteht kein Zweifel, die armen Früchte werden geimpft.
Gegen welche Krankheit will man sie schützen oder die Keime welcher Krankheit will man darin zerstören? Ihre Bestimmung ist, verzehrt und nicht etwa gepflanzt zu werden: Auf welche Weise könnten sie die sibirische Flora gefährden? Ich habe nicht die geringste Ahnung, aber es muss wohl eine geben, von der weder die Deutschen noch die Polen etwas wissen, denn die Zöllner beider Länder haben die Zitronen ihr Territorium durchqueren lassen, ohne sie zu beachten.
Plötzlich wurde ich an der Schulter berührt, ich drehte mich um. Eine Dame, mit der ich schon im Zug ein paar Worte gewechselt hatte, stand hinter mir.

»Sie sehen zu, wie die Zitronen geimpft werden«, sagte sie zu mir. »Die Orangen, die ich einführe, sind bereits der gleichen Prozedur unterzogen worden. Wenn sie nur keine schädliche Substanz hineingespritzt haben. Ich weiß nicht, ob ich es wagen werde, sie zu essen.«
»Sie spritzen überhaupt nichts in die Früchte«, sagte Yongden, der wie ich die Szene aus einiger Entfernung betrachtet hatte. »Sie wollen sich vergewissern, dass die Zitronen oder Orangen keine kleinen getarnten Bomben sind.«
»Du hast vielleicht eine Fantasie!«, antwortete ich lachend.
»O nein, Madame«, widersprach mir die Reisende ernst, »der Herr kann durchaus Recht haben. Ich bin geborene Russin – die Nationalität, die es mir erlaubt, hier zu sein, frei wie Sie, habe ich durch Heirat erworben. Deshalb weiß ich, welch seltsame Verdächtigungen in den Hirnen meiner ehemaligen Landsleute aufkommen können.«
Und sie ging kopfschüttelnd davon.

Sodann wechselte ich an einem Schalter Banknoten ein. Zum Teufel! Der Rubel wurde wirklich teuer gehandelt. Ich zahlte auch den Preis für eine Autofahrt durch Moskau im Voraus. Sie sollte vier oder fünf Stunden dauern, solange wie der Zug in der russischen Hauptstadt Aufenthalt hatte. Nachdem ich das erledigt hatte, wurde mir klar, dass die Pfund Sterling in der UdSSR sehr schnell dahinschwanden. Wie wäre das erst mit den Franc gewesen! Ganz entschieden war dies kein Land, in dem ein »Kapitalist« von so unbedeutendem Format, wie ich es war, versuchen konnte, sein Zelt aufzuschlagen.
Die Träger am Bahnhof wurden nach einem festen Tarif entlöhnt: pro Stück, unabhängig vom Gewicht. Man zahlte die entsprechende Summe an einen Aufseher, der Scheine verteilte, die man an den Träger weitergab, sobald er seine Arbeit verrichtet hatte.
Wenige der anwesenden Reisenden konnten Russisch und das

war es vielleicht, was ihren Beziehungen zu dem subalternen Bahnpersonal einen rein mechanischen Charakter verlieh. Überall sonst legte der Mann, der mir das Gepäck in mein Abteil trug, eine gewisse Individualität an den Tag. Er war freundlich, liebenswürdig oder mürrisch und verdrießlich. Er war *jemand* und zwischen ihm und mir entstand ein bewusster Kontakt. Das Resultat war, dass man einige Worte wechselte: Dankesworte, Wünsche für eine gute Reise oder Beschwerden, weil man die Bezahlung für zu gering erachtete, Bemerkungen über das Wetter, die Anzahl der Reisenden, die sich im Zug befanden, oder worüber auch immer. Selbst in den Ländern, deren Sprache ich nicht kannte, führten der erwiesene Dienst und die Bezahlung, die sich daraus ergab, zu einer gewissen Kommunikation, die sich durch Gestik und Mienenspiel ausdrückte. In Negoreloje regierte der Automatismus: präzise Gesten, eisernes Schweigen, verschlossene Gesichter, absolutes Desinteresse an der vollbrachten Arbeit. Die Träger ähnelten Holzfiguren, die durch einen eingebauten Mechanismus bewegt wurden.

War das ein Verhalten, das ihnen vorgeschrieben war? Das war denkbar. Es ist mehr als wahrscheinlich, dass sich nach der Abfahrt des Zuges, der diese unerwünschten und noch nicht regenerierten Ausländer davontragen würde, diese ganze Welt der Zöllner, der Schreiber und der Handlanger beleben und wieder ganz normal menschlich werden würde. Ich zweifle kaum daran. Doch wie enttäuschend und eisig, dieses Vorzimmer zu einem Land, das vor zwanzig Jahren für einige Tage oder Wochen die trügerische Hoffnung gehegt hat, kommunistisch zu werden.

Vor dem Zug verlangte ein Bahnbeamter die Fahrkarten der Reisenden und zugleich auch ihre Pässe und er begnügte sich nicht damit, sie zu prüfen, sondern er behielt sie auch ein.

Meine Reisegefährten hegten wahrscheinlich genauso wenig wie ich den Plan, dem rollenden Gefängnis zu entfliehen, das uns quer über den Kontinent bringen würde. Wir alle hatten unsere Plätze bezahlt, der eine nach China, der andere nach Korea oder Japan, und wir beabsichtigten, an unser Reiseziel zu gelangen, aber die Vorsichtsmaßnahme, uns den Pass und die Fahrkarte abzunehmen, ging von dem Gedanken an eine mögliche Flucht aus. Diese und ähnliche kleine Listen, derer sich zur Zeit die meisten Regierungen bedienen, sind ziemlich infantil. Der professionelle Spion oder der Amateurdetektiv, der entdecken möchte, was man zu verbergen versucht, unterwandert sie mit Leichtigkeit; sie sind nur dazu angetan, die Reisenden zu verärgern, denen die politischen Umtriebe gleichgültig sind, die sich einzig und allein um ihre eigenen Angelegenheiten kümmern und die lediglich ihren Weg geradlinig weiterverfolgen wollen.

Der Wagen, in dem ich reisen werde, ist, wie man mir gesagt hat, ein Restbestand der Schlafwagengesellschaft aus der Vorkriegszeit. Er muss früher einmal sehr bequem gewesen sein, aber seitdem sind Jahre vergangen und die Folgen der mangelnden Wartung sind offenkundig: abgelöste Teppiche, Plattformen zwischen den Wagons, die sich auf eine Weise überlagern, dass sie zu schwankenden Hindernissen werden, auf denen man bei jedem Gang in den Speisewagen einen Beinbruch riskiert; diese und weitere Details bemerkte ich erst in der Folge. Für den Augenblick stelle ich fest, dass die Decken, die der Schaffner bringt, schmutzig sind. Ich gebiete ihm Einhalt, als er Anstalten macht, sie auf meinem Bett auszubreiten. Durch Gesten gebe ich ihm zu verstehen, dass ich mein Bett selbst machen und dazu meine eigenen Reisedecken verwenden werde. Er geht wieder. Ein verschlossenes Gesicht auch er. Völlige Gleichgültigkeit. Ist das sein eigener schwerfälliger Verstand oder hat man ihm Verachtung für diese Ausländer eingetrichtert, die sein Land im Schlafwagen erster Klasse durchqueren? Er scheint nur Russisch zu verstehen und unter-

scheidet sich darin von seinen Kollegen in den internationalen Schlafwagen, die im Allgemeinen mehrsprachig sind.
Zur Zugbesatzung gehört ein Dolmetscher, der Englisch spricht, aber man hat mir gesagt, dass, von ihm abgesehen, das ganze restliche Personal gezielt unter Leuten ausgesucht worden ist, die keinerlei Fremdsprachen sprechen. Damit will man einerseits vermeiden, dass sie den Reisenden Auskünfte geben, und zum anderen, dass sie sich bei diesen nach der Welt außerhalb der UdSSR erkundigen und von antisowjetischen Ideen angesteckt werden. Ich frage mich, ob diese Information wirklich stimmt.
Meine erste Nacht in der Transsibirischen Eisenbahn war schlecht. Ich hatte das letzte Abteil in einem Wagen am Ende des Zuges und wurde furchtbar durchgeschüttelt. Da ich nicht schlafen konnte, ging ich einen Augenblick hinaus, um mir im Gang ein wenig die Füße zu vertreten. Die Glastür an seinem Ende, durch die man normalerweise auf die Plattform in einem Faltenbalg und weiter in den nächsten Wagen gelangt, führte in diesem Augenblick direkt nach draußen. Es war dies ein guter Beobachtungsposten, um einen Blick auf die nächtliche Landschaft zu werfen. Ich ging dichter heran. Was war das für eine dunkle, unförmige Masse, die ich dort draußen wahrnahm? Noch ein Schritt weiter und ich erblickte einen Mann, der auf der engen Plattformhälfte hockte, die sich hinter dem Wagen befand. Er war eingemummt in einen dicken Übermantel. Dick vielleicht, aber auf dem Bahnsteig des Grenzbahnhofs hatte mein Skithermometer, das ich an meinem Mantel festgesteckt hatte, neunundzwanzig Grad unter Null angezeigt, und dieser Mann, der, ohne sich rühren zu können, voll im Fahrtwind auf einer engen, wackeligen Eisenplatte hockte, schien mir eine unnötige Gefahr einzugehen.
Was machte er auf diesem unsicheren Hochsitz? Hatte er den Auftrag, die Zugpassagiere an einer Flucht zu hindern, die kaum zu befürchten war?

Und konnte er seiner Arbeit, wie sie auch immer geartet sein mochte, nicht nachgehen, wenn er sich im Inneren des Wagens vor die Tür setzte? Die grausame Behandlung, die man diesem »Genossen« zuteil werden ließ, bekümmerte mich zutiefst.
Ich kam am Vormittag am Smolensker Bahnhof in Moskau an. Entlang des ganzen Zuges standen bewaffnete Soldaten auf dem Bahnsteig Spalier. Da keiner meiner Reisegefährten Recht auf eine Ehrengarde hatte, stellte diese vollendete Reihe von hünenhaften Kriegern, die unsere Prozession bis zum Bahnhofsausgang flankierte, zweifellos einen freundlichen Empfang dar.
Ich hatte ein eigenes Auto für Yongden und mich angefordert. Da ich einen Aufpreis für die Alleinbenutzung dieses Fahrzeugs bezahlt hatte, hoffte ich, es nach Belieben zu den verschiedenen Plätzen in Moskau dirigieren zu können, die mich besonders interessierten. An Zeit dafür mangelte es nicht. Der Zug, in den ich am Saverni-Bahnhof wieder einsteigen würde, hatte vier Stunden Aufenthalt und in vier Stunden kann ein Auto eine beträchtliche Strecke zurücklegen. Ich legte meine Wünsche einer beinahe elegant gekleideten Dame dar, die uns bei der Ankunft des Zuges erwartete und uns als Führerin dienen sollte. Sie beschränkte sich darauf, den Kopf zu schütteln, und zwang uns dann die übliche Strecke auf – die gleiche wie allen anderen Fahrgästen – und es gelang mir nicht, sie davon abzubringen.
Die Frau sprach perfekt Englisch. Wo hatte sie es gelernt? In London, wie sie sagte, wo sie an der sowjetischen Botschaft angestellt gewesen war. Ich fragte sie, ob sie nicht den Wunsch verspüre, ins Ausland zurückzukehren, zu reisen. Sie antwortete ausweichend: Ja, es könne vielleicht ganz schön sein, irgendein Land außerhalb Russlands zu besuchen, falls sie ein Visum erhielte, das ihr dies ermöglichte …
Die Visa wurden also nicht immer bewilligt? Die Russen waren tatsächlich Gefangene in ihrem eigenen Land. Ich

dachte an den Soldaten, den ich gesehen hatte, wie er in der Nacht an der russisch-polnischen Grenze wachte. Wie viele von diesen Wachsoldaten gab es wohl, aufgestellt am Ende einer jeden Straße, die zu einem anderen Land hinführte?

»Der Himmel allenthalben ist des Herrn; aber die Erde hat er den Menschenkindern gegeben«, erklärt die Bibel*. Wie es scheint, erleichtert es uns die Zivilisation in keiner Weise, uns an diesem Gut zu erfreuen, sondern sie hat vielmehr die Tendenz, uns in zunehmendem Maße darum zu betrügen. Welcher Mensch der Vorzeit hätte sich je vorstellen können, dass man ihn daran hindern könnte, so lange immer geradeaus zu marschieren, wie er wollte!

Unterwegs zeigte uns unsere Führerin Gebäude, die neu oder im Bau waren. Dies da war das *große* Irgendwas, Verwaltungsbau oder Bildungsanstalt, dies da war das *große* Sonstwas, das ein anderes Rädchen des sowjetischen Getriebes beherbergte.

Was den berühmten Kreml anging, so war er bei diesem Wetter düster und trist und sehr viel weniger beeindruckend als auf den Fotografien. Um seine barbarische Monumentalität voll zur Wirkung zu bringen, hätte es zweifellos einer strahlenden Sonne, einer tief verschneiten Kulisse oder auch des klaren Vollmonds einer strengen Frostnacht bedurft. Es herrschte zwar durchdringender Frost, aber ein tief hängender Himmel bedeckte Moskau an diesem Tag mit einem finsteren Dach aus grauen Wolken; der gewaltige Platz, der vom Schnee

---

* Psalm 115, 16. In einer französischen Übersetzung des Abbé Drioux steht zu lesen: »Le ciel le plus élevé est pour le Seigneur, mais Il a donné la terre aux enfants des hommes.« Falls ich mich nicht täusche, heißt es in der *Vulgata*: »Coelum coeli Domino; terram autem dedit filiis hominum.« Wohingegen die klassische englische Übersetzung aus dem Jahre 1611 besagt: »The heaven (even), the heavens are the Lord's; but the earth hath he given to the children of men.« Ziemlich eigenartigerweise scheinen einige dieser Texte auf eine Mehrzahl von Himmeln hinzuweisen.

freigeräumt worden war, hatte sich in eine von gefährlichem Glatteis bedeckte Schlittschuhbahn verwandelt. Ihn zu überqueren, um zum Grab Lenins zu gelangen, wurde ein gewagtes Unterfangen.

Das dunkelrote Mausoleum des Mannes, der die außergewöhnlichste aller Revolutionen ausgelöst hat, ist zu häufig beschrieben worden, als dass ich noch ein weiteres Bild davon geben möchte. Der immense Platz, auf dem es steht, lässt es winzig erscheinen und die hochmütigen Kremlmauern scheinen es mit ihrer Verachtung zu erdrücken. Der Kontrast ist überaus lehrreich: Das Zarenreich, dieser Koloss auf tönernen Füßen, ist von der unbeugsamen Willenskraft eines Mannes zu Fall gebracht worden, der im Vergleich zu ihm von der Bedeutungslosigkeit eines winzigen Insekts war.

Wir waren erneut ins Auto gestiegen, und als es wieder anfuhr, zeigte ich mit dem Finger auf die Kremlgebäude und sagte zu unserer Führerin: »Soweit ich weiß, wohnen Ihre Minister dort und haben auch ihre Büros darin.«

Die Antwort war von einem überaus geringschätzigen Lächeln begleitet: »Wir haben keine Minister«, erklärt die Dame in einem Ton mitleidiger Überlegenheit für die armen Geschöpfe aus Ländern, in denen es noch Minister gibt.

»Ja gut«, erwiderte ich, »ich weiß, dass Sie sie *Kommissare* nennen, aber sie haben die gleichen Funktionen.«

»Ganz und gar nicht«, weist mich die elegante Genossin zurecht. »Sie sind Volkskommissare.«

Sie bringt diesen wunderbaren Unterschied in einem Ton zum Ausdruck, der keinen Widerspruch duldet. Ich habe nicht die geringste Lust, eine Diskussion zu beginnen.

Wo fahren wir hin? Wir haben noch über zwei Stunden zu unserer Verfügung, ich habe jedoch jeden Versuch aufgegeben, unsere Route zu bestimmen.

Das Auto hält vor einem großen Hotel. Wir werden aufgefordert, den Wagen zu verlassen … Die Rundfahrt ist beendet.

Um ehrlich zu sein, muss ich sagen, dass man uns in diesem Hotel nicht einsperrt. Man notiert unsere Namen und sodann ist es uns freigestellt, durch die Tür hinauszugehen und in der Nachbarschaft umherzuwandern. Doch die Gefahr, sich zu verlaufen und den Zug zu verpassen, verdirbt dem, der weder die Stadt noch die Sprache kennt, die man dort spricht, die Freude an einem längeren Spaziergang. Das Glatteis ist ein weiteres Hindernis. Dennoch gehen Yongden und ich ein wenig umher.
Der Verkehr ist nicht sehr lebhaft in dem Viertel, in dem wir uns befinden. Vielleicht hat das mit dem schlechten Wetter zu tun und vielleicht ist es auch das schlechte Wetter, das die Gesichter der Passanten so bedrückt wirken lässt. Größtenteils sind sie sauber, aber ärmlich gekleidet; unsere Führerin scheint darin eine Ausnahme zu bilden und zweifellos hängt dies mit der Arbeit zusammen, der sie nachgeht.
Die Bezugskarten sind abgeschafft worden, hat sie mir gesagt; jeder kann in die Geschäfte gehen und einkaufen, was er dort vorfindet. Es reicht aus, dass er das Geld hat, es zu bezahlen. Ob das wahr ist? Während meiner gesamten Besichtigung, sei es im Auto, sei es zu Fuß, habe ich nicht ein einziges *schönes* Geschäft gesehen, das seine Waren in den Schaufenstern gefällig darbietet, wie man es in den anderen europäischen Ländern sieht. Eine dichte Menge drängte sich in einem, das mir wie eine Art Basar erschien, mit kleinen Fenstern, in denen die unterschiedlichsten Artikel ausgestellt waren. Ich sah jedoch einen ganz hübschen Laden, in dem Parfümeriewaren, Schminke etc. verkauft wurden. John Gunther berichtet in seinem 1936 veröffentlichten Buch *Inside Europe,* dass Polina Semenowna Schemtschuschina, die Frau von Molotow, zu diesem Zeitpunkt Vorsitzender des Rats der Volkskommissare, einem sowjetischen Trust vorsteht, der Reispuder, Schminke und Lippenstifte produziert. Meiner Feder drängen sich Kommentare dazu auf, aber ich unterdrücke sie.

Zurück im Hotel haben wir noch lange zu warten. Könnten wir uns nach dieser morgendlichen Besichtigungstour nicht ein wenig stärken? Ich entdecke den Speisesaal: Er ist riesig und den Sälen in unseren »Palasthotels« bemüht nachempfunden. Kellner sind dort dabei, die Tische zu decken: Mit ihren kleinen, gedämpften Schritten, den Rücken, die gebeugt sind von ständig wiederholten Verbeugungen, ähneln sie allen ihren Kollegen, die man überall sonst auf der Welt sieht. Einer von ihnen sagt mir, dass im Speisesaal um diese Zeit keine Mahlzeiten serviert werden. Wir müssen ins Restaurant gehen.

Ich kehre in die Halle zurück; sie imitiert ebenfalls den Stil der Grand Hotels in den kapitalistischen Ländern. Warum? ... Schlichte Einfachheit würde einer sozialistischen Republik besser anstehen. Existiert der Sozialimus hier vielleicht wie anderswo zufällig auch nur in den Ansprachen der Redner? Ist dieses Hotel etwa dazu bestimmt, ausschließlich ausländische Touristen mit Kupons erster Klasse aufzunehmen, deren bourgeoisem Geschmack man entgegenkommen und schmeicheln will?

Ich frage: »Ist es Russen erlaubt, in diesem Hotel zu essen und zu wohnen?«

»Selbstverständlich«, antwortet man mir erstaunt, als hätte ich eine absurde Frage gestellt. »Selbstverständlich, wenn sie das Geld haben, den Preis zu bezahlen.«

Ach so ist das! Ich habe sehr gut verstanden. Der Chauffeur, der das Auto fuhr, in dem ich die Stadt besichtigt habe, und seinesgleichen aus dem Proletariat werden dort nicht essen und auch die Kellner, die augenblicklich damit beschäftigt sind, die Tische zu decken, können kaum die Hoffnung hegen, sich an diese Tische zu setzen, die sie mit Blumen schmücken für jene, die »über genügend Geld verfügen, um den Preis für das Essen bezahlen zu können«.

Genauso ist es in Paris, in London, in New York und an anderen Orten. Entgegen den lautstarken Erklärungen gewisser Propagandaredner sind die alten Gepflogenheiten, die jahrhundertealten Sitten in der UdSSR noch immer lebendig: Es gibt immer noch Leute, die bedient werden, und Diener, die sie bedienen.

In dem weiter unten neben der Eingangstür gelegenen Restaurant befanden sich zahlreiche Gäste. Es schien dies mehr eine Gastwirtschaft als ein echtes Restaurant zu sein. Man fragte mich, ob ich Kaffee mit Brot und Butter wollte. Ich hatte am Morgen gegen sieben Uhr gefrühstückt, es war kurz vor Mittag und ich wünschte mir ein etwas reichhaltigeres Mahl. Ich warf einen Blick auf die Nachbartische; die Leute, die dort saßen, aßen Eier oder Kuchen. Ich musste mich mit Eiern mit Schinken begnügen, einem Gericht, das überall zu finden ist.

Die Bedienung oblag freundlichen jungen Frauen, von denen einige wirklich hübsch waren. Gleich auf den ersten Blick konnte man feststellen, dass sie keinerlei Neigung zu schlichter Einfachheit hatten und auch nicht zu jener Strenge des Geistes, die ich – zweifellos törichterweise – in Gedanken immer mit der Vorstellung von einer sozialistischen Republik verbinde. Geschickt frisierte Haare, Dauerwellen, Rouge, Lippenstift und lackierte Fingernägel verrieten, dass die ganz gewöhnliche Gefallsucht, die es darauf anlegte, die Aufmerksamkeit der Gäste zu erregen, immer noch lebendig in ihnen war.

Hinter einem Schanktisch thronte eine dicke Matrone, Aufseherin oder Oberkellnerin. Trotz ihres Alters – allem Anschein nach Ende vierzig – war sie ebenso stark geschminkt wie ihre Untergebenen. Doch da in der UdSSR ein sowjetischer Trust für die Produktion von Rouge, Lippenstift und anderen »Schönheitsartikeln« existiert, kann man Schminken dort als staatliche Verordnung ansehen.

Der unserem Zug beigeordnete Dolmetscher kam hereingestürmt, sammelte die seiner Obhut anvertrauten Schäfchen, führte sie eilig nach draußen und zählte sie sodann auf dem Gehsteig ... O Schreck, es fehlten zwei.

»Ein, zwei, drei, vier ...«, zählte der gute Mann erneut.

Es half alles nichts: Die erforderliche Anzahl war nicht da. Der Dolmetscher wurde rot, dann bleich, zog sein Taschentuch heraus, trocknete sich den Schweiß. Amüsiert begannen die Reisenden, sich lustig zu machen.

»Was glauben Sie, wird man mit ihm machen, wenn sich die beiden Abwesenden nicht einfinden?«, fragte ein Spaßvogel, der so tat, als sei er mit seinem Nachbarn in einem Privatgespräch begriffen, mit lauter Stimme.

Ein junger Engländer griff den Scherz auf der Stelle auf.

»Glauben Sie, man wird ihn aufhängen?«, fragte er todernst und in einem Ton, aus dem lebhaftes Interesse an der Frage sprach.

Yongden, der wie die meisten Asiaten nicht sehr zu Späßen neigt, hatte diesen nicht erfasst und glaubte ernsthaft eine Information liefern zu müssen.

»Ich glaube«, sagte er, »dass man in Russland seit der Revolution nicht mehr hängt. Die Verurteilten werden jetzt standrechtlich erschossen.«

Diese Richtigstellung löste allgemeines Gelächter aus.

Der Dolmetscher, der begriff, dass wir uns über seine Furcht wenn nicht vor der Todesstrafe, so doch zumindest vor einer strengen Bestrafung amüsierten, warf uns einen feindseligen Blick zu.

Ein Reisender, der Deutscher zu sein schien, setzte unserer Fröhlichkeit ein Ende: »Ist es jetzt Zeit oder nicht, zum Bahnhof zu gehen?«, fragte er den Dolmetscher. »Sie scheinen es sehr eilig zu haben, uns dort hinzubringen. Ich möchte den Zug nicht verpassen. Bringen Sie mich zum Bahnhof oder lassen Sie mich dort hinbringen und anschließend können Sie die suchen, die Ihnen noch fehlen.«

»Ja, genau … Das ist völlig richtig«, stimmten ihm einige der Reisenden zu. »Gehen wir zum Bahnhof!«

Der Mann im Dienste der Sowjets stampfte mit den Füßen und ließ dabei seine verzweifelten Blicke über den weiten Platz wandern, der sich vor dem Hotel erstreckte. Endlich erschienen an seinem anderen Ende die beiden Nachzügler, die völlig unbekümmert daherkamen. Der Dolmetscher winkte sie mit aufgeregten Gesten herbei. Alle beide antworteten ihm mit ähnlicher Gestik, ohne den Schritt im Mindesten zu beschleunigen. Der Dolmetscher, der es nicht mehr aushielt, lief auf sie zu und bemühte sich, als er sie erreicht hatte, vergebens, sie zur Eile anzutreiben.

Die Komödie belustigte uns. Eine Dame nutzte den Aufschub, um ins Hotel zurückzukehren, und als der Dolmetscher seine Leute herbeibrachte, hatte sie sich noch nicht wieder zu uns gesellt. Aufgeregt, wie er war, dachte er gar nicht daran, seine Herde erneut zu zählen, und führte sie im Laufschritt davon.

Ich hatte wenig Lust, einen Sturz auf dem spiegelglatten Boden zu riskieren – da keine vorsorgliche Stadtverwaltung Sand oder Asche hatte streuen lassen –, und blieb hinter den anderen zurück.

»Mir scheint, die Dame ist nicht wieder zurückgekommen«, sagte ich zu Yongden.

»Nein, ich glaube nicht. Aber kümmern Sie sich nicht darum. Man sollte sich niemals in die Angelegenheiten anderer einmischen. Hier noch weniger als anderswo«, antwortete mir mein vorsichtiger Odysseus.

Wohin gingen wir? Straßenbahnen, gedrängt voll mit Fahrgästen, fuhren an uns vorbei … Wir brauchten in keine von ihnen einzusteigen, man führte uns zur Metro.

Die Untergrundbahn scheint für die Moskauer ein Gegenstand großer Bewunderung zu sein. Unser Führer legte eine maßlose Begeisterung an den Tag, als er uns hineingeleitete.

Sie ist tatsächlich gut angelegt, diese Metro. Die Wände der

Bahnhöfe sind mit Marmorplatten verkleidet und alle Bahnhöfe sind auf besondere Weise dekoriert, in den einen herrschen rote Töne vor, in den anderen grüne oder gelbe. Diese aufwendige Ausstattung mit Marmor in den verschiedensten Farben ist wirklich prachtvoll. Was die Wagen angeht, so sind sie so gut wie die der zweiten Klasse der Pariser Metro, allerdings auch nicht besser.

Die Bahn war gut besetzt, aber nicht überfüllt. Ich hatte einen Sitzplatz gefunden und betrachtete während der Fahrt meine Nachbarn. Wie die Passanten, denen ich auf den Straßen begegnet war, trugen auch diese ordentliche, sehr einfache Kleidung, die schon auf einen langen Gebrauch zurückzublicken schien. Sie bekundeten keinerlei Neugier für die Gruppe von Ausländern, die sich in ihrem Abteil befand. Sie blickten sich auch gegenseitig weder an noch sprachen sie miteinander. Ihre gerade vor sich hin, ins Leere gerichteten Blicke brachten nichts als absolute Gleichgültigkeit zum Ausdruck … Gleichgültigkeit oder Stumpfheit, die auf eine extreme geistige Mattigkeit zurückzuführen war.

Zu den »Sehenswürdigkeiten« der prächtigen sowjetischen Metro gehört, dass die Rolltreppen, die den Leuten andernorts die Mühe ersparen, die Treppen zu ersteigen, hier andersherum funktionieren: Sie bringen die Fahrgäste *abwärts.* Zum anderen erleichtert man ihnen in keiner Weise den Aufstieg. Zumindest war das so in den Bahnhöfen, die ich gesehen habe, und vielleicht hat man diese Absurdität seit meiner Durchreise bereits behoben.

Die Fahrt in der Metro beendete den »Besuch« von Moskau. Anstatt dort die vier Stunden, über die wir verfügten, zu verbringen, wie es die Prospekte versprachen, die in den Intourist-Büros verteilt wurden, hatte man uns nach einer kurzen Autofahrt in ein sehr uninteressantes Hotel gebracht, in dem wir uns langweilten. Meine Reisegefährten beurteilten dieses Vorgehen einstimmig als ziemlich rücksichtslos, denn alle hatten für diese hastige Rundfahrt in ihrer jeweiligen Währung im Voraus einen absurd hohen Preis bezahlt. Es hätte nichts genützt, sich darüber zu ärgern, ein »Globetrotter« muss auf alle Arten von Enttäuschungen gefasst sein und darüber lachen können. Auch sie gehören zu den Reiseerinnerungen und letztlich geben diese unbedeutenden Abenteuer den Eindrücken, die von den großen hervorgerufen werden, zusätzliche Würze.

Nach dem Verlassen der Metro gingen wir zum Saverni-Bahnhof, der gleich nebenan gelegen ist. Wir mussten dort wieder in den Zug einsteigen, den wir in Smolenski verlassen hatten.

Durch eine sehr dichte Menschenmenge drangen wir in einen lang gestreckten Wartesaal vor, der zugleich als Bahnhofsgaststätte diente. Er war überfüllt, es gab keinen freien Sitzplatz. Die Leute standen einer dicht an den anderen gedrängt. Ich fand mich gegen eine Theke mit Etageren gequetscht, in denen Backwaren lagen, die alt und ausgetrocknet und in jedem Fall wenig appetitanregend wirkten.

Die Menschenmenge war so gut wie schweigsam, kaum einer sprach mit dem anderen. Erneut sah ich auf den Gesichtern den gleichen Ausdruck von Gleichgültigkeit oder Niedergeschlagenheit, den ich auch überall sonst wahrgenommen hatte. Man hatte uns mit völlig unnötiger Eile zum Bahnhof geführt. Wir warteten über eine Stunde im Stehen, bevor wir auf den Bahnsteig gehen konnten.

Der Expresszug, der sich bei der Abfahrt von der Grenze nur aus einigen Schlafwagen zusammengesetzt hatte, war um zahlreiche normale Wagons verlängert worden. Die benachbarten Schlafwagen gehörten zur so genannten »weichen« Klasse*

---

* Die »weiche« Klasse, die so genannt wird, weil die Bänke gepolstert sind, entspricht unserer zweiten Klasse, aber in den Expresszügen, die lange Strecken zurücklegen, hat jeder Reisende einen Liegeplatz.
Die »harte« Klasse ist eine dritte Klasse mit ungepolsterten Holzbänken.

und erst im Laufe der Fahrt entdeckte ich am Ende des Zuges Wagons der »harten« Klasse. Diese angehängten Wagen gaben unserem Zug eine absolut ungewöhnliche Länge. Ich fand mein Abteil in bester Ordnung wieder. Während meiner Abwesenheit hatte man gefegt und abgestaubt, die Handtücher waren gewechselt worden und sogar die Bettwäsche, obwohl sie nur eine Nacht benutzt worden war. Die Werbeprospekte von *Intourist* versprechen lediglich, dass sie alle zwei Tage gewechselt werden. Ich deutete diese übertriebene Reinlichkeit deshalb als gutes Zeichen. Doch leider sollte sie sich nicht wiederholen!

Der Zug setzte sich in Gang; wir waren auf dem Weg nach Asien.

Wie jene wissen, die mir die Ehre erwiesen haben, meine früheren Bücher zu lesen, bin ich mehr als einmal in das eine oder andere asiatische Land aufgebrochen, doch bin ich immer mit dem Schiff gefahren.

Ich schiffte mich in Marseille ein: Der Himmel war blau, die Sonne ließ die Wellen aufglitzern, die ganze Landschaft war in ein intensives Licht getaucht und schon in diesem großen französischen Hafen, der eine Pforte zum Orient ist, begann die Verzauberung und sie steigerte sich mit jedem Hafen, der angelaufen wurde.

Der Gegensatz war groß. Während wir uns durch verschneite Ebenen voranbewegten, stieg das Bild eines Asiens vor mir auf, das völlig verschieden war von dem, das ich kannte. Ein kaltes Asien, das bald von Nebeln verhüllt war, bald von Eis und glitzerndem Raureif verziert, ein Asien mit einem Gesicht, noch rätselhafter als das der tropischen Dschungel. Seit uralten Zeiten waren ihm die Gedanken der indischen und tibeti-

---

Auf langen Strecken haben die Reisenden dort genügend Raum, um sich nachts auf Liegen auszustrecken, die in drei oder vier Etagen übereinander angebracht sind.

schen Mystiker zugewandt. Ihr Thule ist das Uttara Kuru der hinduistischen Erzählungen und das Dschang drami nyän der lamaistischen Geografie, Land der Fülle, dessen Bewohner sich einer außerordentlichen Langlebigkeit erfreuen und Krankheiten nicht kennen. In Tibet wird das Dschang drami nyän häufig mit dem legendären Dschang Shambhala verwechselt. Den Hindus zufolge wendet sich der Geist der Gerechten, denen die Seligkeit versprochen ist, nach dem Tode ebenfalls nach Norden und die Yogis aus dem Land des Schnees sprechen von den dreiunddreißig mystischen Wegen des Nordens, die den Eingeweihten zur spirituellen Erleuchtung führen.

Weshalb übt der Norden diese einzigartige Anziehungskraft aus? Obwohl ich die sonnigen Länder über die Maßen liebe, kann auch ich mich ihr nicht entziehen. Seit einigen Jahren vor allem lassen die Polarländer mir keine Ruhe und der Wunsch, die Empfindungen auszukosten, die einem die lange Winternacht im hohen Norden vermittelt, den ich in meiner Jugend verspürte, ist erneut in mir erwacht. Im Augenblick des Aufbruchs zu der gegenwärtigen Reise überkam mich wieder die Versuchung, nach Island zu reisen und von dort aus ... noch weiter ... Doch die Transsibirische Eisenbahn brachte mich nach China zurück.

Die kurzen Januartage verminderten beträchtlich die Zeit, in der die Landschaft sich unserer intensiven Betrachtung darbot; während einer großen Anzahl von Stunden rollten wir durch die Dunkelheit. Manchmal tauchten hell erleuchtete Gebäude, die nach Fabriken aussahen, aus der Nacht hervor und riefen die industriellen Bemühungen ins Gedächtnis, die in der UdSSR im Gange sind – flüchtige Bilder, die sogleich wieder von der Dunkelheit verschluckt wurden.

Der Ural kam mir wie eine Abfolge von kümmerlichen Hügeln vor. Vielleicht hat mich die Vertrautheit mit den Gipfeln des Himalaya sehr anspruchsvoll gemacht.

Mit den Haltestellen des Zuges zogen nach und nach die

Namen wohl bekannter Städte an uns vorbei. Wenn man nur die Umgebung des Bahnhofs sieht, kann man die Orte, die man durchfährt, nur schlecht beurteilen. Möglicherweise stellten sich die Zentren der Orte, an denen ich vorbeifuhr, weit besser dar als das, was ich von meinem Wagon aus wahrnehmen konnte: Notdürftig angelegte Straßen und durch undefinierbares Gelände voneinander abgetrennte Holzhäuser ließen eher an Pioniersiedlungen als an richtige Städte denken. Nicht ein einziger überdachter Bahnhof.

Im Gegensatz dazu schien die Bahnlinie in bemerkenswert gutem Zustand zu sein. Abgesehen von einem schmalen Band, das den Hohlraum der Schienen ausfüllte, war sie auf der ganzen Strecke völlig vom Schnee befreit. Man fuhr mit einem Minimum an Erschütterungen dahin. Im Allgemeinen sehr langsam: Ein Bahnbeamter nannte mir einen Durchschnitt von zweiundsechzig Stundenkilometern, doch für die Richtigkeit dieser Aussage überlasse ich ihm die Verantwortung.

Da ich immer gehört hatte, dass die Transsibirische Eisenbahn eine eingleisige Strecke sei, war ich erstaunt zu sehen, dass wir häufig Zügen begegneten, und während ich zum Fenster hinausblickte, stellte ich immer wieder fest, dass neben dem Gleis, auf dem wir fuhren, noch ein anderes herlief. Ich kann nicht behaupten, dass die Strecke durchgehend zweigleisig ist, ich kann jedoch sagen, dass sie nicht durchgehend eingleisig ist. Die Experten, die sich dafür interessieren, wie sie tatsächlich beschaffen ist, sind zweifellos gut darüber informiert, da dies in Kriegszeiten für Militärtransporte von großer Bedeutung ist.

Es berührte mich seltsam, dass es die Aufgabe von Frauen war, die Wassertanks zur Versorgung der Wagen aufzufüllen. Nach Einbruch der Dunkelheit sah man sie an manchen der Bahnhöfe über die Dächer der Wagons laufen und schwere Schläuche hinter sich herziehen, die an Zapfstellen am Boden festgeschraubt waren. Die geringste Wassermenge, die danebenlief, gefror auf der Stelle und lange Eisnadeln zierten unseren Zug mit glitzernden Fransen. Meiner Ansicht nach war dies nicht gerade eine Arbeit für Frauen, aber manche Leute könnten mir auch entgegenhalten, dass mein Leben als Forscherin und Weltreisende den herrschenden Sitten zufolge auch nicht gerade weiblich ist. Ich verzichte deshalb auf jeglichen Kommentar.

Das Personal, das den Zug begleitete, war einigermaßen gut gekleidet. Die Schlafwagenschaffner zogen warme Mäntel und dicke Handschuhe an, wenn sie an den Haltestellen ausstiegen, um irgendeine Arbeit zu verrichten oder um sich ein wenig Bewegung zu verschaffen. Auf der anderen Seite bemerkte ich, dass »Schmierer« und andere, die mit kleineren, subalternen Arbeiten an den Zügen befasst waren, buchstäblich mit Fetzen bekleidet waren. Man muss nach China fahren, um ähnlich zerlumpte arme Leute zu sehen.

An mehreren Bahnhöfen bemerkte ich Leute, die vor Bretterbuden Schlange standen, an denen man Brote ausgab, die von einem Zug gebracht worden zu sein schienen: von unserem oder von einem von denen, die gleichzeitig mit ihm dort hielten. Manche der Kunden mussten sehr hungrig sein, so sah ich einige, die auf der Stelle gierig in eines der Brote bissen, die sie soeben erhalten hatten. An manchen Theken, die weniger bestürmt wurden als die Brotstände, ließen die Leute sich kleine Flaschen füllen. Wahrscheinlich war es Alkohol, den man dort ausschenkte. Nichts in all dem kündete von Wohlstand und Fröhlichkeit, ganz im Gegenteil.

»Könnten sich die Bewohner der Orte, durch die wir fahren, ihr Brot nicht selbst backen?«, fragte ich den Dolmetscher. »Warum müssen sie die Ankunft eines Zuges abwarten, der ihnen welches bringt?«

»Die Leute, die Sie sehen, gehören zum fliegenden Personal, das bei der Bahn arbeitet«, antwortete er.

Die Erklärung entsprach vielleicht der Wahrheit, vielleicht

aber auch nicht. Man muss den Auskünften misstrauen, die neugierigen Touristen erteilt werden. Ich sah eine ganze Anzahl von Käufern den Bahnhof verlassen und sich mit ihren Einkäufen entfernen. Es sah nicht so aus, als hielte sie ihre Arbeit am Bahnhof zurück, denn unter ihnen waren auch kleine Kinder.
An anderen Orten boten Bäuerinnen Eier und allerlei Proviant zum Kauf an, es war ihnen jedoch weder erlaubt, sich dem Zug zu nähern noch das Bahnhofsgelände zu betreten. Die Notwendigkeit, die Gleise überqueren oder durch den Schnee bis zu ihnen hinlaufen zu müssen, hielt zweifellos nicht wenige Reisende zurück und veranlasste sie, sich an den Imbissbuden einzudecken, die auf den Bahnsteigen mancher Bahnhöfe aufgestellt waren. Es sah nicht so aus, als würde der Handel dieser Landfrauen florieren.
In diesem Zusammenhang kam mir ein Zweifel. Verkauften diese Frauen frei die Produkte der Höfe, die ihnen gehörten? Wie man weiß, gibt es nur noch sehr wenige unabhängige Bauern in Russland; die große Mehrzahl der Bauern wurde gezwungen, Kolchosen beizutreten und ihren Besitz in sie einzubringen. Ich habe gelesen, dass es allein den landwirtschaftlichen Genossenschaften gestattet ist, ihre Produkte an die Reisenden zu verkaufen. Aber falls das, was diese Bäuerinnen feilboten, aus einer streng kollektiven Produktion hervorgegangen war, wieso war ihnen dann der Zugang zu den Bahnhöfen verwehrt und welcher Unterschied bestand zwischen ihnen und den Verkäuferinnen an den Buden, die man dort eingerichtet hatte?
Der Dolmetscher, den ich zu diesem Punkt befragte, brabbelte so konfuse Erklärungen, dass sie mir keinerlei Aufschluss gaben. Im Übrigen beschränkte sich seine Aufgabe offensichtlich darauf, uns in Fragen der Bedienung Hilfestellung zu leisten; er war in keiner Weise beauftragt, uns über die sowjetischen Sitten und Gebräuche ins Bild zu setzen. Kümmerte es

ihn aus Faulheit nicht, unsere Neugier zu befriedigen, oder war es ihm verboten? Sobald die Fragen zu direkt oder zu eindringlich wurden, wich er ihnen aus und blieb für lange Zeit verschwunden.

Da ich keine präzisen Antworten auf die Fragen erhalten konnte, die ich gern gestellt hätte, begnügte ich mich meistens damit, mir entlang der Strecke das zu betrachten, was sich meinen Blicken darbot. Ich machte diese Reise schließlich nicht als Berichterstatterin und das lebhafte Interesse, welches das neue Russland rund zehn Jahre zuvor in mir erregt hatte, war beträchtlich schwächer geworden.

Die Bauernhäuser, die ich im Vorüberfahren erblickte, waren, offen gesagt, fast alle ganz einfach armselig ...

Ich lache, da ich dies schreibe, denn dem Häuschen, in dem ich in diesem Augenblick wohne, fehlt jeglicher Komfort. Wahrscheinlich waren selbst die schäbigsten der Isbas, deren Bewohner mein Mitleid erregten, noch um einiges bequemer.

In den folgenden Kapiteln wird man die Zusammenfassung der Ereignisse finden, die mich dorthin geführt haben, in eine winzige Einsiedelei auf einem Bergvorsprung in etwa dreitausend Meter Höhe an der Grenze zu Tibet. Ich fühle mich vollkommen wohl in diesem rustikalen Domizil, während der Krieg anderswo wütet. Ich habe mehr als genug von Bombardierungen und Maschinengewehrgeratter: Der Friede der Berge ist wohltuend und ich liebe von Natur aus die Einsamkeit.* Folglich ist meine Situation nicht vergleichbar mit der der Leute, die in den ärmlichen Hütten leben, die ich in Sibirien wahrgenommen habe. Diese haben sie sich nicht ausgesucht, weil sie Gefallen daran gefunden hätten, und sie sind auch nicht zeitweise aufgrund der außergewöhnlichen Um-

* Ich habe diese Einsiedelei verlassen, als der Schnee die Versorgung mit Lebensmitteln zu sehr erschwerte, und bin in eine Hütte etwa dreihundert Meter tiefer im Tal umgezogen.

stände dort hingeflüchtet. Sie sind für sie ihr ständiges Heim, in dem sich in vielen Fällen ihr ganzes Leben abspielt, und deshalb darf man sie zu Recht als »ganz einfach armselig« bezeichnen.

Gleich in den ersten Reisetagen stellte ich fest, dass sich das Bemühen um peinliche Sauberkeit, das man in Moskau an den Tag gelegt hatte, nicht mehr wiederholte. Während der ganzen Fahrt wechselte man weder das Bettzeug noch die Handtücher.

Eine weitere Anmerkung. Wenn man seine Fahrkarten in einem der Intourist-Büros kauft, die allein berechtigt sind, sie auszugeben, kauft man zugleich auch die Kupons für die Mahlzeiten*, die man einnimmt, während man das sowjetische Territorium durchquert. Es gibt zwei Kategorien: die erste und die zweite Klasse, und der Preisunterschied zwischen beiden ist ziemlich groß.** Doch dauerte es nicht lange, bis ich gewahr wurde, dass nicht nur der Speisewagen für die Besitzer der Kupons beider Kategorien derselbe ist, sondern dass auch die Mahlzeiten, die man ihnen serviert, identisch sind.

Ich gestehe zu, dass es keinen einzigen guten Grund gibt, weshalb die einen schlechter ernährt werden sollten als die anderen, und einem Einheitsmenü hätte ich voll zugestimmt. Nur wieso hatte man Yongden und mir einige hundert Franc mehr aus der Tasche gezogen, ohne uns irgendetwas dafür im Austausch zu geben? …

---

* Man ist nicht gezwungen, seine Mahlzeiten im Speisewagen einzunehmen; es ist den Fahrgästen freigestellt, ihren Proviant mitzubringen und in ihrem Abteil zu essen. Manche tun das auch, aber es ist keineswegs einfach, die Nahrungsmittel in den überheizten Wagons zwölf Tage lang aufzubewahren, ohne dass sie verderben. Die Mehrzahl der Reisenden isst deshalb im Restaurant.

** Die genauen Preise sind mir ebenso wie viele andere interessantere Informationen zusammen mit meinem Gepäck abhanden gekommen, als ich während des Krieges aus Shanxi geflüchtet bin.

Der Unterschied zwischen den Klassen macht sich jedoch in den Abteilen empfindlich bemerkbar. Die der ersten Klasse sind größer, die Betten sind nicht übereinander angeordnet und das Abteil ist mit einem Waschraum verbunden, während die Passagiere der zweiten Klasse nur ein einziges Waschbecken in winzigen Toiletten am Ende des Gangs zu ihrer Verfügung haben.

Sobald wir uns in Sibirien befanden, nahm die Anzahl der Reisenden beträchtlich zu. Unser unmäßig langer Zug beförderte eine Menge von Menschen, die der Bevölkerung eines ganzen Ortes entsprach. Die Bequemlichkeit litt darunter. Die Passagiere der »weichen« Klasse frequentierten den einzigen Speisewagen, der vom Morgen bis zum Abend voll besetzt war. Man aß dort in dichtem Tabakqualm bei ständig geschlossenen Fenstern und die Küche, die zu Anfang sehr ordentlich gewesen war, wurde von Tag zu Tag widerlicher. So geschah es, dass ich einen zerkauten Zigarettenstummel auf dem Teller vorfand, den man mir vorsetzte. Meine Rettung war der Kaviar, den man reichlich servierte, unglücklicherweise ging jedoch bald das Weißbrot aus und man servierte uns nur noch ein schreckliches, klebriges Schwarzbrot und ranzige Butter.
Die Liebenswürdigkeit des Personals milderte die Widrigkeiten dieser Kost ein wenig ab. Der Oberkellner und der Koch taten ihr Bestes, um uns zufrieden zu stellen, aber diesen braven Leuten fehlte dafür das Grundmaterial. Einer Dame kam endlich die Idee nach ganz simplen gekochten Kartoffeln zu fragen, die man zusammen mit dem Kaviar essen konnte. Der Besitzer der Zitronen, die an der Grenze geimpft worden waren, stiftete einige davon als Würze. Das war ein Anfang: Ich stellte der Gemeinschaft Schokolade zur Verfügung, ein anderer spendete einen Topf Marmelade und noch ein anderer Nougatriegel ... Die sowjetische Atmosphäre beeinflusste uns: Wir wurden zu Kommunisten!

Immer wieder war man als Ausländer im Speisewagen frappiert, welche Befangenheit oder Gleichgültigkeit aus dem Verhalten der Russen sprach. Ich habe Offiziere gesehen, die am selben Tisch ihre Mahlzeit verzehrten, ohne miteinander zu reden. In einem anderen Land wäre es fast unvorstellbar, dass sich zwei Angehörige der Armee in Uniform und deshalb ihrer Gemeinsamkeit bewusst so stumm gegenübersitzen.
Nur ein einziges Mal hörte ich, wie während meiner Reise durch Russland und Sibirien das Wort Towarisch (Genosse) ausgesprochen wurde, und zwar in einem wenig kameradschaftlichen Sinn.
Ein Muschik, der in einen dicken Übermantel aus Schafsfell gehüllt war und dessen Kleidung und bäuerliches Gesicht mich an die tibetischen Hirten auf den Weideflächen am Kuku Nor erinnerten, betrat den Speisewagen, blieb in dem Mittelgang stehen, der die beiden Tischreihen voneinander trennt, und verstellte dort den Weg, ließ seine Blicke nach rechts und nach links wandern, mit gutmütigem, naivem, sehr sympathischem und zutiefst verblüfftem Gesichtsausdruck.
Der Oberkellner ging mit leicht spöttischem Lächeln auf ihn zu und richtete einige Worte an ihn. Abgesehen von dem Wort »Towarisch«, das ich unterscheiden konnte, verstand ich nicht, was er sagte, aber ich sah die sofortige Wirkung. Das kindliche Lächeln, von dem das gutmütige Gesicht des Bauern erhellt gewesen war, verschwand und machte einem Ausdruck ängstlicher Schüchternheit Platz. Ohne zu antworten, ging der arme Mann, wahrscheinlich zurück in sein Abteil der harten Klasse, auf das allein ihm seine Fahrkarte ein Anrecht gab. Der »Genosse« war umgehend aus unserer bourgeoisen Gesellschaft vertrieben worden.
Als ich am nächsten Morgen, während man den Wagen reinigte, im Gang mit einem der Reisenden sprach, erzählte ich ihm von dem Vorfall. Das Abenteuer des »Genossen«, der sich aus seiner »Klasse« zu uns verirrt hatte, amüsierte ihn zu-

nächst, doch dann wurde er ernst und deutete auf die Putzfrau, die ein paar Schritte von uns entfernt auf dem Boden kniete und einen kupfernen Spucknapf polierte.
»Da, sehen Sie!«, sagte er. »Im Speisewagen sitzen jetzt behaglich Leute und schlagen sich den Bauch voll, während diese Unglückselige dort auf den Knien unsere Spucknäpfe reinigt ... eine ›Towarisch‹ auch sie.«
Die Männer vom Personal schienen sich auch nicht gerade so zu ernähren, dass man um ihre Verdauung fürchten musste. Ich sah sie häufig am Abend in dem Winkel vor den Toiletten, wie sie einen sauren Hering verzehrten, der ihr ganzes Mahl darzustellen schien. Manchmal kamen sie jedoch aus der Küche und trugen zwei oder drei zugedeckte Teller durch den Gang; das Menü war in diesem Fall also reichhaltiger, aber gewiss nicht mit dem zu vergleichen, das man uns servierte. Davon zeugte schon allein die Zahl der Teller.
Der Wahrheit zuliebe muss ich sagen, dass diese Männer in keiner Weise abgezehrt wirkten. Zweifellos reichte ihnen das, was sie aßen; vor der Revolution hatten sie vielleicht sehr viel weniger gehabt. Noch einmal: Man darf das, was man in der UdSSR sieht, nicht mit unseren Maßstäben messen.
Das Scheußlichste in der Transsibirischen Eisenbahn war der Radau, der von den Lautsprechern verursacht wurde, die vom Morgen an durch die Gänge lärmten. Wieso betäubte man uns in einem Land, das über so außerordentliche Musiker und Komponisten verfügt, mit Melodien von so schockierender Vulgarität? Glauben diejenigen, denen die Aufgabe obliegt, die Schallplatten für die Grammofone auszusuchen oder die Wagons per Radio mit musikalischen Darbietungen zu verbinden, dass die »Barbaren« in den Schlafwagen unfähig sind, bessere Musik zu schätzen, oder macht es ihnen Vergnügen, sie vorsätzlich zu quälen?
Manchmal dröhnten auch Stimmen aus dem Lautsprecher und erfüllten den Wagen mit wildem Gebrüll. Verlorene Liebes-

müh, denn mit Ausnahme von zweien meiner Reisegefährten verstand keiner auch nur ein Wort Russisch und alle zogen sich in ihre Abteile zurück oder gingen in den Nachbarwagen und ließen den unsichtbaren Fanatiker ins Leere schreien.

Als ich den Dolmetscher nach dem Grund für dieses Getöse fragte, vertraute er mir an: »Der Lärm weckt die Reisenden auf und veranlasst sie, aus ihren Abteilen herauszukommen, so dass gefegt werden kann. Es gibt Leute, die sonst vor Mittag nicht aufstehen würden, und das hindert das Personal an der Arbeit.«

Etwas Ähnliches hat man mir von gewissen Schifffahrtsgesellschaften erzählt. Wie man mir sagte, zwingt man die Passagiere auf diesen Schiffen vor acht Uhr morgens aufzustehen. Wer darauf beharrt, nach diesem Zeitpunkt noch im Bett zu bleiben, wird offiziell für krank erklärt und man schickt ihm den Schiffsarzt, dessen aufgezwungener Besuch zu einem übermäßig hohen Preis in Rechnung gestellt wird. Ich kann mir nicht vorstellen, dass es Reisende gibt, die so dumm sind, sich auf diese Weise schikanieren zu lassen. Auf jeden Fall habe ich bei meinen zahlreichen Überfahrten nie etwas Derartiges erlebt.

Die Tage vergingen auf monotone Weise, die Landschaft veränderte sich nicht und morgens beim Aufstehen bemerkte man die gleiche einförmig weiße Ebene, über der man am Vorabend die Sonne hatte untergehen sehen. Im Allgemeinen waren die Abenddämmerungen von blasser Eintönigkeit, doch eines Abends erlebte ich zu meiner Überraschung ein wirklich märchenhaftes Schauspiel. Ein geheimnisvoller bläulicher Schein erschien am Horizont, dehnte sich aus und erfasste die eine Hälfte der Landschaft, die aus einem Waldgebiet bestand, während die andere Hälfte, eine unendlich weite, kahle Ebene, in rosa und rötliche Farben getaucht wurde.

Bäume und Isbas schienen plötzlich wie durchsichtig in der farbigen Atmosphäre zu schweben, während in der Ferne, an der Stelle, an der die Sonne untergegangen war, blassgoldene Lichter aufblitzten. Dieses Bild, dessen Farbtöne von einem Augenblick zum anderen wechselten, hielt mich fasziniert am Zugfenster fest, bis es dunkel geworden war.

Während meiner Fahrt in der Transsibirischen Eisenbahn habe ich keine besondere Zurschaustellung von sowjetischen Emblemen oder Spruchbändern bemerkt. Der größte Teil der Bahnhöfe wies nichts dergleichen auf, wenn auch einige auf diese Weise Aufmerksamkeit zu erregen versuchten. Von Zeit zu Zeit bemerkte ich ein rotes Transparent mit einer Aufschrift oder einem Porträt von Lenin – häufiger noch von Stalin, dem Mann des Tages: Die Lebenden laufen den Toten den Rang ab. Ein Mechaniker hatte ein großes Bild von diesem Letzteren auf seine Maschine geklebt, aber solcher Eifer schien eher selten zu sein.

Ein Ort, der Ikrenia oder so ähnlich hieß, hob sich heraus, weil er eine ganz besondere Devotion demonstrierte. Devotion scheint mir der richtige Ausdruck zu sein. Der Bahnhof ähnelte einem Altar mit dem Allerheiligsten, der in einem über die Maßen frommen Land für eine vorbeiziehende Prozession errichtet worden war: Sizilien oder Spanien – mit dem Unterschied, dass es eine andere Art von Heiligenbildern war, die der Verehrung durch die Vorüberziehenden dargeboten wurden.

Oben an dem Gebäude waren zwei riesige, auf roten Grund gemalte Porträts befestigt: Stalin und eine andere Persönlichkeit, deren Gesicht mir unbekannt war. Zwischen diesen beiden hing ein wenig niedriger und weniger groß eine gerahmte Fotografie unter Glas, die Lenin mit einer Kappe zeigte. In einiger Entfernung davon stand auf dem Bahnsteig ein mit rotem Stoff umhüllter Sockel, der eine Büste von Stalin trug. Rund um diese Inszenierung hingen zahllose lange rote Spruchbänder mit Beschriftungen in weißen Buchstaben.

Ich bat eine der Reisenden russischer Herkunft, die sich in

meinem Schlafwagen befand, mir diese Beschriftungen zu übersetzen. Ob sie nun nicht dazu fähig war oder sich nicht die Mühe machen wollte, jedenfalls sagte sie mir lediglich, dass es sich um gute Wünsche und Lobpreisungen handele, die sich auf die Anführer bezogen, deren Porträts zur Schau gestellt waren, und außerdem um Ermahnungen an das Volk, dringende Beschwörungen, unermüdlich zu arbeiten.

Unermüdlich arbeiten – und die Art der Arbeit, die man in diesem Fall darunter verstand, war schwere körperliche Arbeit – soll das ein Ideal sein? ... Man könnte mich niemals dazu bringen, dem zuzustimmen. Ist es nicht vielmehr die Muße, die es den Gedanken und der Überlegung, Quellen allen Fortschritts, erlaubt, sich zu entwickeln und zu entfalten?

Eines Morgens erreichten wir in der Dämmerung das Ufer der Angara. Das Schauspiel, das sich mir bot, war es mehr als wert gewesen, dass ich den langen Weg aus Frankreich bis ins tiefste Sibirien zurückgelegt hatte, um es zu betrachten.

Unter einem niedrig hängenden, fahlen Himmel führte der Strom große Eisschollen in seinen weißlichen Gewässern mit sich, die aufgrund des Frostes zähflüssiger geworden waren. Eine ganz und gar weiße, absolut verlassene und stille Polarlandschaft wurde von Nebeln in fantastischen, immer wieder wechselnden Formen belebt, die hierhin und dorthin schweiften, sich trafen, sich miteinander verwoben oder sich auswichen, so als wäre inmitten dieser eisigen Einöde eine Geisterarmee entstanden.

Nach und nach drangen durch das einförmig perlgraue Zelt der Wolken schüchterne zartrosa Lichtschimmer, die zuerst einige Eisschollen färbten, dann immer intensiver wurden und Myriaden von Funken aufsprühen ließen. Inmitten dieses märchenhaften Schauspiels rollte der Zug auf den schneegepolsterten Gleisen fast geräuschlos dahin und erreichte den Baikalsee, der völlig zugefroren war.

Dicht neben dem Baikalbahnhof befindet sich ein kleiner Hafen, der durch eine Mole geschützt ist. Dort überwinterten einige Boote; Männer waren damit beschäftigt, das Eis rund um eines von ihnen aufzuschlagen. An der Bahnlinie schufteten Arbeiter. Gehörten sie der Armee an? Ihre Mützen waren mit einem roten Stern geschmückt. Sie schienen an Ort und Stelle untergebracht zu sein: in alten Eisenbahnwagons, wie ich es schon anderswo gesehen hatte. Einer der Wagen, in denen sie wohnten, war von einem roten Stern überragt und mit Plakaten beklebt. Das musste der »Versammlungsraum« sein. Zweifellos enthielt er eine kleine Bibliothek und einen Radioapparat, der die Ansprachen der Parteiredner und ein wenig Musik übertrug, um diese von der Welt abgeschiedene Truppe von Eisenbahnern zu erbauen und zu zerstreuen.

In einiger Entfernung bemerkte ich am Seeufer einen kleinen Scheinwerfer. Wie es heißt, wird der Baikalsee im Sommer von einer ziemlich zahlreichen Flotte befahren; im Augenblick sah ich, dass er von richtigen Wegen durchfurcht war. Einige wenige Schlitten glitten schnell dort entlang und verschwanden dann am Horizont zwischen gewaltiger weißer Ebene und unendlichem weißem Himmel.

Das Wetter war schön; die Sonne war unsichtbar, aber außerordentlich kräftig und vergnügte sich wie an der Angara damit, auf der unebenen Oberfläche des unregelmäßig zugefrorenen Sees vielfarbige Blitze zu entzünden.

Für mehr als einen halben Tag konnte ich meine Träume von den Ländern des Nordens befriedigen.

Nur wenige Reisende widmeten ihre Aufmerksamkeit der wunderbaren Landschaft, die sich vor ihnen entfaltete. Die einen lasen in ihrem Abteil, die anderen tranken im Speisewagen und der Lautsprecher plärrte Tingeltangelmelodien durch die Gänge.

Der Rest der Reise durch Sibirien bis zur Grenze zur Mand-

schurei* verlief friedlich, ohne bemerkenswerte Vorkommnisse. Am Vorabend des Tages, an dem wir in der Mandschurei ankommen sollten, verlangten alle Reisenden energisch ihre Pässe zurück, die der Zugführer zurückhielt, seit wir über die russische Grenze gefahren waren. Wir wollten nicht das Risiko eingehen, dass sich im letzten Augenblick im Zollraum Irrtümer ergeben oder dass Pässe verloren gehen würden. Der Dolmetscher leistete Widerstand, aber angesichts unserer heftigen und einmütigen Einwände und der leicht drohenden Haltung, die wir einzunehmen begannen, machte er sich auf die Suche nach unseren Pässen und gab sie uns zurück.
Sodann teilte er uns mit, dass wir in der Nacht in der Mandschurei ankommen würden, und nach der Ausreisekontrolle am sowjetischen Zoll würde der Zug uns sofort bis dicht vor die japanische Zollstation bringen. Doch da der japanische Zug erst am nächsten Morgen abfahren würde, so fügte er hinzu, könnten wir die Nacht in unseren Schlafwagen verbringen und brauchten sie erst zu verlassen, wenn unser Gepäck kurz vor der Abfahrt kontrolliert werden würde. Das war nur recht und billig, denn wir hatten alle im Voraus eine bestimmte Anzahl von Nächten im Schlafwagen bezahlt, und diese Nacht war inbegriffen. Wir waren deshalb völlig beruhigt, was unsere Nachtruhe anging; doch ohne unser Wissen schickten boshafte Menschen sich an, uns ihrer zu berauben.
Für mich ging die Kontrolle bei der Ausreise problemlos vonstatten. Erneut zeigte ich Banknoten, Uhr, Ringe und meine nepalesische Kette vor; die Überprüfung dauerte nur einige Augenblicke. Anders erging es einem jungen Engländer, der sich im Besitz einer Geige befand, die er in der in Negoreloje verfassten Zollerklärung nicht aufgeführt hatte. Große Erregung unter den Zöllnern: Die Geige durfte das sowjetische

* Von 1931 bis 1945 war die Mandschurei japanisch besetzt (*Anm. d. Übers.*).

Territorium nicht verlassen, da kein Beweis dafür vorlag, dass sie aus dem Ausland eingeführt worden war.

Der arme junge Mann gab sich alle Mühe, den Grund für sein Versäumnis zu erklären, doch die Zöllner blieben hart. Alle Reisenden – selbst die, zu denen auch ich gehörte, die diese Geige bis zu diesem Augenblick noch nie gesehen hatten – bezeugten einmütig, dass der Engländer sie bei seiner Ankunft in Negoreloje tatsächlich bei sich gehabt hatte. Die Beamten gaben schließlich nach und der junge Musiker durfte sein Instrument mitnehmen.

Bei der Rückkehr in unsere Abteile kam uns der Verdacht, dass sich etwas Ungewöhnliches vorbereitete. Man hatte Laken und Decken von den Betten entfernt; das Personal – von den Stewards bis zum Dolmetscher – war verschwunden. Ein Eisenbahner ging mit einer Laterne am Zug entlang und blickte darunter, ein anderer kroch sogar unter die Wagons und kontrollierte, ob sich da auch absolut gar nichts verbarg, was heimlich die Grenze passieren wollte.

Dann ging es weiter. Eine kurze Fahrt: Nur wenig später befanden wir uns vor der japanischen Grenze. Im gleichen Augenblick, in dem der Zug hielt, gingen in den Wagen plötzlich alle Lichter aus. In der Dunkelheit stürzten Träger herein und rissen das Gepäck herunter, das sie, tastend, über den Betten fanden. Für einen Moment gab es in der Finsternis ein schreckliches Durcheinander. Schmerzensschreie, Proteste und auch einige Flüche hallten durch die Wagen, ausgestoßen von unsichtbaren Opfern. Die rücksichtlosen Mandschus hatten ihnen Koffer auf die Köpfe fallen lassen oder in die Rippen gestoßen. Gegeneinander geschubst und gequetscht kämpften die entnervten Passagiere sich durch die Gänge zu den Ausgängen vor; es kam fast zu einer Panik.

Ich hatte mich in den Winkel geflüchtet, in den sich das Dienst habende Personal unterwegs zurückzog, und plötzlich spürte ich, wie mir etwas Feuchtes, Warmes den Rücken herunterrann. Was war das nun wieder? Ich tastete vorsichtig hinter mich. Ein heißes, halb umgestürztes Gefäß drückte sich gegen mich. Es war der große Samowar, den ich umgestoßen hatte, als ich mich vor dem vorbeiziehenden Gepäck in Sicherheit gebracht hatte, und er ergoss seinen Inhalt nun sanft in meinen Kragen.

Plötzlich erklang Yongdens Stimme draußen vor dem Zug. »Dschetsünma! Dschetsünma*«, schrie er. »Wo sind Sie? Haben Sie den Schweinesack?«

In dem mehrsprachigen Jargon, den wir im Gespräch miteinander benutzen, bezeichnen wir als »sac de porc« oder häufiger in einem Fantasie-Englisch als »pork bag« eine schweinslederne Reisetasche, in der ich etwas Schmuck, Geld, die Pässe, die Fahrscheine für Eisenbahn oder Schiff oder andere wichtige Gegenstände bei mir trage.

Bevor ich antworten konnte, rief eine jugendliche Stimme mit starkem englischen Akzent fröhlich aus: »Où est le sac *du* porc?« (»Wo ist der Sack von dem Schwein?«)

Und damit es auch jeder mitbekam, übersetzte der unsichtbare Spaßvogel auf der Stelle: »Hallo! The pig's bag!«

Ich war nicht in der Stimmung, über den Scherz zu lachen.

»You stupid fool!«, rief ich meinerseits. Dann beruhigte ich Yongden.

»Ich habe die Tasche. Ich sitze im Gang fest. Der Samowar ergießt sich über mich ...«

»Le sac *du* porc est retrouvé« (»Der Sack des Schweins hat sich wieder gefunden!«), schrie der britische Jüngling triumphierend.

---

* *Dschetsünma* ist ein tibetischer Ehrentitel, der »sehr ehrwürdige Frau« bedeutet. Buddhistische Würdenträgerinnen werden so angeredet. Die Tibeter nannten mich immer so und Yongden behielt diese Anrede auch bei, nachdem wir Tibet verlassen hatten.

Nur einige Lacher antworteten ihm, da die Mehrzahl der Reisenden kein Französisch verstand.
Mittlerweile war der Strom von Einheimischen, die das Gepäck hinaustrugen, spärlicher geworden und ich konnte es wagen, den Ausgang anzusteuern, ohne allzu viele blaue Flecke zu riskieren.
Auf dem Bahnsteig erwartete mich Yongden, neben einem Träger stehend, den er ganz fest am Ärmel seines Schafsfellmantels hielt, vor lauter Angst, er könne sich entfernen, bevor sich alle unsere Gepäckstücke zusammengefunden hatten.
Einige chinesische Laternen erschienen und geleiteten die Reisenden zu einem Gebäude, das ebenso im Dunkeln lag wie der Bahnsteig. Es handelte sich offenbar um das Zollgebäude, nur wieso war es nicht erhellt?
»Stromausfall«, antworteten die Reisenden, denen es gelungen war, die Erklärungen des japanischen Bahnpersonals zu verstehen. Das war nichts Außergewöhnliches, doch die Unterbrechung des Stroms, von dem die Lampen des Zollgebäudes abhingen, hatte nichts mit unserem Zug zu tun. Warum hatte man ihn ausgerechnet in dem Augenblick in Dunkelheit getaucht, als wir das Licht am dringendsten brauchten?
Automatisch blickte ich in Richtung des Zuges, hörte ein von der Schneedecke abgedämpftes Geräusch und sah eine lange dunkle Masse davonziehen … Der sowjetische Zug ließ uns im Stich, kehrte auf die andere Seite der Grenze zurück.
Es war elf Uhr abends. Wo sollten wir die Nacht verbringen? …
In dem riesigen Zollraum hoben ein halbes Dutzend Laternen und zwei kleine Petroleumlampen die Dunkelheit eher noch hervor, als dass sie sie vertrieben hätten. Die Temperatur war eisig. Das aus dem Zug herausgebrachte Gepäck lag in einzelnen Haufen auf den Bänken. Die Träger hatten es, wer weiß weshalb, in großer Entfernung voneinander aufgehäuft und wie verloren in der kalten Riesenhaftigkeit dieser unwirtlichen

Halle standen die Besitzer vor ihren jeweiligen Gepäckstücken.

Nur wenig Personal ließ sich blicken; die Leute, die man sah, unterhielten sich miteinander oder interessierten sich für die Arbeit der Elektriker, die auf hohen Leitern mit den dunklen Glaskugeln beschäftigt waren, die wieder zum Leuchten gebracht werden mussten. Der größte Teil der Zöllner war zu dieser späten Stunde sicher längst zu Hause im Warmen und verschwendete keinen Gedanken an uns. Es blieb ihnen noch Zeit genug, ihre Kontrolle vorzunehmen: Der Zug würde erst am nächsten Tag abfahren.

Nach einer sehr langen Wartezeit – es war fast ein Uhr morgens – gelang es mir, einen Zöllner zu erweichen, der sodann geruhte, meine Koffer zu überprüfen. Die Kontrolle war gründlicher als bei den Sowjets und anders als in Negoreloje bot man uns nicht an, die Gepäckstücke von der Kontrolle auszunehmen, die wir für die Durchquerung des Territoriums, in das wir einreisten, versiegeln lassen wollten. Hingegen mussten alle Fotoapparate plombiert werden, da es zwischen der Grenze und Harbin ausdrücklich verboten war, was auch immer zu fotografieren.

Was Bücher und Gedrucktes aller Art anging, so machte der Zöllner ein Paket daraus, gab mir eine laufende Nummer und nahm alle Exemplare mit – etwa ein halbes Dutzend –, die er in meinem Gepäck vorgefunden hatte. Sie mussten in einem speziellen Büro untersucht werden.

In einiger Entfernung von mir begaben sich zwei Zöllner an die Überprüfung des Gepäcks eines Chinesen. Ich hatte im Zug gehört, dass er irgendwo im Ausland chinesischer Konsul war. Die Russen waren ihm an beiden Grenzen mit besonderer Rücksichtnahme begegnet, wie es Diplomaten gegenüber üblich ist. Der Ärmste bekam nun am eigenen Leib zu spüren, dass auf die angenehmen Stunden im Leben sehr schnell andere folgen können, die es nicht sind. Der gesamte Inhalt sei-

ner Koffer bis hin zum winzigsten Toilettenartikel – Krawatten, Manschettenknöpfe, Seife, Zahnbürste – wurde auf der Bank ausgebreitet, ausführlich untersucht und gab Anlass zu zahlreichen Fragen. Wahrscheinlich machte es den Kontrolleuren Spaß, diesen Sohn des Reiches der Mitte zu drangsalieren, der ihnen in die Hände gefallen war.
Steif vor Kälte und todmüde hatte ich schließlich die zu dieser Tageszeit völlig verlassene Bahnhofsgaststätte entdeckt und döste dort auf einem Stuhl, während Yongden unser in der Halle verbliebenes Gepäck bewachte, als mich dort einer der Reisenden entdeckte. Er teilte mir mit, dass wir alle miteinander aufgefordert waren, in einem Büro in der ersten Etage zu erscheinen, wo man unsere Pässe überprüfen würde.
Ich folgte ihm, stieg eine Treppe hinauf und gelangte in einen kleinen überheizten Raum, in dem ich die Passagiere aus meinem Zug erblickte, die an drei Seiten des Raums auf Stühlen und Bänken entlang der Wände saßen. Mit dem Rücken zur vierten Wand saßen fünf Individuen hinter einem langen Tisch. Jedem von ihnen genau gegenüber stand jeweils ein Stuhl auf der anderen Seite des Tischs. Diese Anordnung erinnerte vage an ein Gericht oder an einen Saal, in dem Ziviltrauungen vorgenommen werden. Wir waren keineswegs da, um zu heiraten – wollte man uns also aburteilen? Das war beinahe das, was uns erwartete.
Der Jemand, der am rechten Ende des Tisches saß, zog aus dem Haufen von Pässen, die er sich hatte übergeben lassen, sei es auf gut Glück, sei es bestimmten Motiven gehorchend, die nur ihm allein bekannt waren, einen Pass heraus und rief dann den Namen seines Inhabers auf.
Der Reisende oder die Reisende wurde sodann ohne übermäßige Höflichkeit aufgefordert, sich auf den ersten der Stühle auf der rechten Seite zu setzen und die Befragung begann: Warum dies? – Wie das? – Was ist der Zweck der Reise? – Sind Sie schon früher diese Strecke gefahren? – Wie

lange werden Sie in Asien bleiben? – Welche Orte gedenken Sie zu besuchen? Und fünfzig weitere alberne Fragen.
Die Befragung wurde ohne Hast vorgenommen, unterbrochen von Bemerkungen, die die fünf Männer untereinander austauschten und die sie manchmal beträchtlich zu erheitern schienen. Tatsächlich machten sie sich auf Kosten ihrer wehrlosen Opfer lustig. Wie die Zöllner hatten auch sie es nicht eilig, zum Ende zu kommen. Offenbar waren sie auch nicht erschöpft, während die meisten von uns todmüde auf ihren Stühlen saßen, den Kopf hin und her wiegten und gegen den übermächtigen Drang zu schlafen ankämpften. Es war drei Uhr morgens. Ich habe mehr als einmal bemerkt, dass die Angehörigen der gelben Rasse weniger stark als wir das tyrannische Schlafbedürfnis verspüren, dem wir in regelmäßigen Abständen unterworfen sind.
Sobald der erste Inquisitor zufrieden gestellt war, überließ er den Gemarterten seinem neben ihm sitzenden Kollegen, der die Befragung mit wenigen Abwandlungen von neuem begann. Auf diese Weise war jeder der unschuldigen Reisenden gezwungen, von Stuhl zu Stuhl und von Befragung zu Befragung zu wandern, bis er den fünften Sitz am äußersten linken Ende des Tisches erreicht hatte. Dort gab ihm der fünfte Schreiber seinen ordnungsgemäß mit einem Visum versehenen Pass mit der Miene zurück, mit der man einem Kriminellen bei der Haftentlassung bedeutet: »Tun Sie das ja nicht wieder!«
Es verging über eine Stunde, bis ich an die Reihe kam. Inzwischen hatte ich den langen Debatten beigewohnt, die der Wunsch einer Reisenden, einige Tage in Harbin zu bleiben, um dort Verwandte zu besuchen, ausgelöst hatte und der Diskussion über die Summe, die zu zahlen war, um das dafür notwendige Visum zu erhalten.
Eine andere Episode von beträchtlicher Dauer ergab sich aus der Unnachgiebigkeit eines Reisenden, der sich heftig gegen

den Beruf auflehnte, den unsere Inquisitoren ihm zuweisen wollten.
»Sie sind Händler«, sagten die Japaner.
»Keineswegs«, antwortete der andere, der sich durch diese Bezeichnung aus unerfindlichen Gründen beleidigt fühlte. »Ich bin Mitglied des Verwaltungsrats einer Gesellschaft.«
»Welcher Gesellschaft? Was macht sie?«
»Sie macht Geschäfte.«
»Was für Geschäfte? Verkauft sie? Kauft sie?«
»Natürlich.«
»Verkaufen, kaufen ... Also sind Sie Händler, ich werde ›Händler‹ als Berufsbezeichnung eintragen.«
»Das werden Sie nicht tun, ich bin kein Händler. Ich lasse es nicht zu, dass man mich so bezeichnet«, widersetzte der Reisende sich wütend.
Der Wortwechsel zog sich ins Unendliche hin. Ich bin überzeugt, dass die Japaner den Widerspenstigen schließlich nach ihrem Gutdünken auf den Papieren eintrugen, die sie mit den zierlichen Arabesken ihrer bezaubernden Schrift bedeckten.
Ohne Zwischenfälle erreichte ich den vierten Beamten. Dieser fragte mich, ob ich Japan schon einmal besucht hätte. Ich machte den Fehler ihm einzugestehen, dass ich schon dort gewesen sei. Daraus resultierte eine Sintflut von Fragen: Wann? In welcher Stadt? Aus welchem Grund? Ob ich plante, dorthin zurückzukehren? etc.
Dann wechselte er das Thema und fragte mich, wohin meine Reise diesmal ginge. Er hatte meine Eisenbahnfahrkarten gesehen, aus denen das zu entnehmen war. Offenbar war es hier wie anderswo üblich, solche Fragen zu stellen. Ich erinnere mich, gelesen zu haben, dass ein Angeklagter, als er vom Richter gefragt wurde: »Wie heißen Sie? Wie alt sind Sie?«, diesem sehr vernünftig antwortete: »All das steht in den Papieren, die Sie vor sich liegen haben.« Ich weiß nicht, ob

diese intelligente Antwort als »Beamtenbeleidigung« aufgefasst wurde, aber es würde mich nicht wundern, wenn es so gewesen sein sollte.

Ich antwortete dem Fragesteller: »Das haben Sie doch gesehen, ich fahre nach Beijing.«

Damit das Weitere verständlich ist, muss ich erklären, dass die Befragung auf Englisch vor sich ging.

»Did you live in Beijing before?« (Haben Sie schon einmal in Beijing gelebt?)

»Yes.« (Ja.)

»How long will you stay in Beijing?« (Wie lange werden Sie in Beijing bleiben?)

»I don't know.« (Ich weiß es nicht.)

Sofortiger Zorn: Ich wurde von stechenden Blicken durchbohrt.

»Wie bitte, Sie sagen, dass Sie in Beijing gelebt haben und Sie wissen nicht, wie lange Sie dort geblieben sind!«

»Entschuldigen Sie«, antwortete ich kühl, »wenn Sie Englisch gelernt hätten, bevor Sie sich fähig glaubten, es zu sprechen, würden Sie die Zeitformen der Verben nicht durcheinander werfen. Sie haben mich nicht in der Vergangenheit gefragt, wie lange ich in Beijing gelebt habe, sondern das Futur gebraucht, als Sie mich gefragt haben, wie lange ich dort bleiben werde, was ich noch nicht wissen kann.«

Ich wollte fortfahren und diesen lächerlichen Kerl fragen, ob Beijing etwa zu Japan gehörte* und was ihn mein Aufenthalt in China überhaupt anging. Doch sein Nachbar, an den man meinen Pass weitergereicht hatte, ließ mir nicht die Zeit dazu.

---

* Schon zu diesem Zeitpunkt, sechs Monate vor Beginn des Japanisch-Chinesischen Krieges, betrachteten die Japaner Beijing als ihr Eigentum. Der Einfall in China war beschlossene Sache und die kleinen Beamten, die das ahnten, verhielten sich dementsprechend.

»Sie warten jetzt!«, rief er, schlug auf den Tisch und nahm den Pass, den er gerade stempeln wollte, aus meiner Reichweite.
Es wäre sinnlos gewesen, mit dieser Bande von kleinen Tyrannen zu streiten. Ich wartete ab und dachte indessen über die seltsame Veränderung nach, die sich im Charakter der Japaner vollzogen hatte.
1917, als ich, aus Birma kommend, in Kobe gelandet war, hatte das *Tourist Bureau* in Tokio, als es von meiner Ankunft erfuhr, seine Liebenswürdigkeit so weit getrieben, dass es seinen Vertreter in Kobe beauftragt hatte, mich bei meiner Ankunft direkt auf dem Schiff zu besuchen. Ich erinnere mich an die außerordentliche Höflichkeit, mit der man mich behandelte und von der Zollkontrolle ausnahm. Ich erinnere mich auch an meinen langen Aufenthalt im Tofokudji in Kyoto, einem wundervollen Kloster der intellektuellen Zen-Sekte, deren Abt, der ehrwürdige Hirota, mir so herzliche Zuwendung entgegengebracht hatte. Noch viele andere angenehme Erinnerungen an meinen freundschaftlichen Umgang mit Japanern fielen mir wieder ein. Sie lagen zwanzig Jahre zurück. In zwanzig Jahren kann sich der Charakter eines Volkes beträchtlich verändern, eine neue Generation ist herangewachsen und hat in allen Wirkungsbereichen Fuß gefasst. Die Probeexemplare davon, die hinter diesem langen Tisch aufgereiht saßen, waren ganz entschieden dumm und unerfreulich. Der für die Visa zuständige Choleriker gab mir meinen Pass eine halbe Stunde später zurück.
Eilig stieg ich in die Gepäckhalle hinab, wo Yongden noch immer, vor Kälte schlotternd, neben unseren Koffern wachte. Er musste nun seinerseits seinen Pass mit einem Visum versehen lassen.
Als er wieder zurückkehrte, musste ich mir, bewaffnet mit der laufenden Nummer, die man mir ausgehändigt hatte, in einem abgelegenen Büro die paar Bücher zurückholen, die von den Zöllnern beschlagnahmt worden waren.

Gegen sieben Uhr morgens – wir waren vor elf Uhr abends angekommen – nahm das Personal in der Bahnhofsgaststätte seinen Dienst wieder auf. Ich hatte keinen Hunger, aber ich frühstückte mit Yongden, um mich von der Müdigkeit abzulenken, die die schlaflose Nacht mir verursacht hatte. Man servierte uns die traditionellen Eier mit Speck, die einer der Beweise dafür sind, wie siegreich die Engländer ihren Einfluss in der Welt durchgesetzt haben; dann Orangenmarmelade, die ebenfalls englisch erscheinen wollte, aber zweifellos japanischer Produktion entstammte. Den Geschmack nahm ich nicht wahr, ich war zu übermüdet, um irgendetwas zu schmecken, und die mitgenommenen Gesichter meiner Reisegefährten, die zusammengesunken um die Nachbartische saßen, zeigten mir, dass ich nicht die Einzige war, die unter den Nachwirkungen dieser denkwürdigen Nacht litt.

Gegen acht Uhr erlaubte man uns endlich, unsere Plätze in dem japanischen Zug einzunehmen.

Ein totaler Gegensatz zu den russischen Wagons. Eine ungleich ausgesuchtere Möblierung, die fast neu zu sein schien und von peinlicher Sauberkeit, aber sehr viel weniger komfortabel war. Alles war sehr eng, in Lilliputmaßen konzipiert. Die Betten waren ärgerlicherweise übereinander angebracht, das Abteil besaß keinen Waschraum und ein in der Mitte der Wand angebrachtes Waschbecken behinderte die Bewegungsfreiheit. Ging man hinaus in den Gang, weil man sich im Stehen die Landschaft ansehen wollte, stellte man fest – selbst ich, die ich klein bin –, dass einem die Fenster bis zum Bauch reichten, während sich die Holzverkleidung in Augenhöhe befand.

Dieses letztere Detail war an diesem Tag im Übrigen bedeutungslos, denn es wurde den Reisenden ausdrücklich befohlen, die Rouleaus vor den Fenstern herabgezogen zu lassen und es ja nicht zu wagen, sie auch nur ein winziges bisschen anzuheben, um einen Blick nach draußen zu werfen.

Von der sparsamen Eleganz des Mobiliars einmal abgesehen, machte unser Zug ganz den Eindruck eines Transports von gefährlichen Kriminellen, die in ein Straflager gebracht werden. Durch die Gänge marschierten mandschurische Soldaten, die mit dicken Übermänteln aus Schafsfell bekleidet und mit Gewehren bewaffnet waren. Begegnete man einem von diesen voluminösen Barbaren in den Gängen, wurde man von ihm buchstäblich gegen die Wand gequetscht. Ihrer Bedeutung bewusst und vielleicht auch glücklich darüber, Weiße zu demütigen, ließen sie sich zu keinerlei Höflichkeit herab und wichen nicht einen Zentimeter, um den Reisenden Platz zu machen. Diese bäuerlichen Krieger hatten die Aufgabe, darüber zu wachen, dass niemand dem Befehl zuwiderhandelte, nicht hinauszublicken. Es wäre müßig gewesen, wenn die Passagiere versucht hätten sich dieser Bespitzelung zu entziehen, der sie ausgesetzt waren, indem sie die Vorhänge vor den Fenstern zum Gang zuzogen. Diese waren alles andere als undurchsichtig, zweifellos um jederzeit jede Art von Überwachung zu erleichtern. Die Damen aus dem Westen, die in diesen der Öffentlichkeit preisgegebenen Schlafwagen ihre Toilette vornahmen, waren auf die Diskretion ihrer Reisegefährten angewiesen.* Komischer Ausgleich für diese Fülle von Vorsichtsmaßnahmen war das Rouleau, das in meinem Abteil das Fenster nach draußen bedeckte: Es war etwas schmaler als dieses, so dass man gut hinausblicken konnte, ohne es hochziehen zu müssen.
Sei es, um ihre Schweigsamkeit zu garantieren, sie daran zu hindern, den Passagieren die außerordentlichen Geheimnisse mitzuteilen, von denen sie möglicherweise Kenntnis hatten, sei es, um sie vor einer möglichen Ansteckung mit den schäd-

* Anders als sonst in den Schlafwagen üblich, hatten die Abteile zum Gang hin weder eine Tür noch eine Scheidewand aus durchgehendem Holz. Beide hatten Füllungen aus durchsichtigen Glasplatten.

lichen Mikroben zu schützen, von denen aus sowjetischen Regionen kommende Reisende befallen sein mussten – jedenfalls trugen unsere Gefängnisaufseher einen Maulkorb. Eine große Maske verdeckte ihren Mund und ihre Nase, was die Absonderlichkeit ihres Aussehens noch erhöhte.

In Harbin Umsteigen, lange Wartezeit, erneute Sichtvermerke in den Pässen. Der Personal im Visa-Büro ist russisch; die Prozedur geht schnell und ohne Schikanen vonstatten. Viele Russen lebten schon vor der Revolution in der Mandschurei und viele haben sich danach dort hingeflüchtet und Anstellungen in der mandschurischen – das heißt: japanischen – Verwaltung gefunden.

Eine große Ikone, vor der eine dicke Kerze und mehrere Lampen brennen, schmückt den Wartesaal. Die Leute bekreuzigen sich, wenn sie daran vorübergehen.

Einige Russen in mandschurischer Offiziersuniform unterhalten sich mit Damen, die auf die Abfahrt eines Zuges zu warten scheinen. Ich frage mich, was sich diese Weißen im Sold der Gelben wohl Tag für Tag denken mögen.

Ich unterbrach die Reise in Siping (Changchun), weil ich neugierig war, diese neue Hauptstadt zu besuchen, die auf dem besten Wege war, das alte Mukden (Shenyang) aus seiner Vorrangstellung zu verdrängen. Ich hatte dem europäisch eingerichteten »Hotel Yamato« telegrafiert, mir Zimmer zu reservieren, aber bei meiner Ankunft teilte mir ein Angestellter des *Tourist Bureau* mit, dass das Hotel keine Zimmer mehr frei habe, und bot mir an, mich in ein japanisches Hotel zu bringen, das seiner Aussage nach sehr komfortabel sei. Ich hatte keine andere Wahl und akzeptierte also das japanische Hotel. Um die Wahrheit zu sagen, war es wie eine ganze Anzahl anderer in Japan nur zur Hälfte japanisch. Es hatte einerseits Zimmer mit Matten (*tatami*), auf denen man das Bettzeug ausbreitet, wenn man sich schlafen legt, und es hatte andere, weniger hübsche Zimmer, die mit alten Möbeln und verschossenen Vorhängen eine westliche Einrichtung nachzuahmen versuchten.

Am späten Nachmittag teilte mir ein Zimmermädchen mit, dass das Bad bereit sei. Ich habe lange genug in Japan gelebt, um gelernt zu haben, dass unter solchen Umständen ein gewisses Misstrauen angebracht ist. Ich suchte also Yongden in seinem Zimmer im japanischen Stil auf, das er sich ausgesucht hatte, und bat ihn, das Badezimmer in Augenschein zu nehmen.

Einige Augenblicke später kam er lachend zurück.

»Es ist genau, wie Sie vermutet haben«, sagte er mir. »Da sind schon drei völlig nackte Männer, die im Becken ein Bad nehmen.«

Während meines Aufenthaltes in Japan waren diese japanischen Bäder häufig eine Quelle der Erheiterung für mich gewesen. Yongden war der Held des ersten Vorfalls dieser Art. Wir befanden uns in Atami, einem Badeort, und wohnten dort in einem ausgezeichneten Hotel, das teils im westlichen, teils im japanischen Stil eingerichtet war. Die Gäste, sowohl die Ausländer als auch die Japaner, gehörten der besten Gesellschaft an. Yongden, der im Laufe seiner Reisen immer ein Freund von Experimenten gewesen ist, hatte es vorgezogen, auf die einheimische Weise zu leben und bewohnte ein Zimmer im japanischen Bereich des Hotels.

Am Tag nach unserer Ankunft sah ich ihn am Morgen halb lachend, halb verlegen in mein Zimmer treten.

»Ich muss Ihnen etwas Komisches erzählen«, sagte er.

»Heute Morgen habe ich dem Diener zu verstehen gegeben, dass ich ein Bad nehmen wollte. Er verbeugte sich tief, brachte mir einen Bademantel und Handtücher und führte mich dann in einen großen Raum, in dem sich ein kleines Wasserbecken befand. Wie es schien, sollte man sich nicht darin waschen, sondern dies in einem anderen Bereich des Raumes tun.

Das brachte mich auf den Gedanken, dass das Wasser, in das man eintauchte, nicht erneuert wurde, sobald man herausgestiegen war. Da es noch sehr früh war, konnte ich hoffen, der Erste zu sein, der dort eintauchte.
Ich wusch mich also, spülte die Seife ab und setzte mich dann in diese große Badewanne. Das Wasser war furchtbar heiß, ich hatte das Gefühl zu kochen.
Und während ich darin saß, betrat eine Dame den Raum … Man hatte mir keine Badehose gegeben, das Wasser war durchsichtig … Ich wusste nicht, wo ich hin sollte … Aber wieso ging diese Dame nicht wieder, nachdem sie mich gesehen hatte?
Sie grüßte mich auf japanische Weise mit einer sehr tiefen Verbeugung. Ich fragte mich: Hat man mir etwa ein Persönchen von leichter Lebensart geschickt? Ist es in diesem Land vielleicht üblich, Herren, die ein Bad nehmen, jemanden zur Unterhaltung zu schicken? Die Dame sah jedoch sehr seriös aus und war keineswegs jung. Also, nachdem sie mich begrüßt hatte … Zweifellos bin ich unhöflich gewesen, denn ich habe ihr den Gruß nicht zurückgegeben, ich war ziemlich durcheinander, ich habe noch nie jemandem in unbekleidetem Zustand begrüßt. Nachdem die Dame mich begrüßt hatte, zog sie ihren Kimono aus und … hatte weiter nichts an.
Sie kam dann in das Becken herabgestiegen, um sich mir gegenüber kochen zu lassen.
Das war noch nicht alles. Es kamen noch mehr: wieder eine Frau, dann nacheinander zwei Männer. Sie begrüßten sich, lächelten, plauderten. Sie wollten sich mit mir unterhalten und ich habe ihnen zu verstehen gegeben, dass ich kein Japanisch kann. Es war wie in einem Salon zur Teestunde … abgesehen von der Kleidung.
Am Ende genierte ich mich überhaupt nicht mehr. Schließlich ist das so Brauch hier, nicht wahr …«
Yongdens Abenteuer hatte mich amüsiert, wie mich im

darauf folgenden Sommer die nackten Gestalten von Kyoto amüsieren sollten: der brave Händler, der mir die Filme für meinen Fotoapparat verkaufte und mit fast paradiesischer Einfachheit gekleidet war, und die Badenden, die in weitmaschigen kurzen Hosen die Ufer des Flusses unsicher machten. Ich lachte, aus Mangel an Erfahrung, aber im Grunde fand ich, dass die Japaner tausendmal Recht hatten! Unsere heuchlerische Scham entspringt lediglich unseren unreinen Gedanken. Doch da mir diese liebenswerte und gesunde Natürlichkeit der Sitten nicht von Kindheit an vertraut ist, nehme ich immer Abstand von gemeinsamen Bädern, und wenn es sich ergab, dass wir in rein japanischen Hotels abstiegen, postierte ich Yongden vor der Badezimmertür, während ich mein Bad nahm. Er hatte einige Worte der Landessprache gelernt und konnte denen, die kamen, begreiflich machen, dass eine ausländische Dame für einige Augenblicke allein bleiben wollte.
Diese Regelung hatte sich immer bewährt, doch eines Tages …
An diesem Tag wusch ich mich in aller Ruhe, ohne allzu große Eile, da ich wusste, dass Yongden vor der Tür wachte, als sich plötzlich die Wand vor mir auftat und ein junger Mann durch diese Öffnung hereinkam.
Da hatten wir's! Ich hatte nicht an diese heimtückischen Zwischenwände in den japanischen Häusern gedacht, die einzig und allein aus Schiebepaneelen bestehen, und die Wand die der Tür gegenüberlag, die von meinem Zerberus überwacht wurde, hatte dem Eindringling Einlass geboten. Meine Überraschung war so groß, dass mir die Seife entglitt, die ich in der Hand hielt, vom Boden abprallte und weit weg von mir landete.
Der junge Mann, der bereits seinen Bademantel abgelegt hatte, eilte sich, sie auf der Stelle aufzuheben und hielt sie mir mit zeremoniellem Gruß entgegen. – Ich hielt es für das Klügste, Haltung zu bewahren, ihm den Gruß zurückzugeben und in

meiner Toilette fortzufahren. Klug oder nicht klug, ich hatte gar keine andere Wahl.
Als ich die Tür wieder öffnete, bedeutete ich Yongden, der noch immer auf dem Posten stand, einen Blick in den Raum zu werfen, in dem sich mein unerwarteter Besucher befand. Mein Sohn unterdrückte nur mit Mühe einen Schrei der Bestürzung. Ich schloss schnell die Tür und wir kehrten im Laufschritt zurück, flüchteten uns in mein Zimmer und ließen dort dem irren Gelächter, das uns zu ersticken drohte, freien Lauf.
»Wie ist er denn hineingekommen?«, fragte mich Yongden, als er sich ein wenig beruhigt hatte. »Ich habe mich nicht von der Tür fortgerührt.«
»Durch die Wand«, antwortete ich.
»Was für ein Land!«, rief der Lama aus.
Seitdem sind zwanzig Jahre vergangen und es hat uns nicht an an ernsthafteren Gründen gefehlt, um erneut zu sagen: »Was für ein Land!« Ebenfalls zwanzig Jahre ist es her, seit ein Offizier der japanischen Marine, der wie ich auf einem Passagierschiff nach Yokohama fuhr, mir sagte, als wir vor den Küsten von Annam entlangfuhren: »Ihr Franzosen werdet uns eines Tages Indochina geben.«
»Das glaube ich auf gar keinen Fall«, erwiderte ich. »Warum sollten wir es euch geben?«
»Weil wir es brauchen und weil wir es wollen.«
Doch war Indochina nur ein kleiner Happen; Japan hatte Appetit auf mehr. Ich erinnere mich an zwei bescheidene Japaner: Der eine gehörte der Polizei an, die mein Haus während meiner Abwesenheit überwachte – und mich wahrscheinlich ebenfalls –, und der andere war mein gewohnter Rikschazieher. Alle beide radebrechten ein wenig Englisch.
»China gehört uns!«, sagten sie mir beide mit der gleichen Sicherheit und seltsamerweise mit der gleichen Geste: der Hand, die sich öffnet, als wolle sie etwas ergreifen, und die sich dann fest um eine imaginäre Beute schließt – einer Geste der bruta-

len, grausamen Inbesitznahme, die an die Spinne erinnert, die sich vom Rand ihres Netzes auf die Fliege stürzt, die sich darin verfangen hat.
»China gehört uns!« So war es noch nicht, aber Japan betrieb Autosuggestion (ähnlich der Methode von Emile Coué), um Wirklichkeit werden zu lassen, was es sich wünschte. Es legte auch geduldig sein Netz aus. Lässt man einmal die Frage der Moral beiseite, ist dies ein aufschlussreiches Beispiel für Beharrlichkeit. Es bleibt abzuwarten, ob Japan nicht das Maß überschritten hat, das ihm die Vernunft geboten hätte, und ob das über so lange Zeit gesponnene Netz nicht reißen wird, weil die eingefangene Beute zu schwergewichtig ist.

In Siping gab es nur wenig zu sehen. Die im amerikanischen Stil geometrisch angelegte Stadt befand sich noch im Bau: breite Avenuen, die sich rechtwinklig schnitten, in strengen Linien konzipierte Gebäude aus Stahlbeton; all das im Zustand einer Baustelle.
Nach einem kurzen Aufenthalt in der neuen mandschurischen Hauptstadt reiste ich nach Mukden weiter. Die erste Veränderung, mit der ich konfrontiert wurde, war, dass das »Hotel Yamato«, in dem ich früher abgestiegen war, aus den Gebäuden am Bahnhof, wo ich es kennen gelernt hatte, in die Neustadt umgezogen war. Es nahm dort ein prachtvolles Gebäude ein, wo ich während der paar Tage, die ich in Mukden verbrachte, überaus angenehm wohnte und verpflegt wurde.
Die japanischen Hotels sind fast alle ausgezeichnet, ob sie nun einen westlichen Stil pflegen oder den einheimischen Gepflogenheiten treu geblieben sind. Selbst in den kleinsten Ortschaften kann der Reisende saubere Zimmer finden und Mahlzeiten, die auf appetitliche Weise serviert werden. Ich persönlich schätze die japanische Küche nicht, doch der ansprechenden Weise, in der sie dargeboten wird, muss ich meine Anerkennung zollen. Es besteht hier ein frappierender

Kontrast zu der unbeschreiblichen Unsauberkeit der chinesischen Hotels und zu der abstoßenden Weise, in der dem Gast die häufig wohlschmeckenden Gerichte vorgesetzt werden.

In Mukden besuchte ich erneut den Turm der Lamas und die Kaisergräber, die mir besser gepflegt zu sein schienen als früher, und ich warf auch einen Blick auf die Neustadt, die sich außerhalb der alten Befestigungen befindet, in die man Breschen geschlagen hat, um Durchlass für den sehr viel stärker gewordenen Verkehr zu schaffen.

Einen erneuten Beweis für den Starrsinn und die Selbstgefälligkeit der Japaner neuen Stils bekam ich im »Yamato«.

Ich erwartete ein Telegramm und einen Brief von Freunden, denen ich Tag und Stunde meiner Ankunft in Beijing mitgeteilt hatte. Im Vertrauen auf meine alten Erfahrungen hatte ich sie gebeten, sie mir an das »Hotel Yamato« am Fengtien-Bahnhof zu schicken. Bei meiner Ankunft war es mein erster Gedanke, im Hotelbüro danach zu fragen.

»Es ist keinerlei Post für Sie eingetroffen«, antwortete mir der Angestellte.

Ich wunderte mich. Ich wusste, dass die Freundin, von der ich eine Nachricht erwartete, im Begriff war, nach Belgien zu fahren, aber wir waren übereingekommen, dass sie China nicht vor meiner Ankunft verlassen würde. Was meinen zweiten Briefpartner anging, einen Professor der französisch-chinesischen Universität, so konnte er während des Semesters gewiss nicht abwesend sein.

Da die Adresse, die ich meinen Freunden gegeben hatte, nicht mehr stimmte, weil das »Hotel Yamato« umgezogen war, vermutete ich, meine Post könne in irgendeinem Postbüro liegen geblieben sein. Ich bat also den Vertreter des *Japon Tourist Bureau* Nachforschungen anzustellen. Dieser antwortete mir mit überheblicher Sicherheit, dass meine Vermutung jeglicher Grundlage entbehrte. Er wusste ganz genau, dass jeder Brief und welcher Gegenstand auch immer, der an das »Hotel Ya-

mato« gerichtet war, mit dieser Namensangabe und egal welcher Adresse zum »Hotel Yamato« gebracht werden würde, in dem ich wohnte. In dieser Hinsicht war kein Zweifel erlaubt, da die Post vorbildlich funktionierte.
Ich beharrte, allerdings vergebens, und die Hotelangestellten versicherten mir mit der gleichen unerschütterlichen Gewissheit, dass mir weder ein Brief noch ein Telegramm nach Mukden geschickt worden sein könnte.
Ich fand mich also damit ab, dass mich am Bahnhof in Beijing niemand erwarten würde, wenn ich ankam. Die Aussicht, dass diese Ankunft durch keinerlei Lächeln des Willkommens aufgeheitert sein würde, enttäuschte mich natürlich ein wenig und ich stieg ein wenig melancholisch in den Zug, der mich an das Ende der ersten Etappe meiner erneuten Reisen durch Asien bringen sollte.
Im Laufe der Nacht passierten wir Shanhaiguan, wo ich früher einmal die Reise unterbrochen hatte, um mir das äußerste Ende der Großen Mauer anzusehen, die dort an die Küste stößt. Seitdem hatte ich das andere Ende der berühmten Mauer und den letzten Wachturm besichtigt, der ihr in der Region vor der Großen Gobi in der Nähe der mongolischen Grenze ein Ende setzt; meine diesbezügliche Neugierde war voll befriedigt.
Der letzte bemerkenswerte Vorfall bei der Reise durch die Mandschurei erinnerte, wenn auch in geringerem Umfang, an das, was sich bei der Ausreise aus Sibirien ereignet hatte. Der von Mukden abfahrende Zug sollte uns nach Beijing bringen, doch bevor er die chinesische Grenze passierte*, schaffte das japanische Personal alle beweglichen Gegenstände fort, und zwar nicht nur Betttücher und Decken, wie es die Russen in Manzhouli getan hatten, sondern auch die Handtücher aus den Waschräumen und sogar das restliche Toilettenpapier.

* Die Stelle, an der sie in diesem Augenblick, 1937, markiert war.

Endlich waren wir in Beijing. Der Zug war gerade erst eingefahren. Ich war schon auf den Bahnsteig hinabgestiegen und überwachte das sich anhäufende Gepäck, das Yongden den Trägern aus dem Wagenfenster hinabreichte, als ein chinesischer Herr an mich herantrat.

»Sind Sie Madame David-Néel?«, fragte er mich in ausgezeichnetem Französisch.

»Ja.«

»Ich bin hergekommen, um Sie gemeinsam mit Ihren Freunden in Empfang zu nehmen. Professor O ... ist hier und Madame H ... und einige andere Freunde, die Sie willkommen heißen wollen.«

Und der Brief, das Telegramm? ... Sie waren mir wie vereinbart nach Mukden gesandt worden. Tatsächlich hatte die »vorbildliche« japanische Post sie etwa zehn Tage später an die Absender zurückgeschickt, ohne sie an das »Hotel Yamato« ausgeliefert zu haben.

Welch erfreuliche Überraschung: Sie waren da, etwa ein Dutzend, und brachten mir Blumen. Meine Freundin H ... umarmte mich mit Wärme, ich drückte Hände, die sich mir mit Herzlichkeit entgegenstreckten. Beijing war in Sonne getaucht ...

Welch fröhlicher Anfang für meinen erneuten Aufenthalt in China! Welch glückliche Vorzeichen!

Ich hatte nicht die geringste Ahnung, dass ich im Begriff war, das Vorspiel zu einem Drama zu erleben ...

3. Kapitel

Das modernisierte Beijing · Vorzeichen für die japanische Besetzung · Von Beijing zum heiligen Berg mit den fünf Gipfeln (Wutai Shan)

Madame Rosen Hoa, eine polnische Literatin, die mit einem chinesischen Ingenieur verheiratet ist und in Frankreich studiert hat, besitzt in Beijing eine hübsche Villa, die, inmitten von Gärten versteckt, in dem Viertel gelegen ist, das sich zwischen Ha-ta-men und Toung-ssu-Pellou erstreckt. Dorthin brachte sie mich und lud mich liebenswürdigerweise ein, so viel Zeit dort zu verbringen, wie ich brauchte, um mich wieder zu akklimatisieren und die Pläne für meinen erneuten Aufenthalt in China zu machen.

Gleich bei meinen ersten Ausgängen bemerkte ich, dass sich Beijing während meiner Abwesenheit ungemein verändert hatte. Das ausgezeichnete Gedächtnis, über das ich zum Glück verfüge, ließ mich, ohne zu zögern, die Geschäfte meiner ehemaligen Lieferanten wieder finden, von denen noch viele existierten, und ganz allgemein gelang es mir, mich in den Vierteln, die mir vertraut gewesen waren, zurechtzufinden, als hätte ich sie erst gestern verlassen. Die sehr klare Erinnerung, die ich an Beijing bewahrt hatte, trug auf der anderen Seite dazu bei, dass ich die Veränderungen, die sich dort vollzogen hatten, sehr viel deutlicher wahrnahm.

Ich hatte in einer staubigen und unsauberen Stadt gewohnt. Um mich von Bei-ling-Shi – dem Kloster, in dem ich damals wohnte – in das Gesandtschaftsviertel zu begeben, folgte ich einem Weg, der von Wagenspuren durchfurcht und von tiefen Löchern durchsetzt war, die schon der geringste Regen in heimtückische Tümpel verwandelte, in denen die Rikschas stecken blieben. Stattdessen fand ich jetzt eine wundervolle, geteerte Straße vor, auf der Straßenbahnen und zahlreiche Autos fuhren. Viele andere Avenuen hatten eine ähnliche Verwandlung durchgemacht. Der Kaiserpalast, einst Verbotene Stadt und jetzt dem Publikum geöffnet, umfasste ein herrliches Ensemble von blühenden Parks, in deren Mitte große Seen gelegen waren, umgeben von schmucken Pavillons, in denen die Spaziergänger sich ausruhen und Tee und Gebäck zu sich nehmen konnten. Die Paläste, die Tempel, die Säulenhallen, im ursprünglichen chinesischen Stil restauriert und frisch gestrichen, erglänzten unter den kraftvollen Strahlen der Sonne. Das verjüngte Beijing war zu einer der malerischsten und faszinierendsten Städte der Welt geworden.

Nicht weniger überraschten mich die Veränderungen, die sich in den Gepflogenheiten vollzogen hatten. Ich hatte bei den Chinesinnen nie diesen selbstsicheren Gang und diesen herausfordernden Blick erlebt; ich hatte sie nie in den Parks oder auf den Avenuen mit ihren Freundinnen oder Ehemännern spazieren gehen gesehen. Neu und erstaunlich waren für mich auch ihre Kleider, die auf eine seltsame Weise züchtig und offenherzig zugleich waren: Sehr lang, übertrieben hochgeschlossen, so eng anliegend wie Badeanzüge, ärmellos, mit hohen Seitenschlitzen, ließen sie die nackten Arme und die in Seidenstrümpfe gehüllten schlanken Beine sehen. Die Zeit der langen Hosen, der schrecklichen verkrüppelten Füße, der hohen Mandschu-Hauben und der violett geschminkten Wangen ist endgültig vorbei. Schlanke Chinesinnen, dezent geschminkt und mit kurzen, geschickt ondulierten Haaren, erfüllten die Straßen wie eine Menge von kleinen Feen, die sich wie zum Spiel in die Belange der Menschen einzumischen schienen.

Für die Bekleidung dieser eleganten Frauen boten die Geschäfte Stoffe in den wundervollsten Farben an. Weit lag die Zeit zurück, als die Händler ihre Waren sorgfältig verpackt hielten und dem Kunden – fast mit Bedauern – nur einen einzigen Ballen Seide auf einmal vorlegten und ihn wieder einpackten, bevor sie ihm einen zweiten zeigten. Jetzt wurde eine Fülle von schillernden Stoffen auf raffinierte Weise ausgestellt und hindrapiert, um die weibliche Eitelkeit in Versuchung zu führen. Es war schwierig, dem nicht zu erliegen, denn das große Angebot an Stoffarten umfasste sowohl duftige Musselins in zarten Nuancierungen, die angetan waren, jungen Mädchen zu schmeicheln, als auch schwere Satins in prachtvollen kräftigen oder dunklen Farben, die für die Mütter und Großmütter gedacht waren.

Ganz wie die Gestaltung ihrer Geschäfte hatte sich auch das Verhalten der chinesischen Händler den Ausländern gegenüber verändert. In den besten Häusern ließ die Höflichkeit nichts zu wünschen übrig, doch wurde dem europäischen oder amerikanischen Kunden keinerlei Aufmerksamkeit zugestanden, die man nicht auch dem einheimischen Käufer gewährt hätte. Nichts wäre legitimer als das und die Beziehungen blieben ausgezeichnet. In gewissen drittklassigen Geschäften war es ein wenig anders. Vor allem eine Art großer Basar hob sich durch das ungezogene Benehmen seiner Angestellten hervor. Waren sie ebenso unhöflich zu ihren Landsleuten? Das ist durchaus möglich. Auch in Paris und anderswo unterscheidet sich der Ton des Personals je nach Rang des Geschäfts und der gesellschaftlichen Klasse der Stammkundschaft. Wie dem auch sei – wer es nicht gewohnt war, in Asien so ungehörig behandelt zu werden, sah darin ein Anzeichen für das, was sich im Denken des chinesischen Volkes zusammenbraute.

Auch Chinesen bemerkten die Veränderung im Verhalten der Massen ihres Landes. In einem Buch, das von einem von ihnen geschrieben worden ist*, fand ich die amüsante Geschichte,

---

* Ich bedaure, dass ich den Titel des Buches und den Namen seines Autors hier nicht zitieren kann. Da ich nach Beijing zurückzukehren gedachte, wo

die ich im Folgenden kurz wiedergebe. Wie man mir versicherte, hatte der Autor sie nicht frei erfunden; sie beruhte auf Tatsachen.

Nun gut, in einer chinesischen Stadt lebte also eine arme Witwe, Mutter zweier Kinder: eines Sohnes und einer Tochter. Der Junge arbeitete als Lastträger, seine Schwester nähte gegen geringfügige Bezahlung Strümpfe aus Stoff, wie sie kaum mehr angefertigt werden, da sie fast überall durch maschinengestrickte Artikel ersetzt worden sind.

Eines Tages, als das junge Mädchen an der Arbeit saß, hörte es auf der Straße lauten Lärm – Musik, Gesang und Geschrei. Schnell lief es hinaus, um nachzusehen, was vor sich ging.

Vor der Tür defilierte ein Umzug vorbei, dem große rote Fahnen vorangetragen wurden und eine gewaltige Trommel, die mit energischen Schlägen von einem kräftigen, athletischen Burschen bearbeitet wurde, der einen Höllenlärm veranstaltete. Ordentlich in Grau gekleidete Männer und Frauen marschierten in zwei Reihen, sangen und spielten verschiedene Musikinstrumente.

Ebahie, die Näherin, betrachtete die Prozession, als sie plötzlich unter den grau gekleideten Frauen, die Tamburins schwenkten, eine ihrer Freundinnen erkannte, die sich ihren Lebensunterhalt wie sie mit dem Nähen von Strümpfen verdiente.

»Was machst du da?«, fragte sie und hielt sie am Arm fest, als sie an ihr vorüberkam.

»Das siehst du doch. Ich habe eine Anstellung bei diesen Leuten. Man gibt mir in einer Woche das Doppelte von dem Gehalt, das man mir für die Strümpfe bezahlt hat, die ich in einem Monat nähe, wenn ich von morgens bis abends arbeite. Sie haben mir dieses schöne Kleid geschenkt und ich brauche

---

sich das Buch bei meiner Freundin befand, hatte ich sie mir vor meiner Abreise nach Wutai Shan nicht notiert. Der Krieg hat mich daran gehindert, nach Beijing zurückzukehren.

nur zu singen und dieses Tamburin zu schwenken. Komm mich besuchen. Ihr Haus steht am Ende der Hauptstraße, jeder kann es dir zeigen. Ich kann jetzt nicht länger stehen bleiben.«

Und sie rannte davon, um ihren Platz in dem Zug wieder einzunehmen.

Diese Begegnung stimmte die junge Chinesin nachdenklich. Am übernächsten Tag ging sie ihre Freundin besuchen. In dem großen Haus der Fremden erregte alles ihr Erstaunen: der weiträumige Saal, die Bilder, mit denen die Wände geschmückt waren, die Musik und die Leute, die so freundlich mit ihr sprachen.

»Du musst wiederkommen«, sagte eine liebenswürdige Dame zu ihr.

Bestimmt würde sie wiederkommen. Konnte sie nicht, dachte sie sich, ebenso wie ihre Freundin ein neues Kleid bekommen und ein gutes Gehalt und mit dieser schrecklichen Strumpfnäherei aufhören?

Sie besuchte das gastliche Haus jetzt täglich und sie blieb von Mal zu Mal länger.

Als ihr Bruder, der Lastträger, eines Abends heimkehrte, fand er seine Mutter ganz allein damit beschäftigt, das Essen vorzubereiten.

»Wo ist die Kleine?«, fragte er.

Da erzählte ihm die gute Frau, die bis dahin geschwiegen hatte, weil sie die heftigen Reaktionen ihres Sohnes fürchtete, dass seine Schwester häufig fortging, dass sie nicht mehr mit dem Herzen bei der Arbeit war und dass sie nur noch an das Haus am Ende der Hauptstraße dachte, wo gesungen wurde.

In diesem Augenblick kam das junge Mädchen nach Hause.

»Ich verbiete dir, auch nur noch einmal zu diesen Leuten zu gehen«, sagte ihr Bruder entschieden. »Ich weiß, wer sie sind. Ich habe alte Leute erzählen hören, die es mit ihren eigenen Augen gesehen haben, dass man von Zeit zu Zeit einige von ihnen umbringt, weil sie China Unglück bringen. Damit du das verstanden hast! Lass dich nicht weiter mit ihnen ein. Ich will nicht, dass du den Zorn der Obrigkeit auf unsere Familie lenkst.«

Das Mädchen antwortete ihm nicht und kehrte am nächsten Tag in das große Haus zurück. Einige Tage später fand der Bruder, als er von der Arbeit heimkehrte, seine Mutter erneut allein zu Hause.

»Wo ist sie?«

»Da unten ...«, antwortete die alte Frau und zuckte mit resignierter Miene die Achseln.

»Na gut, ich gehe hin.«

An der Tür, die er entschlossen durchschritt, wurde der Lastträger von lächelnden Leuten aufgehalten, die ihn freundlich auf die Zeiten für die öffentlichen Versammlungen hinwiesen und ihm kleine Broschüren anboten.

Ihn interessierten jedoch weder Versammlungen noch Broschüren. Er erklärte es ohne Umschweife: Er wollte seine Schwester, sofort, unverzüglich.

Seine Schwester? ... Wer war sie? ...

Ein junges Mädchen, das so und so aussah ... Sie hatte eine Freundin im Haus.

Ah! Ja. Man begriff, um wen es sich handelte; aber sie konnte im Augenblick nicht herauskommen. Sie nahm an einer geschlossenen Versammlung teil.

Der schlichte Proletarier wollte nichts weiter mehr hören. Er stieß die beiseite, die ihm den Durchgang verwehren wollten, stürzte auf eine Tür zu und öffnete sie mit Gepolter.

Auf diesen Lärm hin kam ein ehrwürdiger, etwas schmerbäuchiger Fremder mittleren Alters herbeigelaufen.

»Was wollen Sie?«

»Ich will meine Schwester.«

Die Leute, die dem Eindringling gefolgt waren, lieferten ihm einige kurze Erklärungen.

»Ja, ja«, sagte der Herr nun milder gestimmt. »Ihre Schwester wird gleich kommen, Sie müssen noch warten. Sie befindet sich auf der Büßerbank. Unterhalten wir uns doch so lange.«
Der Lastträger hatte gehört, dass hinter einer angrenzenden Tür gesungen wurde, und stürmte darauf zu. Der ehrwürdige Herr wollte sich ihm entgegenstellen, um ihn am Eintritt zu hindern. Ein kräftiger Faustschlag, der ihn voll in die Brust traf, beförderte ihn auf den Fußboden, während der Bursche seine Schwester rücksichtslos von der Büßerbank zerrte, auf der sie kniete, und sie aus dem großen Haus hinauszog.
»Und in China hat sich doch etwas verändert!«, murmelte der niedergestreckte Fremde, während er sich mühsam erhob.
Mit der Zusammenfassung, die ich aus der Erinnerung gebe, kann ich den geistreich spöttischen Ton dieser Geschichte nur schlecht vermitteln. Man spürt durch die Komik der Erzählung hindurch, dass der Autor ihr prophetische Bedeutung beimisst.

In Beijing hatte ich die Möglichkeit, Bekanntschaft mit herausragenden Repräsentanten des jungen intellektuellen Chinas zu machen: Schriftstellern und Schriftstellerinnen, Musikern, Dichtern und Dramatikern. Die meisten von ihnen beherrschten eine oder mehrere fremde Sprachen, dabei häufig das Französische.
Außerdem konnte ich chinesische Studenten beobachten, die aus Amerika oder aus verschiedenen europäischen Ländern zurückgekehrt waren, und ebenso eine ganze Anzahl von gemischten Ehen: weiße Frauen, chinesische Ehemänner.
Von wenigen Ausnahmen abgesehen, schienen mir die Studenten, die mehrere Jahre auf Universitäten oder Schulen im Ausland verbracht hatten, nur wenig von ihrem Aufenthalt im Westen profitiert zu haben. Ich kann nichts über die wissenschaftlichen oder fachspezifischen Kenntnisse aussagen, die sie sich dort vielleicht erworben haben. Ich habe sie keiner Prü-

fung unterzogen und wäre dazu auch gar nicht fähig gewesen. Was ich im Umgang mit ihnen bemerkte, war eine eigenartige Grundeinstellung in ihrem Denken, ihren Ansichten und ihren Gefühlen. Die meisten von ihnen erwiesen sich weder als sehr aufgeschlossen noch als besonders einsichtig; eine ungeheure Selbstgefälligkeit konnte den Mangel an Charakterstärke, Ernsthaftigkeit und Ausdauer nicht wettmachen.
Eine Anekdote, die man mir später in Hankow erzählte, verdeutlicht diese Geisteshaltung auf anschauliche Weise.
Ein chinesischer Offizier, der sich mit einem der militärischen Ausbilder und Berater aus Deutschland unterhielt, die sich zu dieser Zeit in China befanden, sagte zu diesem: »Ihr Deutschen braucht drei Jahre, um euch die für einen Offizier notwendigen Kenntnisse zu erwerben, uns Chinesen reichen hingegen drei Monate.«
Doch wäre es ungerecht – und unter mehr als einem Gesichtspunkt unvorsichtig –, die Chinesen nach diesem ersten Kontakt zu beurteilen, den ihre jungen Leute mit den westlichen Denk- und Verhaltensmustern bekommen haben. Die sich wiederholende Erfahrung kann zu anderen Ergebnissen führen; die Fehlschläge, die sie aufgrund von Unüberlegtheit und übersteigertem Selbstvertrauen erlitten haben, werden ihnen eine Lehre sein, von der die nachfolgende Generation profitieren wird. Ich gehöre nicht zu denen, die Zweifel an China oder den Asiaten im Allgemeinen hegen. Nachdem sie für lange Zeit geschlummert haben, kann ihr Erwachen nur langsam vor sich gehen, aber die Samen der Weisheit, die in ihren Ländern schon vor Jahrhunderten gelegt worden sind, werden eines Tages keimen und unsere traurige Welt dann vielleicht wieder beleben.
Was die gemischten Ehen angeht, so sind sie unter einer Vielfalt von Aspekten zu betrachten. Weiße, die sich eine Chinesin zur rechtmäßigen Ehefrau nehmen, scheinen ziemlich selten zu sein. Zahlreicher sind Chinesen, die legitime oder halb-legitime ausländische Ehefrauen haben. Einige von ihnen haben

ihre künftige Frau in China kennen gelernt, die meisten von ihnen haben jedoch in Europa oder Amerika gelebt und sind während dieser Zeit Verbindungen mit Ausländerinnen eingegangen. Diese Letzteren sind fast alle ehemalige Studenten, die in China Stellungen als Lehrer, Professoren oder Beamte innehaben oder freie Berufe ausüben.

Weiße Frauen, die in China geboren und aufgewachsen sind, wissen mehr oder weniger, was sie zu erwarten haben, wenn sie Chinesen heiraten. Man kann folglich davon ausgehen, dass sie weniger häufig Enttäuschungen erleben als die Frauen, die im Ausland geheiratet haben, ohne die geringste Ahnung vom Leben in China zu haben.

Die beträchtliche Veränderung der chinesischen Sitten und Gebräuche, die in den großen Städten – vor allem in denen an der Küste – festzustellen ist, haben die Schwierigkeiten, die eine junge ausländische Ehefrau zu erwarten hat, zweifellos sehr stark vermindert. Die autoritäre, Furcht erregende Schwiegermutter der alten Zeit hat sehr an Strenge verloren und eine Anzahl ihrer Vorrechte eingebüßt. Überdies sind viele der Intellektuellen inzwischen von dem althergebrachten System des gemeinsamen Domizils abgekommen, in dem – wenn auch meistens in getrennten Häusern – Eltern, Brüder, Onkel, Neffen, jeder mit seiner Frau, seinen Konkubinen und den Kindern zusammenlebten. Dem Beispiel des Westens folgend, gründen sie häufig einen eigenen Hausstand und diese Tatsache ist für eine Ausländerin von überaus großer Bedeutung.

Als handele es sich um einen Fortschritt, der auf ihren Einfluss zurückzuführen sei und ihnen zu höchster Ehre gereiche, hört man Ausländerinnen mit stolzer Befriedigung verkünden, dass die neue chinesische Verfassung, die im Juli 1936 verkündet worden ist, zur Monogamie verpflichtet. Ihre Selbsttäuschung ist bemerkenswert. Die neue Verfassung hat im *realen* Sinn des Wortes in dieser Hinsicht nichts verändert. Die chinesischen Gesetze haben im Prinzip immer nur eine einzige legitime Ehefrau anerkannt, obgleich die herrschenden Bräuche es einem Mann erlaubten, eine unbestimmte Anzahl von Konkubinen in seinem Haus zu unterhalten. Zwar war deren Stellung im Prinzip niedriger als die der offiziellen Ehefrau, doch hatte sie nichts Verächtliches. Die Kinder dieser zweitrangigen Ehefrauen hatten ihren anerkannten Platz im väterlichen Haus, wurden von ihrem Vater mit Fürsorge aufgezogen und von niemandem als Bastarde angesehen. Es war dies eine gute Gesetzgebung, die von der Klugheit jener zeugte, die sie mit einem sehr gesunden Sinn für die Realitäten des Lebens aufgestellt hatten.

Wenn viele moderne Chinesen, die zu den gehobenen Klassen gehören, nur eine einzige Ehefrau in ihrem Haus haben, so hat das gewiss in keiner Weise mit der neuen Verfassung zu tun. Die einen gehorchen ökonomischen Gründen: Es kostet viel Geld, mehrere Frauen und eine zahlreiche Familie zu unterhalten. Anderen geht es darum, eine fortschrittliche Haltung zu demonstrieren, die sich von den alten Bräuchen losgesagt hat. Die scheinbare Monogamie der einen wie der anderen ist nicht mehr wert als die der westlichen Ehemänner, und falls sie sich in China ausbreiten sollte, wird dort sehr bald diese Plage unserer Länder in Erscheinung treten: sitzen gelassene Mütter und uneheliche Kinder.

Wie die Chinesen mit der modernen Zivilehe umgehen werden, ist noch ziemlich ungewiss.

In bestimmten Provinzen, vor allem in Sichuan, werden vorgedruckte Trauscheine in den Geschäften verkauft. Um die Ehe zu legalisieren, genügt es, die Namen der Ehegatten einzutragen und das Papier von einem Zivil- oder Militärbeamten unterzeichnen zu lassen oder auch von irgendeiner angesehenen Persönlichkeit. Es ist keine weitere Formalität erforderlich.

Die Bestimmungen der neuen Verfassung zur Polygamie sehen eine Gefängnisstrafe für den Ehemann vor, der außereheliche Beziehungen unterhält, selbst wenn er seine Geliebte

außerhalb des ehelichen Wohnsitzes unterbringt. Obwohl dieses Gesetz aufgrund der Klage einer gesetzlichen Ehefrau manchmal angewendet wird, bleiben dies in der Regel tote Buchstaben, vor allem in den Provinzen im Landesinneren, und dort, wo die Polygamie schon immer die Regel war, blüht sie weiterhin: in den oberen Klassen und unter den Reichen. Die größere Freiheit, deren sich die Frauen heutzutage erfreuen – trotz der Einschränkungen, die im chinesischen Binnenland weiterhin bestehen –, lässt die Vielzahl von Ehefrauen sogar noch deutlicher ins Auge springen. Während die gesetzliche Ehefrau und die Konkubinen früher ins Haus verbannt waren, sind sie heutzutage per Auto oder sogar zu Fuß unterwegs, machen Besuche, kaufen in den Geschäften ein und auf diese Weise macht die Öffentlichkeit Bekanntschaft mit der Ehefrau Nummer zwei oder der Ehefrau Nummer vier von Herrn X. Man hat mir von einem Mann erzählt, der eine hoch gestellte Persönlichkeit ist und ganz ungezwungen mit mehreren seiner Frauen und ihren Kindern ausgeht. Ich meinerseits finde diese Aufrichtigkeit sehr anerkennenswert. Da in China die Anzahl der weiblichen Geburten die der männlichen weit übersteigt, kann man befürchten, dass es fatale Folgen haben würde, wenn man die uralten Heiratssitten völlig und abrupt über den Haufen werfen würde.
Neben den reichen polygamen Männern sind auch die armen zu nennen, die sich mittels einer Mehrzahl von Gefährtinnen unbezahlte Hilfskräfte verschaffen, die mit ihnen oder für sie arbeiten. Die Händler sehen darin auch eine Möglichkeit, in ihren diversen Niederlassungen Verbündete unterzubringen, die dort ihre Interessen vertreten. Einer meiner Lieferanten in Tatsienlu* besitzt neben seinem Geschäft in dieser Stadt eine

* Tatsienlu ist eine Grenzstadt, Hauptstadt der Provinz Sikang im äußersten Westen Chinas, im tibetischen Grenzgebiet. Der tibetische Name ist Dardsedo; die Chinesen nennen sie jetzt Kangding.

Filiale in Xian in der Provinz Shaanxi, eine weitere in Yatcheou, am Rande von Sichuan, und noch eine weitere in Batang, an der Grenze zu Yunnan. In jeder seiner Niederlassungen lebt eine seiner Ehefrauen und er erklärt sehr ernsthaft und mit völliger Offenherzigkeit: »Auf diese Weise ist die Überwachung meiner Geschäfte gewährleistet und ich habe Gesellschaft, wenn ich mich in meinen verschiedenen Filialen aufhalte.«

Unter den modernen und gebildeten Chinesen in den Großstädten ist es zunehmend üblich geworden, sich den Ehemann oder die Ehefrau seiner persönlichen Vorstellung gemäß auszusuchen, und die Verlobten genießen eine ganz und gar amerikanische Freiheit, wie sie in den bürgerlichen Schichten in Frankreich noch unbekannt ist. Ob verlobt oder einfach nur befreundet, jedenfalls sah ich in Beijing eine beträchtliche Anzahl junger Mädchen, die ganz ungezwungen mit jungen Männern unterwegs waren, und ich bemerkte mit Vergnügen, dass sie sich untadelig verhielten und der Jugend aller westlichen Länder ohne Ausnahme als Vorbild dienen könnten.

Es geschieht ziemlich selten, dass ein Chinese, der mit einer Ausländerin verheiratet ist, eine Konkubine in sein eheliches Heim einführt, es ist jedoch keineswegs eine Ausnahme, dass er außerhalb noch eine chinesische Familie unterhält. Man findet solche Doppelehen manchmal auch im Westen, aber das Besondere in China ist, dass Ausländerinnen, die fest davon überzeugt sind, die einzige legitime Ehefrau zu sein, nicht selten ohne ihr Wissen Zweitehefrauen sind. Das ist vor allem so, wenn der Ehemann aus einer Familie in der Provinz stammt, wo noch der Brauch herrscht, die Kinder im zarten Alter miteinander zu verloben und sie jung zu verheiraten. Der junge Mann, der sodann im Ausland studiert, misst dieser Ehe keine große Bedeutung bei. Er trifft eine Ausländerin, in die er sich verliebt, heiratet sie in Europa oder in Amerika, nimmt sie mit nach China, gründet einen Hausstand und seine Frau hegt keinerlei Verdacht. Währenddessen lebt in dem väterlichen Haus ihres Ehemannes eine Frau, die in den Augen der ganzen Familie wie auch vor dem Gesetz die legitime, die *einzige wirklich legitime* Ehefrau ist.* Die Mentalität der chinesischen Ehefrau unterscheidet sich von der der Frau aus dem Westen: Sie hat um sich herum immer erlebt, dass die Große Ehefrau, die, welche das Geschlecht fortführt, entweder im Elternhaus ihres Mannes bleibt oder in einem Domizil, das dieser, im Allgemeinen in seinem Geburtsort, eingerichtet hat. Es betrübt sie vielleicht, erstaunt sie jedoch nicht, dass ihr Mann außerhalb eine ausländische Konkubine unterhält. Jahrhunderte der Polygamie haben die Chinesinnen daran gewöhnt, ihren Mann zu teilen, und es käme ihnen nicht einmal in den Sinn, etwas daran ändern zu wollen.

Von Zeit zu Zeit muss ihr Mann seine Eltern besuchen. Bei diesen Gelegenheiten wird er sich wahrscheinlich daran erinnern, dass die Chinesin seine Frau ist. Die ganze Familie wird im Übrigen alles tun, um sie einander näher zu bringen. Falls diese erste Frau noch nicht Mutter ist, kann sie es immer noch werden: Bringt sie einen Sohn zur Welt, ist dieser der Erbe. Die weiße Frau kann hingegen über Jahre völlig ahnungslos sein und beim Tod ihres Mannes, wenn sich die Erbfrage erhebt, urplötzlich erfahren, in welcher Situation sie sich tatsächlich befindet.

Ich beschränke mich hier keineswegs darauf, Geschichten zu wiederholen, die ich nur vom Hörensagen kenne. Ich habe Fälle dieser Art erlebt. Eine Amerikanerin erfuhr von der früheren Ehe ihres Mannes erst, als sie zwei Kinder zur Welt

---

* Anders als in Indien, in Tibet und unter den Moslems, wo der polygame Ehemann mehrere in gleicher Weise legitime Ehefrauen haben kann. Wie es scheint, ist es heutzutage in manchen chinesischen Provinzen zulässig, dass mehrere Frauen als Gattinnen den gleichen Rang besitzen, aber wahrscheinlich handelt es sich dabei mehr um eine gesellschaftliche Übereinkunft als um ein echtes gesetzliches Recht.

gebracht hatte. Was konnte sie tun? Aufgrund ihrer Arbeit hat sie sich eine angesehene, unabhängige Position geschaffen und trägt weiterhin den Namen ihres Mannes. Von Zeit zu Zeit verbringt dieser ein paar Wochen bei ihr; ich glaube, dass sie durch geschäftliche Interessen miteinander verbunden sind. Normalerweise lebt er jedoch in einer anderen Stadt mit seiner legitimen Ehefrau, einer Chinesin, und ihren Kindern.
Eine andere Ausländerin, die ich kenne, hegt seit ihrer Ankunft in China den Verdacht, dass ihr Mann schon eine Ehefrau hatte, als er sie heiratete, und sie versucht ganz bewusst, die Augen davor zu verschließen. Ihr Mann hat mir seine Situation eingestanden. Er hängt keineswegs an seiner chinesischen Ehefrau, aber er hat einen Sohn mit ihr und liebt den Kleinen.
Ich habe Ausländerinnen kennen gelernt, die Witwer geheiratet haben und tatsächlich die einzigen und legitimen Ehefrauen waren. Ihr Schicksal war jedoch alles andere als beneidenswert. Im ehelichen Domizil wirkten sie wie erdrückt von der zahlreichen Familie ihres Ehemannes, die dort lebte: seine Söhne, ihre Frauen und ihre Kinder und obendrein noch ein oder zwei Neffen. So scheinbar höflich sich all diese Leute auch verhielten, gaben sie ihr doch zu verstehen, dass sie die rechtmäßigen Bewohner dieses Hauses waren, und sie behandelten die Frau einer anderen Rasse, an der ihr Vater seinen Spaß hatte, mit einer Herablassung, die demütigend für sie war.
Ich habe mich darauf beschränkt, einige Aspekte der Position einer ausländischen Ehefrau in gemischten Ehen aufzuzeigen, weil diese meine Leserinnen wahrscheinlich in erster Linie interessiert, doch auch die des chinesischen Ehemannes der Ausländerin hat ihre Schattenseiten. Das asiatische Ambiente, das ihn bei seiner Rückkehr in die Heimat umgibt und das nach und nach wieder Besitz von ihm ergreift, die Macht der jahrhundertealten Einflüsse, die in Gepflogenheiten und Gefühle

eingegangen sind, die sich unweigerlich immer wieder an den Ansichten und dem Verhalten der westlichen Ehefrau stoßen, verursachen ihm notgedrungen vielerlei Probleme.
Ich habe es erlebt. Ich bin ins Vertrauen gezogen worden. Die meisten der gemischten Ehen, mit denen ich in Berührung gekommen bin, waren nicht sehr glücklich. Zu viele Dinge trennten die beiden Rassen voneinander, die sich darin begegneten, zu unterschiedlich waren die Neigungen und die Gewohnheiten, die jeder von ihnen von Kindheit an angenommen hatte.
Unter dem Gesichtspunkt einer Vervollkommnung der Menschheit mag die Blutsvermischung wünschenswert sein, doch diejenigen, die sich darauf einlassen, können sich persönlich kaum Glück davon erwarten.

In Beijing nahm ich Kontakt mit Universitätsprofessoren und mit Bibliotheksverwaltern auf, wobei die einen wie die anderen prachtvolle Wohnungen hatten. Man hatte Beijing nicht nur modernisiert und verschönert, sondern es war auch zu einem echten intellektuellen Zentrum geworden. Das bewog mich, es für die Dauer meines erneuten Aufenthalts im äußersten Orient, für den ich mehrere Jahre veranschlagt hatte, zu meinem Anlaufhafen zu machen.
Sobald ich diesen Entschluss gefasst hatte, machte ich mich auf die Suche nach einem Haus, das ich mieten konnte. Diese Suche dauerte sehr lange. Ich weiß nicht, ob ich den Grund preisgeben sollte, der es mir so schwierig machte, mich zu etablieren, aber da er im Zusammenhang mit den Gebräuchen steht, hat er vielleicht seinen Platz in der Beschreibung des modernen Beijing.
Welche Fortschritte die Chinesen auch vollbracht haben mögen, was die »Modernisierung« anbelangt, so haben sie sich doch eine Reihe von Gewohnheiten bewahrt, die für Ausländer, die in Bezug auf Hygiene und Reinlichkeit sehr strikte

Vorstellungen haben, absolut schockierend sind. Unter anderem handelt es sich um die Gewohnheit, ständig zu spucken, häufig verbunden mit einem schrecklichen, gurgelnden Geräusch – überall hinzuspucken: auf den Boden in den Zügen, auf den in den Zimmern und neben die Tische in den Restaurants. In gepflegten Häusern sind Spucknäpfe in Fülle über die Gemächer verteilt, so dass der Besucher nicht auf die Fliesen oder aufs Parkett zu spucken braucht. Ich habe bemerkt, dass Leute, die den oberen sozialen Klassen angehören oder eine halb westliche Erziehung genossen haben, diese widerwärtigen Gefäße jetzt häufig in den Zimmerecken verstecken. Doch gab es eine Zeit – und man sieht dies noch in zahlreichen Häusern –, in der der Spucknapf, ein gewichtiger Gegenstand aus verziertem Porzellan von mindestens fünfzig Zentimetern Höhe, gut sichtbar als Schmuckobjekt vor den Diwan postiert war, und zwar genau in der Mitte zwischen den beiden Ehrenplätzen, so dass ein Ehrengast dieses Gefäß während der gesamten Unterhaltung zwischen sich und seinem Gesprächspartner stehen hatte.

Vielen Chinesen erscheint es sehr seltsam, dass wir nur ausnahmsweise spucken, und einige von ihnen haben mir gegenüber die Meinung geäußert, dass dies zweifellos auf eine Missbildung oder eine Krankheit unsererseits zurückzuführen sei.

Eine andere abstoßende Angewohnheit, die einst auch im Okzident üblich war, die wir aber glücklicherweise abgelegt haben, ist die, sich beim Essen nicht einzelner Teller zu bedienen, sondern direkt aus den Schüsseln zu schöpfen, mit Stäbchen oder mit Löffeln, mit denen man die Speisen an den Mund führt und auf denen sich deshalb unvermeidlich Speichel abgelagert hat.

Es ist den Ausländern zuzuschreiben, dass sich diese ungesunde Angewohnheit unter den Chinesen erhalten hat, mit denen sie Umgang pflegen oder die ihre Schüler sind. Nur sehr wenige Ausländer lehnen Einladungen zu Essen im chinesischen Stil ab, obwohl sie einhellig der Meinung sind, dass diese Art zu essen unsauber und dazu angetan ist, Krankheiten zu verbreiten. Die meisten von ihnen geben zu, dass sie einen tiefen Abscheu verspüren, wenn sie sich bei solchen Mahlzeiten zu Tisch setzen, sich allerdings zwingen, ihn zu überwinden, um die Chinesen nicht zu beleidigen, denen sie damit jedoch einen sehr schlechten Dienst erweisen.

Doch war es noch eine andere besondere chinesische Gepflogenheit, die mich daran hinderte, ein bewohnbares Haus zu finden.

Zwar hatte sich die Stadtverwaltung von Beijing alle Mühe gegeben, die Stadt zu verschönern, doch die sanitären Einrichtungen hatte sie dabei auf ärgerliche Weise vernachlässigt und die Einwohner nahmen dies mit völliger Gleichgültigkeit hin. Die Mehrzahl der Straßen war noch ohne Kanalisation und in denen, die darüber verfügten, ging von den mit Unrat verstopften Öffnungen ein Gestank aus, der die gesamte Umgebung verpestete.

Es gab nur sehr wenige Häuser, die moderne Toiletten besaßen. Die meisten Einwohner von Beijing begnügten sich damit, in ihrem häufig sehr winzigen Hof aus Ziegeln ein in den Boden eingelassenes Becken ohne Sitz darüber zu bauen, das *von Zeit zu Zeit* von einem Grubenentleerer gesäubert wurde. Viele andere – weil ihre Wohnungen entweder keine Höfe hatten oder weil es ihnen lieber so war – blieben bei dem alten System der »Stühle«, die sehr oft in ihrem Schlafzimmer standen und nur einmal täglich geleert wurden. Ausländer finden sich mit diesen Gegebenheiten ab – das weiß ich aus Erfahrung. Ich bin etwas wählerischer und meine diesbezüglichen Ansprüche hinderten mich daran, eine Wohnung zu finden.

Zum guten Schluss fand ich mich damit ab, mir auf eigene Kosten ein kleines chinesisches Haus umzubauen. Die Einrichtungen waren überaus simpel, doch hatte ich fließendes

Wasser in der Küche, im Bad und in der Toilette. Fenster mit Glasscheiben, die man öffnen konnte, ersetzten zudem die fixierten, mit Papier bespannten Rahmen, die nur ein mattes Licht und zu wenig Luft einlassen, um die Räume zu lüften. Nachdem das getan war, richtete ich das Haus höchst einfach ein und ließ mein Gepäck, das ich von Frankreich aus aufgegeben hatte, aus Shanghai kommen, wo es über den Seeweg eingetroffen war.

In einem der vorangegangenen Kapitel habe ich ausführlich von dem Gefühl von Irrealität berichtet, das mich beim Aufbruch zu dieser Reise überkommen hatte. Ich verbreite mich nicht gern über persönliche Eindrücke, doch verdient der seltsame Zustand, in dem ich mich kurz nach meiner Ankunft in Beijing befand, vielleicht eine Erwähnung.

Jedes Mal, wenn ich ausging, überkam mich eine unbeschreibliche Traurigkeit, die ich mir in keiner Weise erklären konnte. Mein Gesundheitszustand war wie gewöhnlich ausgezeichnet, meine materielle Lage gab mir keinen Anlass zur Beunruhigung. Ebenso verhielt es sich mit den Menschen, die mir besonders wichtig sind: Eltern und Freunde. Doch verstärkte sich diese unbegreifliche Traurigkeit von Tag zu Tag. Obgleich ich niemals weine, war mir, als würden mir die Tränen in die Augen steigen, wenn ich mit der Rikscha durch die Stadt fuhr.

Die Leute, die sich durch die Straßen bewegten, nahmen dann ein ungewöhnliches Aussehen an. Während ich zusah, wie sie friedlich dahinliefen und ihre Besorgungen erledigten, entdeckte ich unter ihren Gesichtern einen anderen Ausdruck als den, den sie zur Schau trugen, und hinter ihren alltäglichen Gesten nahm ich andere wahr, die sie gar nicht machten oder nur tief in ihrem Unterbewusstsein. Die vor Wut verzerrten Gesichter, das drohende Verhalten, ließen Visionen von Massakern vor mir aufsteigen und mich bedrängte der Gedanke,

soseh ich mich auch tadelte und über mich selbst lustig machte, um ihn zu vertreiben, dass ich eine Art Vorstufe von Szenen sah, die sich in der Entstehung befanden und in der Zukunft realisieren würden.
Sobald ich nach Hause zurückkehrte, verflüchtigte sich der Albtraum, um bei meinem nächsten Ausgang in verstärkter Form von neuem einzusetzen. Sobald ich Beijing verlassen hatte, hörten diese Erscheinungen völlig auf.
Manch einer würde darin vielleicht eine Vorahnung von den Ereignissen sehen, die sich ereignen sollten. Ich neige fast dazu, es zu glauben, obwohl die Vorwarnung – falls es eine war – mir mehr auf eine gegen die Ausländer gerichtete Bewegung hinzuweisen schien als auf einen Krieg, den China mit einem anderen asiatischen Volk führen würde. Aber wer weiß – ich schreibe dies hier in Tibet mehr als zwei Jahre nach meinem Aufenthalt in Beijing und über das chinesische Drama ist noch nicht das letzte Wort gesprochen.
So unangenehm diese Zwangsvorstellung war, von der ich gequält wurde, beeinträchtigte sie doch in keiner Weise meine gewohnte Hellsichtigkeit. Inmitten dieser Atmosphäre von Wohlhabenheit und Lebensfreude, durchsetzt mit Überheblichkeit, in der die Stadt mit ihren glänzenden Palästen, den blühenden Parks und den winzigen befreiten Göttinnen zu baden schien, nahm ich schemenhaft böse Vorzeichen wahr.
Die Regierung hatte eine Kampagne gegen den Konsum von Heroin angeordnet, das von japanischen Schwarzhändlern und in ihrem Sold stehenden Chinesen importiert wurde. Die gegen die Delinquenten verhängten Strafen waren von drakonischer Strenge und wie meistens in Asien – und häufig auch anderswo – wurden nur die kleinen Leute ohne Einfluss und ohne Rückhalt von der Härte des Gesetzes getroffen. Diesem unerbittlichen Gesetz zufolge wurde derjenige, von dessen Heroinkonsum man überzeugt war, in einem Krankenhaus eingeschlossen und einer Entziehungskur unterzogen. Wenn

er nach seiner Freilassung rückfällig wurde, sperrte man ihn erneut ein und unterzog ihn der gleichen Kur. Beim dritten Mal erschoss man ihn.
So konnte man einem Unglücklichen begegnen, der zu seinem Hinrichtungsort geführt wurde und dessen Verbrechen allein darin bestand, dass er versucht hatte, mittels einer Droge die Härte seiner Existenz zu mildern, sich ein paar Stunden der Entspannung zu verschaffen oder auch einfach nur die vorübergehende Exaltation zu erreichen, die er benötigte, um seiner Arbeit nachgehen zu können.
Jede Art der Todesstrafe ist eine Infamie. Das habe ich bereits an anderer Stelle gesagt.* Der übelste aller Verbrecher hat zumindest für sich, dass er sein Leben riskiert, wenn er ein Verbrechen begeht, da ihm die Todesstrafe droht. Oder in den Ländern, in denen die Todesstrafe abgeschafft ist, Zuchthaus auf Lebenszeit. Aber die, welche ihn töten, so wie er getötet hat, gehen nicht das geringste Wagnis ein und besitzen nicht die Art von Kühnheit, die den Mörder erfüllt hat, so brutal und verabscheuenswert sie auch sein mag, welche ihre Tat entschuldigen könnte. Wie viele von denen, die mit großem Aufwand an Eloquenz und theatralischen Gesten die Todesstrafe für einen gefesselten, von Polizisten bewachten Angeklagten fordern, würden es wohl wagen, ihm mit der gleichen Vehemenz sein Verbrechen vorzuwerfen und zu versuchen, es ihn büßen zu lassen, wenn sie allein mit ihm wären und er seine Bewegungsfreiheit hätte!
In Beijing handelte es sich nicht um Verbrecher, sondern um die Opfer eines Handels, an dem sich Personen bereicherten, die von jeder Art der Strafverfolgung verschont blieben.
Die Hinrichtung dieser Unglücklichen fand ohne den gerings-

---

* In A. David-Néel, *Le Modernisme Bouddhiste et le Bouddhisme du Bouddha*, Paris 1911. Neue Ausgabe unter dem Titel: *Le Bouddhisme du Bouddha*, Paris 1960.

ten Anspruch auf Feierlichkeit statt: Man schlachtete sie einfach ab. Ein mit einem Gewehr bewaffneter Mann schoss auf den Verurteilten. Hatte er ihn nicht mit der ersten Kugel getötet, schoss er erneut und so viele Male, wie sie ein schlechter Schütze benötigt, um den Tod herbeizuführen.
Hin und wieder wurden ein paar kleine Drogenhändler festgenommen, doch in der Regel begnügte man sich damit, sie mit einer Geldstrafe zu belegen oder ins Gefängnis zu stecken.
Hinter vorgehaltener Hand raunte man sich in Beijing die Namen von hohen Beamten zu, von denen es hieß, dass sie nicht nur in den Opiumhandel verstrickt seien, der fast überall in China erlaubt war, sondern auch in den Handel mit verbotenen Drogen. Die wurden in großem Umfang von den Japanern geliefert. Diese bereiteten sich darauf vor zu wiederholen, was andere ihnen mit dem Opium vorgemacht hatten: sich mit Kanonenkugeln den Eintritt nach China zu verschaffen, um ihm sodann den Kauf ihres Giftes aufzuzwingen.
Ich habe sagen hören, die Japaner wollten die Chinesen schwächen, um China auf diese Weise leichter in ihre Gewalt zu bekommen und zu ihrem Nutzen ausbeuten zu können. Es geht ihnen nicht nur um den finanziellen Gewinn: Heroin, das schädlicher ist als die Opiumpfeife, ist für sie eine Kriegswaffe.
Beijing, so hieß es auch, sei von seinen leitenden Beamten an die Japaner verkauft worden. Die Mehrzahl von ihnen macht den Japanern den Hof, da sie hoffen, von einer Spaltung zu profitieren, die ein von der Regierung in Nanjing unabhängiges Nordchina begründen würde, dessen Führung sie unter japanischer Kontrolle übernehmen würden. Ihnen sind bereits die wenigen unerheblichen Reformen lästig, die von der Regierung in Nanjing in die chinesische Gesetzgebung eingebracht worden sind, und sie befürchten weitere, die ihre Macht – und ihren Profit – zunehmend vermindern würden. Sie glauben, sich besser mit den Japanern verständigen zu können, die eine beträchtliche Anzahl von ihnen bestochen haben.

In Beijing war eine große japanische Schule eingerichtet worden, in der die japanische Sprache unterrichtet wurde. Die Japaner bereiteten das Terrain vor. Unter den Chinesen schwadronierten indessen die einen ins Leere, während die anderen raffinierte Pläne ausklügelten, um sich auf die Seite des Stärkeren zu schlagen. Und Mengen von plebejischen Einfaltspinseln blieben vor dem Truppenübungsplatz stehen, der an die japanische Gesandtschaft angrenzt, und beobachteten seelenruhig, wie die japanischen Soldaten im Schatten der Fahne mit der blutroten Sonne den Umgang mit Maschinengewehren trainierten.

Manchen Leuten scheint es auf geheimnisvolle Weise vorbestimmt, einen ganz besonderen Weg einzuschlagen. Was sie auch tun, ob freiwillig oder nicht, um davon abzuweichen, sie werden doch immer wieder darauf zurückgeführt. So ergeht es mir in Bezug auf meine tibetischen Studien.

Als ich 1911 nach Asien zurückkehrte, plante ich einen erneuten Aufenthalt in Indien und den Besuch von Birma. Ich hatte eine Abwesenheit von etwa achtzehn Monaten vorgesehen. Damals blieb ich vierzehn Jahre hintereinander in Asien, wobei ich den größten Teil davon auf dem Boden Tibets verbrachte, was in meinem Reiseplan niemals vorgesehen gewesen war. Als ich Frankreich 1936 erneut verließ, hatte ich vor allem Recherchen zu dem frühen Taoismus im Sinn. Doch aufgrund eines eigenartigen Zusammentreffens von Umständen kam ich gleich in den ersten Wochen meines Aufenthaltes in Beijing mit mehreren tibetischen Lamas in Kontakt, die vorübergehend dort lebten. In Beijing wohnte auch der Vertraute des Tashi Lama*, der Mann, der seine Flucht aus Tibet vorbereitet hatte. Ich hatte ihn zwanzig Jahre zuvor im Palast

* Der Tashi oder Panchen Lama, der im November 1937 in Jakyendo (Yushu) starb.

des Tashi Lama in Shigatse kennen gelernt. Und so war ich erneut von tibetischer Atmosphäre umfangen. In diesem Augenblick sah ich jedoch nicht voraus, dass China von einem Krieg heimgesucht werden würde und dass ich aus diesem Grund nach Tibet zurückkehren würde; deshalb bemühte ich mich, von den Bekanntschaften, die ich gemacht hatte, so viel wie möglich zu profitieren.

Unter den in Beijing lebenden Lamas befand sich auch ein *geche*, der aus Batang im Land Kham stammte. In dem großen Kloster Drepung in der Nähe von Lhasa hatte er fünfundzwanzig Jahre lang die philosophische tibetische Literatur studiert und mit Auszeichnung seinen Universitätsgrad als *geche* erworben, der in etwa dem Doktor der Philosophie in den westlichen Ländern entspricht.

Wir kamen überein, uns dreimal wöchentlich zusammenzufinden – der *geche*, Yongden und ich –, um gemeinsam tibetische Texte zu lesen und über ihren Sinn zu diskutieren. Das waren wirklich schöne Treffen!

Streitgespräche sind in Tibet immer mit einem großen Aufwand an rituellen Ausrufen und Gesten verbunden, die sie ganz wie ein Ballett erscheinen lassen, sobald sie ein wenig lebhafter werden. Die Gegner gehen abwechselnd aufeinander zu, weichen wieder zurück, stampfen mit dem Fuß auf, schlagen die Handflächen gegeneinander, raffen ihr Mönchsgewand über die Arme hoch, so ähnlich wie es unsere französischen Anwälte vor Gericht tun, ändern dann wieder die Haltung und hüllen sich mit gebieterischer Majestät völlig hinein. Mein *geche* und einige seiner Kollegen, die sich uns einer nach dem anderen anschlossen, waren es gewöhnt, sich dieser Gymnastik hinzugeben, während sie sich gegenseitig Fragen, Antworten und Argumente an den Kopf warfen, wie sie in den lamaistischen Universitäten üblich sind. Das Zimmer, in dem ich sie empfing, wurde sehr bald zu klein für ihre ausladenden Bewegungen, sie breiteten sich bis auf die

Veranda und sodann in den Hof aus, wobei sich ihre ganze entfesselte Gelehrsamkeit so lautstark äußerte, dass es fast in Gebrüll ausartete.

Meine hochgebildeten Freunde waren kräftige, hoch gewachsene Burschen von dunkler Hautfarbe und mit funkelnden schwarzen Augen, die eher Furcht als Vertrauen einflößten. Der Radau, den sie veranstalteten, weckte die Neugier meiner Nachbarn: Über den Mauern des Hofes tauchten Köpfe auf und verschwanden schnell wieder, nachdem sie einen Blick auf den rätselhaften Tanz dieser Riesen geworfen hatten. Auch den Polizisten, der seinen Platz an meiner Straßenecke hatte, beunruhigten diese majestätischen, in dunkelrote Gewänder gehüllten Männer, die er häufig bei mir eintreten sah. Man schickte Untersuchungsbeamte aus, die das Geheimnis dieser Besuche aufklären sollten. In China herrschte bereits eine Atmosphäre des Argwohns. Nachdem die Schergen an der Tür von einem kategorischen »Ich verstehe kein Chinesisch« empfangen worden waren, stürzten sie sich auf meinen Vermieter, der im Nebenhaus wohnte. Dieser lehrte Geologie an der Universität und hatte im Ausland studiert. Er teilte den Neugierigen mit, dass seine Mieterin, da sie in Tibet gelebt habe, Tibeter kenne und sie in aller Freundschaft bei sich empfange. Die Erklärung war akzeptabel, aber wieso gaben diese Besuche Anlass zu so überaus lautstarkem Herumgetolle? Der ehrenwerte Professor hatte keine Ahnung und ich hielt es nicht für notwendig, es ihm zu erläutern. Man hörte schließlich auf, ihn zu befragen, aber solange ich mich in Beijing befand, war nur wenige Schritte von meiner Tür entfernt ein Polizist postiert.

Ende Juni, rund fünf Monate nach meiner Ankunft, verließ ich Beijing.

Schon seit langem hatte ich beschlossen, den Sommer auf dem Wutai Shan zu verbringen, einem der heiligen Berge Chinas, den ich aufgrund der Umstände im Laufe meiner früheren Reisen nicht hatte besuchen können.

Der Wutai Shan (der Berg mit den fünf Gipfeln, auf Tibetisch Riwo tse nga) zog mich aufgrund der komplexen Persönlichkeit an, die dort seit Jahrhunderten von zahllosen Pilgern verehrt wird, die zum Teil aus den entlegensten Gegenden Tibets oder der Mongolei kommen. Manjushri ist der Sanskrit-Name, unter dem ihn die Orientalisten unserer Länder kennen; die Tibeter nennen ihn Dschampeiyang. In den apokryphen mahayanistischen Sutras erscheint er als ein Schüler Buddhas; nepalesische Überlieferungen machen ihn zu einem General chinesischer Abstammung und die Tibeter haben die chinesischen Kaiser immer als seine aufeinander folgenden Reinkarnationen betrachtet. Er ist auch der Beschützer der Gelehrten, eine Art Gott der Wissenschaft und der Beredsamkeit, und spielt im Buddhismus des Nordens die Rolle, die bei den Hindus von der Göttin Sarasvati eingenommen wird. Manjushri-Dschampeiyang wird jedoch als Bodhisattva angesehen, das heißt, als ein Wesen, das dicht davorsteht, die vollkommene geistige Erleuchtung der Buddhas zu erreichen, und folglich welchem Gott auch immer weit überlegen ist.

Es war deshalb mein Wunsch, Dschampeiyang *bei sich zu Hause* zu besuchen und zu sehen, welchen Platz er in den lokalen Legenden und in den alten Chroniken einnimmt, die in den Klöstern an Ort und Stelle aufbewahrt werden. Überdies gedachte ich, sobald ich um den Monat September Wutai Shan verließ, den Norden von Shanxi zu besuchen und in die Mongolei zu reisen.

Von Beijing führen mehrere Straßen zum Wutai Shan. Die über Datong verlaufende verlockte mich als die malerischste, aber ich war mit Empfehlungsschreiben für den Gouverneur von Shanxi ausgestattet, Marschall Yen Sie-san, und für andere hohe Beamte in Taiyuan, die der Minister für tibetische und mongolische Angelegenheiten beauftragt hatte, mir eine Unterkunft in einem der Klöster am Wutai Shan zu besorgen. Es empfahl sich, ihnen einen Besuch abzustatten, und zum anderen wollte ich ihnen auch das Programm für die Reise durch Shanxi unterbreiten, die ich für den darauf folgenden Herbst geplant hatte. Ich beschloss deshalb, den Expresszug nach Hankow zu nehmen, der über Shijiazhuang fährt, wo die Schmalspurlinie nach Taiyuan ihren Anfang nimmt.

Der Zug fuhr um sechs Uhr morgens ab. Als ich weit vor der festgesetzten Zeit am Bahnhof eintraf, fand ich dort eine dichte Menschenmenge vor. Seine alten Gebäude waren abgerissen worden, um Neubauten Platz zu machen. Das gesamte Gelände war in eine Baustelle verwandelt und den Reisenden blieb nur ein schmaler Bahndamm zugänglich, der von Gepäckbergen eingenommen wurde.

Nachdem Yongden nach langem Warten die Fahrkarten erhalten hatte, wollte er die Gepäckträger und unsere beiden Diener zu einer Waage dirigieren, wo ein Bahnangestellter damit beauftragt schien, die Gepäckstücke zu wiegen und zu registrieren. Als er dort hinkam, wurde ihm erklärt, dass unsere *sämtlichen* Koffer und Kisten geöffnet werden mussten und dass ihr Inhalt untersucht werden würde, bevor wir die Erlaubnis erhielten, sie nach einem Ort außerhalb von Beijing aufzugeben.

Ich war von dieser neuen Auflage der Verwaltung nicht informiert worden, die sich, wie ich später erfuhr, gegen den Schmuggel von Opium und ähnlichen Drogen richtete. Es war mir allzu widerwärtig, als dass mich dazu hätte entschließen können, meine Kleider, meine Wäsche und mein Bettzeug auf die Erde zu packen – es gab keine Bänke –, zwischen die verschmutzten Lumpen und die schmierigen Gegenstände aller Art, welche die Kontrolleure aus den Bündeln von hunderten von armen Teufeln hervorzerrten und haufenweise auf den Bahnsteig warfen. Zudem hat sich bei den Weißen in Asien die Überzeugung fest verankert, dass sie Rücksichtnahme und eine Sonderbehandlung erwarten können: Ich mache in dieser Hinsicht keine Ausnahme. In vielen Fällen ist diese Sonderbehandlung im Übrigen völlig gerechtfertigt. Kein Ausländer wird sich weigern, sich unter Chinesen zu mischen, die sauber und wohlerzogen sind wie er, aber es ist nur natürlich, dass Leuten aus dem Westen der Kontakt mit dem übel riechenden, von Ungeziefer befallenen asiatischen Plebs zuwider ist. Es erscheint mir ein grundsätzlicher Akt der Höflichkeit vonseiten der Obrigkeit des Landes, ihnen diese unangenehmen Kontakte zu ersparen.

Ich muss sagen, dass meine Gepäckstücke schließlich registriert wurden, ohne geöffnet worden zu sein, doch erst nach langem Hin und Her und nachdem Yongden mit diversen Beamten verhandelt hatte. In der Zwischenzeit war jedoch die Abfahrtszeit des Zuges gekommen; die Lokomotive pfiff und der Zug fuhr ohne mich ab.

Ein Zwischenfall dieser Art ist in Asien nicht der Rede wert. Ich habe in Indien Bauern gesehen, die mehrere Tage lang auf einem Bahnhof kampierten und regelmäßig die Züge verpassten, die vor ihren Augen davonfuhren, weil ... Ich hätte Schwierigkeiten zu erklären, weshalb. Ihre Motive sind unerfindlich für alle anderen als ihre Artgenossen und vor allem kannten sie vielleicht selbst nicht den Grund für ihr Verhalten. Was ich feststellen konnte, war ihre unerschütterliche Ruhe. Einen Zug verpassen, was bedeutet das schon! Es werden noch andere vorbeifahren und dass man sein Ziel nicht heute erreicht, sondern morgen oder nächste Woche oder nächstes Jahr oder dass man es vielleicht niemals erreicht – ist das etwa ein Grund, um sich aufzuregen?

Etwas Ähnliches dachte sich wohl der brave Chinese, der mir diesen erstaunlichen Trost zuflüsterte: »Heute Abend um neun fährt wieder ein Express.«

Es war sechs Uhr morgens. In den Baracken, die als Bahnhofsbüros dienten, gab es keine Stelle, wo man Gepäck in Ver-

wahrung geben konnte. Bei mir zu Hause war für die Dauer meiner Abwesenheit alles verpackt und abgeschlossen worden; das französische Hotel war weit vom Bahnhof entfernt ... Wo sollten wir hin?
Mein Koch, der sich bei der Auskunft erkundigt hatte, berichtete mir, dass um neun Uhr morgens ein Personenzug fuhr. Doch würde ich gezwungen sein, in Shijiazhuang zu übernachten, um dort am nächsten Morgen den Anschlusszug an den Nachtexpress zu nehmen. Das sollte kein Hinderungsgrund sein, denn es war in jedem Fall besser, den Tag in einem Zugabteil zu verbringen und draußen die Landschaft vorüberziehen zu sehen, als fünfzehn Stunden lang in einem Bahnhof die Zeit totzuschlagen und dann die ganze Nacht zu reisen.
Etwa vier Stunden nach unserer Ankunft vor Tagesanbruch am Bahnhof gelang es uns also, uns endlich in einem Abteil niederzulassen.
Auf dem gleichen Bahnsteig waren Yongden und ich einst in Gesellschaft von Lama Gurong Tsang und seinem zahlreichen Gefolge abgefahren, um uns ans äußerste Ende Chinas und in die tibetischen Einöden in der Nähe des großen Blauen Sees (des Kuku Nor) zu begeben. Die Eisenbahn verkehrte zu jener Zeit nur bis Honanfu (Luoyang) und der ganze Rest der Reise wurde auf abenteuerliche Weise im offenen Wagen zurückgelegt.
Es war schon seit langem beschlossen worden, dass die Bahn bis nach Lanzhou, der Hauptstadt von Gansu, weiterführen sollte, doch der Erste Weltkrieg unterbrach die Arbeiten der französischen und belgischen Gesellschaften, die mit dem Bau begonnen hatten. Sodann verhinderten lokale Streitigkeiten, Geldmangel und zweifellos auch die Nachlässigkeit der Regierung die Fortsetzung der Bahnlinie. Nur ein Teilstück wurde fertig gestellt und der Zug fährt bis Xian, der Hauptstadt von Shaanxi. Jetzt soll die Linie nach Süden, bis Chengdu, Hauptstadt von Sichuan, verlängert werden und von dort aus weiter

bis Kunming, Hauptstadt von Yunnan, wo sie auf die französische, aus Indochina kommende Eisenbahnlinie treffen wird und auf die, die zwischen Birma und Kunming gebaut wird.

Was Lanzhou angeht, das weiter östlich gelegen ist und sehr stark unter sowjetischem Einfluss steht, so scheint es ein wenig in Vergessenheit geraten zu sein, obwohl die Chinesen keineswegs darauf verzichtet haben, es an ein Eisenbahnnetz anzuschließen. Wenn diese verschiedenen Projekte realisiert und vollendet werden, das heißt, wenn die russische Eisenbahn von Semipalatinsk nach Urumqi, der Hauptstadt von Sinkiang, fortgeführt wird und von dort aus weiter nach Lanzhou, würde sich der Weg von Indochina nach Moskau ganz ungemein verkürzen.

Im Laufe der nächsten fünfzig Jahre werden sich in Asien zweifellos gewaltige Änderungen vollziehen.

Ich malte sie mir aus, während der Zug über die chinesischen Ebenen rollte, und rief mir vor allem die Erinnerungen an jene frühere Reise ins Gedächtnis, zusammen mit dieser Horde von halb wilden Tibetern aus dem Grasland, die von ihren Landsleuten in Lhasa verächtlich als *thapas* (Leute aus den entlegensten Winkeln des Landes) oder schlimmer noch als *lalo* (Wilde) bezeichnet werden.

Gurong Tsang lebte in der Nähe von Kweiteh, südlich vom Oberlauf des Gelben Flusses, und ohne ein wirkliches Stammesoberhaupt zu sein, übte er großen Einfluss auf die Tibeter seiner Region aus. Die chinesische Regierung, die ihn sehr rücksichtsvoll behandelte, gab ihm und seinem Gefolge kostenlosen Geleitschutz und so war ein Salonwagen zu seiner Benutzung an den Zug angehängt worden. Gurong Tsang, der mich wegen meiner freundschaftlichen Beziehungen zum Großen Lama von Tashilhünpo schätzte, hatte Yongden und mir angeboten zusammen mit ihm und einem anderen Gast in diesem Salonwagen Platz zu nehmen: einem jungen Lama, einem *tulku,* aus dem Kloster Gomi in Amdo. Auf diese bequeme Weise begann eine höchst bewegte Reise quer durch Gegenden, in denen die Lungenpest und der Bürgerkrieg wüteten. Für die Strecke – vom Endpunkt der Bahnlinie bis nach Xining –, die zu jener Zeit normalerweise achtundzwanzig oder dreißig Tage in Anspruch genommen hätte, brauchten wir fünf Monate.

Ich sehnte mich nach dieser Zeit der Abenteuer zurück, während der Zug genau wie seine Artgenossen im Westen artig von Bahnhof zu Bahnhof fuhr.

Ich erinnerte mich an die Gefährte, die mich unter Gerumpel nach Zentralasien gebracht hatten, über Wege, an denen manchmal ganze Bündel von abgeschnittenen Köpfen an den Bäumen hingen, die von der gnadenlosen Bestrafung der Straßenräuber zeugten und zugleich an die zahlreichen Berufskollegen der Hingerichteten denken ließen, die das Land weiterhin unsicher machten und denen man unterwegs jederzeit begegnen konnte. Ich dachte daran, wie während der Belagerung von Tungchow die Kugeln auf das Dach meines Zimmers geprasselt waren, und an zahllose andere Vorfälle dieser Art. Ganz entschieden fehlte es meiner gegenwärtigen Reise völlig an gefährlichem Reiz und ich verspürte ein echtes Bedauern darüber. Ich stelle mir vor, dass sich die kleinen chinesischen Götter mit ihren boshaften Gesichtern in den zahlreichen halb verfallenen Tempeln, an denen der Zug unterwegs vorüberfuhr, sehr über mich amüsiert haben müssen. »Diese verrückte Ausländerin!«, flüsterten sie sich wahrscheinlich zu. »China hat noch ganz andere Abenteuer für sie auf Lager. Ganz gewiss mehr, als ihr lieb sind.«

In Shijiazhuang kam ich spätnachmittags im Regen an. Da der Zug nach Taiyuan erst am nächsten Tag abfuhr, begab ich mich in das Hotel, das gleich am Bahnhof gelegen war.

Die Linie von Shijiazhuang nach Taiyuan ist von einer französischen Gesellschaft gebaut worden, die sie zu Anfang auch betrieben hat. Diese hatte die Nebengebäude für die Eisenbahnlinie ebenfalls im westlichen Stil eingerichtet. Hübsche, von Gärten umgebene Villen dienten dem Personal als Unterkünfte und die Reisenden wurden an den Endbahnhöfen von zwei Hotels mit bequemen Zimmern empfangen: in Shijiazhuang und in Taiyuan. Inzwischen haben die Chinesen die Linie und alles, was dazugehörte, zurückgekauft. Die Auswirkungen dieser veränderten Direktion haben nicht auf sich warten lassen. Ich fand das Hotel verkommen vor, die Einrichtung teilweise beschädigt: überall Staub und Unsauberkeit. Nichtsdestotrotz war es absurd teuer, die Preise überstiegen die der großen ausländischen Hotels in Beijing.

»Schlechte Vorzeichen«, murmelte Yongden mürrisch. Beim Aussteigen aus dem Zug war er mit dem Handgelenk gegen das Eisengeländer des Trittbretts geprallt und hatte das Glas seiner Armbanduhr zerbrochen. Zweifellos um ihm nicht nachzustehen, ließ ich meinen Regenschirm fallen und der Griff ging entzwei.

Der Zug fuhr am nächsten Morgen zu früher Stunde. Das Wetter war wieder sehr schön und ich war sehr glücklich, in die Berge zu fahren. Ohne besonders bemerkenswert zu sein, ist die Landschaft, die man entlang der Bahnlinie erblickt, doch ganz hübsch und der angenehme Eindruck, den ich bekam, verstärkte sich in dem Maße, in dem der kleine Zug die Hänge hinankletterte und die Luft kühler und frischer wurde. Und genau in diesem Augenblick musste ich Bekanntschaft mit der neuen chinesischen Neurose machen, die einer meiner Freunde, ein französischer Arzt, »Spionitis« getauft hat.

In dem Abteil, in dem ich mit Yongden Platz genommen hatte, saß auch ein chinesischer Offizier, der Reisender war wie wir. An einer der Haltestellen verließ er den Wagen für einen Moment und bald kamen drei Chinesen in Uniform, die uns nach unseren Karten fragten. Wir gaben sie ihnen und sie zogen sich wieder zurück. Einige Minuten später kamen sie wieder.

»Ist das *Ihre* Visitenkarte?«, fragte einer von ihnen den Lama und hielt dabei die kleine Karte hoch, die ihm übergeben worden war.

»Ja«, antwortete Yongden.

Auf seiner Karte, genau wie auf der aller anderen Ausländer, die in China leben, steht auf der einen Seite sein Name: Albert Yongden-David, geschrieben in lateinischen Buchstaben, und auf der anderen das phonetische Äquivalent von Yongden in chinesischer Schrift. Seine Nationalität ist überdies in der linken unteren Ecke der Karte vermerkt, wie es üblich ist.

Lama Yongden ist in einem kleinen tibetischen Himalayastaat geboren, wo sich seine aus Südtibet stammende Familie bereits lange vor seiner Geburt angesiedelt hatte. Dieses winzige Königreich war von den Engländern erobert worden und deshalb britisches Territorium. Daraus folgt, dass der Lama aufgrund seines Geburtsortes britischer Staatsbürger ist, was man ins Chinesische nur mit dem Wort »englisch« übersetzen kann. Seine Karte trägt deshalb die Angabe: England (Ying Guo), so wie auf meiner zu lesen ist: Frankreich (Fa Guo). Doch während meine Physiognomie der Nationalität entspricht, die auf meiner Karte angegeben ist, hat die meines Adoptivsohns nichts Britisches. Der betresste Chinese war verblüfft.

»Sie sind Engländer?«, fragte er weiter.

»Ich bin Engländer«, antwortete seelenruhig der Lama, den die verdutzte Miene des Fragenden amüsierte.

»Zeigen Sie mir Ihren Pass.«

Yongden wies ihn vor. Der Chinese konnte nicht lesen, was darin geschrieben stand, aber er erkannte das Visum des chinesischen Konsulats in Marseille und das englische Wappen, in Gold geprägt auf dem Deckel des Büchleins. Er drehte sich zu seinen Kollegen um, die im Gang geblieben waren, und zeigte ihnen den Ausweis.

»Er ist tatsächlich Engländer.«
Zwei weitere Köpfe erschienen an der Abteiltür, um sich diesen außergewöhnlichen Engländer erneut prüfend anzuschauen. Mit einem Blick auf mich wagte sich einer dieser Neugierigen vor: »Sie reisen zusammen mit dieser Dame?«
»Sie ist meine Mutter«, erklärte dieser Schalk respektvoll und ohne eine Miene zu verziehen.
Das war mehr an Verblüffung, als die Chinesen ertragen konnten.
Der Lama und ich sind beide klein, mit einer leichten Neigung zur Korpulenz, aber darin erschöpft sich auch unsere Ähnlichkeit und obendrein – unsere Pässe sind der Beweis dafür – gehören wir verschiedenen Nationalitäten an.
Die drei Polizisten gingen höchst irritiert davon. Ich hätte zu gern den Bericht gelesen, den sie über uns verfasst haben.
Der Offizier, der wahrscheinlich geglaubt hatte, eine wichtige und verdienstvolle Tat zu vollbringen, als er unsere Anwesenheit im Zug meldete, stieg an einem Bahnhof aus, an dem wir kurz darauf anhielten.
An den Personenzug, in dem wir uns befanden, war kein Speisewagen angehängt, aber man servierte Mahlzeiten in den Abteilen. Eine Art Oberkellner kam und fragte uns, ob wir essen wollten und was wir essen wollten. Ja, wir wollten essen, nur unser Wortschatz der Sprache des Reiches der Mitte erlaubte es uns nicht, bestimmte chinesische Speisen zu benennen.
Mit liebenswürdigem Lächeln schob unser Gastgeber diese Schwierigkeit beiseite.
»Wie viele verschiedene Gerichte wünschen Sie? Zwei Gänge, drei Gänge, vier Gänge?«
Wie es schien, war ein viergängiges Menü in diesem Zug das Höchstangebot.
»Wir nehmen also vier Gerichte und sie sollten vor allem gut sein.«
Der Oberkellner nickte zustimmend und verließ uns.

Eine halbe Stunde später kehrte er in Begleitung von zwei Kellnern zurück, die das Essen brachten: Reis, so viel man nur wollte, Eier, Fisch, zwei verschiedene Fleischsorten in Form von Ragout und eine Suppe *zum Abschluss*. Das Essen war im Ganzen ausgezeichnet, ohne besonders anspruchsvoll zu sein, und ich sprach jedem einzelnen Gericht mit großem Appetit zu.

Der Zug erklomm die steilen Steigungen auf der Strecke nur sehr langsam und blieb an allen Bahnhöfen unterwegs sehr lange stehen. Als wir in Taiyuan ankamen, war es nach vier Uhr nachmittags; Shijiazhuang hatten wir vor sieben Uhr morgens verlassen.

Gegenüber dem Bahnhof, jenseits eines kleinen öffentlichen Parks, erhob sich das Grand Hotel von Shanxi. Selbst wenn es das Adjektiv »grand« nicht ganz verdient hatte, machte das von der französischen Eisenbahngesellschaft erbaute Hotel dennoch einen sehr guten Eindruck. In der chinesischen Provinz sind Reisende es keineswegs gewöhnt, solche Unterkünfte vorzufinden. Aber leider hatten wie in Shijiazhuang der asiatische Schlendrian und die Nachlässigkeit, die seit dem Abgang der französischen Verwaltung das Regiment führten, auch in Taiyuan ihr Werk getan: Die Wanne in meinem Badezimmer hatte Sprünge und lief aus, meine Zimmerwand, die von einem langen Riss durchzogen war, sorgte für eine Art der Belüftung, die der Architekt bei der Planung des Hauses nicht vorgesehen hatte, und als ich die Läden schließen wollte, bekundete einer von ihnen ein so heftiges Bedürfnis nach Freiheit, dass ich ihn gerade noch rechtzeitig mit zwei Händen festhalten konnte, bevor er auf die Straße hinabstürzte.

Am gleichen Abend fand im Hotel ein Bankett statt. Haben die alten chinesischen Schriftsteller uns also wissentlich belogen oder haben wir sie missverstanden, da wir uns die Gäste bei chinesischen Festmählern als überaus förmliche Persönlichkeiten vorstellen, die sehr darauf bedacht sind, die Rituale

einer peinlich genauen und strengen Etikette einzuhalten? Und sollten diese Männer in langen Gewändern und gemessener Haltung, die uns von den alten chinesischen Maler im Bild überliefert worden sind, je existiert haben – welch tief gehende Verwandlung haben ihre Abkommen dann durchgemacht!
Je weiter der Abend voranschritt, waren es nicht mehr allein lautstarke Unterhaltungen oder Gelächter, deren Widerhall vom Festsaal bis zu den oberen Etagen empordrang, sondern auch Gezeter, Gebrüll, unmenschliche Schreie, ganz so, als hätte man eine ganze Menagerie in diesem Hotel eingeschlossen. Der Alkohol trug offenbar zur Raserei der Gäste bei. Wie man mir am nächsten Morgen sagte, gehörten sie alle zur besten Gesellschaft der Stadt.
Ich verbrachte zehn Tage in Taiyuan – nicht etwa, weil es dort Interessantes zu sehen gäbe, sondern weil ich Besuche machen und meine Reise zum Wutai Shan organisieren musste, und was man im Westen in einigen Stunden erledigen kann, dauert im Osten Tage.
Marschall Yen Sie-san, der Gouverneur der Provinz, war krank und hatte sich in sein Haus verkrochen. Eine politische Krankheit, sagten die bösen Stimmen: Der Marschall war nach Nanjing beordert worden, um dort Rechenschaft über seine finanzielle Verwaltung der Provinz abzulegen, und er hatte wenig Lust sich dort hinzubegeben. Gewisse Leute warfen ihm vor, eigenmächtig das gesamte Silbergeld eingezogen und durch Papiergeld ersetzt zu haben. Ähnliche Maßnahmen waren in ganz China ergriffen worden; warum machte man sie dem Gouverneur von Shanxi zum Vorwurf? Vielleicht hatte er sie zu seinem eigenen Vorteil durchgeführt, anstatt der Kasse von Nanjing den Profit zugute kommen zu lassen. Was weiß ich!
Man erzählte sich auch, dass ein Abgesandter der Zentralregierung einen Konvoi hatte beschlagnahmen lassen, der angeblich Kisten mit Keksen für die Truppen transportierte. In

Wahrheit enthielten die Kisten jedoch Gold, das der Marschall an einem sicheren Ort deponieren lassen wollte.
Der Name Yen Sie-san war mir schon seit langem vertraut. Als ich in Gansu lebte, galt die Provinz Shanxi, die sich im Frieden befand, während der Bürgerkrieg einen großen Teil Chinas verwüstete, als vorbildlich und der Marschall (ich glaube, dass er zu jener Zeit erst General war) wurde ganz allgemein als ausgezeichneter Gouverneur hervorgehoben. Er hatte Schulen eingerichtet, Straßen gebaut und eine Eisenbahnlinie, die den Süden von Shanxi bis zum Gelben Fluss bediente (und die nichts mit der von den Franzosen erbauten von Shijiazhuang nach Taiyuan zu tun hatte), seine Armee war umfangreich und diszipliniert. Überall wurden Loblieder auf den großen Yen gesungen. Nach allem, was ich in Taiyuan zu hören bekam, schien von diesem Ruhm nur wenig übrig geblieben zu sein. Übertrieben hohe Steuern, murmelte man; der Gouverneur will *alles* sein im Land: Er hat Banken, Geschäfte, er hat sogar einen landwirtschaftlichen Betrieb, in dem er Butter herstellt, und in seinem Heimatort besitzt er ein fürstliches Landgut. Vielleicht waren seinerzeit die überschäumenden Lobreden auf den großen Yen übertrieben gewesen – und sicher war es zum Teil auch der Tadel, mit dem man ihn jetzt überhäufte. Wie dem auch sei, der Marschall zeigte sich nicht und ich hatte nicht das Vergnügen, ihn kennen zu lernen.
Hingegen hatte ich eine interessante Begegnung mit Herrn Tchao, dem Bürgermeister der Stadt, einem in buddhistischer Philosophie sehr beschlagenen Gelehrten. Ich lernte auch Herrn Kia kennen, der den einzigartigen Titel trug: »Kommissar für die Befriedung von Shanxi«. Welche Befriedung? Die Provinz befand sich im Frieden. Herr Kia war Beauftrager der Regierung in Nanjing. In ganz China erlebte man so zwei verschiedene Arten von Beamten – die, welche direkt von Nanjing abhängig waren, und die anderen, die der Provinzialverwaltung angehörten – die nebeneinander existierten und

sich jeweils in die Angelegenheiten der anderen mischten, einer auf den anderen eifersüchtig waren, sich bespitzelten, sich Fallen stellten. Ganz genauso ist es noch jetzt in China, das sich im Kriegszustand befindet und von Japan zermürbt wird. Man muss es bei jedem Anlass wiederholen: Die von den Chinesen proklamierte Einheit ist nur eine scheinbare Einheit, ist ganz und gar Fassade; alle, die in den Provinzen im Landesinneren leben, können ein Lied davon singen.

Herr Kia, dessen Sohn in Amerika studiert hatte, war ein liebenswerter und intelligenter Mann. Er versprach mir seine umfassende Hilfe für die Reise, die ich nach meinem Aufenthalt am Wutai Shan quer durch Shanxi machen wollte. Bei einem Essen, das er mir zu Ehren gab, machte ich die Bekanntschaft von mehreren interessanten Chinesen, die alle an amerikanischen Universitäten studiert hatten.

Gegen Ende meines Aufenthaltes in Taiyuan sah ich auch eine Französin wieder, der ich schon in Beijing begegnet war und die mit einem Chinesen, Berater des Gouverneurs, verheiratet war. Wäre mir diese charmante Dame doch niemals über den Weg gelaufen; sie sollte mich in der Folge in eine echte Katastrophe treiben.

In Taiyuan lebte eine gewisse Anzahl von Ausländern, von denen die meisten entweder katholische oder protestantische Missionare waren. Die Katholiken waren Italiener, Franziskanermönche, wie man mir sagte. Abgesehen von einigen Nonnen bestand ihre ausländische Klientel aus einem Franzosen, den beiden mit Chinesen verheirateten Französinnen und den Kindern aus diesen beiden Ehen. Alle betrachteten sie den Besuch der Sonntagsmesse als eine harte Bußübung – wegen des betäubenden Gestanks, der von den chinesischen Kulis ausging, die im Übrigen die einzigen Schäfchen der ehrwürdigen Väter waren.

Mein Landsmann erzählte mir, dass jeden Sonntag einer der Missionare predigte. Er predigte mit der Emphase und der überschwänglichen Gestik, die den Südländern eigen ist, und er predigte natürlich auf Chinesisch, aber häufig war seine Sprache der Dialekt einer anderen Provinz, in der er zuvor gelebt hatte oder in der er Chinesisch gelernt hatte. Vielleicht war auch seine Aussprache mangelhaft. Auf jeden Fall verstanden die Gläubigen nie auch nur ein Wort von dem, was ihr geistiger Führer so lautstark verkündete. Seine Lehre oder seine frommen Ansichten kümmerten die Lastträger, Arbeiter oder andere Mitglieder des gelben Proletariats, die in der Kirche versammelt waren, auch nicht im Geringsten. Während der würdige Sohn des heiligen Franziskus und des sonnigen Italiens gestikulierte und sich die Seele aus dem Leib redete, unterhielten sie sich über ihre kleinen Geschäfte oder die Neuigkeiten des Tages. Manche machten ein Schläfchen und andere – wie ich es auch anderswo gesehen habe – nützten die Zeit, um ihre Kleider oder die Haare ihrer Kinder zu entlausen. Obgleich der Franzose ein guter Sinologe war, verzichtete inzwischen auch er darauf, der Predigt zu lauschen. Hin und wieder kam ihm der Gedanke, einen der neben ihm hockenden Bettler zu fragen: »Was sagt er?«

Mit einer Kopfbewegung deutete er dabei auf den schwadronierenden Apostel.

»Weiß nicht … Ich hör nicht zu.«

Um ein Interesse an den religiösen Lehren zu entdecken, ist ein gewisser Grad von Intelligenz und Kultur erforderlich. Die überwältigende Mehrzahl der nominellen Verfechter aller Religionen hält sich an die mechanische Ausübung der Riten, die ihre Vorväter mit der gleichen Gedankenlosigkeit praktiziert haben und die ihnen eine lange Gewohnheit zum Bedürfnis gemacht hat.

Was die chinesischen »Konvertiten« angeht, so habe ich sie mehr als einmal untereinander darüber diskutieren hören, welchen Nutzen ihrer Meinung nach die Religion des *Je Su* (Jesus), der Protestantismus, oder die des *Herrn des Himmels,* der Katholizismus, haben. Was ist *einträglicher*?, fragten sie sich ernsthaft, protestantisch oder katholisch zu sein? Und die Antwort auf diese Frage hing sehr davon ab, ob an dem Ort, an dem sie gestellt wurde, die protestantische oder die katholische Mission die schöneren Gebäude besaß, welche Missionare vermögender wirkten und wer von ihnen großzügiger Gaben austeilte.

Eines Nachmittags ging ich zum Bahnhof, um die französische Dame in Empfang zu nehmen, die ich zuvor erwähnt habe: Sie kehrte von einem kurzen Aufenthalt in Beijing nach Hause. Eine Menge von sehr erregten Leuten, von denen viele beschriftete Fähnchen in der Hand hielten, drängte sich auf dem Bahnsteig. Wer wurde da wohl erwartet? Wem war dieser begeisterte Empfang zugedacht? Ich neigte zu der Annahme, dass es sich um einen renommierten General oder um einen berühmten Politiker handeln müsse.

Von Applaus begrüßt, fuhr der Zug in den Bahnhof ein. An einem Fenster zeigte sich für einen Augenblick ein hübsches rundes Gesicht, dann stieg ein schmächtiger Mann in korrekter europäischer Kleidung aus dem Wagen. Jubelrufe empfingen ihn, ein Geleitzug formierte sich und, begleitet von den Fähnchenträgern, wurde der schlanke Reisende sodann ins Grand Hotel von Shanxi geführt.

Ich hatte soeben die zweite Berühmtheit des chinesischen Theaters erblickt: Herrn Tchen. Der erste männliche Star des chinesischen Theaters war Herr Mei Lan Fan.

Ich spreche von männlichen Stars, weiß allerdings nicht, ob diese Bezeichnung wirklich zutreffend ist, weil diese Künstler im Alltagsleben zwar Männer sind, sie sich aber die schmeichelhafte künstlerische Reputation, die sie genießen, in weiblicher Aufmachung errungen haben. Tatsächlich spielen die beiden Schauspieler, die ich genannt habe, so wie eine ganze Anzahl ihrer vom Publikum weniger gefeierten Kollegen, nur Frauenrollen und vor allem die Rollen von Liebhaberinnen.

Wie es scheint, empfinden es die chinesischen Zuschauer als einen ganz besonderen Kunstgenuss, wenn sie diese als Frauen herausgeputzten und übermäßig geschminkten Männer im Stil des traditionellen Theaters kokettierend und deklamierend oder singend auf der Bühne agieren sehen – samt dem seltsam anmutenden Gegluckse und Gegurre, das von äußerst hohen Tonlagen zu rauen Kehllauten wechselt.
Auf der anderen Seite habe ich Frauen gesehen, die die Rollen von Männern und sogar von Kriegern spielten. In einem Stück, das im Theater von Hankow aufgeführt wurde, spielte eine zierliche Chinesin einen kriegerischen, cholerischen General, während ihre »Ehefrau« von einem hoch gewachsenen Mann dargestellt wurde. In einer heftigen Eifersuchtsszene, die die kleine Schauspielerin als General dem ellenlangen Schauspieler machte, der als Edeldame vergangener Jahrhunderte aufgemacht war, schien der groteske Kontrast, den dieses absurde Paar bildete, keinen der Zuschauer zu schockieren. Niemand nahm den komischen Aspekt wahr und hätte auch nur im Traum daran gedacht, darüber zu lachen.
Was Herrn Tchen anging, so hatte ich ihn in Beijing in der Rolle einer kokettierenden Liebhaberin gesehen, in der er nach Meinung von Kennern ganz ausgezeichnet gewesen war. Der ziemlich ausgefallene Titel dieses Stückes hieß »Brautschau auf dem Dach«. Mich und einige der neben mir sitzenden ausländischen Zuschauer ließ er zwangsläufig an das Liebesspiel von Katzen denken, und tatsächlich erinnerten uns die Vokalisen des Hauptdarstellers und seines Kollegen ebenfalls sehr an die von verliebten Katern, die ihren Angebeteten auf den Dächern eine Serenade darbringen.
Natürlich erkannte ich Herrn Tchen nicht in der Kleidung seines eigenen Geschlechts. Später im Hotel sah ich ihn wieder: einmal auf dem Treppenabsatz, als er Besucher hinausbegleitete, die sich in Abschiedsfloskeln ergingen, und ein anderes Mal im Salon, wo er mit mehreren Herren plauderte. Er

wirkte jung: Vielleicht verlieh ihm ein leichtes Rouge auf den Wangen diesen rosigen Teint, der ihn so jugendlich erscheinen ließ. Das ist sehr wahrscheinlich, denn es braucht Jahre, bevor man einen Bekanntheitsgrad erreicht, wie er ihn besitzt. Mei Lan Fan, dem er nacheifert, hat, wie ich gehört habe, die vierzig überschritten, aber auf der Bühne ist er immer noch eine leidenschaftliche, verliebte junge Frau, die Begehren erweckt. Man erzählt sich in China, dass diese männlichen »Schauspielerinnen« glühende Leidenschaften entfachen und ebenso viele Männer ruinieren wie die großen Kurtisanen und das Nationalspiel Mah-Jongg. Das Privatleben der Berühmtheiten der chinesischen Theaterwelt ist mir natürlich unbekannt, aber Liebe zwischen Männern gibt es in allen Ländern. Die alten Griechen haben sie verherrlicht und schrieben den Männern, die sich ihr hingaben, größere Manneskraft zu als denen, die es nach Frauen verlangte.
Ich bezweifle, dass sich Chinesen, die Gefallen daran finden, von Überlegungen dieser Art leiten lassen. Man hat die These aufgestellt: Da die Frauen aufgrund der im alten China herrschenden Bräuche vom gesellschaftlichen Leben ausgeschlossen waren, ersetzte man sie durch Epheben. Die Anstandsregeln erlaubten es früher nicht – und im Landesinneren Chinas erlauben sie es noch immer nicht –, dass ein Mann sich mit welcher Frau auch immer in der Öffentlichkeit zeigte: legitime Ehefrau, Konkubine oder Hetäre. Bei Banketten und Festen fanden sich nur Männer zusammen, und um ihre Zuammenkünfte aufzulockern, pflegten reiche Chinesen auf junge Männer zurückzugreifen: Schauspieler, angehende Schauspieler oder ganz einfach hübsche Knaben, die die Rolle des »Unterhalters« spielten, ähnlich wie die japanischen Geishas. Man begab sich damit auf schwankenden Boden, zumal solche Liebschaften in keiner Weise missbilligt wurden.
Manche Leute sind überzeugt, dass die größere Freiheit, die die Frauen in China allmählich genießen, dazu beitragen wird,

die Gepflogenheiten zu verändern. Sie meinen, dass der Mann, der seine Geliebte zum Essen ins Restaurant führen oder der gemeinsam mit ihr in der Theaterloge sitzen kann, weniger geneigt sein wird, bei solchen Anlässen die Gesellschaft eines Jünglings vorzuziehen. Ich weiß nicht, welche Bedeutung diesem Aspekt beizumessen ist.

Diese Überlegungen haben mich weit von Taiyuan fortgeführt: Ich kehre dorthin zurück.

Im Augenblick meiner Abreise zu dem Berg, hatte ich den Eindruck, dass mich das viele Gepäck, das ich von Beijing mitgebracht hatte, unterwegs behindern würde.

Im Hinblick auf eine Reise quer durch Shanxi und einen anschließenden Aufenthalt in der Mongolei hatte ich eine Winterausstattung und eine Zeltausrüstung mitgenommen, die ich am Wutai Shan nicht benötigen würde. Ich bat also meine Landsmännin, die in Taiyuan wohnte, eine bestimmte Anzahl meiner Koffer, Kisten etc. bei sich einzulagern, die ich mir anschließend wieder abholen würde. Ich erwähne diese banale Tatsache nur deshalb, weil sie, wie man später sehen wird, unvorhergesehene und sehr ärgerliche Konsequenzen für mich haben sollte.

Ein Militärfahrzeug, das mir freundlicherweise zur Verfügung gestellt worden war, brachte mich von Taiyuan an das Ende des Fahrweges. Meine beiden Diener waren mit dem öffentlichen Autobus gefahren.

Man findet diese Autobusse inzwischen in allen Teilen Chinas, nicht nur in den nördlichen Provinzen, die schon seit langem über Fahrwege verfügen, sondern auch in denen, wo man – wie in Sichuan – nur zu Pferde oder in der Sänfte reisen konnte und wo inzwischen Autostraßen gebaut worden sind. Dass dies ein Fortschritt ist und für die Chinesen von Vorteil, ist nicht zu leugnen, doch der ausländische Reisende hat mehr als einen Grund, dem alten System nachzutrauern. Ich meine

den, der das Land in aller Ruhe bereisen und nach Belieben anhalten möchte, um eine malerische Landschaft oder eine interessante Sehenswürdigkeit zu bewundern oder auch um die unterschiedlichen Lebensformen der Bevölkerung zu beobachten. Der Reisende, der nur über ein bescheidenes Budget verfügt, dem allerdings der Kontakt mit den unsauberen Massen zuwider ist, aber auch derjenige, der es für seine Pflicht hält, das bisschen Prestige, das die Weißen noch genießen, nicht weiter zu vemindern, indem er sich auf ein enges Aufeinandergehocke einlässt, das von der chinesischen Etikette missbilligt wird, kann sich nur schlecht mit der Einrichtung der öffentlichen Verkehrsmittel abfinden.
Ein Ausländer, der sich vor zwanzig Jahren in dieser Situation befand, kaufte oder mietete für einen geringen Preis einen oder zwei Karren und ein paar Maultiere. Begleitet von drei oder vier Dienern, konnte er sich so über alle befahrbaren Routen bewegen, ohne sich unter seinen Stand zu begeben. In anderen Regionen begnügten sich die Sänftenträger mit einem bescheidenen Lohn, und wenn der Reisende Tiere besaß und die Strecke zu Pferde zurücklegen wollte, kostete ihn der Unterhalt in den Herbergen wenig, sobald die Tiere einmal bezahlt waren. Da ich China jahrelang auf verschiedene Weise bereist habe, spreche ich aus Erfahrung.
In den nördlichen Provinzen sind die Karren heutzutage fast völlig verschwunden und durch Autobusse ersetzt worden. In den Regionen, die erst neuerlich mit Fahrwegen versehen worden sind, hat man erst gar keine Karren mehr gebaut, da umgehend Autobusverbindungen eingerichtet wurden. Daraus folgt, dass ein Ausländer, der allein reisen möchte, ein eigenes Auto mieten muss. Davon gibt es nur wenige und die Werkstätten, die darüber verfügen, verlangen völlig überhöhte Preise für ihre Dienste. Bisher ist es keine praktikable Sache, ein Auto zu kaufen, um damit China zu durchfahren. Entlang der Straßen sind die Auftankmöglichkeiten noch

nicht organisiert und das Straßennetz ist alles andere als durchgehend.
Nach meiner Abreise aus Taiyuan beobachtete ich erneut Anzeichen für das veränderte Verhalten der Chinesen gegenüber den Ausländern. Es hatte früher immer ausgereicht, dass ich meine spitze Nase aus dem Verdeck meines Wagens herausstreckte, damit sich die Beamten an den internen Zollstellen wieder zurückzogen, ohne Fragen zu stellen*. Das ist jetzt nicht mehr so. Nach der Abfahrt aus Taiyuan geschah es zweimal, dass Beamte, die mit der Überprüfung von Waren beauftragt waren, auf das Auto zugestürzt kamen. Der Chauffeur-Soldat und sein Kamerad erklärten ihnen, dass ich als Gast eines hohen Beamten reiste, und das allein bewog sie, mich nach langem Palaver passieren zu lassen, ohne mein Gepäck zu durchsuchen. Wie es schien, durften die Ausländer die Straßen auch nicht mehr ohne Spezialgenehmigungen befahren. Ich musste meine Papiere vorzeigen und mehrere Exemplare meiner Visitenkarten austeilen, bevor ich die Reise fortsetzen konnte.
Nach drei Stunden Fahrt auf einer annehmbaren Straße schlug der Chauffeur einen Weg ein, der noch nicht ausgebaut war, und dort gaben wir uns über lange Zeit Geländeübungen hin, die eher Panzern als unserem bescheidenen Wagen angemessen gewesen wären. Schließlich erreichten wir ein Dorf.
Dort waren bereits meine Diener, die in Taiyuan vor Morgengrauen aufgebrochen waren, mit meinem Gepäck angelangt und sie irrten wie echte Idioten durch die Gegend, ohne sich im Mindesten um die notwendigen Fortbewegungsmittel zu kümmern, mit denen wir unseren Weg fortsetzen konnten. Ich hatte diese beiden Männer kurz vor meiner Abreise aus Beijing engagiert, wobei ich mich hinsichtlich des einen – ein Mongole namens Hortche – auf die Empfehlungen von Tibe-

* *Li Chin* existiert an den Toren der Städte und auch mancher Dörfer.

tern verließ, die in dem Lamatempel wohnten, und bezüglich des anderen auf die des Kochs meiner Freundin Madame H., der ihn mir als einen anständigen, fähigen Mann gerühmt hatte, der überdies noch zahlreiche weitere Qualitäten besaß. Der eine wie der andere hätte dem Dienst bei einem sehr sesshaften, in einer Villa lebenden Herrn vielleicht tatsächlich ganz ordentlich nachkommen können, aber da sie faul und ängstlich waren, jeglicher Initiative entbehrten und der eine zudem ein unverbesserlicher Opiumraucher war, brachten sie mir über mehrere Monate ständig Unannehmlichkeiten ein.
Yongden seinerseits war schlagartig verschwunden. Er hatte Hunger, und wenn ein Tibeter Hunger hat, ist das höhere Gewalt, er muss zuallererst dieses Bedürfnis befriedigen. Zehn Jahre Aufenthalt in Europa haben nicht ausgereicht, um meinen Adoptivsohn von dieser Schwäche zu heilen, und ich kann ihm wahrhaftig keinen Vorwurf daraus machen, weil ich selbst darunter leide. Alle beide haben wir während unserer Forschungsreisen* tagelang mit stoischem Gleichmut Hunger gelitten, wenn unsere Vorräte erschöpft waren und sich weit und breit nichts Essbares bot. Doch wenn uns der Magen knurrt und wir die Möglichkeit sehen, ihn zu befriedigen, dann fällt es uns schwer, der Versuchung zu widerstehen. Nun hatten wir ausgerechnet in einer Straße Halt gemacht, die auf ihrer ganzen Länge zu beiden Seiten von Hotels, Restaurants und Lebensmittelgeschäften gesäumt war, die gut sichtbar alle Erzeugnisse der chinesischen Volksküche zur Schau stellten. Sie sind im Allgemeinen sehr essbar und manchmal sogar ausgezeichnet.
Nachdem ich ein halbes Dutzend Restaurants nach ihm durchsucht hatte, die mit Gästen überfüllt waren, entdeckte ich den Lama ganz allein in einem Hotelzimmer, beim Essen

* Siehe dazu vor allem: A. David-Néel, *Mein Weg durch Himmel und Höllen*, München 1995.

sitzend. Auf meine heftigen Vorhaltungen hinsichtlich der Zeitverschwendung, da wir noch eine lange Reiseetappe vor uns hatten, antwortete er ganz einfach, dass er Hunger gehabt habe: ein Argument, gegen das es bei ihm keinen Widerspruch gab.

Glücklicherweise hatte ein Beamter aus Taiyuan meinetwegen telegrafische Anweisungen erteilt und nun sah ich Maultiere eintreffen, zwei Sänften und einen Karren. Gleichzeitig tauchte ein Polizist auf, der meine Visitenkarte verlangte, nach meinem Alter fragte, dem Ziel meiner Reise, ihrer vermutlichen Dauer und noch nach weiteren Dingen.

Ich gab ihm meine Karte, erklärte, ich sei neunzig Jahre alt und habe mit dem göttlichen *Wenshu pusa* (chinesischer Name von Manjushri) am Wutai Shan Dinge zu besprechen, die sein Begriffsvermögen überstiegen.

Diese kurzen Auskünfte verschlugen dem Polizisten die Sprache. Der Chauffeur-Soldat, der mich hergebracht hatte, trat auf ihn zu und sprach mit ihm. Wahrscheinlich erklärte er ihm, dass der »große Führer« Kia das Auto gestellt hatte, in dem ich gekommen war, und dass ich bei diesem folglich in hohem Ansehen stehen musste. Was er ihm auch immer gesagt haben mag – jedenfalls insistierte der andere nicht.

Die Sänften, die mich erwarteten, waren von der primitivsten Sorte, geeignet für den Einsatz in hügeligen Gegenden. Diese Sänften bestehen aus zwei langen starken Stangen, deren Enden auf den Sätteln von zwei Maultieren ruhen, von denen man eins vor sich und das andere hinter sich hat. An den Stangen sind Kordeln befestigt, auf die man Kissen legt, Taschen oder eine Matratze, die als Sitz oder genauer gesagt als Liege für den Reisenden dienen. Tatsächlich ist es auf diesem Fortbewegungsmittel schwierig, eine sitzende Haltung einzunehmen. Eine an den Stangen befestigte Matte bildet über dem Kopf ein lang gestrecktes, gewölbtes und sehr niedriges Dach, das vor Sonne und Regen schützt, den Reisenden aber zwingt,

eine fast liegende Haltung einzunehmen. Von der Landschaft bekommt er nur den kleinen Ausschnitt in der Öffnung des Tunnels zu sehen, in den er eingeschlossen ist. Sehr häufig setzt sich überdies der Maultiertreiber auf eine der Stangen und versperrt damit auch diese Öffnung. Die meisten Chinesen, die sich in dieser Art von Sarg fortbewegen und denen man unterwegs begegnet, liegen ausgestreckt und schlafen, eingelullt vom Schaukeln der Sänfte. Doch da ich mir den Schlaf für die Nacht vorbehalte und es vorziehe, die Landschaft zu sehen, die ich durchquere, habe ich dieses Transportmittel immer vermieden.
Wieder einmal entschloss ich mich für einen Karren, der mich an die gelungenen Expeditionen durch Gansu und die Gobi erinnerte. Zwar erinnerte ich mich genau an den Zauber dieser Reisen, doch hatte ich das unbequeme Gerumpel meines bevorzugten Fortbewegungsmittels ein wenig verdrängt und ich wage nicht zu behaupten, dass diese Fahrt über holprige, von Radspuren durchfurchte Pisten ein ungetrübtes Vergnügen gewesen wäre.
Wutai Hsien, wo wir am Abend eintrafen, ist ein kleiner Ort, der wie die meisten chinesischen Städte von zinnenbewehrten Mauern umgeben ist, die von Wachtürmen überragt werden. Über eine steile Auffahrt gelangt man an das Eingangstor, das sich auf eine sehr schmale Straße hin öffnet, einen von Geschäften gesäumten Gang, der von noch engeren Gassen durchschnitten wird. Die Herberge, in die wir eintraten, war nicht allzu scheußlich. Ich befahl meinem Koch, ein Abendessen zu bereiten: Die Vorstellung, ausgehen zu müssen, um Vorräte einzukaufen, die Küchengeräte aus ihrer Kiste zu holen und das Feuer anzuzünden, schien ihn aus der Fassung zu bringen. Was den Mongolen anging, der über nichts als die Kraft verfügte, die seiner Rasse in der Regel eigen ist, so hatte er sich bereits mit seiner Lampe und seiner Opiumpfeife in einem Zimmer niedergelegt.

In diesem Augenblick nun trat ein Mann in Uniform bei mir ein. Er fragte mich nach meiner Visitenkarte und meinem Alter und verlangte, ich solle einen gedruckten chinesischen Fragebogen ausfüllen. Ich antwortete ihm, dass ich Chinesisch nicht lesen könne. Er erbot sich daraufhin, mir die Fragen zu übersetzen, die auf dem Bogen standen, und meine Antworten einzutragen. Doch ich bin zu dieser Art von Abmachung nicht bereit. Möglicherweise gehe ich in meinem Misstrauen zu weit, aber ich habe es mir zur Regel gemacht meine Unterschrift nicht unter Schriftstücke zu setzen, deren Inhalt ich nicht voll und ganz verstanden habe. Einige Leute, die ich kenne, haben es bitter bereuen müssen, dass sie diese weise Vorsichtsmaßnahme außer Acht gelassen haben.

Der Polizist schien ziemlich verstimmt über meine Weigerung, ihm das Ausfüllen zu überlassen. Der Name von Herrn Kia und ein an den Chef des örtlichen Militärkommandos gerichteter Brief, den ich ihm zeigte, machten ihm nicht den geringsten Eindruck. Er ging jedoch.

Nach ihm präsentierte sich der Chef des Militärkommandos, dem ich den Brief hatte bringen lassen, den mir sein Vorgesetzter in Taiyuan für ihn mitgegeben hatte. Er kam lediglich, um mich zu begrüßen und mir seine Dienste anzubieten. Ich weiß nicht, welche Dienste er mir hätte erweisen können: Seine Machtbefugnis schien nicht sehr groß zu sein.

Ich teilte ihm mit, was man von mir verlangt hatte, und bat ihn, denen, die dies anging, zu sagen, dass ich eine Bekannte von Herrn Kia sei und dass er mich dem Großen Lama am Wutai Shan empfohlen habe, zu dem ich nun auf dem Weg sei.

Der Offizier versicherte mir, dass er sich der Sache annehmen werde.

Doch am Abend kehrte der Polizist mit seinem langen, gedruckten Formular wieder zurück. Yongden, der ihn im Hof der Herberge erblickt hatte, sagte ihm, ich hätte mich bereits

schlafen gelegt und er könne nicht mit mir sprechen. Er insistierte nicht weiter.
Am nächsten Morgen, als ich gerade meine verkürzte Toilette beendet hatte und bereit war, die Reise fortzusetzen, kehrte dieser gleiche Mensch erneut zurück, diesmal jedoch in Begleitung des Polizeichefs. Dieser ließ sich den Regeln der chinesischen Etikette entsprechend melden, indem er mir seine Visitenkarte überbringen ließ. Er war höflich, aber barsch. Der Fragebogen musste ausgefüllt werden. Erneut wandte ich ein, dass ich Chinesisch nicht lesen konnte. Das sei unwichtig, erwiderte er, sein Untergebener würde meine Antworten einsetzen.
Hatte ihm der Offizier, der am Vorabend gekommen war, um mich zu begrüßen, denn keine Erklärungen gegeben? ... Mit einer Handbewegung schnitt mein Besucher meinen Satz ab und erklärte mir Folgendes: Während meines Aufenthaltes in Taiyuan hatte ich es unterlassen, dem Polizeichef der Provinz meine Aufwartung zu machen, hingegen hatte ich besucht: *erstens* Herrn Pan, den Berater des Gouverneurs, *zweitens* Herrn Tchao, den Bürgermeister der Stadt, und *drittens* Herrn Kia, den für die Befriedung von Shanxi zuständigen Kommissar. Und der besagte Polizeichef, von dessen Existenz ich gar nichts ahnte, hatte sich gerächt, indem er seinem Untergebenen in Wutai Hsien telegrafierte, mich bei meiner Durchreise aufzusuchen und einer ordnungsgemäßen Befragung zu unterziehen.
Als ich nun erneut mein Erstaunen darüber äußerte, wieso es nicht ausreichte, dass ich in Taiyuan, der Hauptstadt der Provinz, bestens bekannt und mit Empfehlungsschreiben der dortigen hohen Beamten ausgestattet war, kam umgehend die typische Antwort, die auf das Genaueste den Zustand der chinesischen Innenpolitik veranschaulicht: »Taiyuan ist Taiyuan und *hier* sind wir in Wutai Hsien.«
Das heißt, dass die Anordnung eines wichtigen Befehlshabers

in einer Entfernung von wenigen Kilometern ihre ganze Wirksamkeit verlor und dass in jeder Unterpräfektur, in jedem Marktflecken ein kleiner Potentat regierte, der eifersüchtig seine Macht und seine Unabhängigkeit verteidigte, der ein echter Diktator im Bereich seines lächerlich kleinen Territoriums war, an dessen Grenze er mit der Herrschergewalt eines anderen Kleintyrannen seiner Art zusammenstieß.
Nachdem der gute Mann mir die Autonomie der Polizei von Wutai Hsien ausreichend dargelegt hatte, wie er meinte, verabschiedete er sich und ließ mich allein mit seinem kleinen Untergebenen, der sich, wie ich an seiner Miene ablesen konnte, lieber sonstwo als in meiner Gesellschaft befunden hätte.
»Wie ist Ihr Name?«, begann er.
»Er steht auf meiner Visitenkarte.«
Tatsächlich werden die chinesischen Buchstaben, die einer meiner gebildeten Freunde ausgesucht hat, für meinen Namen *gehalten.* Aber die chinesischen Namen müssen, wie man mir erklärt hat, in zwei oder drei Buchstaben ausgedrückt werden, die der gleichen Anzahl von Silben entsprechen. Ich habe die Gründe vergessen, die man mir in diesem Zusammenhang um 1918 dargelegt hat, als meine Visitenkarte angefertigt wurde. Ich erinnere mich auch nicht mehr sehr gut, warum die Anordnung meiner Namen umgekehrt wurde und warum Néel zu Nilo geworden ist. Wie dem auch sei – da Nilo zwei Silben in Anspruch nahm, war nur noch eine verfügbar. David wurde deshalb entzweigeschnitten: Da verwandelte sich in Ta und so heiße ich jetzt Nilota.
Alle Ausländer, die in China leben, haben einen mehr oder weniger bizarren chinesischen Namen. Ein Missionar, den ich kenne, ist so zum Opfer eines Scherzes geworden, der die Gefühle befriedigt, die jene für ihn hegen, die er »Heiden« nennt. Sein schlecht gewählter chinesischer Name ist Ko, und Ko, auf eine bestimmte Weise geschrieben und in einem bestimmten Ton ausgesprochen, bedeutet »Hund«. Natürlich bedient sich

der arme Ausländer eines *anderen* Schriftzeichens, um seinen Namen zu schreiben, und bemüht sich sehr, ihn in einem anderen Ton auszusprechen, was ihm eine völlig andere Bedeutung verleiht, doch das Gros der kleinen Leute des Ortes macht sich einen Spaß daraus, ihn Herrn Hund zu nennen oder noch perfider »der Hund«.

Die Chinesen, die den gehobenen gesellschaftlichen Schichten angehören, haben es sich jedoch zur Gewohnheit gemacht, die Ausländer mit ihrem richtigen Namen anzureden.

Nachdem der Polizist also mithilfe meiner Karte eingetragen hatte, dass ich Madame Nilota und Französin bin, erkundigte er sich natürlich nach meinem Alter. Die neunzig Jahre, die ich mir zwei Tage zuvor verliehen hatte, erschienen Yongden wahrscheinlich allzu übertrieben, aber da er trotzdem nicht ganz auf den Scherz verzichten wollte, erklärte er schnell: »Neunundsiebzig Jahre.«

Der arme Polizist hatte es zu eilig, zum Ende zu kommen, als dass er sich Zeit genommen hätte, sich zu wundern oder einen Kommentar abzugeben.

Er fuhr fort: »Sie reisen nach Wutai Shan? Zu welchem Zweck?«

Nun deutete Yongden schweigend Fußfälle an.

»Sie gehen auf den Berg, um Verehrung darzubringen?«

»Auf dem Berg Verehrung darbringen« erinnerte mich an die Sprache der Propheten, als sie das Volk Israel maßregelten, weil es sich von Jehovah abgewandt hatte und statt seiner Götzen anbetete, denen es auf den Berggipfeln Altäre errichtet hatte.

Mein Sohn begann erneut zu gestikulieren und ich unterstützte ihn mit zurückhaltenden Bewegungen.

Und so nahm diese burleske Komödie ihren Verlauf.

Nachdem der Mann von der Polizei fertig geschrieben hatte, forderte er mich auf, meine Unterschrift unter das Blatt zu setzen.

»Nie im Leben, ich weiß nicht, was auf diesem Papier gedruckt steht, und ich kann auch nicht lesen, was Sie geschrieben haben.«

»Ich habe geschrieben, was Sie mir gesagt haben.«

»Vielleicht auch nicht. Dieser Herr (Yongden) und ich, wir sprechen sehr schlecht Chinesisch, Sie könnten uns missverstanden haben.«

Ich bestand hartnäckig auf meiner Weigerung und der arme Chinese musste ohne meine Unterschrift wieder gehen. Wahrscheinlich lief er schnellstens zu seinem Vorgesetzten, um ihm von unserer Unterhaltung zu berichten, ich meinerseits trieb meine Abreise voran, damit dieser uns nicht mehr in der Herberge vorfand, falls es ihm in den Sinn kam zurückzukehren.

Er hätte mich einholen können, wenn er es gewollt hätte. Die Sänften kommen nur sehr langsam voran – und diesmal reiste ich in der Sänfte, weil die Bergpfade für Gefährte mit Rädern nicht benutzbar waren –, doch er tat es nicht. Ich hatte sehr wohl begriffen, dass diese Befragungen und Schreibereien keinen ernsthaften Hintergrund hatten. Der örtliche Polizeichef kannte alle Einzelheiten, die ihn bezüglich meiner Person und dem Zweck meiner Reise interessieren konnten. Sie waren ihm von seinem Vorgesetzten in Taiyuan mitgeteilt worden, der über alles informiert war, obwohl ich ihm keinen Besuch abgestattet hatte. Es handelte sich ganz einfach um einen kleinen Racheakt und um die Demonstration, dass die Chinesen die Ausländer nicht mehr fürchten und sie von nun an nur noch bei sich »dulden«.

Der Weg quer über steinige Ebenen bis zum Fuß der Berge war in keiner Weise von Interesse. Hingegen löste der Anblick der ersten Gipfel eine echte Freude in mir aus: Endlich entfloh ich den eintönigen Ebenen und vor allem dem Gefängnis, das jede Art von Stadt für mich darstellt. Am Abend quartierten wir uns in einem kleinen Weiler ein, der aus vier Häusern bestand. Am nächsten Morgen fand ich heraus, dass mein verschlafener Koch auch flink und aufgeweckt sein konnte, wenn seine Interessen auf dem Spiel standen.

Als Yongden am frühen Morgen über den Hof ging und am Küchenfenster vorbeikam, hörte er zufällig ein Gespräch zwischen unserem Mann und dem Wirt.

»Lasst sie einen gesalzenen Preis bezahlen«, sagte der Spitzbube, »das sind reiche Leute. Stellt ihnen auch alles in Rechnung, was die Maultiertreiber für sich und für ihre Tiere gebraucht haben. Und zum Dank für meinen guten Rat möchte ich einen Anteil.«

Dann wandte er sich dem Anführer der Maultiertreiber zu, der in der Küche frühstückte, und gab ihm zu verstehen: »Du siehst, ich tue Gutes für dich. Ohne mich, hättest du deine Ausgaben bezahlen müssen. Du sparst eine Menge dabei. Du musst mir dafür dankbar sein und einen Teil von deinem Gewinn abgeben.«

»Das ist wahr«, stimmten der Maultiertreiber und der Wirt ihm zu.

Tatsächlich entsprach dieser Handel voll und ganz den chinesischen Gepflogenheiten.

Zum Unglück für die Beteiligten war ihre Unterhaltung zufällig mit angehört worden und Yongden kam lachend und erzählte mir davon. Er heckte einen Plan aus, der unserem Halunken einen Strich durch die Rechnung machte.

Im Augenblick der Abreise rief er den Herbergswirt.

»Lass uns die Rechnung aufstellen«, forderte er ihn auf. »Wir haben zwei Zimmer gehabt und unsere Diener ein Zimmer. Wir haben zwei Bündel Holz verbrannt, um zu kochen, ihr habt uns Wasser geliefert. Gehen wir der Reihe nach vor: Wie viel für die Zimmer?«

»Alles zusammen ...«, begann der Chinese.

»Nein, nicht *alles zusammen*«, unterbrach ihn Yongden.

Und er zwang den guten Mann, die Preise für jeden Posten einzeln aufzuführen und handelte sie auf den Normaltarif herunter, sobald der Wirt sie zu hoch ansetzte. Dieser akzeptierte die Kürzungen im Übrigen bereitwillig. Wenn er auch nicht so viel von uns bekam, wie er sich ausgerechnet hatte, konnte er sich doch von den Maultiertreibern ihren Anteil geben lassen und sich die Provision sparen, die der Koch von ihm verlangt hatte. Nachdem er die ihm gebührende Bezahlung erhalten hatte, ging er mit hintersinnigem Lächeln davon, weil er sich schon im Voraus auf das enttäuschte Gesicht unseres allzu schlauen Dieners freute, wenn er ihm erzählte, wie der Lama seine Pläne durchkreuzt hatte.

Der Tag verging damit, unglaublich steile Hänge auf steinigen Pfaden abwechselnd zu erklimmen und wieder hinabzusteigen. Ich bewunderte die außerordentliche Trittsicherheit der Maultiere, die sich, ohne zu bocken, ohne zu straucheln oder ins Rutschen zu kommen, über das unsichere Geröll bewegten. Eine Straße befand sich im Bau, die es ermöglichen würde, mit dem Auto von Taiyuan nach Wutai Shan zu fahren, und die sodann von Wutai Shan weiter nach Norden fortgesetzt werden sollte. Einen Abschnitt davon sah ich oberhalb eines Flusses, dessen teilweise ausgetrocknetem Bett wir folgten: Eine große Anzahl von Soldaten arbeitete daran.

Am späten Vormittag kamen wir an Klöstern vorbei. In einem von ihnen machten wir Rast, um unsere Mahlzeit aus mitgebrachten Vorräten einzunehmen: Brot, Butter, Eier, Obst – bei den buddhistischen chinesischen Mönchen, die strenge Vegetarier sind, ist es nicht erlaubt, Fleisch zu essen. Sie selbst nehmen weder Eier noch Milchprodukte zu sich, dulden sie jedoch bei Gästen, die auf der Durchreise sind. Dieses Kloster machte einen schönen und reichen Eindruck, die außerordentlich reinlichen Räume waren mit hübschen Malereien ausgeschmückt. Die Mönche boten uns an, die Nacht dort zu verbringen, aber ich zog es vor, noch am gleichen Tag in Wutai Shan anzukommen.

Später erreichten wir ein Tal, das von einer unmerklich ansteigenden guten Straße durchzogen wurde: Wir waren auf dem Territorium in Wutai Shan angelangt, dieser alten chinesisch-mongolischen Oase des Friedens. Die Klöster wurden zahlreicher und wir kamen unterhalb der Palast-Festung des Großen Lamas Tschankya Rölpä Dordsche vorbei. Dieser Lama wird als Reinkarnation eines berühmten Gelehrten angesehen, der aus Tschankya in der Provinz Kham in Tibet stammte und den der chinesische Kaiser Kienlong zu sich nach Beijing rief und um 1770 zum Führer der lamaistischen Buddhisten ganz Chinas machte. Der gegenwärtige Tschankya Rölpä Dordsche ist der nominelle Gebieter über Wutai Shan, aber tatsächlich übt er keinerlei Macht dort aus. Er begnügt sich damit, eine sehr reiche Persönlichkeit zu sein, die bestrebt ist, eine Rolle in Regierungskreisen zu spielen. Rein vom Aussehen her ist er ein mittelgroßer, sehr korpulenter Mann. Offenbar ist er ziemlich weltlich eingestellt: Man hat ihn in Beijing bei Aufführungen des chinesischen Theaters gesehen, was für religiöse lamaistische Würdenträger sehr ungewöhnlich ist. Er hat Wutai Shan lange vor der japanischen Besetzung verlassen und hat sich zuerst nach Hankow und später nach Chengdu geflüchtet, wo er sich noch befand, als ich mich in dieser Stadt aufhielt.*

Als sich der Nachmittag dem Ende näherte, durchquerten wir nacheinander zwei Dörfer und erreichten dann den Mittel-

* Der Tschankya Rölpä Dordsche ist der fünfte in der Rangordnung der Großen Würdenträger des Lamaismus. Es sind dies: 1. der Dalai Lama; 2. der Panchen Lama; 3. ein weiblicher Lama: Dordsche Phagmo; 4. Jétsun Dampa Taranatha, Reinkarnation des Historikers dieses Namens und Großer Lama von Urga (Ulan Bator) in der Mongolei; 5. Tschankya Rölpä Dordsche.

punkt der Siedlung. Drei Täler trafen sich an dieser Stelle und auf einem Bergvorsprung, der inmitten emporragte, erhob sich am Ende einer monumentalen weißen Treppe ein Tempel, der von einer Vielzahl von grün und rot gestrichenen Pavillons flankiert war, deren mit gelb lackierten Ziegeln gedeckte und mit goldenen Verzierungen geschmückte Dächer unter den letzten Strahlen der untergehenden Sonne erglänzten. Man hätte sagen mögen: ein Märchenpalast.

Sogleich erschien es mir ein überaus erstrebenswerter Aufenthaltsort. Befand sich möglicherweise dort die Unterkunft, die man für mich reserviert hatte? Meine Hoffnung wuchs, je näher wir herankamen, doch als wir fast am Fuß der hohen weißen Treppe angelangt waren, wandten die Maultiertreiber sich nach rechts und wir ließen den herrlichen Tempel hinter uns. Leider! ...

Wir befanden uns nun inmitten der Felder und bewegten uns an einem Flüsschen entlang. Nachdem wir es auf einer Steinbrücke überquert hatten, erklommen wir einen steilen Weg, der uns auf einen Gebirgskamm führte, der sich zwischen zwei Tälern erhob. Dort hielten die Maultiertreiber an der Pforte eines Klosters. Es war schon fast dunkel. Es folgte ein langes Palaver, aus dem sich ergab, dass wir einen falschen Weg eingeschlagen hatten. Wir mussten wieder bis ins Dorf hinabsteigen, falls wir es nicht wagen wollten, zwischen den Bäumen hindurch einem Ziegenpfad zu folgen, der in gerader Linie am Berghang entlangführte.

»Ich gehe zu Fuß«, sagte ich zu dem Mann, der meine Sänfte führte.

Er antwortete mir nicht und ging einige Schritte vor, um sich den Pfad genauer anzusehen. Offenbar behagte es ihm nicht, die lange Wegstrecke bis ins Dorf zurückzugehen, um den Anstieg von einer anderen Seite erneut in Angriff zu nehmen. Ich meinerseits war nicht erpicht darauf, im Halbdunkel Heldentaten zu vollbringen, und vertraute lieber meinen eigenen

Füßen als denen der Maultiere, die das schwankende Gebilde einer schweren Sänfte tragen mussten.
Ich machte deshalb gerade Anstalten abzusteigen, als der Maultiertreiber zu seinen Tieren zurückkehrte, abrupt die Zügel von dem ergriff, das vorn ging, und es mit sich fortzog. Es war mir nicht mehr möglich abzusteigen, ich konnte den Dingen nur noch ihren Lauf lassen und alles verlief auf bestmögliche Weise. Wir gelangten an ein großes Tor, die braven Maultiere gingen hindurch und ich setzte meine Füße in einen großen Hof, der von Gebäuden umgeben war.
Der *nyerpa* (Verwalter) des Klosters eilte herbei, um mich zu begrüßen. Unter seiner Führung erstieg ich zahlreiche Treppen, durchquerte Höfe und Säulenvorhallen, und nachdem mein Führer eine letzte massive Tür geöffnet hatte, befand ich mich in einem privaten Hof, wo sich in der Art der chinesischen Häuser zwei Haupttrakte gegenüberlagen. Im größeren von beiden, der die für diese Art von Haus üblichen drei Räume umfasste, würde ich zusammen mit Yongden wohnen; in dem kleinen Gebäude gegenüber würden sich die Diener einrichten. Eine in der Nähe der Tür gelegene Küche vervollständigte unsere Sommerwohnung. Ich war entzückt, so gut untergebracht zu sein, und vergaß darüber dem hübschen Tempel nachzutrauern, der bei Sonnenuntergang vor meinen Augen aufgetaucht war.
Nachdem ich eine angenehme Nacht verbracht hatte, erhob ich mich früh am Morgen, um mir die Örtlichkeiten außerhalb meines Hofes anzusehen. Als ich aus diesem heraustrat, gelangte ich sogleich in einen Hof, der zwei Tempel umgab, die von sehr alten Bäumen umstanden waren. Ihre Dächer waren mit gelb lackierten Ziegeln gedeckt und von vergoldeten Verzierungen gekrönt. Ich ging weiter, kam durch eine Säulenvorhalle und gelangte ... o Wunder! ... auf eine Terrasse, an der eine lange Treppe aus weißen Steinen ihren Anfang nahm, die ins Tal hinabführte. An ihrem Fuß erblickte

ich die Straße, auf der ich am Vortag gekommen war, die Dörfer, die ich durchquert hatte, und die Dutzende von Klöstern, die in der Ebene verstreut und hier und da auch hoch oben auf den Bergen standen. Ich befand mich in dem Märchenpalast, der mein Verlangen erregt hatte. Ich war in Pusa Ding, das von Kaiser Kienlong erbaut worden ist, und hatte in den Gemächern dieses berühmten Herrschers geschlafen.

4. Kapitel

Eine chinesisch-mongolische Oase des Friedens: Wutai Shan · Der Krieg bricht aus

Pusa Ding ist ein lamaistisches Kloster. Es berührte mich sehr, mich dort in der Unterkunft eines tibetischen Mönches wieder zu finden: die teppichbedeckte Estrade, die als Sitz und als Bett dient, auf der man sich mit gekreuzten Beinen zum Lesen und zum Meditieren niederlässt, und der ganz besondere Geruch, der von den Tempeln, den Zellen und den Gewändern der Mönche des Schneelandes ausgeht – die sich miteinander vermischenden Düfte von Räucherstäbchen und Altarlampen, die mit geschmolzener Butter brennen. Das Muhen der Muschelhörner, das die Mönche zur allmorgendlichen Versammlung rief, weckte mich am Tag nach meiner Ankunft noch vor Morgengrauen auf und der dumpfe Klang der Trommeln, die man im Takt zu der rhythmischen Rezitation der heiligen Bücher schlug, trug mich siebzehn Jahre in die Vergangenheit zurück, in die Zeit, als ich im großen Kloster der Hunderttausend Bilder (Kumbum) in Amdo lebte.

Vielleicht war dies das letzte Mal in meinem gegenwärtigen Leben, dass ich in einer *gompa* (einem tibetischen Kloster) wohnte. Dieser Gedanke beeindruckte mich. Als ich mich selbst mit leichtem Spott beobachtete, kam ich mir vor wie eine Frau, die begierig und melancholisch zugleich die Freuden einer Liebschaft genießt, die dicht vor ihrem Ende steht, da ihr das Alter die Hoffnung versagt, noch weitere ähnliche zu erleben.

Ich war zu einem interessanten Zeitpunkt in Wutai Shan angekommen, nämlich dem des großen alljährlichen religiösen Festes; mehrere hundert Pilger hatten sich bereits im Tal versammelt und ihre Anzahl erhöhte sich noch in den darauf folgenden Tagen. Die Leute, aus denen sich diese Menge zusammensetzte, kamen aus den verschiedensten, weit voneinander entfernten Regionen und es war reizvoll, sie in ihrer großen Vielfalt von Menschentypen, von Bräuchen und von Eigenarten zu beobachten, doch brachten sie ihre Frömmigkeit auf keine besonders ungewöhnliche Weise zum Ausdruck.

Die volkstümlichen Bekundungen von Frömmigkeit ähneln sich in allen Ländern der Welt. Die Statuen, die verehrt werden, sind unterschiedlich und unterschiedlich sind auch die Kulthandlungen, die Gläubigen sind jedoch von dem gleichen Geist erfüllt: Für sie handelt es sich immer darum, etwas zu *erlangen*. Der eine erhofft sich Heilung von den Krankheiten, an denen er leidet, ein anderer wünscht sich Wohlstand, strebt nach Reichtum. Wieder andere sind vom Ehrgeiz getrieben: Sie erstreben herausragende gesellschaftliche Stellungen, Ruhm oder hohe öffentliche Posten, die Ansehen und Profit zugleich mit sich bringen. Und fast alle fürchten sich vor dem Gedanken, diese Welt zu verlassen, und erbitten sich das Geschenk eines langen Lebens.

Um zu erhalten, wonach sie gieren, fällt diesen korrupten Wesen nichts Besseres ein, als mit ihren Göttern zu feilschen, die sie sich ebenso bestechlich vorstellen, wie sie selbst es sind. Sie umschmeicheln sie unterwürfig, vervielfachen die Beweise der Anbetung, die Niederwerfungen und die Opfergaben, verbrennen Wohlgerüche ihnen zu Ehren und erhellen ihre Altäre. Sie bedrängen sie mit Gebeten, die manchmal fast zu Drohungen ausarten, oder versuchen, sie mit Versprechungen zu überzeugen. In ihr Flehen flechten sie alle Argumente ein, die ihnen ihre armen Gehirne eingeben, um ihre Ansprüche zu begründen: ja sogar, ihr *Recht* darauf, erhört zu werden. In den Gebetsbüchern stehen unglaubliche Anrufungsformeln

gedruckt, und wie wäre es wohl, wenn man die Bitten hören könnte, die von den Gläubigen aller Konfessionen lautlos vorgebracht werden?
Die Religion der großen Masse ist ein Handel, ein Handel, der sogar eingestanden wird. Ich kenne einen sehr sympathischen Bischof, der kein Geheimnis daraus macht. Als ich eines Tages mit ihm zu Abend aß, sagte ich zu ihm: »Exzellenz, ihr geht einen Handel ein, wenn ihr euch durch eure Gebete, eure guten Werke und eure Sittenstrenge etwas erwerben wollt – auch wenn dieses Etwas die ewige Seligkeit im Paradies ist.«
»Gewiss! Und einen sehr einträglichen Handel!«, rief der Prälat spontan im Brustton der Überzeugung.
Eine ähnliche Erklärung bekam ich von singhalesischen Buddhisten. Ich hatte in einer ihrer Zeitungen einen Artikel veröffentlicht, in dem ich den schäbigen, nachgerade nichtswürdigen Aspekt einer Tugendhaftigkeit hervorhob, die nur darauf abzielt, einen Vorteil daraus zu beziehen. Derjenige, der einem Armen zu essen gibt, der Hunger leidet, schrieb ich, sollte Befriedigung darüber verspüren, dass der Mann, dem er geholfen hat, nicht mehr leidet. Wieso verschwendet er kaum einen Gedanken an dieses hervorragende Ergebnis seiner Handlung, erwartet hingegen, dass dieses Stück Brot, das er verschenkt hat, ihm in der Zukunft Gesundheit, Erfolg oder Geld einbringen wird? Warum denkt er nicht einfach darüber nach, dass er durch wiederholte barmherzige Handlungen seine Neigung zum Egoismus überwindet, dass er sein Gefühl der Anteilnahme weiterentwickelt, dass er zu moralischer Reife gelangt und fähig wird, immer mehr Leiden zu lindern?
Warum freut er sich nicht, sich auf diese Weise der geistigen Vervollkommnung anzunähern? Ist sie für ihn von so untergeordneter Bedeutung, dass er alle seine Gedanken einem materiellen Profit in diesem Leben zuwendet, der Verwirklichung seiner ehrgeizigen Träume vom großen Reichtum in seinem nächsten Leben oder einer langen Ewigkeit voller

Freuden in einem der Paradiese? Die Antworten ließen nicht auf sich warten. Keine von ihnen stellte die moralische Überlegenheit des Verhaltens infrage, das ich befürwortete, doch die meisten von ihnen schlossen mit einer pessimistischen Bemerkung: »Die große Mehrzahl der Menschen«, sagte man mir, »würde niemals eine tugendhafte oder fromme Handlung vollbringen, wenn sie sich nicht einen Vorteil davon erhoffte.«*

Protestanten werden hier vielleicht laut Einspruch erheben. Wir, werden sie erklären, glauben nicht, dass man sich die ewige Seligkeit *verdienen* kann und wahrscheinlich ist es das gleiche mit anderen weit minderen Seligkeiten. Alles ist ein *unentgeltliches* Geschenk Gottes.

O ja! Dieses Thema ist mir vertraut. Vor mehr als zweihundert Jahren, zur Zeit des Sonnenkönigs, haben einige meiner Vorfahren Qualen erleiden müssen, weil sie diesem Glauben treu geblieben sind. Aber ist das Geschenk tatsächlich unentgeltlich? Wie es scheint, sind hier die Rollen vertauscht und man stellt sich vor, wie die Gottheit einen Handel vorschlägt: »Wenn du an dies glaubst, ist dein Seelenheil gesichert; wenn du dich weigerst, ist dir die Gehenna bestimmt.«

---

* Der heilige Thomas von Aquin scheint diese Ansicht geteilt zu haben, da er erklärte, dass es, um Freundschaft und Anteilnahme zu erlangen, einer Übermittlung von Vorteilen (Gütern) bedarf. Monseigneur Garge sagt uns als Kommentar zu dieser Aussage, dass eine Güte, die jeden Wunsch zu unseren eigenen Gunsten völlig ausschließt, »der menschlichen Natur widerstrebt«. Woraus sich ihm zufolge ergibt, dass es keine »normale und übliche menschliche Haltung« sein kann, gute Taten zu vollbringen, ohne sich eine Belohnung dafür zu erhoffen (*Cours de Philosophie scolastique*, Bd. II, S. 100 und 442). Man kann zugestehen, dass die gefühlsmäßige Einstellung einer großen Anzahl unseresgleichen diese pessimistische Auffassung vielleicht rechtfertigt. Doch die Taten der Barmherzigkeit, der Aufopferung und des Heroismus, die von zahlreichen atheistischen Materialisten vollbracht worden sind, die sich nichts dafür im Austausch erhofften, beweisen uns, dass diese Profitgier nicht universal ist und dass die Menschheit alles in allem moralisch nicht so verabscheuenswert ist, wie manche Leute glauben.

Ist es dem Menschen denn tatsächlich noch möglich, diesen Handel zu akzeptieren? O nein! Sagen uns der heilige Paulus*, der heilige Augustin, Calvin und andere, denn aus Gründen, die nur er selbst kennt und für die wir keine Rechenschaft von ihm verlangen können, hat der Schöpfer manchen seiner Kreaturen die Verdammnis bestimmt. Und einen Reflex von dieser Lehre habe ich neulich in einem Satz eines sehr modernen katholischen Meditationsbuches** wieder gefunden, in dem die Rede war von dem »... der auf unumschränkte Weise öffnet und verschließt, ohne irgendjemandem Rechenschaft abzulegen«.

Dass ein Gott bar von Launen ist, dass er, im Besitz aller Güter, sie bedingungslos und reichlich verteilt, ist ein Gedanke, der der Mehrheit der Menschen zu fern liegt, als dass er ihnen in den Sinn kommen könnte.

In Indien haben mir die Anhänger Vishnus gesagt: Über Liebe denkt man nicht nach. Man liebt, weil man gar nicht anders kann als lieben, das ist ein instinktives, spontanes Gefühl. Wir lieben Gott nicht, weil er uns liebt oder weil er uns glücklich machen wird. Darüber wissen wir nichts und wir versuchen nicht, es zu erfahren. Alles, was wir uns dazu vorstellen würden, wäre müßig, denn unser Denken kann Gott und seine Wege nicht erreichen. Doch selbst wenn er uns in ewige Qualen stürzen würde, würden wir ihn noch lieben*** und freu-

---

* *Brief an die Römer*, XI, 6 ff.

** Pierre Charles S. J., *La Prière des toutes les Heures.*

*** Die heilige Theresa von Avila, die Reformatorin des Karmeliterordens, denkt in mancher Hinsicht ganz ähnlich wie die Vaishnavas! Sie schreibt im Zusammenhang mit der dritten Stufe der Oration: »Will Gott die Seele in den Himmel mitnehmen, so möge sie mit ihm gehen; in die Hölle, dann gehe sie leichten Herzens mit ihm, da sie bei ihrem guten Herrn sein wird.« Das grenzt im Übrigen an Häresie. Man kann Gott nicht in der Hölle lieben und dort auch in keiner spirituellen Verbindung zu ihm stehen, denn dann würde die Hölle aufhören, Hölle zu sein, die Strafe der Verbannung (der Gegenwart Gottes beraubt zu sein) würde nicht mehr bestehen.

dig leiden, denn wenn er uns die Pein auferlegt, dann deshalb, weil sie ihm genehm ist. Wie hoch der Preis auch sein mag, der für die Befriedigung des geliebten Wesens zu zahlen ist – derjenige, der wahrhaft liebt, kann nur eine unaussprechliche Freude darüber empfinden, sie ihm zu verschaffen.
Ich teile nicht den Glauben der Vaishnavas, aber ich verneige mich vor diesen »Heiden«, die sich von dem religiösen Profitdenken befreit haben.
Solche Gedanken kamen mir in den Sinn, als ich die Pilger betrachtete, wie sie sich in den Heiligtümern von Wutai Shan ihren Andachtsübungen hingaben.

Die lamaistischen Klöster unterscheiden sich sowohl durch die Architektur ihrer Gebäude als auch durch ihre Leitung und das Verhalten ihrer Bewohner voneinander. Pusa Ding, ehemals kaiserlicher Palast, war in rein chinesischem Stil erbaut worden. Seine hölzernen Tempel, die mit Skulpturen geschmückt und üppig vergoldet waren, nahmen eine weitläufige Terrasse ein, auf der Bäume wuchsen, deren außerordentlich knorriges Aussehen darauf schließen ließ, dass sie wohl hunderte von Jahren alt waren. Rund um die Heiligtümer erhoben sich zahlreiche, mit Inschriften versehene Steinstelen und antike bronzene Räuchergefäße, die drei bis vier Meter hoch waren.
Die Heiligtümer, die eindrucksvoll hätten sein können, waren unglücklicherweise mit Mengen von Statuen, Bildern und unterschiedlichsten Gegenständen voll gestopft – einige davon kostbar und außergewöhnlich und viele andere von schlechtem Geschmack –, deren große Anzahl sie in staubige Basare verwandelte.

Dazu ist anzumerken, dass man diese übersteigerte Gottesliebe fast ausschließlich in einem Mystizismus findet, der stark sinnliche Züge trägt. In diesem Zusammenhang ist die Lektüre von katholischen Mystikern, Sufis, Vaishnavas und anderen interessant.

Der Haupttempel rühmte sich eines Wunders. An manchen Tagen ging bei trockenstem Wetter vom First seines Daches Tau aus, der in einem Rinnsal an den Ziegeln herablief und langsam, Tropfen für Tropfen, auf die Stufen herabfiel, die zur Säulenhalle führten. Nach Ansicht der Mönche dieses Ortes war dies ein Zeichen des Segens, den Manjushri (Dschampeiyang auf Tibetisch, Wenshu pusa auf Chinesisch) Pusa Ding gewährte.

Auf den Stufen des Tempels liegend, beobachteten die Gläubigen, wie sich nach und nach die Tassen füllten, die sie an den Plätzen aufgestellt hatten, wo die wunderbaren Tröpfchen herabfielen. Das aufgefangene Wasser wurde sodann in Phiolen gefüllt und für die Heilung der Kranken in die Ferne, in die Mongolei oder nach Tibet, mitgenommen. Andere Gläubige setzten Häufchen von Gerstenmehl auf die Steine und warteten, bis sie sich vollgesogen hatten. Aus diesem Mehl würden sie Pillen für ein langes Leben zubereiten oder sie würden es als Arzneimittel verwenden.

In Pusa Ding selbst schien eine sehr nachlässige Disziplin zu herrschen. Ganz zu schweigen von den Würdenträgern, den Lamas des Klosters, und den für die weltlichen Angelegenheiten zuständigen Beamten, die der Zelebration der Riten nur ausnahmsweise beiwohnten – selbst die einfachen Mönche nahmen nicht daran teil.

Zu der zweimal täglich stattfindenden Prozession fanden sich nur die ganz jungen Novizen zusammen. Diese kleinen Nichtsnutze, halb in mönchische, halb in weltliche Kleidungsstücke gehüllt, die gleichermaßen abgetragen und zerlumpt waren, und ausgestattet mit Musikinstrumenten, die sie nie spielen gelernt hatten, bliesen mit aller Kraft ihrer jugendlichen Lungen hinein, schlugen mit voller Wucht auf die Trommeln und ließen die Becken heftig gegeneinander knallen, während sie im Laufschritt über das Stück Lumpen stolperten, das ihnen als Gewand diente, und so im Säulenumgang dreimal den Tempel umrundeten. Dann raste die Bande im Galopp die Stufen hinab und warf sich unten, eine Huldigungsformel sprechend, dreimal nieder. Nachdem das getan war, stieben die Bengel auseinander und kehrten zu ihren Spielen zurück, an die Arbeit bei ihrem Herrn oder manchmal vielleicht auch zu einer Art von oberflächlichem Studium.

Von der Statue des Dschampeiyang, die in dem Heiligtum thront, um das herum sich dieses Getöse abspielte, heißt es, dass sie die Fähigkeit zu sprechen besitzt. Als der verstorbene Panchen Lama Wutai Shan besuchte, sprach sie zu ihm und sagte, wie berichtet wird, den gegenwärtigen Chinesisch-Japanischen Krieg voraus. Da man mir davon erzählt hatte, wunderte ich mich, dass Dschampeiyang auf seinem Altar stumm blieb und nicht gegen den Radau protestierte, den man ihm antat, da es ihm doch möglich war, sich Gehör zu verschaffen.

Zum Glück war das Fest nun ein Anlass für erfreulichere musikalische Darbietungen. Eine beträchtliche Anzahl der lamaistischen Mönche, die in Wutai Shan, Pusa Ding oder in anderen in der Umgebung verstreuten Klöstern leben, sind mongolischer Herkunft und die mongolische Musik ist ein echter Ohrenschmaus, auch wenn sie nicht die majestätische Kraft der tibetischen Musik besitzt.* Flöten, die Terzen und Quinten spielen, Silberklänge, klangvolle Becken, unaufdringliche Pauken – diese bukolische Musik lässt rundum die unschuldige Atmosphäre des Goldenen Zeitalters entstehen. Unver-

---

* Die religiöse tibetische Musik, so monoton sie auch ist oder, genauer gesagt, sein kann, ist eben aufgrund ihrer Monotonie, aufgrund des ständig wiederholten Leitmotivs im höchsten Maße ergreifend, wenn sie von wirklichen Künstlern ausgeführt wird. Ich werde niemals die vergessen, die ich in manchen Klöstern im Himalaya gehört habe. Sie bleibt in mein Gedächtnis eingegraben und manchmal am Abend, inmitten der Bergen oder in der Stille meines Arbeitszimmers, ist es mir, als hörte ich erneut die langsamen und herzzerreißenden Phrasen, die an verzweifelte Klagen von Wesen in Not erinnern.

besserliche Musikliebhaberin, die ich bin, gab ich mich diesem Genuss mit dem größten Vergnügen hin; aber Musik ruft längst nicht bei allen die gleichen Reaktionen hervor.
Eines Abends überließ ich mich auf der das Tal beherrschenden Terrasse dem verführerischen Zauber dieser himmlischen Melodien, als ein mongolischer Pilger aus dem Land der Ordos, der Tibetisch sprach, zu mir sagte: »Sie hören den Musikern zu ... Zu eben diesen Melodien marschierten die Truppen des Dschingis Khan.«
Und sein Blick schweifte in die Ferne, als würde er durch den Dunst, der die Berge zu verhüllen begann, die Vorhut des Reitervolkes wahrnehmen, die der wieder geborene schreckliche Held zu neuen Massakern heranführte.
Das Goldene Zeitalter ... Leider nicht! ... Es waren nicht Dschingis Khan und seine Reiter, die drei Wochen später eintreffen sollten, sondern die Japaner und ihre Flugzeuge.
Ohne sie wäre ich nach Etchin Orta (Edzin Ordos, manchmal auch als Yiking-holor bezeichnet) im Land der Ordos gereist, einem der Orte, die von der anhaltenden Verehrung der Mongolen für den großen Khan zeugen und wo ich den Silberschrein gesehen hätte, der angeblich seine sterblichen Überreste enthält oder enthalten hat.
Der Geschichte – oder der Legende zufolge – wurde das Grab des berühmten mongolischen Eroberers mit einem grauenvollen Übermaß an Vorsichtsmaßnahmen verborgen, die verhindern sollten, dass es je entdeckt werden würde. Damit kein Zeuge übrig blieb, der seine Lage hätte verraten können, wurden alle, die an der Überführung der sterblichen Hülle des Anführers teilgenommen hatten, und alle, die den Leichenzug hatten vorbeiziehen sehen, hingemetzelt. Vielleicht muss man bei Überlieferungen dieser Art ein großes Maß an Übertreibungen mit einberechnen, doch bedenkt man die Bräuche jener Zeit und die Art und Weise, in der der verstorbene Khan seine Eroberungen durchführte, bei denen er ganze Völker

den Säbeln seiner Krieger auslieferte, so nehmen die Zweifel bezüglich ihres Wahrheitsgehaltes entschieden ab.
Wie dem auch sei, der Kult um den, der sich »Herr der Erde« nannte, vertrug sich nur schlecht damit, dass es keinen geweihten Ort gab, an dem seine Anhänger ihm den Tribut ihrer getreuen Huldigungen hätten darbringen können. Die Mongolen haben wahrscheinlich auch immer einen vagen Glauben an die Unsterblichkeit ihres großen Helden aufrechterhalten, der, in ein unbestimmtes »Anderswo« entschwunden, eines Tages wieder in ihrer Mitte auftauchen würde. Nach ihrer Bekehrung zum Buddhismus sind diese Vorstellungen erneut durch die buddhistische Lehre von den Wiedergeburten bestärkt worden, die im Volksglauben – irrtümlich – als Reinkarnationen eines bleibenden persönlichen Seins verstanden werden. Gewiss ist, dass der Glaube an die kurz bevorstehende Wiederkehr von Kriegern wie Dschingis Khan, Gesar Ling, Held des tibetischen Nationalepos, und mehrerer anderer in neuerer Zeit wieder stark zugenommen hat in Asien, wo er eng mit den Träumen von einem Wiederaufschwung des Ostens verknüpft ist.
In Etchin Orta also bewahrte man in einem von einer goldenen Kuppel gekrönten Zelt einen Schrein aus Silber, von dem manche Leute glaubten, er enthielte die sterblichen Überreste von Dschingis Khan, während andere sich mit dem Gedanken begnügten, der Leichnam des Anführers habe vorübergehend darin geruht. Jahr für Jahr zogen tausende von Mongolen daran vorbei und warfen sich davor nieder. Der Zustrom war besonders gewaltig zur Zeit der großen Pilgerfahrten während des dritten Monats des alten chinesischen Kalenders (April/Mai). Um die zehn- bis fünfzehntausend Pilger fanden sich dann in Etchin Orta versammelt.
Im Juni 1939 wurde der chinesischen Regierung mitgeteilt, dass Prinz Teh, der die Innere Mongolei unter japanischer Kontrolle regiert, die Absicht habe, die *zwei* Schreine (im All-

gemeinen wurde nur ein einziger erwähnt) zu öffnen, die sich in Yiking-holor (alias Etchin Orta) befanden, um ihnen die Schätze (?) zu entnehmen, die sie enthielten, oder um die Reliquien des Dschingis Khan womöglich auf das von den Japanern besetzte Territorium zu bringen. Es könnte sich dabei um ein politisches Manöver gehandelt haben, das darauf abzielte, die mongolischen Pilger anzulocken und sie auf dem gesamten Gebiet der Mongolei zu Propagandazwecken zu benutzen. Wie dem auch sei: Die chinesische Regierung ordnete daraufhin an, die Schreine an einen sicheren Ort zu überführen. Das wurde mit großem Pomp unter Beteiligung der zivilen und militärischen Machthaber und unter großer Anteilnahme der Bevölkerung durchgeführt. Der Zug bewegte sich durch Xian, die Hauptstadt von Shaanxi, und sodann wurden die Schreine an einen geheim gehaltenen Bestimmungsort gebracht.

Es ist sehr wenig wahrscheinlich – sogar völlig unwahrscheinlich –, dass die Schreine, oder einer von ihnen, die sterblichen Überreste des Khan enthalten. Man hat angedeutet, dass es sich um die eines hohen mongolischen Würdenträgers der vergangenen Jahrhunderte handelt. Manche Leute sind der Meinung, dass die Schreine vielleicht gar keine Gebeine enthalten, doch aus der politischen Sicht, die für ihre Überführung ausschlaggebend war, ist dieses Detail bedeutungslos.

Es gibt keine Reliquie, die nicht wundertätig wäre. Von dem Schrein in Etchin Orta hieß es, dass er sich bei bestimmten Gelegenheiten ein wenig öffnete und damit die bevorstehende Rückkehr des Dschingis Khan ankündigte.

In anderen Zelten bewahrte man diverse Gegenstände auf: Sättel, Zügel etc., die angeblich vom Khan benutzt worden waren. Gleich daneben waren auch Pferde und Kamele zu sehen, die als Reinkarnationen von Tieren galten, die ihm gehört hatten. Es war nicht die Rede davon, dass diese den Schreinen an ihren neuen Aufbewahrungsort gefolgt seien.

Sind sie in Etchin Orta geblieben, wo sie für die Pilger in dem Kult, den sie ihrem verehrten ehemaligen Herrscher darbrachten, eine untergeordnete Rolle spielten, oder sind auch sie an einen anderen Ort gebracht worden? Zwischen Etchin Orta und dem Ort, an dem ich gegenwärtig wohne, erstreckt sich das ganze weite China und die Schwierigkeiten, die sich aus der Entfernung ergeben und die durch den Kriegszustand noch verstärkt werden, erlauben es mir nicht, weitere Informationen zu diesem Thema einzuholen.

Ein Mongole auf der Durchreise, mit dem ich über die Überführung der Schreine und das Schicksal der zweitrangigen Gegenstände sprach, die der Verehrung der Pilger in Etchin Orta dargeboten worden waren, äußerte den Gedanken, dass die sterblichen Überreste des Dschingis Khan – oder was man dafür hielt – ebenso wie die »wieder geborenen« Tiere und die anderen Reliquien wahrscheinlich vor Eintreffen der chinesischen Abgesandten, die beauftragt waren, die Schreine zu beschlagnahmen, an einen entlegenen Ort der Mongolei verbracht worden seien. Es ist unwahrscheinlich, sagte er, dass die Mongolen sich der echten oder mutmaßlichen Reliquien ihres großen Helden haben berauben lassen. Die Chinesen haben zweifellos nur Nachahmungen mitgenommen. Ob sie darauf hereingefallen sind? Vielleicht nicht. Für ihre politischen Zwecke reichte es aus, diese Komödie der Überführung darzubieten.

Natürlich wusste dieser Mongole ebenso wenig wie ich über die Hintergründe dieser Angelegenheit. Er drückte ganz einfach die Meinung aus, die seine Kenntnis des Charakters seiner Landsleute ihm eingab. Sie kann sich als richtig erweisen und es kann der Tag kommen, an dem die »sterblichen Überreste« des Dschingis Khan irgendwo wieder aufgefunden werden, obgleich sich mit großer Sicherheit herausstellen wird, dass niemand seine Grabstätte kennt.

Wie es scheint, ist Etchin Orta keineswegs der einzige Ort, an dem das Andenken des Djin Dji (so nennen die Mongolen den Khan) geehrt wird und seinen Anhängern Reliquien von ihm gezeigt werden. Ein burjatischer Lama, der am Wutai Shan lebt und mit dem ich mich über Etchin Orta unterhielt, hatte von anderen Orten dieser Art gehört, die ebenfalls Pilgerziele sind.

Als ich ihm gegenüber Zweifel bezüglich der Echtheit des Schreins (auch er sprach nur von einem) äußerte und darüber, dass die Streitrösser und die Kamele des Khan* seit siebenhundert Jahren immer wieder geboren werden, äußerte er mit wunderbarer Sicherheit: »Was bedeuten diese Nebensächlichkeiten schon; der Geist von Djin Dji ist da. Man spürt ihn über der Menge schweben, und der Tag ist nah, an dem er sich ganz wie einst in all seiner Kraft offenbaren wird.«

Ich hatte schon früher gehört, wie solche Hoffnungen geäußert wurden, und zwar in Bezug auf Gesar Ling, den heldenhaften Verfechter der Gerechtigkeit.**

Dieser Burjate war in den chaotischen Jahren, die in Sibirien auf die Russische Revolution gefolgt waren, aus seinem Land geflüchtet. Der Abt und zweihundert Mönche seines Klosters waren getötet worden, erzählte er.

»Die Roten sagen«, berichtete er treuherzig, »dass alle Leute arbeiten müssen und dass man dem, der nicht arbeitet, nichts zu essen geben soll.«

Ich konnte meinem Burjaten nicht sagen, dass der heilige Paulus diese Auffassung teilte.*** Der heilige Paulus war keine Autorität für ihn, er hatte nie von ihm gehört. Und er war weit

---

* Dschingis Khan, 1155 oder 1162 bis 1227.

** Siehe dazu meine Übersetzung des Epos von Gesar: *L'Epopeé de Guésar de Ling. L'Iliade des Tibétains,* Paris 1931. Neuauflage unter dem Titel: *La Vie surhumaine de Guésar de Ling,* Paris 1978.

*** »Denn schon als wir bei euch waren, geboten wir euch: wenn jemand nicht will arbeiten, der soll auch nicht essen.« Zweiter Brief an die Thessaloniker, III, 10.

davon entfernt, sich als einen Faulpelz zu betrachten, als ein unnützes Wesen in der Welt. Er war gebildet, auf die Weise seines Landes, die der unseres scholastischen Mittelalters vergleichbar ist. Dass man ihn zu körperlicher Arbeit zwingen wollte, erschien ihm ein verbrecherischer Wahnsinn. Ohne Zweifel dachten seine Glaubensbrüder in Transbaikalien genau wie er und die von ihnen, die unter den Kugeln der Roten gefallen waren, hatten wahrscheinlich ihr *Recht* verteidigen wollen, als Intellektuelle von dem unwissenden Plebs ernährt zu werden. Ich bezweifelte nicht, dass sie es mit dem Gewehr in der Hand getan hatten. Ich kannte ihre Rasse allzu gut, um mir vorstellen zu können, dass sie sich hatten abschlachten lassen wie die Lämmer. Und der kräftige Bursche, der mir von diesen Vorfällen erzählte, lächelte ganz eigentümlich, als ich ihn dazu befragte.
Durch diesen Sibirier erfuhr ich auch von dem nach seiner Aussage vor zwei Jahren eingetretenen Tod einer eigenartigen Persönlichkeit seines Landes, die eine große politische Rolle in Tibet gespielt hatte. Es handelte sich um einen burjatischen Lama namens Dordji, der seinen Namen russifiziert und in Dordschiew umgewandelt hatte. Als hinreichend gebildeter Mann war er der Privatlehrer des verstorbenen Dalai Lama gewesen: Lobsang Thubten Gyatso, der am 17. Dezember 1933 gestorben ist. Man erzählte sich, dass dieser es seiner Wachsamkeit und seinen klugen Ratschlägen zu verdanken hatte, dass er nicht wie mehrere seiner Vorgänger als Kind oder in früher Jugend gestorben war. Die Regenten, die interessiert daran waren, eine Linie von minderjährigen Regenten weiterzuführen, die unfähig zur Machtausübung waren, hatten ihnen unauffällig die eine oder andere sachkundig zubereitete »lebensverlängernde« Pille oder einen besonderen Tee verabreichen lassen, die sie in eine andere Welt beförderte, und sodann ihre Wiedergeburt in der unseren abgewartet. Wie dem auch sei: Der Dalai Lama bezeugte große

Freundschaft für seinen ehemaligen Lehrer und hatte volles Vertrauen zu ihm.
Dordschiew machte sich die Stellung zunutze, die er in Tibet einnahm, um den Interessen Russlands zu dienen. Er erreichte, dass diplomatische Beziehungen zwischen den beiden Ländern aufgenommen wurden. Ein Mitglied der Zarenfamilie wurde ständiger Botschafter in Lhasa und ein hoher tibetischer Würdenträger vertrat den Dalai Lama in St. Petersburg. In dieser Zeit wurde ein lamaistisches Kloster in der Hauptstadt der Zaren errichtet, was den orthodoxen Klerus und seine Anhänger zu Entsetzensschreien veranlasste. Ich erinnere mich, damals Artikel gelesen zu haben, die in russischen Zeitungen erschienen waren und die dem Zaren schlimmste Bestrafungen und seinem Reich die furchtbarsten Katastrophen vorhersagten, weil er es zugelassen hatte, dass in seiner Hauptstadt ein »heidnischer« Tempel errichtet wurde. Einige von denen, die sich auf diese Weise beschwerten, glauben heute vielleicht, dass das tragische Ende ihres Herrschers und der Sieg des Bolschewismus die Antwort der himmlischen Mächte auf den Bau des Lamaklosters in St. Petersburg sind.
Dieses existiert immer noch. Zumindest existierte es noch vor wenigen Jahren. Mein Freund Sylvain Lévi, dem ich sehr nachtraure, gelehrter Sanskrit-Spezialist und Professor am Collège de France, besuchte es, als er sich als Teilnehmer an einem Orientalistenkongress in Leningrad befand, und er erzählte mir, dass er dort burjatische und mongolische Lamas getroffen hatte.
In London, wo man es nicht gerne sah, dass sich der russische Einfluss bis an die indischen Grenzen ausdehnte, war man hingegen der Ansicht, dass die Dinge zu weit gingen. 1904 bis 1905 fand der britische Feldzug nach Tibet statt. Die britischen Truppen marschierten in Lhasa ein, der verbotenen Heiligen Stadt, und paradierten vor dem Potala. Dordschiew hatte

sie nicht erwartet. Er beeilte sich, Tibet zu verlassen, während der Dalai Lama seinerseits nach China flüchtete.
Die Jahre vergingen, es kam die Russische Revolution. Dordschiew, der Vorsteher eines bedeutenden in der Mongolei zwischen Urga und Kiakta gelegenen Klosters war, schuf sich eine Stellung innerhalb der sowjetischen Räte. Eines Tages hörte ich mit Überraschung, wie ein Mitglied der sowjetischen Botschaft in Paris von ihm als einem »ehrwürdigen Greis« sprach. Im Dienst anderer Herren führte er wahrscheinlich das Werk fort, das er unter den Zaren begonnen hatte, und arbeitete an der Ausdehnung des bolschewistischen Einflussbereiches in Asien. Nach allem, was ich aus den Geschehnissen schließen konnte, von denen man mir berichtet hat, blieb seine geheime Arbeit, die er aus der Ferne dirigierte, nicht ohne Wirkung.

Mir fehlte es nicht an Besuchern in Pusa Ding und häufig waren sie auch interessant. Doch ich war nach Wutai Shan gekommen, um zu arbeiten, und deshalb musste ich meine Tür häufig verschlossen halten, während Yongden und ich uns in die Lektüre der Chroniken versenkten, die er aus den Bibliotheken verschiedener Klöster auslieh. Bald waren wir vollkommen in diese faszinierende, halb historische, halb legendäre Atmosphäre eingetaucht, welche die östlichen Autoren so gekonnt zu schaffen vermögen.
Wutai Shans Ursprung als heiliger Ort geht auf uralte Zeiten zurück: auf eine Epoche vor der Einführung des Buddhismus in China, als hinduistische Missionare im ersten Jahrhundert unserer Zeitrechnung in Luoyang eintrafen und ein weißes Pferd mit sich führten, das mit buddhistischen Büchern beladen war. Nebenbei bemerkt, gibt es in der Nähe von Luoyang einen Tempel, der den Namen Bai Ma Shi trägt (Kloster des weißen Pferdes), wo dieses Pferd der Überlieferung zufolge begraben ist. Die tibetischen Chroniken von Wutai Shan nennen diese Hindus Matang Kipa und den Gelehrten (Pan-

dit) Vaharana. Der König, der sie empfing, war Ming ti aus der Heou-Han-Dynastie.* Im Verlauf der Gespräche, die sie mit ihm führten und in denen sie ihm ihre Lehre darlegten, fragte der Herrscher die Hindus: »Befinden sich in meinem Land keine heiligen Bodhisattvas** wie in Indien?« – »Gewiss«, antwortete Vaharana, »es gibt welche auf dem Wutai Shan.«***

Das Gebirgsmassiv von Wutai Shan, das heutzutage völlig entwaldet ist, war zu jener Zeit von Wäldern bedeckt; man jagte dort Leoparden und sogar Tiger. Diese abgeschiedene Gegend war – wie das in Asien sehr häufig der Fall ist – einigen Eremiten als sehr geeignet erschienen, sich dort der Meditation hinzugeben. Welcher Religion gehörten diese Einsiedler an? Der Überlieferung zufolge handelte es sich um Bön, Sektierer einer Religion, die in ihrer volkstümlichen Form dem Schamanismus verwandt ist**** und die auch die Religion der Tibeter war, bevor der Buddhismus im siebten Jahrhundert in ihrem Land eingeführt wurde. In den tibetischen Büchern, die ich dazu in Wutai Shan konsultierte, wurden sie mit Taoisten verwechselt.

---

* Ich zitiere diese Namen, wie sie in den tibetischen Chroniken angegeben werden. Den chinesischen Autoren zufolge dauerte die Herrschaft der Han-Dynastie von 206 v. Chr. bis 220 n. Chr.

** Den Buddhisten zufolge ist ein Bodhisattva ein sehr vollkommener Mensch, der fähig ist, bei seiner nächsten Wiedergeburt ein Buddha zu werden. Charakteristisch für den Bodhisattva ist sein Mitleid und seine grenzenlose Liebe zu den Geschöpfen, und um deren Glück zu gewährleisten, nimmt er jedes Opfer auf sich.

*** Ich möchte darauf aufmerksam machen, dass ich immer den chinesischen Namen Wutai Shan als den am häufigsten verwendeten benutzt habe. Die tibetischen Autoren nennen das Bergmassiv Riwo tse nga: eine präzise Übersetzung von Wutai Shan oder Berg mit den fünf Gipfeln.

**** Die alten Bön vertraten eine philosophische Lehre, die man heutzutage nur noch schwerlich wieder findet, sosehr ist sie durch Aberglauben entstellt worden. Es scheint, dass sich der nepalesische und indische Tantrismus einige ihrer Lehren entliehen haben.

Den Legenden zufolge war die einzigartige Persönlichkeit, die heutzutage in Wutai Shan verehrt wird, einer dieser Eremiten. Hier nun das, was sie berichten: Dschampeiyang wurde im Osten des Landes, nahe der nordöstlichen Grenze, in einer befestigten Stadt, deren Schutzwälle zehn Flügel hatten, im Jahr der »Holzmaus«* aus dem Schädel einer Frau geboren. Diese Art der wunderbaren Geburt findet sich häufig in den asiatischen Legenden. Gesar Ling wurde auf die gleiche Weise geboren. Das Kind war schön. Gleich nach seiner Geburt flog es davon und gelangte durch die Luft auf den mittleren Gipfel des Wutai Shan. Dieser mittlere Berg musste der sein, auf dem später Pusa Ding erbaut wurde.

An diesem Platz befand sich zu jener Zeit ein Tempel, der Lohousi genannt wurde, und in seiner Nähe stand ein hoher Baum. Leicht wie ein Vogel setzte sich der wunderbare Knabe auf einen seiner Zweige. Es war immerfort von Lichtstrahlen in den verschiedensten Farben umgeben. Er vollbrachte zahlreiche Wunder und zog auf diese Weise eine Menge von Männern und Knaben an, mit denen er sich unterhielt und Wanderungen über die Berge machte. Die einheimischen Götter und

---

* Es handelt sich um den tibetischen Kalender – ähnlich dem alten chinesischen Kalender –, in dem jedes Jahr durch den Namen eines »Elements« und eines Tiers bezeichnet ist. 1939 befinden wir uns im Jahr des weiblichen Erdhasen. Die »Elemente« sind: Erde, Eisen (Metall), Wasser, Holz, Feuer. Das gleiche Element wiederholt sich in zwei aufeinander folgenden Jahren, wobei das erste Jahr männlich (yang) und das zweite Jahr weiblich (yin) ist. Die Tiere sind: Maus (Ratte), Ochse (Büffel), Tiger, Hase, Drache, Schlange, Pferd, Schaf (Ziege), Affe, Vogel (Hahn), Hund, Schwein. Jedes Jahr wechselt der Name des Tiers. Auf diese Weise bildet sich ein Zyklus von sechzig Jahren. Am Ende dieser Zeit findet sich das gleiche Tier erneut mit dem gleichen Element verbunden, das dem gleichen Geschlecht zugeordnet ist, und der Zyklus (genannt *lokhor*, »Umlauf der Jahre«) beginnt von neuem. Da diese Zyklen in keiner Weise nummeriert sind, ist es häufig sehr schwierig und fast unmöglich, die Daten bestimmter Ereignisse genau festzulegen, vor allem, wenn die Mythologie hineinspielt.

die Leute der Gegend genossen seine Gesellschaft sehr und vergnügten sich mit ihm in allerlei Spielen, bis er das Alter von hundert Jahren erreicht hatte. Da er nun sein Werk vollendet hatte, »tat er, als würde er sterben«, und ging fort in das Land der Ruhe. Die Legende besagt, dass sich seine sterblichen Überreste noch im Lohousi befinden.
Aber in Wutai Shan schien niemand in der Lage, genauer sagen zu können, wo der alte Lohousi-Tempel gestanden hatte. Überdies stellten viele in Abrede, dass der wahre Dschampeiyang eine sterbliche Hülle hinterlassen habe, und sie gründeten ihre Auffassung auf andere Versionen der Legende, in denen der Volksheld nicht als menschliches Wesen, sondern als Schutzgeist oder Gott dargestellt wird.
Hier eine dieser Legenden: Ein aus vielfarbigen Lichtstrahlen bestehendes Zelt senkte sich vom Himmel herab auf den Wutai Shan und aus diesem Zelt trat ein Knabe. Er war mit einem weißen Gewand bekleidet, an dem zum Schmuck verschiedenfarbige Bänder herabhingen. Sein Haar war in fünf Strähnen aufgeteilt und zu Büscheln zusammengebunden (diese Art der Kinderfrisur findet man häufig in China). Dieses seltsame Kind war nicht immer sichtbar; es erschien von Zeit zu Zeit, mal allein, mal von kleinen Jungen umgeben, mit denen es spielte. Die Dorfbewohner, die den Knaben sahen, versuchten häufig, sich ihm anzunähern, aber er verschwand immer, sobald sie herankamen.
Wie schon erwähnt, war das Gebirgsmassiv von Wutai Shan zu jener Zeit von dichten Wäldern bedeckt, in denen gefährliche wilde Tiere lebten, und kein Mensch wagte sich dort hinein. Doch als sich das Gerücht von den seltsamen Erscheinungen verbreitete, die dort zu sehen waren, begannen auch die Dörfler der benachbarten Regionen häufig die Plätze zu besuchen, wo diese stattgefunden hatten.
So geschah es auch, dass man über den Bergkämmen verschiedenfarbige Lichtstrahlen aufblitzen sah und dass manche

Leute während der Nacht brennende Altarlampen auf den Gipfeln erblickten.
Was die Legende über diese Lichter berichtet, muss durch natürliche Phänomene verursacht worden sein, so wie die Erscheinungen auf dem Emei Shan, einem anderen heiligen Berg Chinas.
Ein gebildeter chinesischer Beamter, der in Amerika studiert hatte, ein ernster Mann reiferen Alters, der Freidenker und in keiner Weise wundergläubig war, hatte mir bereits während meines Aufenthaltes in Taiyuan von den seltsamen Lichtern erzählt, die man am Wutai Shan wahrnahm und die er dort beobachtet hatte.
Es geschah mir, dass ich sie ganz plötzlich und unerwartet sah, als ich an etwas ganz anderes dachte. Die Erscheinung zeigte sich zweimal. Beim ersten Mal waren die grün-rot-gelben Lichtfontänen von blendender Helligkeit und erhoben sich direkt gen Himmel; das Phänomen dauerte nur einige Minuten. Beim zweiten Mal war es nicht so strahlend hell. Auf den höchsten Gipfeln tauchten hier und dort blassgoldene Feuerzungen auf; sie blieben ziemlich lange sichtbar und erloschen dann ganz plötzlich.
Den tibetischen Chroniken zufolge, die wahrscheinlich auf älteren chinesischen Dokumenten basieren, ereigneten sich die Erscheinungen des Knaben zu der Zeit, als der Buddhismus in China eingeführt wurde, also vor dem ersten Jahrhundert unserer Zeitrechnung. Da der Buddhismus und die halb mythologischen Persönlichkeiten, die in die apokryphen Bücher des Mahajana aufgenommen worden sind, zu dieser Zeit in China noch nicht bekannt waren, konnte man das wunderbare Kind unmöglich auf Anhieb als Dschampeiyang (alias Manjushri, alias Wenshu Pusa) erkennen. Wahrscheinlich wurde erst sehr viel später die Legende von einer Inkarnation des Manjushri, Schüler des Buddha, erfunden, der auf unerfindliche Weise von Indien nach Wutai Shan gelangt war und sich

dort niedergelassen hatte. In Wutai Shan herrscht der Glaube vor, dass in der Welt noch andere Inkarnationen von Dschampeiyang existieren und dass sie an verschiedenen Orten in Erscheinung treten.

Zur Zeit der Erscheinungen wurde Wutai Shan von einer besonderen Sekte von Bön oder Taoisten (in den Chroniken hält man sie für identisch) beherrscht. Von den Einsiedlern dieser Sekte wird uns gesagt, dass sich »ihr Geist in der natürlichen Wesenheit befand, in der den Dingen eigenen Wesenheit«, und weiter, dass sie »in dem Sein an sich lebten, das ewig und durch keinerlei Ursachen entstanden ist«, und dies sind alles Ausdrucksweisen, die einen stark taoistischen Beiklang haben.

Diese Bön oder Taoisten, die von den Erscheinungen, die sich in ihrer Nähe ereigneten, erfahren oder sie vielleicht selbst gesehen hatten, vermuteten, dass sich ihr »Meister« in Gestalt dieses Kindes manifestierte. Um welchen »Meister« handelte es sich? Die Werke, die ich in Wutai Shan dazu konsultieren konnte, erklären es nicht. Sie berichten uns lediglich, dass dem wunderbaren Knaben der Titel »Erlesener Jüngling, Meister der Lehre im östlichen China« verliehen wurde.

Wie ich bereits erwähnt habe, nahmen die Buddhisten das Kind von Wutai Shan später in ihr mahajanisches Pantheon auf und machten es zu einem Pusa (chinesischer Begriff, der dem Bodhisattva entspricht). Ein König, den die tibetischen Texte Mohau Wang nennen, erbaute ihm zu Ehren einen Tempel und stellte die Statue eines Knaben darin auf.

Ich machte auf diese Weise Bekanntschaft mit einem Manjushri schamanistischen Ursprungs, der den Buddhisten Indiens, Ceylons, Birmas und der gesamten Schule des Südens völlig unbekannt ist. Das war ein erster konkreter Schritt auf meinem Forschungsfeld.

Sobald es sich herumgesprochen hatte, dass ich meine Tage damit verbrachte, die Geschichte von Dschampeiyang zu stu-

dieren, zweifelten die braven Leutchen im Ort und die Pilger, die davon hörten, nicht im mindesten daran, dass ich von inbrünstigster Frömmigkeit beseelt war, und was ich auch tat, um mir Besucher fern zu halten, kamen sie jetzt noch zahlreicher als zuvor. Jeder von ihnen wollte mir eine oder mehrere Legenden erzählen und rühmte sich unweigerlich, dass sie nur ihm allein bis in alle Einzelheiten bekannt sei. Fast ausnahmslos bezogen sich diese Geschichten auf Wunder, die Dschampeiyang vollbracht hatte, oder auf bestimmte seiner übernatürlichen Erscheinungen. Ich hörte auf diese Weise viele lächerliche, naive oder aus unserer abendländischen Sicht auch ein wenig schlüpfrige Geschichten. Der Dschampeiyang von Wutai Shan schien eine ungewöhnliche Persönlichkeit gewesen zu sein und stellte sich nicht immer als ein Unschuldsengel dar. Als Kostprobe hier die skurrile Geschichte, die sich mit der Statue des »toten Dschampeiyang« verbindet.
Ein König, der sich im Gebirge von Wutai Shan auf der Jagd befand, bemerkte am Ufer eines heiligen Sees ein Paar, das sich leidenschaftlichen erotischen Spielen hingab. In einer Variante der Erzählung heißt es sogar, dass sie sich *auf* dem See befanden, dessen Wasser sie trugen wie fester Boden. Der König traute seinen Augen nicht: Eine derartige Entweihung eines heiligen Ortes erschien ihm nicht möglich. Indessen ging die Vorführung weiter. Ich erspare es mir, hier die seltsamen akrobatischen Übungen, die der Fürst zu sehen bekam, in ihren Einzelheiten zu schildern. Notgedrungen musste er das Offenkundige zur Kenntnis nehmen; empört schoss er einen Pfeil auf diese schamlose Missachtung ab. Es existieren verschiedene Versionen bezüglich des Körperteils, in den der Pfeil sich bohrte, und den diesbezüglichen Kommentaren fehlt es weder an Würze noch an Humor. Aber ich glaube, ich kann es mir nicht erlauben, sie hier wiederzugeben. Die offizielle Überlieferung, die für die Pilger gedacht ist, berichtet schamhaft, dass sich der Pfeil in die Seite des Frevlers grub.

In dem gleichen Augenblick, in dem er getroffen wurde, verschwand das Paar – der Mann und die Frau. Von einem Erstaunen ins andere fallend, näherte sich der König dem See und entdeckte eine Reihe von Blutstropfen. Als er diesen Spuren folgte, gelangte er nach Pusa Ding bis zu einem der Tempel, in dem sich eine Statue von Dschampeiyang befand, und der Pfeil, den er abgeschossen hatte, steckte in dieser Statue. Alle Anstrengungen, die er machte, um ihn wieder herauszuziehen, schlugen fehl. Da begriff der König, dass es Dschampeiyang selbst gewesen war, den er am See gesehen hatte, und dass seine gewaltsame Tat seinen Zorn erregt hatte. Ein weiser Lama wurde beauftragt, Sühnerituale zu vollziehen, der König brachte den verschiedenen Klöstern von Wutai Shan überdies großzügige Opfergaben dar und schließlich konnte der Lama den Pfeil wieder herausziehen. Man geht nun jedoch davon aus, dass diese Statue das Leben verlor, das sie einst beseelte, und sie wird deshalb »der tote Dschampeiyang« genannt.
Dieser verstorbene Dschampeiyang residiert in einem winzigen Tempel – einer Art finsterer, staubiger Höhle –, der sich im ersten Hof von Pusa Ding befindet, in den man gelangt, sobald man den obersten Absatz der großen weißen Treppe überschritten hat; die Gläubigen besuchen ihn in großer Zahl. Wie es den Glanzleistungen angemessen ist, die man ihr zuschreibt, stellt die Statue einen Mann und nicht etwa einen kleinen Jungen dar und ihre wichtigste Aufgabe scheint darin zu bestehen, die Orakelbefragungen zu überwachen. Auf den Stufen des Altars kniend, schütteln die Gläubigen ein Gefäß, das beschriftete Stäbchen enthält – die übliche Methode in chinesischen Tempeln. Der Tempelwächter sammelt das oder die Stäbchen auf, die aus dem Gefäß springen, liest, was darauf geschrieben steht, und deutet das Orakel.
Eines Nachmittags trat ich dort ein, um mir die Statue anzusehen, und der Kustode erzählte mir prompt ihre Geschichte samt der Episode von der Wunde in der Seite.

Yongden, den es reizte, den Mann ein wenig zu necken, bemerkte: »Aber behaupten manche Leute nicht, dass …«
Doch da der Kustode wusste, was nun kam, ließ er ihn nicht ausreden.
»Bringt eure Lampen dar«, befahl er in herrischem Ton und drückte uns die voluminösen Altarlampen in die Hand, die er soeben angezündet hatte.
Es blieb uns nichts anderes übrig, als uns von dem toten Dschampeiyang zu verabschieden und zu seinen Füßen neben unseren beiden Lampen den Preis dafür zu hinterlassen: vier chinesische Dollar.
Der geistliche Diener dieser »verstorbenen« Statue hatte uns als hohe Persönlichkeiten behandelt, die verpflichtet sind, die Altäre der Gottheiten großzügig zu beleuchten – deshalb die Größe der buttergefüllten Lampen … und der entsprechende Preis. Ich wette, wir waren kaum außer Sichtweite, als er sie schon löschte, sodann anderen Besuchern anbot und den Preis dafür erneut einkassierte. Das ist die übliche Praxis bei diesen Herren.
Während ich von der Fülle von Wundern überflutet wurde, die meine Besucher mir um die Wette erzählten, kam ein »Wunder«, das ich viele Jahre zuvor bewirkt hatte, durch einen merkwürdigen Zufall wieder ans Licht.
Zu diesem Zeitpunkt befanden sich große tibetische Pilgergruppen aus Amdo und Kuku Nor in Wutai Shan, die in den Klöstern unten im Tal wohnten. Yongden entdeckte sie und kam mit ihnen ins Gespräch. Nachdem er ihnen erzählt hatte, dass er gemeinsam mit der Ehrwürdigen ausländischen Dame (*Dschetsünma*, der Titel, mit dem die Tibeter mich für gewöhnlich ansprechen) mehrere Jahre lang im Kloster Kumbum gelebt hatte, erinnerten sie sich sofort daran, von mir gehört zu haben. Einer ihrer Gefährten, den sie riefen, hatte mich gesehen und erkannte Yongden wieder. In der Folge kamen diese Leute häufig nach Pusa Ding,

um sich mit meinem Sohn und mir zu unterhalten und Tee mit uns zu trinken.
Als sich nun eines Tages einige von ihnen in meinem Zimmer befanden, traf ein weiterer Besucher ein. Nachdem dieser zu aller Erbauung verschiedene von Dschampeiyang vollbrachte Wunder aufgezählt und mehrere bemerkenswerte Plätze in der Umgebung beschrieben hatte, erwähnte er, dass sich in einem bestimmten Winkel eines Hochtals ein Spalt öffnete, der Zugang zu einem unterirdischen Gang bot, durch den *solche, die reinen Herzens waren*, in wenigen Tagen Lhasa erreichen konnten. (Das Gleiche erzählt man sich von mehreren Orten im nördlichen und östlichen Tibet, und ganz allgemein ist der Glaube an unterirdische Gänge, die zu heiligen Orten führen, ziemlich weit verbreitet.) Vor diesem Spalt hatte man einen *chörten* (religiöses Bauwerk) errichtet, der ihn verbarg und den Eingang völlig versperrte. Der Erzähler wusste nicht, aus welchem Grund man den Eingang verschlossen hatte.
Er hatte kaum geendet, als einer der Leute aus Kuku Nor ausrief: »Wie schade, dass die Öffnung versperrt worden ist! Die Ehrwürdige Dame hätte diesen Weg nehmen können, um nach Lhasa zugehen, so wie sie es früher schon einmal in meinem Land getan hat.«
»Wie bitte?«
»Was hat sie getan?«, fragten meine anderen Besucher, die neugierig geworden waren.
Daraufhin erzählte ihnen der treuherzige Hirte von den hochgelegenen tibetischen Weidegründen auf seine Weise eine ungewöhnliche Geschichte, die ich ganz einfach lieber in meiner eigenen Version wiedergeben möchte.
Sie ereignete sich während eines meiner Aufenthalte auf den einsamen, unendlich weitläufigen Grasflächen, die sich von den Grenzen zu Gansu und Sinkiang bis nach Zentraltibet erstrecken: eine einzigartige Region, die ganz und gar in Geheimnis gehüllt und Gegenstand zahlloser Legenden ist. Mit

jedem der azurblauen Seen, von denen das Land übersät ist, mit vielen Felsen, mit den Gipfeln mancher Berge, verbinden sich fantastische Geschichten, denen bestimmte Phänomene, die zweifellos natürlichen Ursprungs aber unerklärlich sind, einen Anschein von Wahrheit verleihen. Zu den Plätzen, die als wunderträchtig galten, gehörte ein Längsspalt im hintersten Winkel einer Gebirgseinbuchtung. Die Hirten der Umgebung begaben sich manchmal dorthin, um einer örtlichen Gottheit zu huldigen, von der es hieß, dass sie dort lebte. Doch rührte die Berühmtheit, die diese Öffnung genoss, vor allem daher, dass die Einheimischen sie für den Eingang zu einem unterirdischen Gang hielten, der bis nach Lhasa führte. Man erzählte sich, dass nur die, deren Herz und Geist vollkommen rein seien, diesen engen Gang durchwandern und sodann wunderbarerweise innerhalb von fünf Tagen Lhasa erreichen konnten. (Ein guter Reiter, der über ein kräftiges Pferd verfügte, brauchte etwa zwei Monate, um von diesem Ort aus nach Lhasa zu gelangen.) Was die Sünder anging, so gelang es ihnen entweder nicht, zwischen den eng beieinander stehenden Felswänden hindurchzuschlüpfen, oder sie wurden unterwegs von den Schutzdämonen des Durchgangs angegriffen und verschlungen.
Es schien nicht viele Wagemutige zu geben, die diese wunderbare Reise machen und den damit verbundenen Gefahren die Stirn bieten wollten. Das zeugte von einsichtiger Bescheidenheit seitens der Hirten dieser Gegend und von der mäßigen Meinung, die sie von ihrer Tugend hatten. Abgesehen von den Zeiten, in denen sie dort hingingen, um ihre Opfergaben niederzulegen, blieben die Tibeter der nächsten Umgebung dieser Bergöffnung lieber fern. Sie sprachen nur hinter vorgehaltener Hand von dem geheimnisvollen Gang und hüteten sich sehr wohl, den Eingang Leuten zu zeigen, die auf der Durchreise waren. Tatsächlich erfuhr ich erst nach mehreren Aufenthalten in dieser Gegend von seiner Existenz.

Eines Nachmittags machte ich mich auf, um diesen Ort zu erforschen. Nachdem ich die abergläubische Angst kannte, von der meine Diener beseelt waren, hatte ich ihnen gesagt, dass ich keinen von ihnen benötigte und dass sie bei den Zelten bleiben sollten. Ich nahm nur ein paar Pakete von den mit Wachs bestrichenen Schnüren mit, die man »Höhlenratten« nennt und die denen ähneln, die, um einen Stab gerollt, dazu dienen, die Kerzen in den katholischen Kirchen anzuzünden. (Ich brauche wohl nicht zu erwähnen, dass man bei Reisen von so langer Dauer keine elektrischen Lampen mit sich führt, wenn es unmöglich ist, immer wieder neue Batterien zu beschaffen.) Einer meiner Männer bat mich, auch einen kleinen mit *tsampa* (Mehl aus gerösteter Gerste) gefüllten Beutel mitzunehmen. Mir kam diese Idee lächerlich vor. Ich gedachte nicht länger als zwei oder drei Stunden fortzubleiben und hatte nicht die geringste Absicht, unterwegs einen Imbiss einzunehmen. Doch insistierte er mit solcher Hartnäckigkeit, dass ich ihn nicht beleidigen wollte, und das Säckchen in meinen *ambag** steckte. Steinerne »Opfergaben« (*dotschö*), kleine Pyramiden aus Kieseln oder Felsstückchen, die von den Gläubigen errichtet worden waren, häuften sich in der Nähe des Eingangs und versperrten ihn zum Teil. Ich brachte einige von ihnen zum Einsturz, nahm mir vor, sie bei meiner Rückkehr wieder aufzurichten, und drang in den Gang vor. Obgleich er eng war, konnte man sich ohne Schwierigkeiten hindurchbewegen. Bald wand sich dieser Stollen nach rechts und das schwache Licht, das von außen hereingedrungen war, schwand nun auch; ich zündete eine meiner Kerzenschnüre an und setzte meinen Weg fort. Der Gang, in dem ich mich befand, war ohne jedes Interesse für mich, es war stickig, roch

* Als *ambag* bezeichnet man die Tasche, die das weite, durch einen Gürtel zusammengehaltene und hochgeraffte tibetische Gewand über der Brust bildet.

modrig und bald tauchten auch Hindernisse auf: Der Stollen verengte sich und erschwerte so den Durchgang oder Erd- und Steinhaufen versperrten den Weg oder er wurde so niedrig, dass ich auf vier Beinen kriechen musste. Mehrfach wäre ich am liebsten wieder umgekehrt, aber ein Rest von Neugier hielt mich zurück. Dieser Gang, der sehr viel länger war, als ich vermutet hatte, führte vielleicht irgendwohin: gewiss nicht nach Lhasa, aber zu einer anderen Öffnung im Berg. Nach über einer Stunde, in der ich mich langsam immer aufwärts und wieder abwärts hindurchgewunden hatte, war mir jeglicher Bezug zur Höhe meines Ausgangspunktes verloren gegangen. Kein anderer Gang kreuzte den, dem ich gefolgt war, und das bewahrte mich vor der Gefahr, mich bei meiner Rückkehr zu verirren. Als ich weiterging, gelangte ich an einen Platz, den ich wegen seiner geringen Ausmaße nicht als »Saal« bezeichnen kann: Der Gang erweiterte sich hier nur und zugleich erhöhte sich auch das Gewölbe. Vor mir sah ich, dass er sich erneut verengte. Sollte ich noch weitergehen oder lieber umkehren? Der Weg, den ich zurückgelegt hatte, war wenig vergnüglich gewesen und ich bemerkte, dass der Gang, den ich vor mir sah, aufwärts zu führen schien – würde es in dieser Richtung so weitergehen? Ich beschloss, mich zu vergewissern. Auf welcher Höhe ich mich auch immer befand, hatte ich doch beim Hinaufsteigen die Chance, ins Freie zu gelangen. Die Hoffnung, einen Ausgang zu finden, ohne die ganze lange unterirdische Strecke, die ich hinter mich gebracht hatte, wieder zurückgehen zu müssen, trieb mich zum Aufstieg.
Es dauerte nicht lange, da musste ich es schon bereuen. Der Gang, in den ich jetzt vordrang, erwies sich als ungleich schwieriger als der, den ich hinter mir gelassen hatte. Ich sah mich mit dem konfrontiert, was die Alpinisten als »Kamine« bezeichnen, und ich konnte mich nur unter großen Schwierigkeiten darin hochziehen. Ich war völlig erschöpft, als ich einen schwachen Lichtschein vor mir sah. Ich näherte mich also dem

Ende meiner beschwerlichen, allerdings wenig interessanten Erforschung.
Tatsächlich befand sich dort ein Ausgang, aber er bestand aus einem engen Loch über schwer zu überkletterndem Felsgeröll. Geduld wiegt eine ganze Reihe von Talenten auf. Nach beträchtlicher Mühe tauchte ich also wieder ans Tageslicht empor und war sehr glücklich, wieder frische Luft zu atmen.
Meine Freude war nur von kurzer Dauer. Der erste Blick, den ich um mich warf, zeigte mir, dass ich auf einem kleinen Vorsprung an der Flanke des Berges zwischen zwei steil aufragenden Felsmauern gelandet war.
Was sollte ich machen? Ich sah weder die Möglichkeit, von diesem Adlerhorst herunterzusteigen, noch darüber hinauszuklettern. Und ich verspürte weder den Mut noch die Kraft, meinen unterirdischen Spaziergang von vorne zu beginnen. Ich setzte mich nieder und betrachtete mir ganz einfach die Landschaft.
Die Abenddämmerung tauchte die gewellten Kämme der fernen Berge bereits in ein blaues Licht und die Schatten dehnten sich über die Hochebene, die sich unterhalb erstreckte. Die Entspannung, die ich verspürte, als ich so ausgestreckt dalag, machte mich schläfrig. Warum sollte ich nicht einfach hier bleiben? Es war Sommer, die Nacht konnte nicht besonders kalt werden und mein Gewand aus grober Wolle würde mir die Decke ersetzen … Am nächsten Morgen, bei Tageslicht, würde ich mir einen Weg überlegen. Ja … morgen … später …
Die Müdigkeit gewann die Oberhand über meine Überlegungen; bevor ich noch weiter erwägen konnte, was wohl am besten zu tun sei, war ich schon eingeschlafen.
Es war schon heller Tag, als ich wieder aufwachte. Vollkommen ausgeruht nach einem langen Schlaf, fühlte ich mich völlig frisch. Die Müdigkeit und die einbrechende Dunkelheit trübten mir nicht mehr den Blick und ich konnte den Ort, an

dem ich mich befand, jetzt besser beurteilen. Der Abstieg zum Fuß des Berges war unmöglich, aber ich konnte versuchen, die Felswand zu erklimmen, die hinter mir aufragte; sie war nicht sehr hoch und bot genügend Einbuchtungen und Vorsprünge, die als Stufen dienen konnten. Weiter oben gab es wahrscheinlich wie bei allen Bergen der Gegend einen grasbewachsenen runden Gipfel. Sobald ich ihn erst erreicht hatte, würde ich über einen weniger steilen Abhang als den, über dem ich mich befand, eine Möglichkeit finden in ein Tal abzusteigen.

Meine Vermutung bestätigte sich. Der Aufstieg führte mich auf ein weites grasbewachsenes Plateau, von dem ich problemlos ins Tal absteigen konnte.

Die Gnome des unterirdischen Gangs hatten sehr viel Nachsicht mit meinen bescheidenen Tugenden bekundet. Ich war zwar nicht nach Lhasa gelangt, ich war jedoch auch weder aufgefressen noch belästigt worden. Aber zweifellos vergnügten sich diese kleinen boshaften Wesen damit, mich zu belauern, um zu sehen, wie ich mein Abenteuer wohl bis zum Ende bestehen würde.

Nachdem ich glücklich den kleinen Vorsprung verlassen hatte, auf dem ich die Nacht verbracht hatte, musste ich einen langen Weg auf dem oberhalb gelegenen Plateau zurücklegen, bevor ich den Anfang des Tales erreichte, durch das ich absteigen konnte. Das untere Ende dieses Tals grenzte an die Ebene, die ich am Vorabend und morgens beim Erwachen von oben betrachtet hatte. Mir wurde klar, dass ich eine ganze Seite des Berges umrunden musste, um mein Lager zu erreichen. Ich hatte keinen so langen Ausflug vorausgesehen und dieser unerwartete Ausgang meiner »Expedition« veranlasste mich zu einem Heiterkeitsanfall, der die boshaften kleinen Geister kränken musste, die sich gerade über meine betretene Miene lustig machen wollten.

Ich lachte, aber ich war ausgehungert; seit dem Vortag hatte ich nichts mehr gegessen. Obgleich ich unmöglich die Entfernung einschätzen konnte, die ich noch zurückzulegen hatte, war ich doch sicher, dass ich mich nicht verirren würde, wenn ich mich immer dicht am Fuße des Berges hielt, und über die Ebene zu gehen bot keine Schwierigkeit. Nachdem ich also keinen Grund zur Beunruhigung hatte, hinderte mich nichts daran, Rast zu machen und mich zu stärken. Die »Marschverpflegung«, mit der mein Diener mich ausgestattet hatte, kam mir jetzt sehr zupass. Als ich das Säckchen öffnete, stellte ich mit Vergnügen fest, dass mein fürsorglicher Tibeter ein großes Stück Butter in das geröstete Gerstenmehl (*tsampa*) gesteckt hatte. So besaß ich die Zutaten für ein nahrhaftes Mahl, das ich mit klarem Wasser aus dem Fluss begießen würde, der durch das Geröll zu meinen Füßen plätscherte.

Gesättigt und ohne Hast machte ich mich wieder auf den Weg. Das Wetter war herrlich und es gehört zu meinen größten Freuden, allein durch die große Einsamkeit zu wandern.

Offenbar durchquerte der unterirdische Gang, dem ich gefolgt war, den Berg an einer Stelle, wo er von geringer Breite war; im Gegensatz dazu dehnte er sich zu der Seite, an der ich jetzt entlangging, in immer neuen Vorsprüngen aus. Der Nachmittag näherte sich seinem Ende, ohne dass ich mein Lager erreicht hätte.

Zwar hatte ich mich beim Erwachen sehr ausgeruht gefühlt, doch hatte die Anstrengung des Vortages mir Rückenschmerzen verursacht, die sich jetzt während meiner Wanderung erneut einstellten. Und dann überlegte ich mir, dass ich, da ich nach Verlassen des Gangs vom Schlaf überwältigt worden war, den Zauber der vergangenen Nacht gar nicht genossen hatte, die ich allein unter dem Sternenhimmel verbracht hatte, während ich die vor mir liegende Nacht nach Herzenslust auskosten konnte … Versuchungen dieser Art dauern bei mir nur kurz an: Ich gebe ihnen schnell nach.

Mein kleiner Beutel enthielt noch ein wenig *tsampa*, das ich am Abend essen konnte, und es blieben mir auch noch ein paar Bissen für mein Frühstück am nächsten Morgen. Ich suchte mir einen geschützten Winkel und verbrachte dort eine angenehme Nacht.

Am nächsten Tag erreichte ich am mittleren Vormittag mein Lager.

Ich wurde mit lauten Ausrufen begrüßt, meine Diener warfen sich mit ungewohntem Überschwang vor mir nieder und tauschten verständnisinnige Blicke.

»Macht Tee und bereitet mir ein ordentliches Mahl«, ordnete ich an und trat in mein Zelt.

Doch ohne, dass ich etwas davon ahnte, hatten diese Dummköpfe von Dienern, deren Köpfe mit Aberglauben und Wundern angefüllt waren, meine Abwesenheit mit dem unterirdischen, angeblich nach Lhasa führenden Gang in Verbindung gebracht und ganz schlicht daraus geschlossen, dass ich die wunderbare Reise in absoluter Rekordzeit getätigt hatte, da ich keine fünf Tage gebraucht hatte, um Lhasa zu erreichen, sondern für die ganze Strecke, hin und zurück, nicht einmal zwei ganze Tage benötigt hatte.

Sie versäumten es nicht, die Kunde von diesem Wunder in allen Hirtenlagern zu verbreiten, in denen wir im Laufe des Sommers Rast machten, und wer die Geschichte hörte, erzählte sie wieder weiter. Auf diese Weise wurde mir dieses grandiose Märchen, dessen Heldin ich war, fünfzehn Jahre später und sehr weit von dem Ort seiner Entstehung entfernt wieder ins Gedächtnis gerufen.

Zehn Tage später erhielt ich einen Brief von einer amerikanischen Freundin, die ich in Beijing zurückgelassen hatte, wo sie sich auf einen langen Aufenthalt eingestellt hatte.

»Ich verlasse China«, schrieb sie mir, »mit großem Bedauern. Die meisten Ausländer, die in der Pension von Madame X. wohnten, haben sich bereits eingeschifft und die anderen treffen eiligst ihre Reisevorbereitungen. Ich hoffe, dass Sie dort,

wo Sie sich befinden, in Sicherheit und völlig abseits der Kämpfe sind.«
Welche Kämpfe? … Was ging vor sich? …
Ich war auf meinem Berg völlig von Dschampeiyangs absonderlichen Heldentaten in Anspruch genommen und hatte keine Ahnung von den Ereignissen, die in der Welt passierten. Die Mönche in Pusa Ding waren nicht besser informiert als ich. Yongden stieg ins Dorf hinab; die Händler konnten ihm keinerlei Auskunft geben.
Am 19. Juli begannen Gerüchte zu kursieren. Wie es hieß, hatten japanische Flugzeuge Beijing bombardiert. Der General, der Bürgermeister der Stadt war, sammelte Truppen, um den Ort zu verteidigen. Zwischen Beijing und Baoting im Süden verkehrten keine Züge mehr und auch nicht zwischen Beijing und Datong im Nordwesten. Bedeutete das vielleicht, dass alle Züge für Militärtransporte reserviert waren? Vielleicht bedeutete es auch, dass zu diesen Seiten hin gekämpft wurde …
Die Tage vergingen. Der Postverkehr nach Beijing war unterbrochen und zwischen Taiyuan und Wutai Shan wurde die Post nicht mehr regelmäßig befördert: Keine neuen Nachrichten erreichten uns. Es war nicht das erste Mal, dass die Japaner China angriffen, und während meines Aufenthaltes in Beijing hatte jeder den Eindruck, dass sie erneut versuchen würden, ein Stück Chinas an sich zu reißen. Wahrscheinlich würden wir erfahren, dass dies geschehen war, und anschließend würde wie früher auch wieder Ruhe einkehren.
Ich wandte mich wieder den Chroniken und Dschampeiyang zu.
Der Sommer war außergewöhnlich regnerisch; die morastigen Pfade waren nicht für Ausflüge geeignet. Ich blieb die meiste Zeit zu Hause und empfing weiterhin Besucher. Ich musste mir geduldig viel belangloses Geschwätz anhören, um hin und wieder auch interessante Informationen zu sammeln.
Die Eremiten, die vor der Ankunft des wunderbaren Kindes

auf dem Wutai Shan gelebt hatten, erregten meine Neugierde. Zu welcher Lehre bekannten sie sich? Welches Ziel verfolgten sie? Ich hatte diesbezüglich schon viele Fragen gestellt, ohne befriedigende Antworten zu erhalten.

Eines Tages besuchte mich ein Lama, der geborener *gyarong-pa** war, aber schon seit langem an der mongolischen Grenze lebte. Er wurde von einem *trapa* (Mönch) begleitet, der sein Schüler und zugleich sein Diener war. Alle beide sprachen fließend Tibetisch. Der Lama war gebildet und ich erzählte ihm von dem Interesse, das ich für diese Einsiedler der alten Zeit hegte.

Er antwortete, ohne zu zögern: »Diese Eremiten suchten nach dem Mittel, Unsterblichkeit zu erlangen. Seit tausenden von Jahren haben sich Einsiedler dieser Suche gewidmet: die Taotses**, bestimmte Bön auch und andere vor ihnen.«

»Haben Sie Bücher zu diesem Thema gelesen?«, fragte ich.

»Nein, aber ich habe Leute darüber sprechen hören, die in dieses Wissen eingeweiht waren. Als Lama lese ich nur buddhistische Bücher. Warum sollte ich meine Zeit damit verschwenden, andere zu lesen, denn was darin steht, ist falsch.«

Da ich meinen Besucher nicht verärgern und das Gespräch

---

* Mit diesem Namen bezeichnet man tibetische Stämme, die seit langer Zeit in den Tälern im äußersten Westen Chinas leben (rgya = China, rong = Tal), die heute zur Provinz Sichuan gehören.

** Die Nachforschungen der chinesischen Laotses zu diesem Thema und die Anfertigung von Unsterblichkeitstränken sind wohl bekannte historische Tatsachen. Eine Verwandtschaft mit der Alchimie unseres Mittelalters ist zu vermuten. Es fehlt nicht an Gründen für die Annahme, dass der »Stein der Weisen« ein bildhafter Ausdruck für die Eingeweihten war und sich nicht so sehr auf die Verwandlung von gewöhnlichen Substanzen in Gold bezog als auf eine Verwandlung subtilerer Art, die darauf abzielte, unsere eigene Substanz unsterblich zu machen. Die esoterischen Theorien der alten Taotses zu den Mitteln, die Unsterblichkeit zu erlangen, zu erforschen und sie mit denen der tibetischen Mystiker und Okkultisten zu vergleichen, gehörte zum Programm meines erneuten Aufenthaltes in China.

nicht unterbrechen wollte, verzichtete ich darauf, ihm zu widersprechen.
»Und was sagten diese Leute, denen Sie zugehört haben?«
»Sie sagten, dass die gelehrten Taotses und die großen Bön einst fähig waren, die materielle Substanz ihrer Person in unvergängliche Substanz zu verwandeln. Diese Verwandlung ging sehr langsam und mithilfe ganz besonderer, ausschließlich geistiger Mittel vor sich, die ihre Meister von noch älteren Meistern gelernt hatten.
Das wunderbare Kind von Wutai Shan war vielleicht einer dieser Unsterblichen, die sich nach Belieben verjüngten. Und wenn es tatsächlich eine Reinkarnation von Dschampeiyang war, besaß es dann nicht den Schlüssel zu allen Wissenschaften? ...
Die einfachen Taotses und Bön stellen Arzneien, Elixiere und Pillen her, die sie als Mittel verabreichen, die dazu dienen sollen, denen, die sie zu sich nehmen, Unsterblichkeit zu verleihen oder zumindest eine sehr viel längere Lebensdauer, als die Menschen sie sich normalerweise erwarten können.
Die Zusammensetzung dieser Getränke und Pillen wird sehr geheim gehalten. Man sagt, dass sie Gifte und manchmal auch menschliches Blut enthalten, das jungen und kräftigen Menschen entzogen wird. Man erzählt sich auch, dass gewisse Bön auf den Gedanken verfallen sind, lebende Menschen in einen mit Arzneien gefüllten Zuber zu tauchen, damit sie sich zersetzten. Von Zeit zu Zeit legten sie neue Opfer in die Wanne mit den Überresten ihrer Vorgänger.«
Ich zuckte zusammen. Mehrere Jahre zuvor war mir eine ähnliche Geschichte bis in die Einzelheiten von einem Mann erzählt worden, der sie selbst miterlebt hatte, und diese Beschreibungen waren so grauenvoll gewesen, dass ich manchmal zögerte an ihren Wahrheitsgehalt zu glauben. Hatte es solche Praktiken also tatsächlich gegeben, existierten sie vielleicht immer noch?

»Wo hat sich das ereignet?«, fragte ich.
»Ich weiß es nicht. Ich habe gehört, dass ein *riteu* (Ansammlung von Einsiedeleien) von schwarzen Bön von den Dörflern der Gegend in Brand gesetzt worden ist, weil die Zauberer, die dort lebten, Menschen einfingen und sie dazu benutzten, einen Unsterblichkeitstrank zu brauen. Aber das hat sich weit von mir entfernt zugetragen. Pilger auf der Durchreise erzählten davon …«
»Ich war es, der sie bei Euch eingeführt hat, *kouchog* (Herr). Sie baten Euch, ihnen Reiseproviant als Almosen zu geben. Ich erinnere mich sehr gut an das, was sie erzählt haben«, sagte der *trapa*, der sich wichtig machen wollte, indem er sich als gut informiert darstellte.
Der Lama machte eine wegwerfende Geste, das Thema interessierte ihn nicht.
Vielleicht handelte es sich auch nur um leeres Geschwätz. Alle Länder haben ihre Geschichten von Zauberern, die junge Männer opfern. Noch immer gibt es Chinesen, die glauben, dass die Ausländer zur Herstellung ihrer Arzneien Kinderaugen verwenden. Erst vor wenigen Tagen erzählte mir die Oberin einer Gemeinschaft des Ordens der Franziskaner, dass 1937 in Wanxian (eine wichtige Stadt mit Hafen am Jangtse) das Gerücht kursierte, dass die Nonnen den kleinen Mädchen des Waisenhauses die Augen ausrissen. Eine Reihe von ihnen war während einer Epidemie gestorben und man exhumierte ihre Leichen, um nachzuprüfen, ob die Augen noch vorhanden waren. Während dieser Zeit waren die Ordensschwestern von der Obrigkeit verhaftet und vierundzwanzig Stunden lang festgehalten worden.
Welche Eigenschaften sollen diese Medikamente besitzen, zu deren Zusammensetzung Kinderaugen vonnöten sind? Sie haben verschiedene, sagen die Einheimischen, aber eine davon ist, dass sie die Fähigkeit verleihen, unter die Erde zu blicken und so die Mineralienschätze zu entdecken, die sich darin verbergen.

Makabre Praktiken, die auf die Erlangung außerordentlicher Kräfte abzielten, hat es im Übrigen bei den meisten Völkern gegeben, wenn nicht bei allen. Darf man in diesem Zusammenhang zudem nur in der Vergangenheit sprechen?

In einer Schublade des Schreibtisches, auf dem ich dieses Buch hier im tibetischen Grenzgebiet schreibe, habe ich Pillen, die Fleisch von der Leiche eines dieser Einsiedler enthalten, die von den Tibetern als Übermenschen angesehen werden. Derjenige, der sie mir gegeben hat, Nam tso Tulku, ein Lama, dessen Wohnsitz sich in der Nähe von Dao befindet, glaubte, mir ein Geschenk von unschätzbarem Wert zu machen. Ihm zufolge können mich diese Pillen gegen alle Krankheiten immun machen und mir ein langes Leben und andere kostbare Vorteile garantieren. Um diesen braven Mann nicht zu kränken, musste ich eine davon vor seinen Augen herunterschlucken.

Der Glaube, dass man durch Zerstörung und Blutvergießen Leben erzeugen könne, findet sich noch in vielen Winkeln der unzivilisierten Welt. Es ist noch nicht sehr lange her, da zogen die Eingeborenen der Khound-Stämme in den indischen Bergen junge Mädchen auf, die sie *meriah* nannten, um sie in einem Ritual über einer Grube zu opfern. Ihr Blut, das dort hineinlief und in die Erde eindrang, würde, wie sie glaubten, die Erde befruchten und reiche Ernten gewährleisten.

Bei den Azteken im alten Mexiko hielt man Männer mehrere Jahre lang in einer Halbgefangenschaft als Vorspiel zu dem Ritual, in dessen Verlauf man ihnen die Brust öffnete und das Herz herausriss.

Rituale dieser Art, deren mehr oder weniger offen zum Ausdruck gebrachtes Ziel es stets war, die Fruchtbarkeit der Erde anzuregen, also Leben hervorzubringen, hat es in fast allen Ländern gegeben.

Wenn auch die Agonie der Männer, die lebend in diese grauenvollen Zuber getaucht wurden, von denen der Lama sprach, erschütternder war, so war doch die der hinduistischen oder mexikanischen Opfer, die sich über Jahre in Erwartung der unabwendbaren Opferung hinzog, nicht weniger schrecklich. Was den Verzehr des Fleisches eines mächtigen oder verehrenswerten Wesens angeht, um auf diese Weise einen Teil seiner materiellen Substanz mitsamt den damit verbundenen physischen und psychischen Eigenschaften in sich aufzunehmen, so ist dies auch ein keineswegs außergewöhnlicher Brauch.* Das Herz des bei der Jagd getöteten Löwen oder das eines tapferen Feindes zu essen und damit die Kraft und den Mut des Toten in sich aufzunehmen war – und ist immer noch – sehr weit verbreitet. Als die Chinesen vor etwa zwanzig Jahren einen Feldzug gegen die Tibeter unternahmen, erzählten diese, dass die chinesischen Soldaten die Herzen der in der Schlacht getöteten feindlichen Kämpfer aßen.

Besondere Wirkung wird auch dem Sperma zugeschrieben, das dem, der es in sich aufnimmt, Lebensenergie verleihen soll.** Ich habe von Pillen gesprochen, die Fleisch einer Persönlichkeit enthalten, deren Heiligkeit, Weisheit oder magische Kräfte sie außergewöhnlich machten. Selbstverständlich werden diese nicht etwa von asiatischen Apothekern verkauft. Sie werden insgeheim oder zumindest unauffällig von Hand zu Hand weitergegeben, aber sie stellen absolut keine Seltenheit dar und man erwartet sich von ihnen genau die gleiche Wirkung, wie sie sich die Bön, von deren finsteren Praktiken man mir erzählt hat, von ihrem teuflischen Elixier erwarteten.

In einer verfeinerten Form eliminierte man den grob realistischen Anteil solcher Rituale des Verzehrs und erhob zugleich das Wesen, dessen Substanz der Teilnehmer an dem Ritual zu

---

* Siehe dazu: A. David Néel, *Mystiques et magiciens du Tibet*, Paris 1929. Dt.: *Heilige und Hexer*, »Der wunderbare Leichnam«, Leipzig 1931.

** Siehe dazu: A. David-Néel, *Initiations lamaiques*, Paris 1930. Dt.: *Meister und Schüler*, Leipzig 1934.

sich nahm, zu höherer Würde. Bei den Azteken war es kein einfaches menschliches Wesen, sondern ein Gott, der zum Verzehr dargeboten wurde. Anlässlich eines bestimmten Festes verfertigten die Priester des Huitzilopochtli ein Idol aus Teig, das diesen Gott darstellte. Im Verlauf von Zeremonien, die mit Zauber verbunden waren, ließ man diesen in das Idol eingehen. Es ist dies ein in Tibet sehr verbreitetes Ritual, mit dem Unterschied, dass man kein Idol, sondern stattdessen einen einfachen Kuchen aus Teig (*torma*) anfertigt. Zum Abschluss des Festes wurde die Statue des Huitzilopochtli in Stücke zerlegt, die an das Volk verteilt wurden, das sie andächtig verzehrte, überzeugt, das Fleisch und die Knochen des Gottes zu essen, die als Leben spendende Nahrung angesehen wurden.
Auch heutzutage verzichtet man in zivilisierten Gesellschaften keineswegs darauf, die materielle Substanz eines göttlichen Wesens zu sich nehmen. Obgleich den empfindlicheren Nerven der Katholiken der Schauder eines tatsächlichen Verzehrs von blutigem Fleisch erspart wird, ist es für sie doch ein Glaubensartikel, dass derjenige, der die Kommunion empfängt, das Fleisch und das Blut Christi zu sich nimmt ebenso wie die subtileren Bestandteile seiner Persönlichkeit: seine Seele und seine Göttlichkeit.
Bestimmte religiöse Schriftsteller beharren zudem sehr stark auf dem Nahrungscharakter des eucharistischen Sakraments. Natürlich interpretieren die, an die sie sich richten, ihre Ausführungen in einem geistigen Sinn. Die *Nahrung*, die sie in sich aufnehmen, soll ihre Seele stärken und sie denken dabei sehr viel mehr an deren Unsterblichkeit als an eine lange Lebensdauer oder die Unsterblichkeit ihres Körpers. Nichtsdestoweniger wird auf der Realität des blutigen Mahls bestanden – auch wenn es in Form von Brot und Wein dargereicht wird – und jeder, der bestreitet, dass der Gläubige echtes Fleisch und Blut zu sich nimmt, wird von der römischen und griechischen Kirche mit dem Bannfluch belegt.

Als ich mir die verschiedenen Ausdrucksformen ins Gedächtnis rief, in denen dieser so stark im menschlichen Geist verwurzelte Gedanke sich äußert, sich von einem lebenden Wesen Lebenselemente zu entleihen, kam ich zu dem Schluss, dass die fürchterliche Geschichte, die mir erzählt worden war und für die ich soeben eine indirekte Bestätigung erhalten hatte, durchaus glaubhaft war. Sie musste sich auf ein schreckliches Verfahren primitiver Alchimie beziehen.
Aus diesem Grund überwand ich die Bedenken, die mich bisher immer daran gehindert hatten, die dramatische Geschichte des alten Räuberhauptmanns zu schreiben, der im Laufe seiner Abenteuer gesehen hatte, wie diese Alchimie in einer Weise praktiziert wurde, die alle Vorstellungen, die Dante sich bezüglich der Hölle gemacht hatte, weit übertrifft.*
Obwohl ich sehr in meine Arbeit vertieft war, spürte ich doch die Veränderung, die sich in der allgemeinen Stimmung am Wutai Shan vollzog. Auf die Gleichgültigkeit, mit der die ersten Neuigkeiten von einem japanischen Angriff aufgenommen worden war, folgte eine vage Unruhe. Eine Unruhe, die sich bei den Händlern und den Mönchen in den Klöstern unbewusst einstellte, denn keiner von ihnen konnte sich vorstellen, dass die Ruhe von Wutai Shan gestört werden könnte. Diese Siedlung, die im Wesentlichen aus Klöstern bestand, schien ihnen zu tief im Herzen der Berge gelegen zu sein, als dass man etwas von den Unruhen in der Welt zu befürchten gehabt hätte.** Doch das Unbehagen, das sie bedrückte, wuchs von Tag zu Tag.
Es kam die Bestätigung, dass die Chinesen gegen die Japaner kämpften – aber wo? Und welches war das Resultat dieser Kämpfe? Niemand wusste es.

---

* Siehe dazu: A. David-Néel, *Liebeszauber und schwarze Magie*.
** Im folgenden Jahr wurde die Gegend von Wutai Shan zum Hauptquartier der kommunistischen Armee, die dort sehr lange die Japaner in Schach hielt, bevor sie den Rückzug antreten musste.

Eines Tages wurde verkündet, dass der große Bahnhof von Beijing – der, von dem die Züge nach Norden abfahren – in Brand gesetzt worden war. Dann verbreitete sich das Gerücht, dass der General, der Bürgermeister von Beijing, dem Feind die Stadttore geöffnet habe. Man fügte hinzu, dass die Botschafter der ausländischen Nationen verboten hätten, innerhalb von Beijing zu kämpfen. Die Widersacher sollten ihren Streit außerhalb der Stadtmauern austragen. Er schien geregelt zu werden wie ein Fußballspiel, und wenn man solche Äußerungen hörte, gewann man natürlich die Überzeugung, dass die Ereignisse nicht sehr ernsthafter Natur sein konnten. Die ausländischen Botschafter, die es den bösen Buben »verboten hatten«, sich in Beijing zu schlagen, würden ihrem Gerangel schnell ein Ende setzen ... Heute sind wir fern von solchen Vorstellungen, und weil wir nicht fähig waren, mit Nachdruck zu »verbieten«, als es notwendig gewesen wäre, haben wir unserem moralischen Prestige und unseren materiellen Interessen in Asien schwer geschadet.
An einem anderen Morgen berichtete uns der Postbote, dass die Gerüchte, die kursierten, wohl begründet waren. Beijing war tatsächlich abgeschnitten, die Züge gelangten nicht mehr dorthin, die Chinesen hatten eine große Brücke zerstört. Welche Brücke? Kein Mensch hatte eine Ahnung.
Das hinderte meinen Koch nicht daran, lauthals herumzuprahlen und während der Vorbereitungen meiner Mahlzeiten jedem, der es hören wollte, zuzurufen: »Wir werden uns die Mandschurei wieder holen! ... Alle Chinesen werden gegen die Japaner marschieren! ...«
»Und du«, sagte ich eines Nachmittags zu ihm, als mir seine Aufschneidereien besonders auf die Nerven gegangen waren, »du wirst dich natürlich freiwillig melden!«
»Ich, ich kann nicht«, antwortete er mir, erstaunt darüber, dass ich auf einen so absurden Gedanken kommen konnte. »Meine Familie braucht mich.«

Ähnliche Erklärungen sollte man während des ganzen Krieges hören. »Ein Mann ist in allererster Linie seiner Familie verpflichtet«, wiederholten Millionen von Chinesen, und nachdem sie das im Brustton der Überzeugung ausgesprochen hatten, blieben sie zu Hause: hinter der Theke ihres Ladens, an ihrem Schreibtisch sitzend oder auf andere Weise ihren privaten Angelegenheiten nachgehend. Zu kämpfen war Sache des Plebs, der Kulis, der »Familienlosen«.

Dass die Pflicht gegenüber der Familie den Vorrang hat, war eine berechtigte These, vor allem in einem Land, in dem sich die Familie, die für ihren Lebensunterhalt auf den Verdienst ihres Oberhaupts angewiesen ist, keinerlei Entschädigung erhoffen konnte, falls dieser im Krieg getötet oder so verkrüppelt wurde, dass er keinen Beruf mehr ausüben konnte.

Der armselige Transportarbeiter, Lastträger oder »Pferdemann«, der die Rikschas zieht, konnte seinerseits geltend machen, dass es für ihn völlig gleichgültig war, ob er unter seinen Landsleuten oder unter den Japanern schuftete, und dass er nicht einsah, warum er sein armseliges Leben noch größeren Gefahren aussetzen sollte, da ihm keinerlei Möglichkeit eingeräumt wurde, sein Los zu verbessern. Auch diese Meinung war berechtigt.

Es wurden noch andere Thesen vorgebracht, die alle vollkommen logisch klangen. So richtig solche Argumentationen auch sein mögen, sind sie in der Praxis jedoch angetan, eine Nation in den Untergang zu führen.

Ist es also absolut unvermeidlich, dass das Interesse des Individuums und das der Gemeinschaft im Widerspruch zueinander stehen? Wahrscheinlich nicht. Man könnte sich jedoch auch fragen, warum unsere Erde, die für intelligente Wesen ein ganz angenehmer Aufenthaltsort sein könnte, aufgrund der Dummheit ihrer Bewohner in eine Hölle verwandelt wird.

In der Folge hörte ich, wie sich Studenten dafür entschuldigten, dass sie sich nicht den Kämpfern anschlossen, indem sie anführten, sie müssten ihr Studium beenden. Andere sagten mit Scharfsinn im Blick: »Ich schone mich und bereite mich auf den nächsten Krieg vor.« Ein junger Mann, der sich seiner Bedeutung sehr bewusst war, erklärte: »Ich trage dazu bei, die Moral der Truppen zu stärken, indem ich patriotische Gedichte verfasse.« Ein Teil der reichen Jugend in den großen Städten machte sich erst gar nicht die Mühe, Gründe dafür zu suchen, dass sie ihrer patriotischen Pflicht nicht nachkam; es reichte ihr, sich in Tanzlokalen oder Spielhöllen zu amüsieren. Aber ich sah diese Dinge und ich hörte diese Äußerungen erst, nachdem ich Wutai Shan verlassen hatte. Dort gestanden die einfachen Händler in den Dörfern Yongden lediglich: »Ich habe Angst.« Was die Lamas, die Trapas und die Bonzen anging, so waren sie der Meinung, dass ein nationaler Krieg sie nichts anging. Sofern ihre jeweiligen Klöster und der dazugehörige Besitz nicht angetastet wurden und die Gläubigen ihnen weiterhin ihre Opfergaben brachten, kümmerten sie das politische Regime und die Nationalität der Herrschenden nur wenig. Aus völlig anderen Motiven zogen sie eine Schlussfolgerung, die der der armseligen Kulis ähnelte. Das war keine Haltung, die man so fanatischen Patrioten entgegensetzen konnte, wie es die Japaner waren.

5. Kapitel

Auswirkungen des Krieges auf Wutai Shan · Die vorderste Kampflinie rückt näher · Erster Flug von feindlichen Flugzeugen über den Berg

Am 15. August 1937 machte sich in Wutai Shan eine gewisse Unruhe bemerkbar. Wie es hieß, hatten dreißig japanische Aufklärungsflugzeuge Taiyuan überflogen. Da die Vertreter der Obrigkeit Luftangriffe befürchteten, riet man jedem, der nicht von dringenden Angelegenheiten zurückgehalten wurde, die Stadt zu verlassen. Frauen und Kinder sollten zwangsläufig evakuiert werden.

Am nächsten Tag trafen Scharen von völlig verängstigten Mongolen ein. Die Frauen trugen Säuglinge in den Armen, die Männer ächzten unter der Last von Kleiderbündeln und Gerätschaften; ich sah zwei von ihnen, die jeder einen Pflug schleppten. Andere führten Pferde, die mit Gepäck beladen waren, auf dem man Kinder festgebunden hatte. Diese Unglücklichen lieferten mir die erste Kostprobe von dem beklagenswerten Schauspiel, das ich nun über Monate zu sehen bekommen würde.

Die Neuigkeiten, die diese Flüchtlinge mitbrachten, waren schlimm. Kalgan war mehrfach bombardiert worden, ebenso die umliegenden Dörfer. Es hatte zahlreiche Opfer gegeben. Chinesen und Japaner bekämpften sich zwischen Beijing und dem Chahar; die Reisenden in Richtung Beijing fanden die Straßen verbarrikadiert und mussten wieder umkehren.

Ging es also um etwas Ernsteres, als es die vorangegangenen »Zwischenfälle« gewesen waren? Ich fragte es mich, ohne jedoch daran zu glauben, dass die Kampfhandlungen über ein

relativ begrenztes Gebiet zwischen Beijing und dem Norden Chinas hinausgehen würden.
Zu diesem Zeitpunkt bekam ich von einer in Taiyuan lebenden deutschen Dame, die einen Radioapparat besaß, eine Zusammenfassung der Nachrichten zugeschickt, die sie gehört hatte. Zwischen Beijing und Tientsin war es zu schweren Kämpfen gekommen. Die Verluste der Chinesen waren so erheblich gewesen, dass sie ihre Toten und Verletzten ganze drei Tage lang auf Wagen geladen und fortgeschafft hatten; als danach jedoch immer noch viele mehr auf dem Schlachtfeld lagen, mussten sie darauf verzichten, sie fortzubringen.
Später wurden mir diese Einzelheiten von einem in Beijing lebenden französischen Arzt bestätigt. Eine große Zahl von Schwerverletzten, schrieb er mir, war an Ort und Stelle gestorben, nachdem sie mehrere Tage lang ohne Hilfe geblieben waren.
Meine Briefpartnerin erwähnte auch ausgedehnte Brände: Wie es hieß, war der alte Teil von Tientsin in Schutt und Asche gelegt worden.
Einige Tage, nachdem ich diesen Brief erhalten hatte, traf der Kommandant des militärischen Stützpunkts von Wutai Hsien (Wutai) in Wutai Shan ein. Er teilte uns mit, dass sich Beijing und Tientsin den Japanern ergeben hatten. Es kursierte auch das Gerücht, dass die Japaner Shanghai angriffen.
Die in mehreren Klöstern des Tals stationierten Truppen begannen eine ungewohnte Betriebsamkeit an den Tag zu legen. Die Chinesen hatten sich in den Provinzen nicht die Mühe gemacht, Kasernen zu bauen; fast überall hatten die Truppen buddhistische oder taoistische Tempel besetzt, was deren Verfall noch beschleunigte.
Unmittelbar oberhalb des Gebirgsvorsprungs, auf dem sich Pusa Ding erhob, lebten einige hundert Soldaten in einem großen Kloster. Sie begannen nun, täglich am Reck zu turnen. Übungen der Hornbläser mussten ebenfalls angeordnet wor-

den sein. Schon bei Morgengrauen hörte man, wie sie Tonleitern herauf- und herunterspielten oder Hornsignale übten. Zu zweit, zu dritt, allein, zwischen den Bäumen oder auch inmitten der Felsen ließen diese Musiklehrlinge ihre klagenden Töne bis ins Unendliche vom Echo zurückwerfen und diese unablässige Wiederholung weckte in mir den übermächtigen Wunsch, laut herauszuschreien.

Eines Morgens erlebten wir eine martialischere Demonstration von Betriebsamkeit. Die Soldaten brachten mehrere Kisten voller Granaten nach Pusa Ding hinauf, und nachdem sie an einem der Tore in der Umfassungsmauer Stellung bezogen hatten, warfen sie ihre Granaten eine nach der anderen ins Tal. Das von den Explosionen bewirkte Getöse dauerte mehrere Stunden, dann trugen die Soldaten die leeren Kisten fröhlich wieder die große Treppe mit den hundertacht Stufen hinab, die sie zu ihren Quartieren zurückbrachte. Sie schienen sich »gut amüsiert« zu haben; es war ihnen obendrein bewusst, mit einer bedeutsamen Sache in Berührung gekommen zu sein. Die Asiaten genießen noch die Errungenschaften der »Zivilisation« und sind stolz darauf, sie handhaben zu können. Auch die Japaner haben sich in dem gegenwärtigen Krieg noch nicht von der Verzückung erholt, die sie verspüren, wenn sie Flugzeuge lenken, Bomben werfen und Weiße demütigen. Die leidenschaftliche Erregung, die dieses Gefühl in ihnen auslöst, hat wesentlichen Anteil an der Kühnheit und der Zähigkeit, die sie an den Tag legen.

Der Explosionslärm versetzte die zudringlichen Spatzen und die Wildtauben in Panik, die ich so weit gezähmt hatte, dass sie mir, auf meinen Armen sitzend, aus der Hand fraßen. Sie verschwanden aus Pusa Ding. Ein anderes Resultat dieser Verschwendung von Munition konnte ich nicht erkennen. Nördlich von Wutai Shan setzten die Japaner ihre Massaker fort.

Mich überkam großes Mitleid, wenn ich mir die schmächtigen chinesischen Soldaten betrachtete, die in der Mehrzahl sehr jung und ohne militärische Ausbildung waren. Was würde aus

ihnen werden, sobald sie Truppen gegenüberstanden, die gut bewaffnet und seit langem vorbereitet waren auf das, was man von ihnen erwartete?
Einige Tage später verbreitete sich das Gerücht, dass die in Wutai Shan stationierten Soldaten am übernächsten Tag nach Suiyang aufbrechen würden, und tatsächlich zogen sie mitten in der Nacht sehr geräuschlos ab. Ich vernahm lediglich in der Ferne das Geräusch von Glocken einer Maultierkarawane, die durch das Tal zog.
Diesen Männern werden noch Tausende nachfolgen, sagte man im Dorf. Ich sah nichts von diesen Tausenden, sie mussten wohl einen anderen Weg genommen haben. Alles, was ich wahrnahm, waren kleine Gruppen, die auf der Straße wie zum Spaziergang daherkamen, manchmal drei oder vier Männer gemeinsam, manchmal auch mehr, aber höchstens einmal ein Dutzend. Wohl durchdachte Strategie, erklärten die Händler. Aus Angst, von feindlichen Flugzeugen gesichtet zu werden, marschieren die Soldaten nachts und verstecken sich, sobald es Tag wird, oder sie rücken immer nur zu sehr wenigen vor. Hm! Ich war keineswegs überzeugt davon.
Doch als ich eines Abends in der Dämmerung von einem Spaziergang zurückkehrte, traf ich auf eine kleine Karawane, die sich durch das enge, waldige, von uralten Friedhöfen gesäumte Tal wand, das sich unterhalb von Pusa Ding erstreckt. Die Tiere – Pferde, Maultiere und sogar Esel – waren beschlagnahmt worden und wurden von Bauern geführt; ein halbes Dutzend Soldaten diente als Eskorte. Ich zählte die Tiere, während sie vorüberzogen: Es waren etwas über hundert. Sie trugen Kisten, die Patronen zu enthalten schienen, Mehlsäcke, schäbige Decken und das Utensil, das in China am unentbehrlichsten zu sein scheint: Schüsseln aus emailliertem Eisen, die vor allem als Behälter für heißes Wasser für die Körperwäsche dienen, die aber auch als Essschüsseln oder Töpfe benutzt werden, wenn die Umstände es erfordern.

Von dieser Karawane, die im gräulichen Licht der Abenddämmerung zwischen den alten Gräbern hindurchzog, ging eine herzzerreißende Melancholie aus. Seit Beginn des Krieges schien im Übrigen alles in Traurigkeit gehüllt: Eine unaussprechliche Furcht schwebte über den Menschen und über den Dingen, die sich in Erwartung irgendeines unabwendbaren Grauens zu befinden schienen.

Mit der Angst, die sich in die Köpfe einschlich, begannen die atavistischen Gefühle von Frömmigkeit neu zu erwachen. In Pusa Ding nahm die Zahl der Gläubigen zu. Sichtlich verlegen, als Bittsteller vor den Altären dazustehen, zündeten Soldaten mit der Mütze in der Hand und selbst Offiziere vor der Statue von Dschampeiyang Räucherstäbchen an oder befragten das Schicksal, indem sie die Wahrsagestäbchen schüttelten.

Eines Nachmittags sah ich, wie ein Soldat vor dem »toten Dschampeiyang« niederkniete und die betresste Kappe eines Offiziers vor ihm auf die Altarstufen legte. Er handelte im Auftrag. Sein Vorgesetzter oder jemand, der ihm nahe stand, dessen Frau oder Mutter, hatte ihn mit dieser Kopfbedeckung hergeschickt, die den repräsentierte, dessen Schicksal man erfragen wollte, ebenso wie die Möglichkeiten, die Gefahren abzuwenden, die ihm vielleicht drohten.

Ich sah, wie der Mann das Bambusgefäß mit den Stäbchen schüttelte: Eines davon sprang heraus, streifte die Oberseite der Mütze und fiel daneben nieder. Der Tempelwächter hob es auf, las die darauf eingeritzte Inschrift, befragte das Orakelbuch und flüsterte einige Augenblicke auf den Abgesandten ein. Dieser legte daraufhin eine Opfergabe auf den Altar, wickelte die betresste Kopfbedeckung sorgsam in ein Tuch und ging.

Was hatte man ihm gesagt? Was würde er der Person berichten, die ihn hergeschickt hatte? Eine tröstliche Botschaft der Hoffnung oder düstere Prophezeiungen?

An einem anderen Tag war das Tal erfüllt von dem Lärm von Böllerschüssen, mit denen man die Ankunft eines Generals begrüßte.* Er befand sich kurz vor dem Aufbruch an die Front und unter dem Vorwand, wer weiß was zu inspizieren, war er auf Pilgerfahrt gegangen und begab sich nun von einem Tempel zum anderen. Ich sah, wie ein stämmiger Mann mittleren Alters mit einem gewichtigen Bauch die Stufen zum Haupttempel hinaufstieg: der, in dem Dschampeiyang auf einem weißen Löwen reitet. Die Kappe in der Hand, schien er sich einen Augenblick vor dem Altar zu sammeln, verneigte sich dann tief und setzte seine Besuchsrunde fort.

Später wurde dieser General zum traurigen Helden eines ziemlich grotesken Abenteuers. Man berichtete es mir folgendermaßen: Während er sich mit seinen Truppen an der Front befand, setzte er sich mit Marschall Yen Sie-san, dem Gouverneur von Shanxi, über einen Angriff ins Einvernehmen, den sie gemeinsam zu einem ganz bestimmten Zeitpunkt gegen die Japaner unternehmen sollten. Nachdem die Unternehmung abgesprochen war, ließ der Marschall seine Soldaten am besagten Tag und zur besagten Zeit auf den Feind einstürmen, überzeugt, der General würde seinerseits das Gleiche tun, doch dieser erschien erst zwei Stunden später auf dem Schlachtfeld, als die zur Hälfte aufgeriebenen Truppen des Marschalls schon den Rückzug antraten.

»Ich will Euren Kopf!«, schrie der Marschall außer sich vor Wut, als er seinen Untergebenen erblickte.

Ich weiß nicht, welche Entschuldigungen dieser vorbrachte, aber wie es scheint, gestand ihm der Marschall drei Tage Aufschub zu. Zu diesem Zeitpunkt würde er entweder die Japaner geschlagen haben oder exekutiert werden.

---

* Salven von Böllerschüssen erfreuen sich in China großer Beliebtheit. Man setzt sie bei allen Gelegenheiten ein: als Ehrensalven bei der Ankunft oder bei der Abreise einer bedeutenden Persönlichkeit; als Zeichen der Freude anlässlich von Volksfesten, Familienfeiern oder religiösen Feierlichkeiten. Sie begleiten die Opfergaben, die man den Göttern darbringt, etc. etc.

»Drei Tage reichen mir nicht aus, um einen Angriff vorzubereiten, der von Erfolg gekrönt sein könnte«, flehte der Schuldige. Der Marschall gab erneut nach.
Bevor die zehn Tage vergangen waren, lief der General zum Feind über, nahm seine Konkubine mit und wahrscheinlich auch den größten Teil seines Barvermögens. Seine legitime Ehefrau und seine Kinder blieben verlassen in Taiyuan zurück.
Weiterhin wurden hinter vorgehaltener Hand konfuse Nachrichten herumerzählt. Manche Leute behaupteten, die Obrigkeit habe verboten, vom Krieg zu sprechen, was, wie ich glaube, pure, in den Hirnen der furchtsamen Händler entstandene Einbildung war. Sie trugen abwechselnd frohlockende Gesichter und bekümmerte Mienen zur Schau und gaben sich immer gleichermaßen geheimnisvoll.
Jedes Mal, wenn mein kriegslüsterner Koch vom Markt zurückkehrte, weihte er mich in ein »Geheimnis« ein, das er entdeckt hatte. Die Russen, erzählte er, griffen jetzt die Japaner an. Und während diese Letzteren Nanjing überflogen, hatten die Chinesen zehn ihrer Flugzeuge abgeschossen, ohne selbst Verluste zu erleiden. Bedauerlicherweise wurde diese Nachricht wenig später korrigiert. Von dreißig chinesischen Flugzeugen, die am Kampf teilgenommen hatten, waren zehn heruntergeholt worden. Die Japaner hatten nur fünf verloren. Was die Russen anging, so unternahmen sie überhaupt nichts. Es wurde auch verkündet, dass Tschiang Kai-schek die Ausländer aufgefordert habe, Shanghai zu verlassen, um freie Hand zu haben, da die Japaner ihre Konzession ausnutzten, um es als Stützpunkt und Rückzugsbasis für ihre Truppen zu verwenden. Wie es hieß, versuchten die Japaner vergebens, in Shanghai fest Fuß zu fassen. Bei jedem ihrer Landeversuche drängten die Chinesen sie vom Ufer zurück und sie mussten eine beträchtliche Anzahl von Toten und Verletzten an Bord ihrer Schiffe bringen.

Die halbwegs gesicherten Nachrichten aus benachbarten Orten wurden jetzt zusehends schlechter. Kalgan befand sich in der Hand des Feindes, dessen Flugzeuge häufig Taiyuan überflogen, das von einer großen Zahl seiner Bewohner verlassen worden war. Tibetische Händler, die in Beijing lebten und auf Pilgerfahrt nach Wutai Shan gekommen waren, versuchten, nach Hause zurückzukehren. Sie konnten die Kampflinien nicht durchqueren und kamen wieder nach Wutai Shan zurück.

Es sah so aus, als säße ich fest, und das beunruhigte mich. In meinem Haus in Beijing hatte ich eine ganze Menge Gepäck zurückgelassen. Aus Frankreich hatte ich eine komplette Bibliothek mitgebracht, da ich mit einem sehr langen Aufenthalt in China rechnete. Was würde aus all dem werden? ... Vielleicht musste ich sogar sagen: Was war aus all dem geworden? ... Ich fragte es mich mit zunehmender Unruhe, je klarer mir wurde, dass ich nicht mehr nach Beijing zurückgelangen konnte.

Kälte und Schnee kamen früh in diesen Bergen, deren Höhe zweitausend Meter überstieg, und wie mir meine Gastgeber in Pusa Ding sagten, waren die Winter dort rau. Das hätte mich nicht daran gehindert, die Einladung der Lamas anzunehmen, die mich aufforderten, in meiner Unterkunft wohnen zu bleiben. Doch das Geld, das ich für einen kurzen Sommeraufenthalt mitgebracht hatte, ging rapide zur Neige und ich sah nicht die geringste Möglichkeit, mir weiteres aus Beijing kommen zu lassen, wo ich Gelder auf der Bank hatte. Die Post hatte ihren Dienst in dieser Richtung eingestellt und es war mir unmöglich, Kontakt zu meinen Bankiers aufzunehmen.

Um mir den Rest zu geben, kehrte mein Koch zudem eines Morgens vom Markt zurück und verkündete mir, dass man einen Geldschein der Bank von Chahar abgelehnt hatte, mit dem er bezahlen wollte. Bis dahin waren diese Scheine immer akzeptiert worden. Am Nachmittag stieg Yongden ins Dorf

hinab, um Informationen einzuholen. Was er erfuhr, kam für mich einer Katastrophe gleich. Da der Chahar von den Japanern besetzt worden war, hatten die Geldscheine dieser Bank jeglichen Wert verloren. Ich besaß noch Scheine im Wert von zweihundertfünfundvierzig Dollar. Unter anderen Umständen hätte mich dieser wenn auch bedauerliche Verlust nicht in Verzweiflung gestürzt, aber in der Abgeschiedenheit dieses Bergmassivs, dem die Kampffront von Woche zu Woche näher rückte, brauchte ich Geld, um flüchten zu können, um mich mit einem Vorrat an Brennmaterial und Lebensmitteln, die mir für die Überwinterung ausreichen würden, an einem entlegenen Ort zu verkriechen. In diesem Augenblick zweifelte ich nicht daran, dass der Krieg im Frühjahr beendet sein würde.
Da die Bombardierungen in der Umgebung anhielten, ließ die örtliche Polizei einen Aufruf plakatieren, der offenbar von einem für Taiyuan oder eine andere Stadt gedachten abgeschrieben worden war und den Bewohnern einschärfte, »in ihre Keller hinabzusteigen, sobald Flugzeuge angekündigt« würden. Nur besaß kein Haus in Wutai Shan einen Keller. Die Absurdität dieser Empfehlung fiel niemandem auf, kein Mensch dachte im Traum daran, darüber zu lachen: Die Angst wuchs.
Inzwischen drang überhaupt kein sehr Besorgnis erregendes Gerücht mehr nach Wutai Shan: Tatsächlich waren wir dort plötzlich wie von der Welt abgeschnitten, ohne die geringste Information über das, was vor sich ging. Die Wogen der widerstreitenden Gefühle, von denen die Dörfer aufgewühlt worden waren, hatten sich gelegt, es herrschte apathische Ruhe. Die Klöster waren in Stille gehüllt, die allein von dem gedämpften »Dong Dong« der rhythmisch geschlagenen Trommeln durchbrochen wurde. In allen Tempeln hatten die Lamas begonnen, die besonderen Rituale zur Vertreibung der Dämonen zu zelebrieren, und die »Dämonen«, die in die Flucht gejagt werden sollten, waren die Japaner.
In dieser ungewohnten Stille spürte man, wie sich Demenz in

die Gemüter einschlich. Es kam zu Fällen von kollektiver Halluzination. Als ich eines Abends von einem Spaziergang in die Umgebung zurückkehrte, erklärte man mir, mehrere Bomben seien auf das Dorf geworfen worden, das Pusa Ding am nächsten gelegen war. Das erstaunte mich: Ich hatte mich nicht weit entfernt, und wo ich mich befand, hätte ich die Detonationsgeräusche hören müssen, aber ich hatte überhaupt nichts gehört. Doch versicherte man mir, dass an mehreren Plätzen, wo die Bomben eingeschlagen waren, Löcher im Boden zu sehen seien. Ich begab mich an Ort und Stelle, nahm in einem ziemlich ausgedehnten Umkreis eine eingehende Besichtigung vor und entdeckte nicht den geringsten Hinweis auf Explosionen. Eine ganze Anzahl von Chinesen behauptete jedoch weiterhin, sie hätten *gehört*, wie die Bomben detonierten, und hätten die von ihnen verursachten Verwüstungen *gesehen*. Der eindeutige Beweis, dass keinerlei Schaden zu erkennen war, überzeugte sie nicht – ganz im Gegenteil, wie es scheint. Die zuerst sehr begrenzte Anzahl von Zeugen der Bombardierung erhöhte sich in dem Maße, in dem sich die Unsinnigkeit ihres Geschwätzes herausstellte. Sie ergingen sich in Erklärungen und in lächerlichen und widersprüchlichen Behauptungen, fuhren sich gegenseitig an, übertrafen einander in Details über etwas, was es überhaupt nicht gegeben hatte; jeder von ihnen hatte mehr gesehen als sein Nachbar. Am Ende stritten sie und beschimpften sich mit den bildhaften Ausdrücken, an denen ihre Sprache so reich ist, und ich ging nach Hause.

Während des ganzen Sommers hatte es nicht einen Tag zu regnen aufgehört. Die Pfade waren unglaublich morastig und die kleinsten Bäche, die auf dem Grund der Täler dahinflossen, füllten sich mit gewaltigen Wildwassern. Dieses schlechte Wetter verstärkte noch die Trostlosigkeit der Umstände. Mein Notizbuch füllte sich mit melancholischen Anmerkungen, die sich zu sehr ähneln, als dass ich sie alle hier wiedergeben möchte.

Am 22. August schrieb ich: »Immer noch keine Nachrichten. Es vermittelt ein eigentümliches Unbehagen, sich so isoliert zu fühlen und zugleich zu wissen, dass sich andernorts tragische Geschehnisse ereignen und dass sich das Ungewitter vielleicht annähert, ohne dass man ahnen könnte, von woher es kommt, oder sich dagegen wappnen könnte.

Heute morgen sah ich eine Gruppe von einem Dutzend Soldaten aus dem Tempel des ›toten Dschampeiyang‹ kommen. Sie haben Lampen auf seinem Altar angezündet, haben Räucherstäbchen verbrannt und salutiert ... Vor wem? ... Wahrscheinlich wissen sie nichts von der Persönlichkeit, deren Abbild diese Statue sein soll. Doch das ist unwichtig für sie: Sie ist etwas, das heilig gehalten wird, und sie sind in ihrer Verzweiflung hergekommen, um Schutz zu erbitten, weil sie in den Krieg ziehen.

Wie es heißt, gehören sie einem Truppenverband an, der dreitausend Mann umfasst. Sie sind gerade aus einem Ort in Shanxi eingetroffen, dessen Namen man mir nicht klar wiedergeben konnte. Sie haben mehrere Klöster im Tal besetzt und müssen morgen wieder aufbrechen.

Sie sind so schmächtig, sie wirken so blutjung, diese chinesischen Soldaten! Mich überkommt großes Mitleid, wenn ich daran denke, dass in nicht allzu langer Zeit viele von ihnen als Leichen im schlammigen Morast der Schlachtfelder verwesen werden. Sie sind allesamt Söldner, arme Teufel, die sich verpflichtet haben, um Verpflegung zu erhalten, von Zeit zu Zeit ein wenig Geld in die Hand zu bekommen und ein etwas weniger hartes Leben zu führen als die Kulis und die Bettler. Hier in Shanxi sind viele zum Militär gegangen, weil sie glaubten, ihre Aufgabe würde darin bestehen, im Straßenbau zu arbeiten, für den der Gouverneur Soldaten einsetzt. Sie sind gar nicht auf die Idee gekommen, dass man sie in den Kampf beordern könnte, und jetzt sitzen sie in der Falle und man schickt sie ins Gemetzel.

Heute ist der Tag nach Vollmond. Es hat noch bis zum Abend geregnet. Jetzt sind Pusa Ding und die umliegenden Berge in einen bläulichen Nebel gehüllt, der von einem unsichtbaren Mond erhellt wird. Ein quälender Eindruck von Hoffnungslosigkeit geht von dieser unwirklichen Landschaft aus.

Ob sie wohl schlafen, diese Jungen, die gerade erst angekommen sind und vor Tagesanbruch wieder weitermarschieren müssen? Woran sie wohl denken? ... Heute Nacht werden sich vielleicht in Shanghai oder an einem anderen Ort Männer gegenseitig massakrieren, und wenn nicht heute Nacht, dann morgen oder übermorgen. Das Drama der Dummheit der Massen, das sich seit Menschengedenken unablässig wiederholt ... Hier umhüllt eine große Stille die reglosen Dinge, als wenn nichts zu atmen wagte. Welch ein Elend! Welch ein Schmerz!«

Am nächsten Morgen verließen die Soldaten Wutai Shan, noch bevor ich erwachte.

Nachdem es am Nachmittag ausnahmsweise zu regnen aufgehört hatte, ging ich hinaus, um spazieren zu gehen und mich durch tüchtige Bewegung von den düsteren Gedanken abzulenken, die mich quälten.

Das Gebirgsmassiv von Wutai Shan ist weder besonders schön noch besonders imposant. Wie in vielen anderen Gegenden Chinas sind die Wälder abgeholzt worden und die kahlen Berge sind fast bis zu den Gipfeln kultiviert. Die Gipfel, bis zu denen die Hafer- und Buchweizenfelder noch nicht vorgedrungen sind, bilden einen natürlichen Weidegrund. Hier und dort wird die Alltäglichkeit dieser Kulisse durch einige verschont gebliebene Baumgruppen und durch Einsiedeleien verschönt, die sich an die Hänge der Berge klammern oder stolz hoch oben auf den Gipfeln thronen. Nach den Monaten, die ich in meinem engen Haus in Beijing verbracht hatte, fühlte ich mich sehr glücklich inmitten der weiten Räume und ich hätte mich hervorragend daran gewöhnen können, in Wutai Shan zu leben, davon konnte jedoch gar keine Rede sein.

An diesem gleichen Abend hatte ich soeben mein Abendessen beendet, als ein verstörter Mann in meine Wohnung gestürzt kam, vor mir auf die Knie fiel und, unterbrochen von Weinkrämpfen geschüttelt, sehr wortreich auf mich einzureden begann. Da ich nichts verstand von dem, was er mir sagte, rief ich meinen Hilfsdiener, der ein wenig Tibetisch sprach, als Dolmetscher zu Hilfe.
»Was will dieser Mann?«, fragte ich.
Als mein Diener ihn befragte, begann der Chinese erneut mit seinen Klagen und Erklärungen.
»Er sagt, dass man ihn erschießen wird«, übersetzte mein Gehilfe. »Er bittet Euch, ihn zu retten. Er ist der Straßenhändler, bei dem ich Obst kaufe.«
»Erschießen! Und warum, was hat er getan?«
»Er raucht Opium.«
»Das ist erlaubt: Du rauchst es und Hortche auch. Das Pulver, das die Japaner herstellen (Heroin), ist verboten. Wer das konsumiert, wird erschossen. Sag ihm das.«
Erneutes Palaver. Der Obsthändler, der immer noch vor mir kniete, ergriff meine Füße und begann verzweifelt – ich weiß nicht was – zu schreien. Eine kräftige Ohrfeige, die mein Diener ihm verabreichte, beruhigte ihn ein wenig und er begann von neuem mit seinen Erklärungen.
Ein Mann von der Polizei – oder der sagt, er sei von der Polizei, das müsste man nachprüfen – hat dem Unglücklichen mitgeteilt, neuen Anordnungen zufolge müssten alle Opiumraucher erschossen werden und man habe ihn bestimmt, als Beispiel zu dienen.
Ich vermutete einen Erpressungsversuch dahinter. Man hatte diesen Dummkopf wahrscheinlich erschrecken und veranlassen wollen, alles Geld herauszurücken, das er zu zahlen imstande war, um verschont zu werden. Ich versuchte, ihm das verständlich zu machen, doch befand er sich in einem Zustand von Übererregung, der ihn taub für vernünftige Argumente

machte. Er wollte von mir beschützt und an einen sicheren Ort gebracht werden.
Mir kamen Zweifel: War er wirklich nur Opiumraucher oder konsumierte er die verbotene Droge, handelte er damit und hatte einer seiner Freunde ihn gewarnt, dass man beabsichtigte, ihn festzunehmen? Falls dem so war, befand er sich tatsächlich in der Gefahr, die er befürchtete, und natürlich durfte ich nicht zulassen, dass man ihn erschoss, wenn ich dieses Drama verhindern konnte. Nur warum kam er zu mir, anstatt zu fliehen, da er sich doch auf freiem Fuß befand? Ich ließ ihn dies fragen.
»Er möchte, dass Ihr beim Richter Fürsprache für ihn einlegt«, sagte mein Dolmetscher. »Wenn er das Land verlässt, kann er nicht mehr zurückkehren und seine Geschäfte gehen gut hier.«
Das war absurd. Ich konnte nicht das Geringste dagegen unternehmen, dass die Gerechtigkeit ihren Lauf nahm oder was der Richter dafür hielt.
»Der Richter«, ließ ich ihm sagen, »würde mich nicht anhören. Entscheide du selbst, was du tun musst. Du hast nichts zu befürchten, wenn du nur Opium geraucht hast. Man hat dir zweifellos Angst einjagen wollen, um dir Geld abzunehmen. Wenn es sich allerdings um die Droge oder etwas anderes in dieser Art handelt, bring dich in Sicherheit. Hast du genug Geld für deine Ausgaben unterwegs?«
Er hatte nur ein Kleiderbündel und eine Decke bei sich, die er mitgebracht hatte, um bei mir zu wohnen, bis ich den Richter besänftigt haben würde.
»Es geht um Opium«, bekräftigte der Chinese, »aber wenn Ihr mich nicht beschützen könnt, gehe ich wieder.«
Ich begleitete ihn bis zum Klostertor und befahl einem meiner Männer, ihn über Umwege so weit zu begleiten, bis er fern vom Dorf war und sich wieder so weit beruhigt hatte, dass er sich um seine Sicherheit kümmern konnte.
Diese Opiumgeschichte musste in dem armen Hirn meines

Mongolen herumgespukt sein, der ein unverbesserlicher Raucher war. Wollte er sich beweisen, dass er seinem Laster frönen konnte, ohne die Todesstrafe fürchten zu müssen? Hatte er ein anderes Motiv?

Eines Nachmittags kam der Koch zu mir und sagte mit sehr besorgter Miene: »Hortche liegt da und rührt sich nicht mehr. Er ist bleich und kalt. Bitte kommt und seht nach ihm, vielleicht ist er tot.«

Ich liebe keine Tragödien. Meine langen Reisen durch außergewöhnliche Länder haben mir so viele dramatische Vorfälle beschert, dass mein Bedarf daran völlig gedeckt ist. Ich hatte nicht die geringste Lust, einen neuen zu erleben.

Ich begab mich in das Zimmer der Burschen. Obgleich ich nicht über medizinische Kenntnisse verfüge, schien der Fall mir klar zu sein. Es handelte sich um eine Vergiftung. Der Mongole hatte zu viel geraucht oder Opiumpillen geschluckt. Was sollte ich tun? In dem Dorf, das am weitesten von Pusa Ding entfernt war, lebte eine Art Apotheker. Dieser gute Mann behauptete, etwas von Medizin zu verstehen, aber er würde seinen Laden und seine Kunden nicht im Stich lassen, und selbst wenn er sich einverstanden erklärte, würden mehrere Stunden vergehen, bevor mein Abgesandter ihn erreicht und zu mir gebracht haben würde. Der Koch riet mir sehr davon ab, ihn kommen zu lassen – mit dem Argument, dass meine ausländischen Mittel wirksamer seien als seine. Der Vergiftete schien immer noch bewusstlos.

»Mach ein Tuch nass«, sagte ich zu dem Koch, »und schlag es Hortche mit aller Kraft ins Gesicht, auf den Körper, überall hin. Schlag fest zu!«

Während sich der Koch nach Kräften abmühte, bereitete ich ein fürchterliches Brechmittel zu, das angetan war, einem Pferd die Eingeweide zu leeren.

Als ich zu dem Kranken zurückkehrte, sah ich mit Freuden, dass ein wenig Leben in ihn zurückgekehrt war, was sich der Koch zunutze machte, um ihm mein Gebräu einzuflößen.

»Jetzt«, befahl ich ihm, »roll ihn in seine Decken ein. Dann lass Steine erhitzen und leg sie dicht an ihn heran, an die Füße und an die Seiten.«

Es dauerte nicht lange, bis meine Behandlung ihre Wirkung erzielte. Ich wartete noch, bis ich einigen Anlass zu der Überzeugung hatte, dass diese Behandlung wirksam war. Dann, gegen Abend, verabreichte ich dem am ganzen Leib zitternden Hortche ein Abführmittel, nicht weniger stark, als es das Brechmittel gewesen war. Ich glaubte, gehört zu haben, dass es in solchen Fällen nicht ratsam sei, Abführmittel zu geben, aber ich war mir nicht sicher und neigte zu der Auffassung, dass es für meinen Kranken nur heilsam sein konnte, wenn man ihn seines gesamten Inhalts »entleerte«. Für dieses Mal hatte ich Recht. Dem ziemlich fassungslosen Bericht meines Kochs zufolge war die Wirkung meiner zweiten Behandlung ebenso durchschlagend wie die der ersten.

Der Mongole war gerettet, aber er war noch in keinem besonders guten Zustand, als ich am nächsten Morgen nach ihm sah.

»So kurierte man die Kranken zu Zeiten deines berühmten Anführers Dschingis Khan«, sagte ich zu ihm.

»Aha«, murmelte er kläglich, »die Ehrwürdige Dame hat gewiss Vorfahren, die mit ihm verwandt waren.«

»So ist es«, antwortete ich ihm. »Du trinkst jetzt drei Tage lang nur Milch, ohne irgendwas zu essen, und am vierten Tag nimmst du deine Arbeit wieder auf.«

Und damit war der Zwischenfall Hortche erledigt.

Der August ging zu Ende, es hörte nicht auf zu regnen und es wurde langsam kalt. Man entzündete Holzscheite unter meinem *kang**; die Beine auf fernöstliche Weise gekreuzt, saß

---

* Eine Estrade aus Ziegelsteinen, die als Sitz und als Bett dient und unterhalb Heizofen ist, der durch Öffnungen in der Mauer von außen genährt wird. Man findet den *kang* in jeder Wohnung in Nordchina und in den der Mongolei benachbarten Regionen.

ich dort auf Teppichen vor einem niedrigen Tisch, der mit Büchern beladen war, die ich mir in den Bibliotheken der Klöster ausgeliehen hatte. Ich zwang mich, die Recherchen fortzusetzen, deretwegen ich nach Wutai Shan gekommen war, doch es fiel mir zunehmend schwerer, die Gedanken auf meine Arbeit zu konzentrieren. Der Krieg weitete sich aus und drohte noch lange zu dauern. Um das bisschen Geld zu sparen, das mir geblieben war, reduzierte ich meine Mahlzeiten immer mehr, bis sie schließlich völlig unzureichend wurden.

Die Lamas erneuerten ihre liebenswürdigen Angebote. Es lag ganz bei mir: Wenn ich in Pusa Ding bleiben wollte, würden sie mir Lebensmittel und Brennmaterial zur Verfügung stellen, die ich später bei meiner Abreise bezahlen konnte, sobald der Krieg beendet war. Aber wann würde er beendet sein? Angesichts dieser Ungewissheit erschien es mir unvorsichtig, mich für einen Zeitraum, dessen Dauer ich nicht absehen konnte, in Wutai Shan zur Gefangenen zu machen.

Während wir ohne Nachrichten blieben, war die Hoffnung in mir aufgestiegen, dass die Kämpfe vorbei und die Gegner bei den Vorgesprächen zu einem Friedensschluss sein könnten. Die Gerüchte, die dann erneut zu unseren Bergen empordrangen, belehrten mich jedoch eines Besseren. Man kämpfte immer noch in Shanghai, in Nähe der Bahnlinie Beijing-Hankow (Wuhan) und in unserer Umgebung nördlich von Wutai Shan.

Wie man versicherte, kampierten die letzten Truppen, die durch Wutai Shan gekommen und nur eine Nacht geblieben waren, etwa sechzig Kilometer von uns entfernt, um den Japanern den Weg zu versperren. Was die Soldaten anging, die unterhalb von Pusa Ding kaserniert gewesen waren, eben die, denen ich zugesehen hatte, wie sie am Reck übten, wie die Lausbuben Granaten ins Tal warfen und lachend über die große weiße Treppe wieder ins Tal hinabstiegen – es waren

fünfhundert Mann gewesen, wie es hieß, und sie waren alle tot.
Weitere, ungefähr dreihundert an der Zahl, die nachts marschiert waren und sich tagsüber versteckt hatten, um der Beobachtung durch feindliche Flugzeuge zu entgehen, waren trotzdem entdeckt worden und zum Teil von den Trümmern eines Tempels erschlagen worden, den man bombardiert hatte, als sie, von ihrem nächtlichen Marsch erschöpft, dort schliefen. Diejenigen, die entkommen konnten, fielen draußen im Feuer der Maschinengewehre.
Aber überall, wo die Japaner angriffen, stießen sie auf sehr viel größeren Widerstand als erwartet. Sie hatten an einen leichten, in drei Wochen erreichbaren Sieg geglaubt, doch die Ereignisse ließen im Gegenteil einen langen und schrecklich blutigen Krieg voraussehen, zu dem die kürzlich stattgefundenen Kämpfe nur ein unbedeutendes Vorspiel darstellten.
Zu dieser Zeit kursierte eine neue Nachricht, wie man sie sich in der Fantasie nicht verrückter hätte ausmalen können.* Die Chinesen hatten eine Affenarmee gebildet, erzählte man sich. Sie waren in Gruppen von zehn Tieren eingeteilt, die jeweils von einem Soldat angeführt wurden. Ihre Aufgabe bestand darin, die Bombendepots der Japaner zu plündern; man hatte sie auch dressiert, Granaten zu werfen.
Dieses Märchen tauchte im darauf folgenden Oktober erneut auf. Ich hatte mich zu dieser Zeit nach Hankow geflüchtet.
Der *North China Herald* vom 5. Oktober 1938** veröffent-

---

* Eine Ausnahme macht das den Indern heilige Epos: das Râmayâna, in dem die Affenheere des göttlichen Affen Hanumat für Râma in seiner Schlacht gegen Râvana den Menschenfresser-König von Lanka (Ceylon) kämpfen, der Sîta, Râmas Gattin, entführt hat.

** »*Hankow Rekruiting Orangs-Outangs* Tokyo, october 3
According to a cabled dispatch appearing in an Tôkyo newspaper, from its Kiukiang correspondent, the Chinese army has been capturing orangs-outangs in the south western provinces for the past ten years and secretly

lichte eine Depesche, welche in einer Zeitung in Tokio erschienen war, die behauptete, die Information von ihrem Korrespondenten in Kiukiang erhalten zu haben. Der Artikel der tokiotischen Zeitung war von der Agentur Reuter verbreitet worden.

»Die chinesische Armee«, berichtete der Korrespondent, »hat seit zehn Jahren in ihren südwestlichen Provinzen Orang-Utans eingefangen und sie insgeheim darauf abgerichtet, die Soldaten anzugreifen. Auf einen bestimmten Befehl hin werden die Orang-Utans sich auf die feindlichen Linien stürzen, sich gewaltsam der Maschinengewehre bemächtigen, die Kommandanten der Kompagnien angreifen und Granaten werfen. In Hankow hält man dreitausend dieser Orang-Utans bereit, die die Japaner bei ihrem Vormarsch in Angst und Schrecken versetzen sollen, und zweitausend weitere befinden sich in Wuchang auf dem entgegengesetzten Ufer des Jangtse, gegenüber von Hankow.«

Als diese Affengeschichte in Wutai Shan bekannt wurde, hatte sie eine mächtige Wirkung. Plötzlich sah man, wie sich die Gesichter der Händler wieder erhellten; sie zweifelten nicht mehr am Sieg. Die Tibeter und die Mongolen in den Klöstern, die weniger leichtgläubig waren oder langsamer dachten, setzten ihre magischen Rituale zur Verjagung der »Dämonen« fort. Sie hielten den anhaltenden Regen, der in dieser Jahreszeit völlig ungewöhnlich war, für eine Gunstbezeigung Dschampeiyangs, da er Wutai Shan in Nebel und Wolken hüllte und so den Blicken der feindlichen Flieger entzog.

---

training them to turn loose on attacking soldiers ... At a command, he says, the orangs-outangs will dash into the enemy lines, scramble for machine-guns, assault company commanders, and throw hand-grenades. Three thousand of these orang-outangs are being held in readiness to terrorize the Japanese when they arrive and the remaining two thousands are at Wuchang across the Yangtze from Hankow (Reuter).«

Doch erschienen diese eines Morgens.
Man gewöhnt sich an alles; die Gewohnheit lässt einen nach und nach gegen die Eindrücke abstumpfen bis man unempfindlich dagegen wird. Später in Hankow betrachtete ich zusammen mit anderen Neugierigen die mörderischen Vögel am Himmel. Sie flogen über unsere Köpfe hinweg, brachten ihre Bomben hierhin und dorthin ... Man war es leid, sich zu verstecken. Doch die ersten Flugzeuge, die Wutai Shan überflogen, verursachten allen schreckliche Ängste. Die Mönche von Pusa Ding gingen und lehnten sich mit dem Rosenkranz in der Hand an die Mauern des Haupttempels, von dessen Dach der übernatürliche Nektar herabtropft.
Man hätte sich kaum einen schlechteren Platz aussuchen können, um Deckung zu finden. Die gelben, lackierten Ziegel des Daches und seine vergoldeteten Verzierungen bildeten ein hell leuchtendes Ensemble, das sehr angetan war, die Flieger anzulocken, wenn sie ein wichtiges Gebäude treffen wollten. Ich zog Yongden zu einem der Tore in der Umfassungsmauer, durch die man in das enge, schattige Tal gelangte, das von alten Friedhöfen eingenommen wurde.
»Falls sie von dieser Seite kommen, rennen wir los und werfen uns zwischen den Gräbern ins Gras, unter die Bäume«, sagte ich zu ihm. »Dort können sie uns nicht sehen.«
Die Flugzeuge flogen in ziemlich großer Entfernung von Pusa Ding über die Gipfel. Die Distanz ließ sie in ihrer Geschwindigkeit fast langsam wirken, gab ihnen diese gewisse Aura von hochmütiger Nonchalance, als seien sie sich ihrer Macht bewusst und voller Verachtung für uns. Sie verschwanden nach Norden.
Am nächsten Morgen begannen Arbeiter all die gelb oder türkisblau schimmernden Dächer und all die vergoldeten Embleme, die auf ihren Firsten funkelten, mit schmutzig grau getöntem Kalk zu übertünchen. Welch traurige Arbeit! Wird es dem Regen wohl je gelingen, die schönen, lackierten Ziegel

gänzlich von diesem schändlichen Putz zu befreien? Es mussten noch solche darunter sein, die aus der Erbauungszeit der Tempel in der Epoche des Kien-long stammten und die kaiserliche Prachtentfaltung miterlebt hatten, wenn der eine oder andere der Söhne des Reiches der Mitte nach Pusa Ding emporstieg, um Dschampeiyang zu verehren. Wie traurig! Zeitalter idiotischer Boshaftigkeit, die Hässlichkeit über die Dinge legt und in die Herzen trägt.

Im September verbesserte sich das Wetter, wir hatten wirklich schöne Tage. Ich nutzte sie, um fünf- bis sechsstündige Wanderungen durch die Berge zu machen. Da eine Bombardierung zu erwarten war, nahmen Yongden und ich auf diese Ausflüge das wenige Geld mit, das uns geblieben war, außerdem die Arbeitsnotizen, die mir am wichtigsten waren, und das noch unvollendete Manuskript des Buches, an dem ich gerade schrieb.* Mehr als einmal brachen wir in Gelächter aus, wenn wir uns in unseren von den mitgenommenen Papieren aufgebauschten Gewändern betrachteten. Unsere »Habe« sagten wir im Scherz. Hätten wir vorausgesehen, welches Schicksal all dem vorbehalten war, was wir in Shanxi besaßen, hätten wir weit weniger gelacht.

Unterwegs sahen wir Tempel oder Klöster daliegen, die ich sehr gerne besichtigt hätte, doch es war unmöglich, dort einzutreten, ohne dass sogleich die Sakristane herbeieilen würden, begierig, uns die Schätze dieser Stätte zu zeigen und von ihrem fast immer wunderbaren Ursprung zu erzählen. Sie würden uns unweigerlich mit Altarlampen oder mit Räucherwerk versehen, die den historischen oder mythologischen Helden zu offerieren waren, die in ihrem Tempel verehrt wurden. Natürlich würden sie eine Spende von uns erwarten, die im Verhältnis zur Größe der Lampe oder zur Dicke des Bün-

---

* *Magie d'amour et magie noire*, Paris 1938. Dt.: *Liebeszauber und schwarze Magie. Abenteuer in Tibet.*

dels von wohlriechenden Stäbchen stand, die sie uns blitzschnell in die Hände drücken würden. Zweifellos würde das eine oder das andere als Beweis für die Wertschätzung, die man uns entgegenbrachte, von beträchtlicher Größe sein, aber wir waren gezwungen, bis hin zu unseren Kupfermünzen zu sparen, damit wir uns etwas Gemüse kaufen konnten. Von dem, was wir noch besaßen, mussten wir eine gewisse Summe für unsere Reisekosten zurückhalten, denn ohne genau zu wissen, wohin ich mich begeben würde, sah ich immer klarer die Notwendigkeit, Wutai Shan zu verlassen, bevor die Wege zugeschneit sein würden.

Ich hatte an eine Bank in Taiyuan geschrieben mit der Bitte, mir einen Scheck meiner Bankiers in Beijing auszubezahlen, und keine Antwort darauf erhalten. Daraufhin hatte ich mich an die französische Dame in Taiyuan gewandt, bei der ich Gepäck deponiert hatte, und wartete nun auf Nachricht von ihr.

In der Zwischenzeit mussten wir uns vor dem Zugriff der raffgierigen Sakristane hüten. Doch da uns die Neugier plagte, geschah es, dass wir uns heimlich wie die Diebe in das eine oder andere Heiligtum schlichen.

Als wir den monumentalen Chörten* umrundeten, wären wir beinahe seinem Wächter zum Opfer gefallen. Zum Glück hatte er nur Yongden bemerkt, und während ich mich versteckte, tat dieser so, als gehöre er zu einer Gruppe mongolischer Pilger, die begierig waren, die Altäre zu beleuchten, um sich Verdienste zu erwerben. Während der Wächter damit beschäftigt war, sie mit Lampen zu versehen, kam mein Sohn zu mir zurück und wir rannten, so schnell wir konnten, die Tempeltreppen hinab.

Im Zusammenhang mit diesem Tempel gibt es etwas Amü-

* Ein religiöses Bauwerk, das aus einem kuppelförmigen Unterbau besteht, über dem sich eine Art Turm erhebt.

santes zu erzählen. Er ist einer der ältesten von Wutai Shan. Er gehört zu einem Kloster chinesischer Bonzen und diese sind deshalb für die Beaufsichtigung des mächtigen Chörten zuständig. Da sie jedoch bemerkt haben, dass die Pilger, die Wutai Shan besuchen, die Neigung haben, sich den lamaistischen Mönchen gegenüber großzügiger zu zeigen als ihnen, haben sie einige von diesen in ihren Dienst genommen, die als Sakristane, Wächter, Offizianten etc. fungieren und sich ganz allgemein in Sichtweite der Pilger halten, während sich die chinesischen Bonzen, denen der Tempel gehört, in ihr Kloster zurückziehen. Die naiven Tibeter und Mongolen denken, der Tempel sei ein Lamakloster, verteilen reichlich Opfergaben an die Vertreter ihrer Sekte und diese »Angestellten« rechnen sodann mit ihren Auftraggebern ab: den Bonzen.

An einem anderen Tag hatten wir uns in den Hof von Shuxiang Si geschlichen, das als das älteste in Wutai Shan erbaute Kloster gilt. Da wir niemanden gesehen hatten, fassten wir Mut und stießen das Tor zu dem dem Dschampeiyang »mit dem Mehlkopf« (Dschampeiyang Tsamgoma) geweihten Tempel auf. Während wir uns die Statue ansahen, erklangen Geräusche von Schritten hinter dem Gebäude, in dem wir uns befanden. Wir verließen es in aller Eile; gleich in der Nähe stand ein dicker Baum und wir versteckten uns dahinter. Ein Mann tauchte auf und brachte ein Vorhängeschloss an der Tür an, durch die wir in das Heiligtum eingedrungen waren. Dann begab er sich in die Vorhalle, durch die man in den Hof gelangte, und verschloss auch das große Eingangstor. Wir waren Gefangene.

Wir hatten die Möglichkeit zu rufen, vorzugeben, eben erst angekommen zu sein und den Wächter nicht bemerkt zu haben, da unsere Aufmerksamkeit auf anderes gerichtet gewesen war. Wahrscheinlich wäre er nicht erstaunt gewesen, da er uns selbst nicht gesehen hatte. Nur hätte er uns den Dschampeiyang mit dem Mehlkopf zeigen wollen, den wir uns gerade angesehen hatten, uns seine Geschichte erzählen wollen, die wir bereits kannten, und natürlich hätte er uns mit Nachdruck aufgefordert, ihm zu huldigen und Butterlampen auf seinem Altar anzuzünden. Aber Butter vor einer Statue zu verbrennen, während wir auf unser Mittagessen verzichten mussten, wäre ein Heroismus gewesen, der unser Maß überstieg.

Der Mann war verschwunden. Ich flüsterte Yongden zu: »Wir müssen über die Mauer klettern.«

»Hm, hm«, antwortete mein Adoptivsohn, »sie ist nicht hoch, aber …«

»Versuchen wir es.«

Ein feiner Regen begann zu fallen und die wenig zahlreichen Bewohner des Klosters blieben in ihren Behausungen. Auf der Suche nach einer geeigneten Stelle liefen wir an der Lehmmauer entlang. Es fand sich keine Öffnung, aber sie wies an mehreren Stellen starke Risse auf. Wir benutzten die auseinander klaffenden Teile als Sprossen und gelangten so nach oben – diese Mauer war kaum mehr als zwei Meter hoch, wie ich glaube.

Yongden sagte nun zu mir: »Ich springe als Erster und helfe Ihnen dann von unten.«

Und er sprang. Doch dabei schlug er entweder mit den Hacken gegen die Lehmmauer, die von den Regenfällen mehrerer Monate aufgeweicht war, oder er brachte sie auf andere Weise ins Wanken: Jedenfalls war er kaum unten angekommen, als sie zum Einsturz kam, und ohne seine Hilfe benötigt zu haben, fand ich mich am Boden, auf einem Haufen von glitschigem Lehm sitzend, wieder. Dschampeiyang mit dem Mehlkopf war rachsüchtig und bestrafte mich dafür, dass ich ihm nicht die übliche Ehre erwiesen hatte.

Wieso hatte er einen »Mehlkopf« oder, genauer gesagt, einen Kopf aus *tsampa*, aus geröstetem Gerstenmehl?

Hier die Geschichte. Wie viele der Statuen, die man in den chinesischen und tibetischen Tempeln sieht, ist auch diese aus einer Mischung von Lehm, Stroh und Papier angefertigt, die zu einer Paste verknetet und außerordentlich hart wird, wenn sie trocknet. Diese Paste wird auf ein Holzgerippe, das als Stütze dient, aufgetragen und daran geformt; das Gestell wird entfernt, sobald die Paste hinlänglich getrocknet ist. Wenn die Statue von sehr großen Ausmaßen sein soll, werden ihre verschiedenen Teile häufig getrennt modelliert und erst dann miteinander verbunden.

Das musste auch bei der des Dschampeiyang von Shuxiang Si der Fall gewesen sein. Die Arbeiter hatten ihr Werk vollendet, nur noch der Kopf musste aufgesetzt werden, aber dem Künstler, der den Auftrag hatte, Dschampeiyang die ihm eigenen Züge zu geben, gelang dies nicht. Andere versuchten es und scheiterten ebenfalls; die Physiognomie, die man dem Heros verlieh, entsprach niemals der Vorstellung, die man von ihm hatte. Als Dschampeiyang die Schwierigkeiten und den Kummer sah, die ihnen ihr Misserfolg verursachte, zeigte er sich ihnen plötzlich, auf einem weißen Löwen reitend, am Himmel. Ohne einen Augenblick zu verlieren, befeuchtete einer der Bildhauer *tsampa,* das er in einem Säckchen für seine Mahlzeit bei sich trug, und aus dieser Paste modellierte er nach dem Bild seines himmlischen Modells einen Kopf.

Wie es heißt, ist dieser Kopf, den man auf die Statue setzte, noch immer dort und daher hat sie ihren Namen: Dschampeiyang Tsamgoma (mit dem *tsampa*-Kopf).

Es ist äußerst zweifelhaft, dass der gegenwärtige Kopf der Statue aus Mehl geformt worden ist, denn trotz der Farbe, mit der er überzogen ist, hätten ihn unweigerlich die Ratten gefressen. Doch man muss sich davor hüten, Legenden und Wunder allzu genau nachzuprüfen; sie gehören der Welt der Fantasie an, in der Vernunft und Logik nichts zu suchen haben. Es handelt sich um bezaubernde oder auch spaßige Ammenmärchen, die angetan sind, uns in Augenblicken zu amüsieren, in denen unser erschöpfter Geist nach Entspannung verlangt und es uns Vergnügen macht, wieder zu Kindern zu werden.

Vor allem Angst macht Menschen leichtgläubig. Sobald es ihnen klar wird, dass es unmöglich oder extrem schwierig ist, mithilfe natürlicher Mittel den Gefahren zu entrinnen, die sie bedrohen, wenden sie sich übernatürlichen Mächten zu. In allen Ländern sind es nur wenige, die der Gefahr klar ins Auge blicken, sich allein auf ihren eigenen Scharfsinn verlassen, um sie zu bannen, und sich mit dem, was sie nicht verhindern können, stoisch abfinden.

Die guten Leute von Wutai Shan – Chinesen, Mongolen, Tibeter, ob sie nun dem Volk oder dem einfachen Klerus angehörten – waren nicht von dieser letzteren Art. Das Nahen der Japaner rief ihnen eine Unmenge von Legenden und Wundern ins Gedächtnis, die den besonderen Schutz, den ihr Tal genoss, mehr als zur Genüge bewiesen, und sie sahen darin Grund genug, sich in Sicherheit zu wiegen. Nicht alle diese Geschichten sprachen von Ereignissen, die in sehr ferner Vergangenheit geschehen waren. Manche von ihnen bezogen sich auf Vorfälle, die erst kurze Zeit zurücklagen.

Im 16. Jahr der chinesischen Republik* führte Marschall Yen Sie-san, derselbe, der noch immer die Provinz regierte, Krieg. Gegen wen? ... Obgleich erst so wenige Jahre seitdem vergangen waren, schienen die Leute es vergessen zu haben. Wahrscheinlich hatte es sich um einen dieser bürgerkriegsähnlichen Zwischenfälle gehandelt, die in China so häufig vorkommen. Nachdem die Bewohner von Wutai Shan von der unmittelbar bevorstehenden Ankunft des Feindes erfahren hatten, waren sie alle geflüchtet. Die erwarteten Truppen erschienen auf den Höhen der Berge. Als die feindlichen Offiziere mit ihren Feld-

---

* Das war also gerade erst elf Jahre her, als ich mich 1937 in Wutai Shan befand.

stechern ins Tal hinabblickten, sahen sie, dass es von Soldaten nur so wimmelte. Da sie glaubten, dass die Anzahl ihrer Männer zum Angriff nicht ausreichte, zogen sie sich zurück. In Wirklichkeit war das Tal völlig verlassen, es befand sich niemand mehr in Wutai Shan.
Ein ähnliches Wunder hatte sich in einer weiter zurückliegenden Epoche, unter einem der letzten Kaiser, ereignet. Chinesische Soldaten, die in Wutai Shan eingetroffen waren, um sich dort niederzulassen, sahen, dass die große Treppe, die nach Pusa Ding hinaufführt, von Schießscharten durchlöchert war, aus denen Gewehrläufe herausragten. In dem Glauben, dass sich hinter dieser Befestigung Soldaten befanden, traten sie ebenfalls den Rückzug an. Natürlich war die Treppe keineswegs mit Schießscharten versehen und es befanden sich keinerlei Truppen in Wutai Shan.
Von ähnlicher Tragweite, aber unterschiedlich in den Gegebenheiten, war das folgende Wunder: Während eines Krieges drang ein chinesischer General in das Kloster der Bonzen ein, in dessen Mitte sich der monumentale Chörten erhebt, den ich bereits erwähnt habe. Vielleicht hatte er die Absicht, es von seinen Soldaten plündern zu lassen. Doch hatten die *hochans* (chinesische Bonzen) seine Ankunft nicht abgewartet. Sie hatten die Flucht ergriffen und das Kloster war schon seit geraumer Zeit unbewohnt. Doch sah sich der General bei seinem Eintritt in den Hof einem Mann von riesenhafter Statur gegenüber, der sehr prächtig gekleidet und mit einem gewaltigen Säbel bewaffnet war.* Der General erstarrte vor Entsetzen und fiel ohnmächtig zu Boden. Den Soldaten, die ihn leblos vorfanden, gelang es ihn wieder zu beleben; es blieb ihm noch

* Manjushri, alias Dschampeiyang, wird immer mit einem Säbel in der Hand dargestellt. Einer Überlieferung zufolge, die ihn als historische Persönlichkeit sieht, soll er ein General chinesischer Herkunft gewesen sein, der siegreich in Nepal Krieg führte.

die Zeit die Erscheinung zu beschreiben, die er gesehen hatte, und wenig später starb er.
Als hätten diese Wundergeschichten die Schleusen eines Stroms von Märchen geöffnet, erzählte man mir nun jeden Tag neue Wunder. Sogar die steinernen Löwen, die den obersten Absatz der großen Treppe von Pusa Ding schmückten, fanden als Helden übernatürlicher Abenteuer ihren Platz in dieser Phantasmagorie.
Die Mönche des Klosters, das unmittelbar unterhalb von Pusa Ding am Fuß der Treppe gelegen ist, stellten betroffen fest, dass sich ihre Vorräte auf sonderbare Weise verringerten, ohne dass sie einen Dieb zu entdecken vermochten. Doch als sich eines Nachts einige von ihnen auf die Lauer legten, sahen sie einen der steinernen Löwen die Treppe herunterkommen, in das Kloster hineingehen, in die Vorratskammer eindringen, wo das Mehl aufbewahrt wurde, und davon fressen.
Als sie ihren Bonzenbrüdern davon berichteten, zerschlugen diese dem plündernden Löwen die Zunge und seit diesem Tag blieben die Vorräte des Bonzenklosters unangetastet.
Tatsächlich ist einem der beiden Löwen, die die Treppe zieren, nur ein Stumpf von der Zunge geblieben.
Mit der großen Treppe von Pusa Ding verbindet sich allerlei Aberglaube. Es bringt Glück, wie es heißt, wenn man sich eine Haarsträhne abschneidet, während man sich auf einer der Treppenstufen befindet und die abgeschnittenen Haare darauf herabfallen lässt. Der Glaube an diesen Brauch schien nicht sehr tief gehend zu sein, denn die Treppe war von nicht sehr vielen Haaren verunreinigt. Vielleicht hatten die heftigen Regenfälle sie fortgeschwemmt.
Es ist erlaubt, über alle diese abstrusen Legenden zu lachen, aber es empfiehlt sich, keine spöttische Verachtung für die Menschen der mehr oder weniger primitiven Länder, in denen sie entstanden sind, in diese Heiterkeit einfließen zu las-

sen. Ohne lange suchen zu müssen, kann jeder von uns Ähnliches bei seinen eigenen Landsleuten entdecken.
In der Umgebung von Wutai Shan wurden auch Fälle von Straßenräuberei gemeldet. Frauen, die gegen Abend aus dem Dorf zurückkehrten, waren auf dem Weg zu ihren Häusern ihres ärmlichen Schmucks beraubt worden. Bewaffnete Bettler waren nachts bei den Höfen erschienen und hatten verlangt, dass man ihnen Lebensmittel, Geld und Kleider aushändigte. Wie es hieß, lungerten fahnenflüchtige Soldaten auf den Straßen herum und hielten die Reisenden an. Einige von diesen Räubern waren füsiliert worden. Da ich seit langer Zeit mit den chinesischen Gebräuchen vertraut war, bezweifelte ich allerdings, dass ihre Bestrafung jene besonders abschreckte, denen der Sinn danach stand, auf den Straßen herumzustreifen, oder die vom Elend dazu getrieben wurden.
Da ich Wutai Shan verlassen musste, war es wichtig für mich, eine Stadt zu erreichen, in der ich hoffen konnte, dass man mir Schecks einlösen würde. Aus diesem Grunde war es unerlässlich, dort Leute zu kennen, die in der Lage waren, bei einer Bank für mich zu bürgen. Auf der anderen Seite war es mir unmöglich, weit fort zu fahren, da ich nicht die Mittel besaß, um die Kosten für eine längere Reise zu bestreiten. Taiyuan erfüllte die erforderlichen Bedingungen, deshalb beschloss ich, mich trotz der drohenden Bombardierungen dorthin zu begeben.
Alle Anstrengungen, die Yongden und die Diener unternahmen, um Maultiere zu beschaffen, mit denen wir über die Wege, auf denen wir nach Wutai Shan gekommen waren, wieder in die Ebene hinabgelangen konnten, stießen auf entschiedene Ablehnung.
Die meisten Tiere waren für Militärtransporte requiriert worden. Die Bauern hielten die Tiere, die ihnen geblieben waren, an abgelegenen Orten versteckt. Der Weg durch Wutai Hsien, wo sich ein Militärposten befand, barg die Gefahr, dass sie be-

schlagnahmt wurden, und kein Bauer wollte sie eingehen; überdies hatte man in dieser Richtung Straßenräuber gemeldet.

»Lass uns einen anderen Weg suchen«, sagte ich zu Yongden, als alle unsere Bemühungen gescheitert waren. »Von Wutai Shan aus kann man die Straße erreichen, die von Datong nach Taiyuan führt. Datong ist von den Japanern besetzt, aber wir werden die Straße näher bei Taiyuan erreichen. Sie wurde von einem Autobus befahren; vielleicht verkehrt er noch auf einer kurzen Strecke und wir können ihn samt unserem Gepäck benutzen.« Der Plan war nicht schlecht. Es handelte sich nur darum, Umwege zu finden, die durch die Regenfälle nicht unbegehbar geworden waren und die nicht so frequentiert waren, dass die Straßenräuber dort auf Beute lauern würden – und die vor allem frei von Truppen waren, die die Tiere womöglich für ihre Zwecke einforderten. Falls wir die Bauern überzeugen konnten, dass die Wege begehbar und sicher waren, würden sie gegen einen guten Preis zweifellos bereit sein, uns Maultiere zu leihen.

Eines Morgens brachen Yongden und ich in aller Frühe zur Erkundung auf und nahmen uns Wegzehrung und unsere Regenmäntel mit. Von einigen Regengüssen abgesehen, blieb das Wetter schön; die Wege waren nicht allzu schlecht. Wir verbrachten die erste Nacht in einer armseligen Herberge und die zweite in einem Bauernhof. Den Chinesen, die sich nach dem Zweck unserer Reise erkundigten, erklärten wir, dass wir nach einer Möglichkeit suchten, mit unserem Gepäck nach Taiyuan zurückzukehren, ohne Wutai Hsien zu durchqueren, wo es kürzlich Unruhen und Plünderungsversuche gegeben hatte. Diese guten Leute verstanden unsere Gründe und äußerten keinerlei Erstaunen. Sie hielten mich alle für eine protestantische Missionarin, da es mehrere davon in Taiyuan gab, wo die englischen Baptisten einen wichtigen Sitz samt Schulen und einem Krankenhaus hatten.

Schon dachte ich, wir hätten unsere Erkundigungen weit genug ausgedehnt und könnten für den guten Zustand der Wege garantieren, als wir mitten am Nachmittag in der Ferne Detonationen hörten. He! ... Was war das? Wir befanden uns in diesem Augenblick auf einem tief eingeschnittenen Weg. Yongden erkletterte auf der einen Seite die Böschung, hielt einen Augenblick Ausschau und rief mich dann: »Kommen Sie und sehen Sie sich das an!«

In der Ferne nahm man schwarze Rauchsäulen wahr, die sich über einer Reihe von niedrigen Hügeln erhoben. Dahinter musste sich ein Dorf oder ein Militärlager befinden, das bombardiert worden war. Wir hörten noch einen dumpfen Knall, dann wurde es still. Der Rauch stieg weiter gen Himmel.

»Was sagst du dazu?«, fragte ich den Lama.

»Wir sollten die Maultiertreiber nicht hierherbringen«, antwortete er. »Sollten sie, wenn auch in so weiter Ferne, eine Bombardierung sehen, würden sie sich samt ihren Tieren in Sicherheit bringen und uns mit unserem Gepäck im Stich lassen.«

Das würde höchstwahrscheinlich passieren und in dieser fast verlassenen Gegend hätten wir nicht die geringste Chance ein anderes Transportmittel zu finden. Sehr verdrossen kehrten wir nach Pusa Ding zurück.

Ich fand eine Einladung meiner Landsmännin vor, unverzüglich nach Taiyuan zu kommen. Ihr chinesischer Ehemann versicherte mir, dass er dank der offiziellen Position, die er bekleidete, meinen Scheck bei einer Bank einlösen lassen konnte, deren Direktor er persönlich kannte. Das war eine freudige Nachricht. In Taiyuan würde alles gut gehen; aber ich musste erst einmal hinkommen. Yongden suchte erneut nach Tieren, die wir ausleihen konnten, aber er war nicht erfolgreicher als zuvor.

Mein Geld ging immer mehr zur Neige. Um Ausgaben zu vermeiden, beauftragte ich einen meiner Diener, wilden Löwenzahn zu sammeln, aus dem ich Salat zubereitete, für den ich Öl und Essig verwendete, die ich aus Beijing mitgebracht hatte und von denen mir noch etwas geblieben war: Ich aß diesen Salat mit Reis oder Brot. Bei meinen Spaziergängen durch die Felder fern der Häuser stibitzte ich: hier ein paar Maiskolben, dort vier oder fünf Hände voll Saubohnen. Yongden und die Diener taten das Gleiche, jeder für sich. Wir hatten Fleisch, Milch und Butter von unserem Speiseplan gestrichen, aber wir mussten dennoch essen. Die Schwierigkeit meiner Situation steigerte meine natürliche Neigung zur Nachsicht beträchtlich, und ich fand tausend triftige Entschuldigungen für die Diebstähle der ausgehungerten Soldaten ... solange ich selbst ihnen nicht zum Opfer fiel.

Wir waren nicht die einzigen »Armen« in Wutai Shan. Mehrere Pilgergruppen saßen dort ebenso fest wie wir und hatten das Geld fast aufgebraucht, das sie für ihren Aufenthalt mitgebracht hatten. Unter ihnen waren zwei Tibeter, die vornehmen Familien aus der Provinz Tsang angehörten. Einer von ihnen war der Neffe eines Großen Lama namens Ngagtschen, der ein politisch maßgeblicher Mann war und in China lebte.* Alle beide lebten in Beijing und waren auf Pilgerfahrt nach Wutai Shan gekommen, wo sie nicht länger als einen Monat bleiben wollten. Sie wohnten in dem Pusa Ding benachbarten Kloster, das Samten Ling heißt, wenn meine Erinnerung mich nicht täuscht. Sie waren im Begriff, nach Hause zurückzukehren, als der Krieg ausbrach, der fast auf der Stelle jegliche Verbindung nach Beijing unterbrach. Nachdem sie bequem gelebt und in allen Tempeln des Tales großzügige Opfergaben verteilt hatten, fasteten sie jetzt ebenfalls. Eines Tages überraschten wir den jüngeren von beiden, wie er auf einer Weide trockene Kuhfladen sammelte; sie würden ihnen für ihre

* Ich habe seitdem erfahren, dass er bei den Japanern zur *persona grata* geworden ist.

Küche als Brennmaterial dienen und ihnen den Kauf von Holz ersparen. In ihrem hoch gelegenen Land, das keine Wälder hat, gibt es kein anderes Heizmaterial. Die Verwendung von Kuhfladen war deshalb für unsere Nachbarn völlig normal, sie aufzusammeln war für gewöhnlich jedoch nicht die Arbeit von Mitgliedern des Adels. Unserem Freund, der uns wahrgenommen hatte, war es offenbar peinlich, dabei gesehen zu werden; mit dem Rücken zu uns entfernte er sich, gab vor, uns nicht bemerkt zu haben, und hoffte zweifellos, dass wir ihn nicht erkennen würden.

Schließlich präsentierte sich ein Chinese bei Yongden, den der Koch aufgetrieben hatte. Er sagte, er sei in der Lage, uns sieben Maultiere und zwei Sänften zu beschaffen, die uns nach Wutai Hsien bringen würden, aber nicht weiter. Dort mussten wir neue Maultiertreiber finden. Ich akzeptierte eilig. Nach Wutai Hsien zu gelangen würde mich meinem Ziel wesentlich näher bringen. Nur konnte der Mann uns kein bestimmtes Datum nennen. Er würde die Tiere in einigen Tagen zusammengebracht haben. In wie vielen Tagen? Er wusste es nicht. Er würde wiederkommen und es uns mitteilen. Wir mussten uns mit dieser schwachen Hoffnung begnügen.

Am gleichen Abend befand ich mich in meinem Zimmer und war eben im Begriff, zu Bett zu gehen, obgleich es noch früh war – etwa acht Uhr dreißig. Wir hatten nur Kerzen, um die Räume erhellen; ihr dürftiges Licht war kein Anreiz, lange aufzubleiben, und wir gingen auch sehr sparsam damit um. Mir war, als hörte ich, wenn auch sehr gedämpft, ein Geräusch, das dem eines Flugzeuges ähnelte. Ich trat hinaus in den Hof, der sich vor meiner Wohnung erstreckte, und lauschte. Der Mond schien hell* an einem sehr klaren Himmel und das Geräusch näherte sich. Ich zögerte noch, welcher Art es wohl sein mochte; vielleicht rührte es von Trommeln, die von Lamas ge-

* Es war der 9. des Mondmonats des chinesischen Kalenders.

schlagen wurden, die in einem entfernten Kloster eine nächtliche Kulthandlung zelebrierten. Aber aus einem Fenster, das auf den benachbarten Hof hinausging, wo Yongden noch heimlich eine Zigarette rauchte*, rief jemand: »Flugzeug!« Wenig später hörte ich, wie sich Mönche bei den Tempeln miteinander unterhielten. Sie hatten die Flugzeuge gesehen, es waren zwei, wie sie sagten. Seit einigen Augenblicken hörte man sie genau. Sie überflogen lange das Tal. In dieser klaren Nacht waren die ungewohnten Manöver dieser beunruhigenden Besucher nervenaufreibend.
Es war zu spät, in die Landschaft hinaus zu flüchten; die Tore der Umfassungsmauer waren geschlossen und niemand dachte daran, sie zu öffnen. Alle Bewohner von Pusa Ding standen unter dem Schutz des Dschampeiyang an die Wände des großen Tempels gepresst. Yongden hatte sich zu mir gesellt; wir versuchten das Flugzeug zu sehen, das im Tiefflug über uns hinwegdröhnte, aber es war von den Bäumen und den benachbarten Gebäuden verborgen. Es entfernte sich, ein anderes folgte ihm, flog ebenfalls vorbei und dann wendeten sie, kehrten wieder zurück und kreisten über dem Kloster. Würden sie Bomben abwerfen? Alle beide standen wir aufrecht da, schweigend, unbeweglich, und warteten ...
Die beiden Vögel verschwanden endlich.
Was suchten diese Flugzeuge, die bei Mondschein auf Erkundungsflug waren? Ich erinnerte mich, dass die Japaner erst vor kurzem nicht weit von Wutai Shan eine einzelne Truppenabteilung, die in einem Kloster schlief, entdeckt und vernichtet hatten. Sie wussten, dass die Truppen häufig die Lama- und Bonzenklöster besetzten, und aus diesem Grund war der Aufenthalt dort zweifellos sehr gefährlich geworden.
Nichts vermag aufgereizte Nerven besser zu beruhigen als eine lange Wanderung durch die Natur. Am nächsten Morgen früh-

* In den Lamaklöstern ist es verboten zu rauchen.

stückte ich sehr zeitig und brach gemeinsam mit Yongden zu einem Ausflug in die Berge auf. Als wir uns am Nachmittag ziemlich weit von Wutai Shan entfernt hinter Gipfeln befanden, die uns die Tempel und die Dörfer verbargen, sahen wir einige verstörte Bauern herankommen. Mehrere Flugzeuge überflogen Wutai Shan, verkündeten sie uns. Sie hatten sie von weitem erblickt, als sie Dünger auf ihre Felder auf einem hoch gelegenen Plateau brachten. Vielleicht würden die Klöster und die Dörfer bombardiert werden. Außer sich vor Angst, waren sie mit ihren Frauen und Kindern geflüchtet, die sie hastig aus ihren Häusern gezerrt hatten, und sie würden die Nacht bei Freunden verbringen, weit weg von der Gefahr.

Sie erzählten uns das, indem sie alle zugleich und völlig außer Atem sprachen, von einer völlig unbegründeten Panik ergriffen, denn der Richtung zufolge, die sie uns mit dem Finger anzeigten, befanden sich ihre Höfe sehr weit oberhalb des Tales und in ziemlich großer Entfernung davon. Sie luden uns jedoch ein, sie zu begleiten, und rieten uns dringend, an diesem Tag nicht mehr nach Pusa Ding zurückzukehren.

Ich dankte ihnen und lehnte ihr Angebot ab. Mit langen Schritten liefen sie weiter.

Wozu sollte es gut sein, so atemlos davonzurennen? Die Japaner würden ihre Bomben nicht über den verlassenen Bergen verschwenden, in denen wir uns befanden. Sobald wir sie kommen hörten und einen bösen Scherz ihrer Bordschützen befürchteten, würde uns noch die Zeit bleiben, uns irgendwo im Gelände zu verstecken.

Hingegen war eine Bombardierung von Wutai Shan keineswegs unwahrscheinlich. Dank des hellen Mondscheins hatten die Aufklärungsflugzeuge in der gestrigen Nacht vielleicht Truppen in einem der Klöster entdeckt. Ich wusste nicht, ob welche eingetroffen waren, aber das Tal war lang gestreckt und ich war nicht immer über alles informiert, was sich fern von Pusa Ding ereignete.

Auf jeden Fall konnte keine Bombardierung stattgefunden haben. Zwar befanden wir uns schon fern von Wutai Shan, doch Explosionsgeräusche hätten wir gehört. Ich war unschlüssig. Wenn ich auf der Stelle nach Hause zurückkehrte, konnte ich genau im Augenblick der Gefahr dort ankommen. Ich kannte einen kleinen Tempel, der sich nicht sehr weit von Pusa Ding entfernt in eine Talmulde schmiegte; es würde kein großer Umweg sein, wenn wir uns dort hinbegaben. Sobald wir dort angelangt waren, konnten wir je nachdem, wie die Umstände sich darstellten, in unsere Wohnung zurückkehren oder die Nacht im Tempel verbringen. Mir war es eilig, einen Unterschlupf zu finden, das Wetter verschlechterte sich, der Himmel war von tief hängenden, dicken Wolken bedeckt: Es würde regnen.

Kurz nachdem wir die Bauern getroffen hatten, hörten wir Motorengebrumm, die Gipfel der Berge waren jedoch in Wolken gehüllt, die Sicht war sozusagen gleich null. Die Flugzeuge flogen wahrscheinlich sehr hoch, um nicht an einem der vielen Bergkämme zu zerschellen, mit denen die Gegend übersät ist. Diese Betriebsamkeit in der Luft missfiel mir, sie war die Bestätigung für die Vorhersagen der Bauern. Es war entschieden klüger, sich in den abgelegenen Tempel zu flüchten. Während wir in seiner Richtung weiterliefen, wallte ein dichter Nebel wie eine wandernde Mauer auf uns zu und hüllte uns ein. Wir wanderten über grasbewachsene Hänge, ohne einem Weg zu folgen, und da unsere Bezugspunkte im Nebel verborgen waren, verloren wir bald völlig die Orientierung. Yongden schlug vor, geradeaus bergab zu gehen, was uns in ein Tal bringen würde, wo wir die Chance hatten, auf ein Haus zu treffen. Dort konnten wir dann entweder den Weg zu dem kleinen Tempel erfragen oder in diesem Haus bleiben, falls wir zu weit davon abgekommen waren.

Der Vorschlag war vernünftig. Wir gingen geraume Zeit bergab, aber der Abhang, dem wir gefolgt waren, endete nicht in einem Tal, sondern in einer Mulde, die von anderen Hängen umgeben war. Völlig verloren stiegen wir auf gut Glück aufwärts und wieder abwärts. Es wurde Nacht und wir irrten noch immer im schwachen, von Wolken und Nebel verschleierten Mondlicht umher, das unseren Weg nicht etwa erhellte, sondern trügerische Schatten darüber warf, die uns den Weg erschwerten. Wir kamen nur langsam voran, stolperten ständig über im Gras verborgene Felsspitzen, während wir einem Abhang folgten, der uns endlos vorkam. Nach und nach erhob sich ein Wind, der immer heftiger wurde: Er fegte den Nebel hinweg, aber nun ging ein mit Hagel vermischter Regen nieder, der uns ins Gesicht peitschte. Endlich erreichten wir einen Platz, der uns der obere Teil eines engen Tals zu sein schien: Zwischen dem Geröll stürzte ein Wildbach herab, der den Fuß des Berges bespülte. Diese Schlucht war nicht vom Mond erhellt, der von den Gipfeln verdeckt war, und wir konnten kaum die einigermaßen sicheren Stellen erkennen, auf die man den Fuß setzen konnte, glitten auf den feuchten Steinen aus und versanken bis zu den Knöcheln im Wasser. Es hörte nicht auf zu regnen.

Ich beschloss, einen einigermaßen windgeschützten Platz zu suchen und dort bis zum Tagesanbruch zu bleiben. Wir fanden eine Kluft mit schlammigem Boden und durchnässt, ziemlich benommen und mit einem Brausen in den Ohren ließen wir uns dort nieder.

»Ich erlaube dir, eine Zigarette anzuzünden, falls es dir gelingt, und mir auch eine zu geben«, sagte ich nach einigen Augenblicken zu Yongden.

»Oh je!«, antwortete er lachend, »der Fall ist ernst!«

Ich rauche nur äußerst selten. Mein Sohn nahm meine Bitte als Anzeichen für eine auf komische Weise ernste Situation.

»Wir sind Idioten«, erwiderte ich. »Die Flugzeuge sind lediglich vorbeigeflogen. Wir hätten es gehört, wenn sie bombardiert hätten. Wären wir direkt nach Hause zurückgekehrt, würden wir jetzt trocken und im Warmen unter unseren Decken liegen, anstatt hier vor uns hinzuschlottern.«

»Na na! Dschetsünma«, antwortete der Lama ernst, »Ihnen fehlt der Glaube. Warum rufen Sie nicht Dschampeiyang an! Er würde uns auf der Stelle ein Haus zeigen, das wir so nicht wahrnehmen können. Und wir würden dort von einem guten Alten in Empfang genommen, der uns einladen würde, uns vor einem großen flackernden Feuer niederzulassen, und uns heißen Tee anbieten würde.«

»Das geschieht nur in den Märchen oder in den Träumen, mein Freund«, erwiderte ich. »Ich glaube, wenn ich jetzt einschlafen könnte, würden meine Träume mich eher in Polarregionen führen.«

Die Legende, auf die Yongden anspielte, war eine der erbaulichen Anekdoten aus dem Sagenkreis um Dschampeiyang.

Sie lautet so: Ein Mann, der sich nachts bei sehr schlechtem Wetter in den Bergen verirrt hatte, rief die Hilfe von Dschampeiyang an. Bald darauf nahm er in der Ferne ein kleines Licht wahr, und als er darauf zuging, gelangte er zu einem Häuschen. Ein alter Mann stand bei der Tür. Er ließ ihn eintreten, lud ihn ein, sich vor einem großen Feuer niederzusetzen, und gab ihm Branntwein zu trinken. Die Wärme, die vom Feuer ausging, und die innere Wärme, die ihm der Alkohol vermittelte, überwältigten den Wanderer mit einem angenehmen Gefühl von Wohlbehagen und er schlief ein. Am nächsten Morgen erwachte er vor der Tür von Shuxiang Si, dem Kloster, in dem sich die Statue von Dschampeiyang »mit dem Mehlkopf« befindet.

Ich habe viele Nächte im Freien verbracht, immer wieder im Verlauf meiner langen Wanderungen durch Zentralasien und als ich Tibet zu Fuß erforschte. Obwohl die Situation, in der ich mich befand, alles andere als angenehm war, hatte sie nichts Außergewöhnliches für mich, und eingerollt in meinen feuchten Regenmantel, den Kopf unter der Kapuze verborgen, dämmerte ich schließlich ein.

Als es Tag wurde, stellte ich fest, dass Dschampeiyang mich nicht vor die Tür von Pusa Ding befördert hatte, aber das Wetter war schön und ich nahm auch diese kleine Gunst dankbar an.

Mir wurde auf der Stelle klar, dass wir uns keineswegs in dem Tal befanden, in dem der Tempel stand, der mein Ziel gewesen war, es gab in diesem Augenblick jedoch auch keinerlei Notwendigkeit mehr, ihn aufzusuchen. Der die Schlucht hinabstürzende Wildbach würde uns als Führer dienen, denn er musste in den Fluss münden, der das Haupttal durchströmte, und deshalb bestand keine Gefahr mehr, dass wir uns verirrten. Das Wasser war ein wenig zurückgegangen und gab einen Teil des Geländes frei, das am Vorabend überflutet gewesen war. Unbeschreiblich schmutzig und ausgehungert erreichten wir Pusa Ding ohne weitere Zwischenfälle – nach einer sehr langen Wanderung.

Die Bewohner von Wutai Shan hatte sieben Flugzeuge gezählt, die in ziemlich großem Abstand voneinander in zwei Abteilungen das Tal durchflogen hatten. Die Flieger hatten keinerlei kriegerische Absichten demonstriert.

In der folgenden Nacht fegte ein heftiger Schneesturm über Wutai Shan hinweg. Als ich erwachte, sah ich, dass mein Hof von einem dicken weißen Teppich bedeckt war. Die ganze Umgebung hatte sich in eine Polarlandschaft verwandelt. Es schneite noch den ganzen Tag weiter; mich beunruhigte der Zustand der Wege, würden die Maultiertreiber trotzdem zu der Reise bereit sein? Am übernächsten Tag schien erneut die Sonne; im Tal schmolz der Schnee schnell dahin, nur die Gipfel blieben weiß.

Zwei Tage später erschien der Chinese bei mir, der sich bereit erklärt hatte, mir Maultiere zu beschaffen. Am nächsten Tag um sechs Uhr morgens würden sich die Tiere und die Sänften vor meiner Tür befinden. Er bat mich, mein Gepäck dann bereit zu haben, damit sich der Aufbruch nicht verzögerte.

An diesem gleichen Tag kursierte eine Neuigkeit in Wutai Shan. Wie es hieß, hatten die Japaner das Auto beschossen, in dem sich der englische Botschafter befunden hatte: Dieser war verletzt oder vielleicht sogar getötet worden. Die Leute, die diese Information herumerzählten, wussten nicht, zu welchem Zeitpunkt sich dies ereignet haben sollte, doch sie versicherten, dass an der Tatsache kein Zweifel bestehen konnte.

»Jetzt wissen wir, wer den Krieg beenden wird«, sagte ich zu Yongden. »England ist keines dieser schäbigen, kleinmütigen Länder, die sich ungestraft beleidigen lassen. Der wohl bekannte Stolz seiner Bewohner wird sich auf schreckliche Weise gegen jene wenden, die die Vermessenheit besessen haben, es herauszufordern. Die britische Regierung wird ihnen schonungslose Reparationen auferlegen; zweifellos wird man verlangen, dass die Japaner China verlassen. Wir werden bald nach Hause, nach Beijing, zurückkehren und bis dahin bleiben wir in Taiyuan.«

Ich hatte keinen Grund für persönliche Feindseligkeiten gegen die Japaner – einmal abgesehen von der schlaflosen Nacht, die sie mir in der Mandschurei bereitet hatten. Aber wenn meine Reise durch Shanxi und die Mongolei verschoben werden musste, zog ich es vor, nach Beijing zurückzukehren und dort in Ruhe zu arbeiten.

Seinem Versprechen getreu, brachte uns der Chinese die Maultiertreiber zur vereinbarten Zeit. Wir verabschiedeten uns herzlich von unseren Gastgebern, den Lamas von Pusa Ding, die sich während unseres gesamten Aufenthalts als äußerst liebenswürdig und zuvorkommend erwiesen hatten, und dann passierten wir nicht ohne ein gewisses Bedauern das Tor des Klosters: Wir hatten dort drei bewegte und alles in allem glückliche Monate verbracht.

6. KAPITEL

Flucht mit Hindernissen · Kriegsimpressionen

Wir haben Pusa Ding vor sieben Stunden verlassen; der Morgen ist frisch, klar und rein; überall arbeiten Bauern auf den Feldern. Das Tal ist in eine Atmosphäre beschaulicher Ruhe getaucht, nichts weist auf das unheilvolle Drama hin, das in diesem Augenblick das Land mit blutigen Wirren überzieht. Friedlich bringen die Bauern ihre restliche Ernte ein oder bereiten den Boden für die nächste Aussaat vor. Das Wetter ist schön, die Sonne strahlt, erfüllt Lebewesen und Dinge bis ins Innerste mit Daseinsfreude, während dort unten die Verzweifelten und die Sterbenden schreien und röcheln.

Ein unbewusster Wille *zu sein* beseelt die Arbeitenden, treibt sie an, die Bewegungen auszuführen, die notwendig sind, um ihre Nahrung zu sichern. Trotz der schlimmen Kämpfe und der grauenvollen Blutbäder muss man essen: Das ist der wesentliche Akt, auf dem das Leben gründet. Gesättigt werden heute Abend einige von denen, die ich unterwegs getroffen habe, dem Impuls nachgeben, aus dem ein neuer Mensch entsteht: So wird für einige der Soldaten, die in Shanghai oder in Kalgan im Sterben liegen, noch bevor sie ihren letzten Atemzug getan haben, auf dem Boden des riesigen Chinas Ersatz geschaffen werden.

Das ist das auf grausame Weise ironische Gesetz dieser Welt. Asien hat dieses schreckliche Geheimnis zutiefst begriffen. In Tibet wird dies durch die im Zeugungsakt begriffenen Gestalten des Vaters und der Mutter ausgedrückt, die mit Girlanden von Totenköpfen geschmückt sind und auf Lebenden stehen, die sie mit ihren Füßen zerquetschen. Und in Indien wird Shiva, der Zerstörer, unter dem Symbol des Zeugungsorgans, des Lingam, verehrt.

Wir folgten dem Weg, auf dem wir gekommen waren. Während unseres Aufenthaltes in Pusa Ding war er verbreitert worden und er hätte sich in einer Fahrstraße fortsetzen sollen, da zwischen Taiyuan und Wutai Shan ein Autobusdienst geplant war. Aus diesem Anlass hatte man eine sehr hohe Stele errichtet, die auf einer großen steinernen Schildkröte stand. In dem gewohnten blumigen Stil war auf dieser die Lobeshymne auf die vollendete Arbeit eingemeißelt und auf den, der sie veranlasst hatte: der Gouverneur der Provinz. Unglücklicherweise hatte der Krieg den Bau dieser Straße unterbrochen und nur einige Abschnitte waren befahrbar.

Am äußersten Ende des Tals kamen wir erneut am Fuß der Palastfestung des Großen Lama Tschankya Rölpä Dordsche vorbei. Auf der anderen Seite des Flusses, dem mittelalterlichen Kastell gegenüber, lag, malerisch zwischen Felsen und Baumgruppen eingebettet, ein kleines Kloster, das den Vorüberziehenden zur Besinnung, zur Meditation, zum Studium und zu all den angenehmen und beschwerlichen Freuden einzuladen schien, die sie mit sich bringen. Leider hatte sich China in diesem Augenblick von solchen Dingen sehr weit entfernt!

Ein wenig weiter abwärts war der Weg von den sintflutartigen Regenfällen der vergangenen Wochen völlig fortgerissen worden; der ganze Talgrund war von einer Wasserfläche bedeckt. Drei Reiter überholten uns, plantschten eine Weile hindurch und stiegen dann zu der neuen Straße hoch, die von hier aus an der Flanke des Berges zu einem Pass emporführte. Ich stellte mir vor, dass wir ihnen folgen würden, aber unsere Maultiertreiber überquerten den hier sehr breiten und seichten Fluss, der eine scharfe Biegung machte, und bewegten sich in seinem Bett voran: Ein Chaos von herabgestürzten Felsblöcken, durch die sich der Fluss in mehreren Armen wand, zwang uns fortwährend, auszuweichen und von einem Ufer zum anderen zu wenden.

Warum hatten wir nicht die neue Straße genommen? Ich bekam nur konfuse Erklärungen: Der Teil, den ich davon gesehen hatte, endete in einem benachbarten Dorf. Dort konnten Truppen einquartiert sein; die Soldaten würden in diesem Fall zweifellos zumindest einen Teil unserer Maultiere beschlagnahmen, und um uns zu beweisen, dass die restlichen, die sie uns ließen, zum Transport unseres Gepäcks ausreichten, würden sie diese bis zum Zusammenbruch beladen ... Ich hatte keine Möglichkeit, ihnen zu widersprechen oder meinen Willen aufzuzwingen; ich hatte Schwierigkeiten genug gehabt, Mittel und Wege zu finden, um von dem Berg herunterzukommen, und ich musste mich glücklich schätzen, unterwegs nach Taiyuan zu sein.

Bei Anbruch der Nacht machten wir Halt an einem abgelegenen Haus, das halb Bauernhof, halb Herberge war. Die Maultiertreiber weigerten sich, weiter bis zu einem nahe gelegenen Dorf zu gehen, weil dort ebenfalls Soldaten kampierten, wie sie sagten. Das konnte tatsächlich so sein und in diesem Fall war es mir lieber, die Nacht an einem ruhigen Ort zu verbringen als inmitten einer Kohorte von Kriegern.

Die am Vormittag sehr strahlende Sonne hatte sich am Nachmittag verhüllt und gegen Abend begannen dicke, tief hängende Wolken den Himmel zu bedecken. Wir waren vor etwa einer halben Stunde angekommen, die Maultiertreiber waren damit beschäftigt, ihren Tieren Getreide und Stroh zu geben, als wir das charakteristische Dröhnen eines sich nähernden Flugzeuges vernahmen. Alle erstarrten und lauschten. Ich trat aus meinem Zimmer und blickte zum Himmel empor, aber die Wolken bildeten einen so undurchsichtigen Vorhang, dass es unmöglich war, irgendetwas zu erkennen. Die Männer, die sich wie verängstigte Schafe einer an den anderen drängten, bewahrten völlige Stille, und als ich mit Yongden sprach, bedeuteten sie mir zu schweigen, da sie tatsächlich glaubten, dass der Klang unserer Stimmen uns an den in den Wolken schwebenden Feind verraten könnte. Hingegen kam ein Mann mit einer brennenden Laterne in der Hand aus dem Stall und gesellte sich mit diesem leuchtenden Fanal zu der Schar seiner Kameraden.

Yongden lief auf ihn zu und blies die Flamme aus. Die Maultiertreiber schienen sehr erstaunt.

»Es ist zu dunkel, als dass die Flieger uns sehen könnten«, erklärte ich, »vor allem können sie uns nicht hören. Hingegen erkennt man in der Finsternis selbst ein schwaches Licht aus weiter Ferne; das Licht der Laterne könnte möglicherweise gesehen werden.«

Sie wirkten nicht überzeugt. Keinen Lärm zu machen schien ihnen die beste Vorsichtsmaßnahme zu sein, die man ergreifen konnte. In der Folge ist mir der gleiche Irrglaube noch an verschiedenen Orten begegnet. An dem denkwürdigen Tag in Hankow, an dem Yongden und ich zusammen mit dem Arzt des Konsulats und anderen französischen Freunden während eines Luftangriffs von chinesischen Polizisten festgenommen wurden, verlangten diese von uns, wir sollten uns unter Büsche kauern und unsere Zigaretten fortwerfen – es war helllichter Tag –, und verboten uns *zu sprechen,* damit wir, wie sie sagten, nicht die Aufmerksamkeit der Japaner auf uns lenkten, die hoch oben am Himmel dahinflogen. Als wir ihr absurdes Verbot nicht hinreichend befolgten, wurden wir schließlich über eine Stunde auf dem Polizeirevier festgehalten, da man uns der Spionage verdächtigte.*

Bald flog das Flugzeug über uns hinweg und entfernte sich.

---

* Die ausführliche Beschreibung dieses Zwischenfalls findet sich in *A l'ouest barbare de la vaste Chine*, Paris 1947. Dt.: *Land der Is. In Chinas wildem Westen*, Wien 1952.

Vielleicht war es ein chinesisches gewesen, das konnten wir nicht wissen. Aber die Maultiertreiber, die sich schon bei unserem Aufbruch von Wutai Shan nicht sehr sicher gefühlt hatten, verloren das letzte Fünkchen Mut, das ihnen geblieben war. Sie erklärten, dass sie keinen Schritt weitergehen und am nächsten Tag nach Hause zurückkehren würden.

»Lassen wir sie schlafen«, sagte ich zu Yongden. »Eine gute Nachtruhe wird ihre Nerven beruhigen. Morgen früh werden wir sehen, was wir noch aus ihnen herausholen können. Aber sei vor Sonnenaufgang auf den Beinen und überwache sie. Sie haben Anzahlungen bekommen und könnten versuchen, sich davonzustehlen, ohne dass wir es bemerken.«

Der Lama versprach, gut aufzupassen, und wir legten uns schlafen. Wir hatten auf dem *kang* unserer jeweiligen Zimmer die Decken ausgebreitet, auf denen wir in unseren Sänften gesessen hatten. »Uns schlafen legen« bedeutete ganz einfach, dass wir uns auf dieser Estrade ausstreckten.

Wie vorausgesehen, hatten sich die Maultiertreiber am nächsten Tag ein wenig beruhigt; sie erklärten sich einverstanden, den Weg fortzusetzen, aber nur unter der Bedingung, ausschließlich während der Nacht zu reisen, damit wir nicht von den Fliegern gesehen wurden. Natürlich verlangten sie auch einen höheren Lohn dafür. Ihnen mehr zu bezahlen als abgemacht kam mir sehr ungelegen, aber ich musste ihnen notgedrungen nachgeben. Da es wolkig war, gelang es mir lediglich, sie zu überreden, schon im Laufe des Nachmittags aufzubrechen, anstatt bis zum Abend zu warten.

Kurz nach unserem Aufbruch begegneten wir einer Gruppe von sechs Offizieren, die von einigen Soldaten begleitet wurden; alle waren zu Fuß, ohne Waffen, und bewegten sich im Zickzack zwischen den Gesteinsbrocken hindurch im trockenen Bereich des Flussbetts. Sie liefen in ziemlicher Entfernung von uns und schenkten uns überhaupt keine Beachtung. Nach einer Weile trafen wir erneut einen Offizier; er war zu Pferde und ihm folgte ein Bursche, der ebenfalls auf einem Pferd saß und ein Maultier am Zügel mitführte, das mit Gepäck beladen war. Er ritt dicht an uns vorbei und grüßte. Was oder wen grüßte er? Die an meiner Sänfte befestigte französische Flagge oder meine bescheidene Person? Aufs Geratewohl gab ich den Gruß zurück.

Nachdem wir das Flussbett verlassen hatten, wollten wir gerade in einen engen Hohlweg einbiegen, als dort die Vorhut einer Kolonne auftauchte, die Munition an die Front transportierte, von der wir nicht weit entfernt waren. Sogleich befahl ich dem Maultiertreiber, der neben meiner Sänfte herging, diese anzuhalten, um den Durchgang freizugeben. Die Ankunft dieser Kolonne machte ihn zweifellos nervös, da sie seine Sicherheit gefährden konnte; er wollte sich seinen Weg bahnen, um so schnell wie möglich fortzukommen, und ohne auf mich zu hören, packte er das vordere Maultier beim Zügel, um es zu schnellerer Gangart zu bewegen. Die Maultiere, die das Gepäck trugen, und die von Yongdens Sänfte beschleunigten ebenfalls. Kurz darauf fanden wir uns zwischen hohen Böschungen in einem engen Durchgang eingedrängt, den wir völlig versperrten.

Meine Maultiertreiber gerieten in Wut und wollten die Bauern, die die beschlagnahmten Tiere führten, zwingen, die Böschung zu ersteigen und über die Felder zu gehen, um uns den Weg freizugeben. Ihre Anmaßung erinnerte mich an eine ähnliche Szene, die sich früher einmal ereignet hatte, als ich durch Gansu reiste. Doch die Zeiten hatten sich geändert und jetzt waren Späße, die man damals durchgehen lassen konnte, nicht mehr angebracht.

Die Kolonne wurde von einigen Soldaten begleitet, die weit mehr Grund zum Ärger hatten als meine Männer, doch sie verhielten sich sehr höflich. Ich eilte mich, jedem Anlass zum Streit zuvorzukommen.

»Wie viele Tiere habt ihr?«, fragte ich einen der Soldaten.

»Fünfhundert«, antwortete er.
»Gut«, sagte ich, »es herrscht Krieg. Die Versorgung der Armee muss Vorrang vor allem anderen haben. Wir werden zurückgehen. Ich ordne es an, und wenn diese Maultiertreiber nicht im Guten gehorchen, dann zwingt sie mit Gewalt dazu.«
Es schien mir völlig unzulässig, eine Kolonne, die den Kämpfenden Munition brachte, aufzuhalten und damit in Schwierigkeiten zu bringen. Überdies wehte eine französische Flagge an meiner Sänfte – Vorsichtsmaßnahme gegen die Luftangriffe, glaubte man damals – und ich wollte keine bösen Gefühle gegen meine Landsleute heraufbeschwören.
Nicht ohne Mühe ließen die Tierführer die Sänften bis zum Eingang des Hohlweges zurückweichen und wir sahen den endlosen Zug der fünfhundert Pferde, Maultiere und Esel vorbeidefilieren, was uns lange aufhielt.
Während dieser Wartezeit hatten die Maultiertreiber Zeit zum Nachdenken, was ärgerlich war.
»Es wäre gefährlich für uns, auf dieser Route weiterzugehen«, sagte ihr Wortführer zu mir.
»Falls die Japaner erfahren haben, dass Munitionstransporte diesen Weg benutzen, schicken sie Flugzeuge, um sie anzugreifen, und es wäre nicht gut, sich in ihrer Reichweite zu befinden. Wir werden auf einen anderen Weg überwechseln, es gibt einen, der ein bisschen weiter vorn abzweigt.«
Der Einwand, dass es dunkel wurde, dass die Flugzeuge uns gar nicht sehen würden und dass die Soldaten uns versichert hatten, dass ihnen keine weitere Kolonne mehr folgte, nützte gar nichts. Am Ausgang des Hohlweges, durch den wir hindurchmussten, bogen die Chinesen in einen Pfad ein, den sie gut zu kennen behaupteten, und wenig später hatte mich das Schaukeln der Sänfte in den Schlaf gewiegt.
Ich erwachte mitten in der Nacht. Ich konnte weder einen Weg noch einen erkennbaren Pfad wahrnehmen; zwei der

Maultiertreiber gingen vor mir her und unterhielten sich mit leiser Stimme. Sie schienen nicht in Verlegenheit zu sein, woraus ich schloss, dass sie genau wussten, wohin sie gingen, und nachdem ich einige Augenblicke den nun wieder klaren Himmel betrachtet hatte, wickelte ich mich fester in meine Decken und schlief wieder ein.

Mein Schlaf ist so gut wie mein Appetit und weder der eine noch der andere lassen sich durch die Umstände beeinträchtigen; ich erwachte erst wieder, als es heller Tag war. Unsere Karawane hatte angehalten und die Maultiertreiber berieten sich. Aus ihren dümmlichen Mienen schloss ich auf der Stelle, worum es ging. Sie hatten sich während der Nacht verirrt. Wir befanden uns inmitten von unbebautem, vom Regen zutiefst ausgewaschenem Gelände, wo nicht die kleinste Spur eines Pfades erkennbar war, der für beladene Tiere und erst recht für Sänften gangbar gewesen wäre.

Unsere Chinesen kannten die Richtung, in der sich Wutai Hsien befand. Sie hätten mit Leichtigkeit zu Fuß dort hingefunden: Aber das war nicht das Problem – unsere Karawane musste hingelangen.

Einer der Maultiertreiber beschloss, die Umgebung zu erkunden, und die anderen erklärten, dass wir uns bis zur Dämmerung verstecken müssten. Das riesige kahle Terrain, auf dem unsere Gruppe einen störenden Fleck bildete und auch aus beträchtlicher Entfernung ausgemacht werden konnte, war ihnen in keiner Weise geheuer.

Nach einiger Suche entdeckten sie nicht weit von dem Ort, an dem wir angehalten hatten, eine lang gestreckte, tiefe Klamm, die keinen anderen Zugang als die Öffnung von unserer Seite hatte. Dieser enge Einschnitt war sehr geeignet, uns als Versteck zu dienen; wir würden uns dort hineinbegeben und nicht fortrühren. Die Tiere würden sich ausruhen. Sie hatten während der Nacht getrunken und am Vorabend vor dem Aufbruch gefressen. Wie ihre Herren meinten, würde ihnen das ausreichen bis zu dem Zeitpunkt, an dem wir auf Wasser stoßen und Halt machen würden ... in der nächsten Nacht. Das war es, was diese dummen Mannsbilder beschlossen hatten und wovon sie sich nicht abbringen ließen. Die Angst, die der Krieg in ihre Hirne eingepflanzt hatte, machte sie halsstarriger als ihre Maultiere.

Ich hatte nur wenig Proviant mitgenommen, da ich lediglich mit zwei Reisetagen gerechnet und mir vorbehalten hatte, unterwegs Brot und harte Eier einzukaufen, die man in allen Dörfern findet. Yongden und ich würden also mehr oder weniger hungern müssen, und da wir nichts zu trinken bei uns hatten, würden wir obendrein auch den Durst ertragen müssen ... Wie die Maultiere. So war das eben! Wieder einmal blieb uns nichts anderes übrig, als uns mit der Situation abzufinden.

Nach Einbruch der Dunkelheit brachen wir auf und nahmen wieder den Weg, den wir am Vortag zurückgelegt hatten, bis zu der Stelle, an der wir die falsche Richtung eingeschlagen hatten. Wir waren nicht sehr weit von Wutai Hsien entfernt; vor Tagesanbruch kamen wir in Sichtweite seiner zinnenbewehrten Wehrmauern an. Um diese Zeit waren die Stadttore geschlossen; die Maultiertreiber hielten am Rande eines Feldes an, stellten unsere Sänften auf den Boden, führten ihre Tiere zu irgendeinem Bach in der Nähe, damit sie ihren Durst löschen konnten, und ließen den Lama und mich allein in diesen primitiven Käfig-Särgen, die uns als Transportmittel dienten. Seit dem Vortag gegen Mittag, das heißt seit rund sechzehn Stunden, hatten wir nichts mehr getrunken. Ich meinerseits hatte Hunger und Durst ein Schnippchen geschlagen, da ich einen großen Teil der Zeit verschlafen hatte.

Sobald die Tore geöffnet wurden, begaben wir uns in die kleine Stadt und in die Herberge, wo wir auf dem Weg nach Pusa Ding genächtigt hatten. Dort verließen uns unsere Maultiertreiber, die sich entschieden weigerten, uns weiter zu begleiten.

Wir mussten Ersatz für sie finden. Der Tag verging mit Schritten, die der Wirt in dieser Richtung unternahm, unterstützt von Yongden, der seinen Eifer auf verschiedenerlei, typisch asiatische Weise anstachelte: mal mit Belohnungen, die er in Aussicht stellte, mal mit großzügig verteilten Beleidigungen. Früher einmal wären auch noch einige Hiebe dazu gekommen, aber heutzutage tun Ausländer besser daran, sich dieser Art der Argumentation zu enthalten, obgleich die Chinesen selbst bei ihren Untergebenen keineswegs darauf verzichten.
Diesmal kam niemand, um sich nach meinem Alter zu erkundigen oder meine Augenfarbe zu notieren. Die Obrigkeiten des Ortes wussten genau, woran sie sich in Bezug auf meine Identität zu halten hatten, und mit ihrer scheinbaren Nachforschung vor einigen Monaten hatten sie mir lediglich das Ausmaß ihrer Macht demonstrieren wollen.
Unter den Neuigkeiten, die ich während meines kurzen Aufenthaltes in Wutai Hsien erfuhr, gab es eine ziemlich überraschende. Die japanischen Flugzeuge warfen nicht immer nur Bomben ab, wie es hieß: Sie ließen auch mächtige Steine fallen.* Einige hundert Meter von den Stadtmauern entfernt hatten die Flieger zuerst eine Bombe abgeworfen und dann einen großen Stein. An anderen Orten der Gegend waren ebenfalls Steine gefallen. Die Sache schien sonderbar, aber da manche Leute hinzufügten, dass die Steine von bedruckten Papieren begleitet waren, fragte ich mich, ob diese nicht als Ballast für Propagandazettel gedient hatten. Der Lama äußerte den Gedanken, dass die Chinesen diese Bomben und Steine womög-

* Es ist bemerkenswert festzustellen, wie im Laufe dieses Krieges immer wieder die gleichen Geschichten wiederholt werden. Es gab die von den Affen-Soldaten (siehe 5. Kapitel). Die von dem Abwurf großer Steine durch die japanischen Flieger ist mir vorgestern erneut in Tatsienlu in Sikiang erzählt worden, am äußersten Rande Chinas und genau entgegengesetzt zu der Gegend von Shanxi. Als Grund dafür gibt man hier an, dass den Japanern allmählich die Bomben ausgehen.

lich selbst an Stellen abgeworfen hatten, wo sie lediglich unbedeutenden materiellen Schaden bewirken konnten – und zwar, um die Bevölkerung aus ihrer Gleichgültigkeit zu reißen, ihr die Gefahr, in der sie sich befand, bewusst zu machen, und um eine Reaktion zu bewirken, die angetan war, die Anzahl der Meldungen zur Armee und der freiwilligen Beiträge zum Kriegsfonds zu erhöhen. Das war denkbar.

Man erzählte sich auch, dass die Japaner in diesem Augenblick nur »kleine« Bomben verwendeten. Einer ihrer bedeutenden Generäle sollte binnen kurzem in Shanghai eintreffen und sie warteten nur auf ihn, um die »großen« Bomben zu gebrauchen. Die Leute, die diese Gerüchte weitererzählten, schienen zu glauben, dass die Japaner den Einsatz »großer« Bomben bis zum Eintreffen dieser Persönlichkeit hinauszögerten, weil sie ihm einen besonderen Beweis ihrer Wertschätzung und ihres Respekts darbringen wollten. Das klang ein wenig so, als wollten sie aus aufmerksamer Rücksichtnahme mit dem Hauptteil des Theaterstücks nicht beginnen, bevor er als Zuschauer zugegen war. Tatsächlich waren wir in diesem Moment erst bei dem »Vorspiel«, das dem chinesischen Drama voranging.

Der Wirt fand schließlich Maultiertreiber, die sich bereit erklärten, uns bis Toung Yeh (Dongye) zu bringen und auch tagsüber zu reisen; aber weiter würden sie sich nicht bewegen. Ich akzeptierte; das bedeutete immerhin, meinem Ziel um eine Tagesreise näher zu kommen.

Als wir am nächsten Morgen nach Verlassen der Stadt einen Augenblick auf einem Platz vor der Festungsmauer anhielten, weil wir auf die Maultiere warteten, die das Gepäck trugen, um dann gemeinsam aufzubrechen, hielt ein Chinese die an meiner Sänfte befestigte französische Flagge für eine deutsche. Er setzte ein wichtigtuerisches Gesicht auf und verkündete den paar Neugierigen, die uns betrachteten: »Das sind Deutsche, die sich in Tianjin den Japanern anschließen wollen.«

Yongden hatte ihn gehört und streckte den Kopf oben aus sei-

ner Sänfte: »Wir sind keine Deutschen«, sagte er, »die Fahne ist eine französische Fahne.«
»Sie sind kein Deutscher?«, fragte der Chinese, betrachtete prüfend das ganz und gar mongolische Gesicht des Lama und schien diese Negierung zu bezweifeln. »Kein Deutscher? Ha! das ist nicht sicher. Und wer sind Sie dann?«
Yongden amüsierte seine Dummheit.
»Ich bin ein Mohammedaner aus Gansu«, erklärte er.
»Und die Dame?«
»Sie ist eine Mohammedanerin aus Frankreich, aus der Nähe von Yunnan (Indochina).«
»Und wohin reisen Sie?«
»Wir reisen nach Mekka, um Allah anzubeten und seinem Propheten zu huldigen.«
Der anmaßende Kerl hatte »das Gesicht verloren«, da er sich hinsichtlich unserer Nationalität getäuscht hatte. Die Leute, die ihn umstanden, betrachteten ihn jetzt mit Verachtung. »Wenn man seiner Worte nicht sicher ist, sollte man nicht den Schlaukopf spielen« bedeutete ihre Haltung. Die Gruppe zerstreute sich, während wir uns in Bewegung setzten.
Es war sehr viel Betrieb auf der Straße, wir überholten eine Kolonne von über zweihundert Eseln, die Kohle nach Taiyuan transportierten. Geschlossene Lastwagen, die uns entgegenkamen, brachten mengenweise Warenkisten nach Wutai Hsien. Wir begegneten auch vier Autobussen und einem offenen Lastwagen; es saßen dreimal so viel Soldaten darin, als die Fahrzeuge normalerweise befördern durften, und die Motoren begannen bei einer steilen Steigung zu streiken. Die Fahrer riefen den Männern zu, die Wagen für die Abwärtsfahrt zu erleichtern. Sie brauchten gar nicht zu drängen, da jeder bemüht war, auf seinem Platz sitzen zu bleiben und seinen Nachbarn hinauszuwerfen: Geschubse, Lachen, Flüche … der Hang war lang und steil. Ich bezweifelte, dass die überhitzten Motoren dem standhalten würden.

In den Dörfern, die wir durchquerten, wurde den Einwohnern der Kriegszustand mit Wandmalereien und Propagandaplakaten vor Augen gehalten: die einen wie die anderen nur von bescheidener Größe. Hier sah man, wie ein Mann geköpft wurde, weiter vorn führte man einen anderen in Ketten davon. Diese Szenen sollten das Schicksal der Mandschus seit der japanischen Eroberung veranschaulichen und stellten eine Warnung an die Bevölkerung dar. Seht, was euch erwartet, wenn die Japaner sich bei uns festsetzen, besagten die Plakate. Verteidigt unser Territorium! Zieht in den Kampf oder tragt mit Geld zu den Kriegskosten bei. An einer anderen Stelle sah ich zwei Soldaten auf eine Mauer gemalt: Der eine, der eine apfelgrüne Uniform trug, lag ausgestreckt am Boden; der andere schoss ihm mit dem Gewehr in den Rücken. »Aus allernächster Nähe« schießen war in diesem Fall genau der richtige Ausdruck, da die Mündung des Gewehrs auf dem Rücken des Opfers ruhte. Dieses wendete leicht den Kopf, als wollte es nachsehen, was vor sich ging, und es schien das Spiel seines Kollegen bereitwillig mizuspielen. Ein großes Bild in Schwarz und Weiß zeigte eine Stadt, deren sehr hohe Häuser offenbar die Vorstellung von »Wolkenkratzern« vermitteln sollte; Flugzeuge überflogen diese anonyme Metropole, hier und da explodierten Bomben.

In der Folge sollte ich noch eine ganze Anzahl von Kunstwerken dieser Art sehen, von denen einige auf Leinwand gemalt und sehr groß waren. Wer mochten die Urheber sein? Vier- oder fünfjährige Kinder hätten sie produziert haben können. Doch ist China ein Land, in dem die schönen Künste seit Jahrhunderten Höchstformen erreichen, die Heimat wundervoller Künstler. Wieso stellte man diese grotesken Karikaturen zur Schau? Statt anzurühren, regten sie lediglich zum Lachen an. Tatsächlich habe ich Chinesen gesehen, die vor solchen Bildern stehen blieben und sich offen darüber lustig machten, welches Mienenspiel und welche Attituden die Maler den

Kriegern verliehen hatten, die darauf kämpften, töteten und starben.
Wir gelangten ohne Zwischenfälle nach Toung Yeh und dort verließen uns unsere Maultiertreiber; wieder mussten wir uns auf die Suche nach anderen machen.
Yongden versuchte es bei dem Wirt erneut mit seinen Tricks vom Vortag, aber ohne das geringste Ergebnis. Es gab weder Tiere noch Sänften noch Karren in dem Ort, alles war entweder beschlagnahmt oder von den Besitzern weit außerhalb versteckt worden. Unsere beiden Diener waren uns in keiner Weise behilflich. Seit unserer Abreise von Pusa Ding waren sie noch träger geworden, als sie es schon in der Vergangenheit gewesen waren. Der eine dachte nur ans Trinken und der andere nur ans Opiumrauchen; an diesem Abend konnte ich sie nicht einmal bewegen, mir mein Abendessen zuzubereiten.
Bis zu diesem Augenblick hatte uns die Polizei keinerlei Beachtung geschenkt; diese Zeit der Ruhe konnte nicht lange währen. Wahrscheinlich von unserem Wirt von unserer Ankunft verständigt, erschienen gegen Abend zwei Mannsbilder, die zur Hebung ihrer Würde natürlich von bewaffneten Soldaten begleitet waren. Wir zeigten unsere Pässe vor. Der meine wurde nicht beanstandet, aber der des Lama erschien ihnen ungewöhnlich und wie schon bei anderen Gelegenheiten begannen die Fragen. Wieso hatte er keine gelben Haare und blaue Augen, wenn er doch Engländer war? Jeder, der auch nur die geringste Kenntnis von den Dingen dieser Welt besaß, wusste, dass *alle* Engländer gelbe Haare und runde blaue Augen haben und hoch gewachsen sind, behauptete der scharfsinnige Beamte, der uns in die Enge zu treiben versuchte. Yongden entsprach in keiner Weise dieser Beschreibung. Er versuchte zu erklären, dass nicht *alle* Inhaber von britischen Pässen notwendigerweise Engländer aus England sind und dass selbst in England nicht *alle* Leute gleichermaßen

gelbe Haare haben. Die Obrigkeit von Toung Yeh schien das zu bezweifeln. Aber nach sehr langem Nachdenken und allerlei unnützem Palaver durchzuckte ein Blitz der Erleuchtung das Hirn des höher gestellten der beiden Kumpane. Er lächelte listig: Ihm war das entscheidende Mittel eingefallen, wie der Lama auf die Probe zu stellen war.

»Schreiben Sie Ihren Namen auf Englisch!«

Und er drehte sich mit triumphierender Miene zu seinem Kameraden um, die besagte: Ha! Das ist genial! Das habt ihr euch nicht erwartet, was. Mal sehen, ob er sich aus der Affäre ziehen kann.

Natürlich hatte Yongden innerhalb einer Sekunde seinen Namen geschrieben. Konnte sein Prüfer die Schreibschrift lesen? Das war nicht sicher. In vielen chinesischen Post- und Telegrafenämtern außerhalb der großen Städte werden die ausländischen Kunden gebeten, Depeschen in Druckbuchstaben zu schreiben, wie auch die Vermerke »Einschreiben« oder andere auf den Umschlägen der Briefe. War dieser gute Mann fähiger als die Postbeamten? ... Er betrachtete den Zettel, auf den mein Sohn geschrieben hatte. Er zögerte sichtlich.

»Schreiben Sie *English*«, begann er erneut.

Er musste dieses Wort gehört haben und wissen, was es bedeutete.

Ich empfahl Yongden: »Schreib in Druckbuchstaben.«

Er schrieb: *English.*

Aha! Der Polizist hatte es lesen können und nickte zustimmend mit dem Kopf.

»Schreiben Sie *London*!«, befahl er erneut.

Yongden schrieb: *London.*

Die Soldaten waren ins Zimmer getreten, blickten dem Lama über die Schulter, betrachten die Buchstaben, die er malte, und schienen sehr interessiert.

Hervorragend! Der Beweis war überzeugend. Besser als sein Pass bezeugte er, dass Yongden zweifellos ein echter Englän-

der war. Es gab keinen Anlass mehr, ihn trotz seiner braunen Haare und Augen für verdächtig zu halten.
Man sprach von anderen Dingen und ich legte die Schwierigkeit dar, in der ich mich befand, da mir ein Transportmittel fehlte, um nach Taiyuan zu gelangen.
Mein Besucher teilte mir daraufhin mit, dass die Busverbindung zwischen Toung Yeh und Taiyuan noch immer funktionierte, aber da Überschwemmungen die Straßen an mehreren Stellen überflutet und an anderen fortgerissen hatten, legte der Autobus nicht mehr die ganze Strecke zurück, sondern hielt ein wenig mehr als vierzig *lis* von Toung Yeh entfernt. Die Autobusse verkehrten nachts und fuhren um drei Uhr morgens wieder von der Endhaltestelle ab.
Ich war voll und ganz bereit, diesen Autobus zu benutzen, aber wir mussten ihn erst einmal erreichen können.
Endlich überzeugt, dass wir anständige Menschen waren, erbot sich der Beamte, uns zwei Wagen zu beschaffen, die um Mitternacht vor der Herberge sein würden.
Die Wagen trafen ein, aber mit über einer Stunde Verspätung. Auf unsere Vorwürfe antworteten die Wagenlenker, dass wir den Autobus nicht verpassen würden; sie mussten lediglich die Tiere antreiben.
Sie versuchten es, aber ohne nennenswertes Ergebnis. An vielen Stellen verschwand der Weg unter schlammigem Wasser, und da wir keine Orientierungshilfe hatten, liefen wir ständig Gefahr, in die tiefer gelegenen Felder hinabzustürzen, die ihn säumten. Die Maultiertreiber gingen voraus und bedienten sich der Griffe ihrer Peitschen, um das Terrain zu ertasten. Soweit der Weg nicht überschwemmt war, bestand er aus glitschigen Schlammlöchern. Es konnte gewiss keine Rede davon sein, die Maultiere in Trab zu bringen! Obwohl der Mond im Abnehmen begriffen war, erhellte er die Landschaft glücklicherweise noch zur Genüge und bewahrte uns vor Unfällen, die die Dunkelheit uns wahrscheinlich beschert hätte.

Manche Häusergruppen, die von weiß getünchten Mauern umgeben waren und über die grüne Bäume ihre Äste breiteten, erinnerten, in das leicht rötliche Mondlicht getaucht, an arabische Orte und ich dachte an die, in denen ich an der tunesischen Küste so viele schöne Tage verbracht hatte: Nabeul, Hammamet, Zarzis und Djerba, die aus dem blauen Meer ragende Insel der Lotophagen ... Ich war weit davon entfernt!
Mühsam bewegten wir uns voran, die Straße wurde besser, aber ich hegte keinerlei Hoffnung mehr, den Autobus vor seiner Abfahrt zu erreichen. Als wir den Ort erreichten, an dem wir ihn hätten vorfinden müssen, war er tatsächlich schon abgefahren. Einige der Passagiere, die er hergebracht hatte, befanden sich noch dort und sortierten ihr Gepäck zu Bündeln, welche die Leute, die sie abgeholt hatten, auf dem Rücken davontragen würden. Bald verschwanden die einen wie die anderen in der Nacht und wir blieben allein zurück.
Die Fuhrleute forderten uns daraufhin auf, abzusteigen und unser Gepäck abzuladen. Und wo? Auf der verlassenen Straße war keinerlei Schutzdach in Sicht. Das konnten wir uns unmöglich gefallen lassen. Wir mussten zumindest bis ins nächste Dorf gelangen. Die Chinesen stellten sich taub, als wir ihnen eine zusätzliche Bezahlung anboten. Es war ihnen befohlen worden, sagten sie, uns bis zu dieser Stelle zu bringen. Das hatten sie getan und weiter würden sie nicht gehen.
»Man hat euch befohlen«, erwiderte ich, »um Mitternacht vor unserer Herberge zu sein und uns rechtzeitig zur Abfahrt des Autobusses hierherzubringen. Ihr seid eine Stunde zu spät gekommen und es ist eure Schuld, dass wir den Bus verpasst haben. Wenn ich das dem ›großen Mann‹* von Toung Yeh mitteile, werdet ihr hart bestraft werden. Ob ihr nun mit uns

* *Ta jen,* im Allgemeinen *ta ren* ausgesprochen, geläufiger Ehrentitel, mit dem man einen Mann einer höheren sozialen Klasse oder einen Beamten von gehobenem Rang bezeichnet.

kommt oder nicht, wir werden die Wagen behalten und sie selbst ins nächste Dorf lenken.«

Während ich das sagte, waren Yongden und ich abgesprungen. Der Lama ergriff den Zügel des führenden Maultiers vor dem ersten Wagen und ich ergriff den des Maultiers, das vor dem zweiten Wagen angeschirrt war. Die Tiere sind hintereinander angespannt und gewöhnt, in einer Reihe mit anderen Wagen zu gehen. Ich wusste, dass meine Arbeit leicht sein würde, da die Maultiere des zweiten Wagens ganz natürlich dem folgen würden, der ihnen voranging.

Was unsere beiden Diener anging, so saßen sie völlig apathisch am Straßenrand. Ach! Hätte ich nur zwei Tibeter bei mir gehabt statt dieses Mongolen und dieses Chinesen aus Beijing, die der Aufenthalt in den chinesischen Großstädten verdorben hatte – ich wäre weit weniger in Schwierigkeiten gewesen.

Immerhin hatte unsere entschlossene Haltung die Fuhrleute beeindruckt. Sie begriffen, dass sie im Unrecht waren, und fanden sich damit ab, die Reise fortzusetzen. Einer von ihnen lieferte uns sogar eine interessante Information. Der Autobus, den wir verpasst hatten, hielt in Opien (Hebiah), sagte er, und er würde erst später, im Laufe des Vormittags, weiterfahren oder wegen der feindlichen Flugzeuge, die das Land überflogen, vielleicht sogar erst am Abend. Wir konnten ihn also einholen. Die Abfahrtszeit des Busses war mir nicht so wichtig, wenn er mich nur nach Taiyuan brachte. Ich nahm wieder meinen Platz inmitten des Gepäcks auf dem ersten Wagen ein und wir fuhren weiter.

Diese nächtliche Fahrt war in keiner Weise unangenehm. Das zunehmend schwächer werdende Licht des Mondes breitete eine Ruhe und einen Frieden über das Land, die sehr erholsam waren. Man hätte den Krieg mit Leichtigkeit vergessen können ... Tatsächlich begann ich, ihn vollkommen zu vergessen, und döste gerade ein, als Yongden meine Aufmerksamkeit auf ein rötliches Licht am Himmel vor uns lenkte, ähnlich dem,

wie es über hell beleuchteten Städten aufscheint. Wenig später erblickten wir durch die hohen Stämme der Kaoliangs eine gleißend helle Illumination.
»Die Domäne von Marschall Yen«, sagte unser Fuhrmann und deutete auf den angestrahlten Ort.
Als wir näher kamen, erblickten wir breite Alleen und zahlreiche Gebäude: eine Art großes, luxuriöses Dorf, übersät von einer Vielzahl von elektrischen Lampen, die sich der Nacht entgegensetzten.
Der Marschall war an diesem Ort oder ganz in der Nähe geboren, und nachdem er reich und einflussreich geworden war, hatte er seine Zuneigung zu seinem »kleinen Vaterland« auf sehr chinesische Weise bewiesen, indem er dort diesen prächtigen Familiensitz eines mächtigen, reichen Gutsherrn errichtete, von dem man in der ganzen Provinz sprach.
Fürchtete man hier also nicht die feindlichen Flugzeuge? Die flogen nur tagsüber, sagte man. Doch Wutai Shan hatten sie auch nachts überflogen ... Ich fand diese tollkühne Festbeleuchtung irritierend.
Es war kurz nach sechs Uhr morgens, als wir Opien erreichten. Die Fuhrleute brachten uns direkt zum Autobusdepot, luden unser Gepäck ab, ließen sich bezahlen und waren auch schon verschwunden.
Durch die einen Spalt geöffnete Tür der Garage sah man zwei Autobusse und neben der Garage befand sich ein kleines Büro mit einem Glasfenster, wo wahrscheinlich die Fahrscheine ausgegeben wurden, aber es befand sich niemand darin. Was sollten wir machen, während wir auf die Abfahrt warteten, und um wie viel Uhr würde sie überhaupt sein?
Ein feiner Regen begann zu fallen. Mir schien es das Beste zu sein, unser Gepäck in einen der Busse zu stellen und uns zum Schutz vor dem Regen hineinzusetzen. Als meine Burschen sich anschickten, unsere Gepäckstücke hineinzutragen, kam ein kleiner alter Mann aus der Garage, den wir vorher nicht

wahrgenommen hatten, schloss die Tür und sicherte sie mit einem Vorhängeschloss. Er verweigerte uns sowohl die Erlaubnis, uns in einen der Wagen zu setzen, als auch die, uns am Eingang der Garage unterzustellen, behauptete, nicht zu wissen, wann der Autobus abführe, und dann ging er.

Noch etwa eine Stunde warteten wir im Regen, ohne dass wir den Mut aufgebracht hätten, uns zu entfernen, um Lebensmittel zu kaufen – aus Angst, der Autobus könnte während unserer Abwesenheit ohne uns abfahren. Ich wagte es jedoch, eine gerade verlaufende Straße zu erforschen, von der aus ich das Depot nicht aus dem Blick verlor und gegebenenfalls in wenigen Minuten zurückrennen konnte. In einem ärmlichen Laden fand ich Brötchen, die mit chinesischen Datteln gefüllt waren, die im Geschmack an Pflaumen erinnern. Ich kaufte ein Dutzend, kehrte zurück und teilte sie mit Yongden und den Dienern.

Es verging noch geraume Zeit. Meine Armbanduhr stand auf neun Uhr, als ein Chinese erschien, die Tür zum Büro öffnete, eintrat und Papiere zu ordnen begann. Ich beauftragte den Koch, sich nach der Abfahrtszeit zu erkundigen; der Mann antwortete ihm, er habe keine Ahnung. Es regnete immer noch; unser Gepäck und wir selbst waren durchnässt. Wenig später gesellten sich drei weitere Männer zu dem, der zuerst im Büro angekommen war. Diesmal erkundigte Yongden sich selbst und erfuhr, dass die beiden Busse für heute und die nächsten Tage requiriert worden waren und dass wir jede Hoffnung auf eine Mitfahrgelegenheit aufgeben mussten.

Die Nachricht war betrüblich, aber es ist immer sinnlos, sich zu ärgern. Es empfahl sich, eine Unterkunft zu suchen, wo wir uns trocknen und heißen Tee trinken konnten; anschließend würden wir die Sachlage genauer in Augenschein nehmen.

Ich ging erneut auf Abenteuer aus und entdeckte am Rande der Stadt eine neue Herberge, die noch fast sauber zu nennen und innerhalb eines großen Hofes gelegen war. Der Wirt

schickte sofort zwei seiner Diener, die meinen Taugenichtsen beim Transport des Gepäcks helfen sollten, und endlich befand ich mich in einem Zimmer mit einem Heizbecken in der Mitte, das mit roter Glut gefüllt war, und mit einer Kanne heißem Tee auf dem Tisch.
»Wie kann man von hier aus nach Taiyuan gelangen?«, fragte ich den Wirt, nachdem ich mich ein wenig gestärkt hatte.
»Es gibt hier einen Bahnhof, aber die Züge fahren nicht mehr zu festen Zeiten«, antwortete er.
»Wo befindet sich der Bahnhof?«
Er war nicht weit von der Herberge entfernt. Ich begab mich mit Yongden dorthin.
Es herrschte dort große Betriebsamkeit. Züge fuhren durch, die überfüllt mit Soldaten auf dem Weg zur Front waren. Ich sah eine Gruppe junger Soldatinnen mit einer Fahne, die ihrerseits auf die Abreise warteten. Eine Menge von Gütern waren hier und dort aufgestapelt: Säcke mit Reis und Mehl, packenweise Ausrüstung, Kisten mit Munition.
Man erklärte uns, dass die Züge keine zivilen Passagiere mitnahmen: Sie verkehrten ausschließlich im Dienst der Armee.
Nachdem ich diese unerfreuliche Nachricht erhalten hatte, kehrte ich in die Herberge zurück, bestellte eine Mahlzeit und begann mit dem Wirt das Problem meiner Reise zu erörtern. Ich musste so schnell wie möglich nach Taiyuan gelangen; ich würde mich mit Karren, mit Sänften, mit Lasttieren oder mit Trägern zufrieden geben. Falls es notwendig war, würden wir alle zu Fuß gehen, aber das Gepäck musste transportiert werden.
»Sie werden in Opien nicht einmal mehr einen verfügbaren Esel finden«, antwortete mir der Wirt.
Alles, was ich ihm noch hätte sagen können, war müßig. Der gute Mann war keineswegs unwillig: Er führte Yongden zu verschiedenen Besitzern von Tieren oder Wagen, die ihm ihre leeren Ställe oder Schuppen zeigten.

»Fragen Sie morgen erneut am Bahnhof nach«, riet er.
Am nächsten Tag kehrte Yongden dorthin zurück und erhielt die gleiche Antwort wie am Vortag.
Es war dies der sechste Tag unserer Reise. Auf dem Hinweg hatten wir nur drei gebraucht, um die gesamte Strecke von Taiyuan nach Wutai Shan zurückzulegen. Das Geld, das wir uns unter Entbehrungen abgespart hatten, um die Kosten für die Rückreise zu decken, ging zu Ende und die Befürchtung, abgeschnitten und mittellos in einem chinesischen Dorf festzusitzen, begann in meiner Vorstellung auf beunruhigende Weise Form anzunehmen. Ich überlegte, ob ich mich allein zu Fuß nach Taiyuan begeben und dort das Geld holen sollte, das ich gegen meinen Scheck auf die Bank in Beijing erhalten würde. Yongden hatte mir vorgeschlagen, selbst zu gehen, aber ich fürchtete, dass die Bankiers verlangen würden, mich persönlich zu sehen. Gemeinsam konnten wir nicht gehen, da ich nicht genügend Vertrauen in meine Diener hatte, um mein Gepäck für so lange Zeit ihrer Obhut zu überlassen.
Ich hatte beschlossen, am nächsten Morgen aufzubrechen, als der Wirt am späten Nachmittag triumphierend in mein Zimmer trat. Er hatte erfahren, sagte er, dass drei Wagen eingetroffen waren, die mit Waren für Opien beladen waren, und er hatte sich sogleich mit den Fuhrleuten in Verbindung gesetzt und zwei von ihnen gebeten, uns nach Sinchow (Xinzhou) zu bringen. Sie hatten zugestimmt unter der Bedingung, dass jeder von ihnen dreißig Dollar erhielt. Das war ein völlig überhöhter Preis, aber sie nutzten unsere Notlage aus. Der Wirt hatte das Angebot in meinem Namen akzeptiert und würde zweifellos eine beträchtliche Provision kassieren, weil er den Fuhrleuten diese unverhoffte Gelegenheit verschafft hatte.
Diese Leute wollten erneut nur nachts reisen, und da sie gerade erst angekommen waren, baten sie darum, ihren Tieren Ruhe zu gönnen und erst am Abend des nächsten Tages wieder aufzubrechen. Das hätte erneut einen verlorenen Tag und

weitere Ausgaben in der Herberge bedeutet, und schlimmer noch, wer konnte sicher sein, dass die Fuhrleute in der Zwischenzeit ihre Meinung nicht änderten und sich womöglich weigerten, nach Sinchow zu fahren?
Ich beharrte deshalb sehr auf einem unverzüglichen Aufbruch. Die Maultiere hatten bereits einige Stunden der Ruhe gehabt und ich gestand ihnen noch vier weitere zu. Wir würden uns bei Einbruch der Nacht auf den Weg machen. Sie stimmten dem schließlich zu und obendrein auch meiner Forderung, die Maultiere und die Wagen zu meiner Herberge zu bringen. Das war mir sehr wichtig, damit sich ihre Besitzer nicht ohne mein Wissen aus dem Staub machen konnten.
Endlich brachen wir auf und machten einige Umwege, um mögliche Beschlagnahmen zu vermeiden, falls wir allzu diensteifrigen Soldaten begegneten. Die Reise verlief ohne Zwischenfälle bis etwa um Mitternacht, als die Chinesen erklärten, dass ihre Tiere fressen und sich ausruhen müssten. Sie schirrten sie ab und ich stieg vom Wagen, um mir die Beine zu vertreten.
Der Weg, auf dem wir uns befanden, war gut, die Nacht klar. Ich ging ein paar Schritte, aber attackiert von Mückenschwärmen, kehrte ich bald zu meinem Wagen zurück, da ich mich schnellstens unter eine Decke verkriechen wollte, um den juckenden Stichen dieser scheußlichen Insekten zu entgehen.
Die langsam und geräuschvoll ihre Getreideration kauenden Maultiere, die Männer, die leise plaudernd am Boden saßen, erinnerten mich an meine nächtlichen Zeltlager einst in Zentralasien. Es konnte dann geschehen, dass wir aus Angst vor Strauchdieben Wache hielten und mit unseren Waffen in Reichweite unsere Pferde nicht aus den Augen ließen, da sie möglicherweise Begehrlichkeit erregten. Die Motive für die Angst hatten sich verändert, aber wie in jenen Zeiten lag sie auch jetzt in der Luft. Die Müdigkeit weckte ein intensives Verlangen nach Ruhe und Frieden in mir und ich war einge-

dämmert, als am Himmel sehr gedämpft verdächtige Geräusche hörbar wurden. Mehrere Detonationen in der Ferne folgten und nach einigen Augenblicken großer Stille noch weitere Detonationen.

Die Chinesen waren aufgestanden und lauschten. Ich bat sie, die Maultiere anzuschirren, die ihr Getreide aufgefressen und sich ausgeruht hatten. Es würde bald hell werden, wir mussten aufbrechen.

»Da unten sieht es böse aus«, sagte einer der Fuhrleute, »wir müssen uns verstecken. Wir sind in der Nähe der Bahnlinie, wir könnten von Flugzeugen gesehen werden, die kommen, um die Züge auszuspähen.«

Verstecken! Seit acht Tagen hörte ich immer wieder das gleiche Lied!

Ich erklärte den Fuhrleuten, dass wir uns in die der Bahnlinie entgegengesetzte Richtung bewegten und dass wir bis zum Sonnenaufgang noch Zeit hatten, wenn nicht bis Sinchow, dann doch zumindest zu einem Dorf in unserer Nähe zu gelangen. Sie wollten nichts davon hören.

Sie entschieden sich für ein noch belaubtes Wäldchen, das man inmitten der Felder sah und das völlig abseits von unserem Weg gelegen war. Nachdem wir es unter großen Schwierigkeiten erreicht hatten, da wir bebaute, teilweise überschwemmte Felder überqueren mussten, richteten sie sich dort ein und wollten sich nicht mehr fortrühren. Ich spürte, wie die Wut in mir hochstieg!

Es passierte gar nichts, abgesehen davon, dass wir hungerten und von den Mücken aufgefressen wurden. Gegen Mittag begann ein sintflutartiger Regen zu fallen, der nicht mehr aufhörte. Nachdem sich die Felder, die wir in der Nacht zuvor mit Mühe überquert hatten, in Seen verwandelt hatten, brachen wir am Spätabend wieder auf. Als die Fuhrleute begriffen, dass es unmöglich war, auf demselben Weg wieder zurückzukehren, begannen sie kreuz und quer nach einem

Weg zu suchen, der auf die Straße zurückführen könnte. Der in Strömen fallende Regen trug noch zur Dunkelheit bei; man konnte keine zehn Schritte weit sehen. Mein Wagen, dessen zwei hohe Räder in den dicken, von Wasser überdeckten Schlamm einsanken, schlingerte und schwankte wie ein Boot bei hohem Seegang. Die Gepäckstücke, mit denen er beladen war, schlugen heftig gegeneinander, so dass zu befürchten war, dass die eine oder andere Kiste in den Schlamm stürzen würde. Und plötzlich kippte er abrupt nach vorn und die Deichseln berührten den Boden. Ich rutschte, etwas Schweres ritzte meinen Schädel und stürzte dann bleiern auf meine Stirn.
Ich schrie nicht. Der durch den Sturz bewirkte Schock lähmte mich. Obwohl ich nicht völlig das Bewusstsein verloren hatte, vergingen einige Augenblicke, bevor ich begriff, was mir geschehen war. Doch der Schmerz, den ich verspürte, machte es mir schnell klar. Eine schwere Bücherkiste hatte sich aus dem Haufen gelöst und zerquetschte mir den Kopf.
Yongden hatten hinten auf dem Wagen, auf der andere Seite des Gepäckstapels, gesessen. Als er bemerkte, dass dieser zusammenstürzte, war er sofort abgesprungen und watete herum, da er, wie ich einige Minuten zuvor, fürchtete, dass das eine oder andere unserer Gepäckstücke aus dem Gefährt geschleudert worden sein könnte.
Und genau darum handelte es sich! Dass ein erneuter Ruck erfolgen und die Kiste noch weiter vorgleiten und mir diesmal völlig das Gesicht zerquetschen könnte. Wie ich glaube, war es das Bewusstsein dieser Gefahr, das mich daran hinderte, in Ohnmacht zu fallen.
»Komm her zu mir«, sagte ich zu dem Lama, »ruf jemanden. Ich kann mich nicht rühren, mein Kopf ist unter einer Kiste.«
Yongden stieß einen Entsetzensschrei aus, der unsere Diener und den Fuhrmann des zweiten Wagens herbeirennen ließ, die alle drei noch auf diesem sitzen geblieben waren. Mein Fuhr-

mann, der nach chinesischer Gewohnheit ganz außen auf dem Gefährt saß und die Beine herausbaumeln ließ, war in den Schlamm geschleudert worden, als der Fall des Maultiers, das die Deichseln trug, den Wagen aus dem Gleichgewicht gebracht hatte.
Alle diese Einzelheiten wurden mir später erzählt. In diesem Augenblick spürte ich nur, wie das auf mir lastende Gewicht fortgehoben wurde und Yongden mein Gesicht in beide Hände nahm.
»Haben Sie große Schmerzen?«, fragte er mich.
Ehrlich gesagt, wusste ich es nicht. Mein Schädel war von einem irren Dröhnen erfüllt, mir schien, als wirbelte sein Inhalt in einem Kreis herum, der dieses Getöse verursachte.
Der Lama ließ seine Decken auf dem zweiten Karren ausbreiten und der Maultiertreiber, ein hoch gewachsener Mann, der weniger tief im Wasser versank als mein Sohn, erbot sich, mich zu tragen.
Ich musste an den Rand des Fahrzeugs heranrutschen, damit er mich zu fassen bekam, aber als ich das versuchte, verspürte ich im Knie und in der Seite so heftige Schmerzen, dass mir Schreie entfuhren.
»O je«, sagte ich zu Yongden, »ich kann mich nicht rühren.«
Bis dahin war mir gar nicht klar gewesen, in welche Position mich der vorgekippte Wagen und das auf mich herabgefallene Gepäck geschleudert hatten. Das Fahrzeug bestand aus einer einfachen Holzplatte, fast ohne Einfassung, die von zwei hohen Rädern gehalten wurde; eines meiner angewinkelten Beine war nach außen gerutscht und mein Knie war jetzt zwischen zwei Speichen eines dieser Räder eingeklemmt.
Meinen behelfsmäßigen Sanitätern fehlte das Geschick, mit Verletzten umzugehen. Sie befreiten mein Bein mit einer Grobheit, die ihnen Flüche anstelle von Dank einbrachten, und endlich wurde ich auf den zweiten Wagen gelegt.
Yongden stöberte in meinen Gewändern.

»Was suchst du?«, fragte ich ihn.
»Ihr Taschentuch, um Ihnen den Kopf abzuwischen, das Wasser hat Sie mit Schmutz voll gespritzt. Ihre Mütze ist herabgefallen, Sie haben nasse Haare.«
»Lass mich in Ruhe, rühr mich jetzt nicht mehr an«, antwortete ich. »Fahren wir bald weiter?«
»Wir können nicht«, seufzte der Lama. »Wir müssen warten, bis uns der Mond ein wenig leuchtet. Eine der Deichseln ist gebrochen, als das Maultier gestürzt ist. Der Fuhrmann glaubt, dass auch an einem Rad etwas gebrochen ist.«
Die Batterien der elektrischen Lampen, die wir immer bei uns haben, waren leer und die Fuhrleute hatten keine Laterne. Wie Yongden gesagt hatte, mussten wir warten, bis der Mond aufging, der sich in seinem letzten Viertel befand.
Es regnete immer noch. Mein Sohn bedeckte mich mit einem Öltuch, das nur sehr leicht imprägniert war. Darunter ausgestreckt, musste ich einer Leiche ähneln, einer dieser zahlreichen Leichen, die man von der Front brachte, die sich nicht sehr weit entfernt von dem Ort befand, an dem wir waren.
Und dann ging der Mond auf, man befestigte die gebrochene Deichsel mit Kordeln und brachte das zusammengestürzte Gepäck wieder ins Gleichgewicht; aber all dies erfuhr ich nicht in diesem Augenblick. Ich verspürte nur einen quälenden Schmerz im Knie, ein dumpfes Hämmern in der Seite und trotz des Tuches, das mich bedeckte, musste es auf meinen Kopf regnen, denn ich spürte, wie meine Haare immer nasser wurden und ein dünnes feuchtes Rinnsal über meinen Schädel und an meinem Hals herablief, nur war der Regen seltsamerweise lauwarm.
Hum-hum-hum sangen die Atome, die in meinem Hirn umherwirbelten. Ich sah sie, es gab ganz runde und andere, die oval waren. Hum-hum-hum, sie prallten gegeneinander, während sie kreisten, das war wunderlich und sehr interessant anzusehen. Plötzlich störte ein Zusammenprall den Reigen,

wie ein Luftstoß Verwirrung in die winzigen Staubteilchen bringt, die in einem Sonnenstrahl tanzen. Hum-hum-hum protestierten die in ihren Bewegungen aufgestörten Teilchen jetzt geräuschvoller. Wir setzten uns wieder in Gang. Ich begriff ganz vage, dass die Dinge dieser Welt aufgehört hatten, meine Aufmerksamkeit zu erregen, die voll und ganz von dem Gesang der winzigen Wesen in Anspruch genommen wurde, von denen mein Kopf erfüllt war. Sie hatten Gestalt angenommen, wiesen jetzt so etwas wie eine Persönlichkeit auf, und jedes Mal, wenn eine Erschütterung ihren Reigen aus dem Rhythmus brachte, den Takt ihrer monotonen Hum-hum-hum-Ballade störte, bemerkte ich den Ausdruck von Missfallen auf ihren Gesichtern. Trotz allem klar bei Verstand, dachte ich: »Wie wenig doch ausreicht, um die Art und Weise unserer Wahrnehmung zu verändern!«

Frühmorgens gelangten wir zu einem Bauernhaus, wo man uns den Tag zu verbringen erlaubte. Der Fuhrmann musste sein Wagenrad reparieren lassen und sich eine neue Deichsel beschaffen. Zu diesem Zweck musste er sich in eine benachbarte Ortschaft begeben.

Der Wagen, auf dem ich lag, wurde unter das Dach eines Schuppens geschoben und ich weigerte mich abzusteigen, weil ich mir sicher war, dass es mir dort besser ging als in der verräucherten Küche des Bauernhauses, die voll mit lärmenden Leuten war.

Yongden brachte mir Tee. Ich tauchte aus dem Halbkoma empor, in dem ich versunken war, und verspürte nun größere Schmerzen. Als ich mit der Hand über meine Haare fuhr, spürte ich, dass diese starr und klebrig waren. Was mein Sohn für Schmutzspritzer und ich für Regen gehalten hatte, war Blut, da mir die metallbeschlagene Ecke der Kiste die Haut aufgerissen hatte. Anschließend betrachtete ich mein Knie, das dick angeschwollen war, doch schien eine völlig mit getrocknetem Blut überkrustete Wunde nur oberflächlich zu sein.

Was meine eine Seite anging, so schien etwas ausgerenkt zu sein, da mir die geringste Bewegung heftige Schmerzen verursachte. Hatte ich mir eine Rippe gebrochen? Mir fehlte es an Sachkenntnis, um das nach meinem bloßen Gefühl beurteilen zu können, und in diesem Schuppen, wo ich den Blicken der Vorübergehenden ausgesetzt war, konnte ich mich nicht ausziehen, um mich näher zu untersuchen.

Um mir mehr Platz zu verschaffen, ließ Yongden einen Teil des Gepäcks von dem Wagen herunternehmen; er legte noch mehr Decken unter mich und um mich herum, um die Stöße* abzudämpfen, sobald wir uns wieder auf den Weg machten. Mehr konnte er für meine Bequemlichkeit nicht tun.

Ich sagte ihm, er solle die Bauern bitten, für ihn und für unsere Diener etwas zu essen zu bereiten und mich allein und in Ruhe zu lassen. Das gelbliche Wasser, das man mir in einer schmutzigen Schüssel brachte, wies ich zurück, da ich es für ratsamer hielt, meine Wunden erst dann auszuwaschen, wenn ich Wasser zur Verfügung hatte, das in meinen eigenen Gefäßen abgekocht worden war.

Ich weiß nicht genau, wie dieser Tag vorüberging. Ich überließ mich diesem besonderen Zustand, den die hinduistischen und tibetischen Yogis »Externalisation« nennen und in dem es einem so vorkommt, als befände man sich »außerhalb« seines Körpers, dessen Empfindungen man gedämpft, wie durch eine dicke Watteschicht wahrnimmt. Dieser Zustand ist in etwa dem Gefühl vergleichbar, das man bei einer örtlichen Betäubung empfindet, wenn man den Stich des Skalpells zwar wahrnimmt, aber den Schmerz nicht verspürt.

Yongden brachte mir noch mehrmals Tee und ich pflegte die Benommenheit, in die ich abgetaucht war, ganz freiwillig und verfolgte die Emotionen und Halluzinationen, die in meinem »Ich« tobten, als aufmerksame Zuschauerin. Gegen Abend

* Diese chinesischen Wagen haben keine Federung.

brachen wir wieder auf. Yongden setzte sich neben mich, um mich an den besonders schlechten Wegstellen zu stützen, an denen das Rumpeln unseres ungefederten Fahrzeugs härter spürbar wurde. Ich hatte Fieber und befand mich in einem leichten Delirium, wie ich glaube, da ich mich von Zeit zu Zeit unzusammenhängende Sätze murmeln hörte, das Geräusch meiner Worte mich aufweckte und mir mehr oder weniger bewusst machte, was ich gesagt hatte.

Am Vortag waren wir weit von unserer Route abgekommen und wir mussten einen beträchtlichen Umweg machen, um sie wieder zu erreichen. Über dem Unfall, der uns widerfahren war, und den Kosten, die er dem Besitzer des beschädigten Fahrzeugs verursacht hatte, war den Chinesen die Lust vergangen, querfeldein zu fahren oder enge, teilweise überschwemmte Wege einzuschlagen. Sie machten deshalb einen großen Bogen, der die ganze Nacht in Anspruch nahm, und wir erreichten Sinchow bei Morgengrauen.

Die Straßen waren verlassen, die Häuser verschlossen. Unsere Fuhrleute schienen sich in dem Ort, der bedeutend ist, nicht auszukennen. Sie kutschierten uns lange durch die Gegend, klopften hier und da an Türen, die ihnen zu Herbergen zu gehören schienen, und erhielten von den Männern, die sie aufgeweckt hatten, die wütende Antwort, dass das Haus entweder keine Gäste beherberge oder dass alle Zimmer besetzt seien.

Endlich wies uns ein Bauer, der Gemüse zum Markt brachte, den Weg zu einer Herberge, die in einer engen Straße gelegen war, und dort fanden wir Zimmer, die nach chinesischer Auffassung von Reinlichkeit beinahe sauber waren.

Sobald meine Diener in einem meiner Kessel Wasser erhitzt hatten, ließ ich es mir zusammen mit meinen Schüsseln bringen. Mein Sohn holte mein Reisenecessaire und Handtücher aus einer der Taschen, hängte eins von ihnen als Vorhang vor das Fenster, dessen Papier durchlöchert war, und ich schloss mich ein, um mich zu entkleiden.

Trotz der Schmerzen, die mir jede Bewegung verursachte, empfand ich es als wahren Genuss, meine Kleider abzulegen. Es war der neunte Reisetag seit meiner Abreise aus Pusa Ding und während dieser ganzen Zeit war es mir niemals möglich gewesen, mich gänzlich zu entkleiden.

Im Allgemeinen verspüren die Asiaten nicht so stark wie wir das Bedürfnis, sich zum Schlafen umzuziehen, aber jeder, der daran gewöhnt ist und zudem die Gewohnheit hat, sich jeden Morgen ausgiebig in der Badewanne oder unter der Dusche zu waschen, empfindet es als äußerst unangenehm, wenn er darauf verzichten muss.

Ich hatte eine starke Prellung an der Seite, das Fleisch war geschwollen und bläulich rot. Auch mein Knie war stark geschwollen; als die Wunde erst einmal gewaschen war, erwies sie sich als belanglos, die Verletzung am Kopf war jedoch gravierender, soweit ich das durch die Berührung beurteilen konnte.

Mein armer Schädel hatte wieder einmal Pech gehabt. Vor drei Jahren war ich in Paris gegenüber dem »Hotel Lutétia« auf einer entblätterten Blume ausgerutscht, die auf dem feuchten und schmierigen Pflaster lag, und ich war hintenübergefallen und heftig mit dem Kopf aufgeknallt. Am nächsten Tag tat die Stelle, die auf den Boden aufgeschlagen war, nur bei Berührung ein wenig weh. Ich verließ Paris, da ich mich auf eine Vortragsreise durch Mitteleuropa begab. Der erste dieser Vorträge sollte bei meiner Durchreise in Straßburg stattfinden. Dort wurde ich von merkwürdigen Schmerzen befallen, die den Arzt zu beunruhigen schienen, den meine Freunde mir geschickt hatten. Er kam am selben Tag gleich dreimal, um mich zu untersuchen. Sehr erstaunt fragte ich ihn: »Was fürchten Sie denn, Herr Doktor, was mir zustoßen könnte?«

»Wenn Sie es unbedingt wissen wollen«, antwortete er, »nun gut! Ein Offizier, der einen ähnlichen Unfall wie Sie und auch keine größeren Schmerzen hatte, ist am dritten Tag nach sei-

nem Fall plötzlich tot umgefallen, während er mit seiner Frau beim Abendessen war.«
Was mich anging, so verging der dritte Tag ohne ein solches Ereignis und am vierten lebte ich immer noch. Ich fuhr nach Prag, nach Budapest und dann nach Wien, wo die Schmerzen von neuem begannen und sich dann wieder legten, als ich meine Reise durch Deutschland und die Schweiz fortsetzte.
Ich hoffte, auch diesmal ohne unangenehme Folgen davonzukommen. Zwar litt ich große Schmerzen, aber die »runden und ovalen Atome« hatten aufgehört, mein Hirn zu durchwirbeln, und machten ihr Hum-hum-hum nur noch sehr leise. Die Pyramidon- und Aspirintabletten, die ich nahm, hielten ihr wildes Treiben im Zaum.
Doch obwohl ich mich um Tapferkeit bemühte – »Schmerz, du bist nur ein Wort« –, um mich der Meister meiner Jugend, Epiktet und Marc Aurel, nicht allzu unwürdig zu erweisen, fühlte ich mich noch keineswegs in guter Verfassung.
Nach einer oberflächlichen Toilette, während der ich wegen meines verletzten Knies die meiste Zeit auf einem Bein stand, legte ich mich erneut ins Bett, aß ein wenig Reis und schlief bis Mittag.
Ich erwachte fiebrig, mit stark schmerzendem Kopf; mein Knie war heftiger angeschwollen, ich konnte das Bein nicht mehr ausstrecken, um den Fuß auf den Boden zu setzen, und sobald ich auch nur eine Bewegung machte, verspürte ich einen unangenehm reißenden Schmerz in der Seite. Doch mein Geist war wieder sehr klar und es machte mir große Sorgen, dass mein Zustand unsere bereits so schwierige Situation noch komplizierte.
»Wir müssten eine Sänfte finden, die mich nach Taiyuan bringt«, sagte ich zu Yongden. »Es würde zu schmerzhaft für mich sein, die Erschütterungen eines Wagens zu ertragen.«
»Ich habe mich schon danach erkundigt«, antwortete er. »Es

sind weder Sänften noch Karren noch irgendwelche anderen Fahrzeuge verfügbar und nicht einmal Esel, die unser Gepäck tragen könnten. Und die Nachrichten vom Krieg sind sehr schlecht. Offenbar können sich die Chinesen nicht mehr bei der Großen Mauer halten und die Japaner werden gen Taiyuan vorrücken.«

Wenn sich die Japaner auf Taiyuan zubewegten, bestand die Gefahr, dass die Straße gesperrt werden würde, wie es die nach Beijing gewesen war, als ich mich in Pusa Ding befand. Und was sollte aus mir werden, wenn ich nicht nach Taiyuan gelangen und mir dort Geld auszahlen lassen konnte? ...

»Ich werde auf jeden Fall abreisen«, schrie ich dem Lama zu und vergaß darüber völlig, dass ich mich gar nicht auf den Beinen halten konnte. »Sprich mit Leuten, schick den Wirt und unsere Diener an alle Orte, an denen sie möglicherweise Fuhrleute und Maultiertreiber auftreiben können, wir müssen schleunigst nach Taiyuan gelangen.«

Yongden nickte und ging. Gegen Abend bestätigte er mir, dass keinerlei Transportmittel aufzutreiben war.

Während seiner Abwesenheit hatte ich erfahren, dass es in Sinchow zwei Missionen gab: Die eine wurde von Protestanten geführt, die andere von Katholiken. Ich beschloss, mich mit den Missionaren zu unterhalten; vielleicht konnten sie mir einen guten Tipp geben. Womöglich besaßen sie sogar Fahrzeuge, die sie auszuleihen bereit waren.

Am nächsten Morgen hatte mir der Wirt eine klapprige Rikscha verschafft, ich kletterte hinein und ließ mich zu der protestantischen Mission bringen. Ich fand dort nur einen einheimischen Portier vor, der über jede Vorstellung hinaus verblödet war und dem ich nur eine einzige Information entlocken konnte: nämlich, dass seine Herren die Stadt verlassen hatten. Währenddessen hatte sich der Wirt in meinem Auftrag zu der katholischen Mission begeben. Er berichtete mir, dass dort nur Chinesen wohnten. Diese verfügten weder über Wagen noch über Tiere, die sie mir hätten leihen können, und kannten auch niemanden, der es tun konnte.

Der Tag verging, ohne dass sich uns irgendein Hoffnungsschimmer gezeigt hätte. Gegen Abend kamen Leute von der Polizei, um unsere Pässe zu prüfen. Sie taten es schnell, ohne irgendeine lächerliche Komödie aufzuführen, und ich berichtete ihnen von der Verlegenheit, in der ich mich befand. Sie bestätigten mir, dass tatsächlich alle Fahrzeuge beschlagnahmt worden seien, und versicherten mir, dass sie sich trotzdem um mich kümmern und alles tun würden, was in ihrer Macht stände, damit ich weiterreisen könne.

Am nächsten Tag fiel vom Morgengrauen an erneut ein unablässiger, sintflutartiger Regen. Am Nachmittag kam ein Chinese in Uniform herbeigerannt. Sein Vorgesetzter hatte ihn geschickt. »Schnell, schnell«, sagte er, »gehen Sie zum Bahnhof. Heute Abend kommt ein Zug vorbei, der zivile Passagiere nach Taiyuan mitnimmt.«

Er hatte zwei leichte kleine Wagen mitgebracht, die jeweils von einem Maultier gezogen wurden und uns zum Bahnhof bringen sollten. Ich glaubte zu begreifen, dass sie von Privatleuten ausgeliehen worden waren. Für eine weite Strecke wären sie auf jeden Fall untauglich gewesen.

Unser Gepäck wurde mehr schlecht als recht auf diese Wagen gestapelt. Ich setzte mich in einen von ihnen; die Fuhrleute, Yongden und unsere Diener folgten zu Fuß durch die Straßen, die sich in Sturzbäche verwandelt hatten. Der Bahnhof befand sich in beträchtlicher Entfernung von der Stadt, die ungepflasterten Straßen, die dort hinführten, waren überflutet. Die armen überlasteten Maultiere sanken tief in den Schlamm ein und die Fuhrleute schoben die Räder an, während unsere Gepäckstücke auf beunruhigende Weise gegeneinander knallten. Der Unfall, der zwei Tage zuvor passiert war, würde sich doch nicht etwa wiederholen? Ich begann, es zu befürchten. Glücklicherweise ging alles gut.

In der unmittelbaren Umgebung des Bahnhofs bot sich ein jämmerliches Bild. Wohin man auch blickte, warteten Grüppchen von Menschen auf die Ankunft des angekündigten Zuges: stehend oder auf ihrem Gepäck sitzend, patschnass vom Regen und mit den Füßen im Schlamm. Manche von ihnen mussten von weither gekommen sein, ihre zusammengesunkene Haltung zeugte von extremer Müdigkeit und ihren Gesichtern war die innere Verzweiflung abzulesen. Sie waren auf der Flucht, zweifellos ohne genau zu wissen, wohin sie gingen, und hatten, so viel sie tragen konnten, von ihrer ärmlichen Habe mitgenommen, die Regen und Schlamm in abscheuliche Lumpen verwandelten.

Es war unmöglich, in den Bahnhof vorzudringen. Außer den Büros umfasste er nur einen einzigen, nicht sehr großen Raum, in dem sich die Fahrkartenschalter befanden, und dieser Raum war brechend voll. Wir mussten unser Gepäck draußen vor der Tür aufstapeln und uns gegen die Wand drücken, da uns das überstehende Dach ein wenig Schutz vor dem strömenden Regen bot. Es war halb sieben Uhr abends.

Aufgrund der kalten Feuchtigkeit, die mich umfing, überliefen mich Schauder, die Vorboten einer erneuten Fieberattacke waren. Mit beiden Händen klammerte ich mich an einen Nagel, der eine Anschlagtafel hielt, um das Gewicht zu vermindern, das mein verletztes Knie zu tragen hatte.

Da wir in aller Eile aufgebrochen waren, hatten wir seit unserem Mittagsmahl nichts mehr gegessen; in Nähe des Bahnhofs, der an einem abgelegenen Platz inmitten der Felder erbaut worden war, gab es keinen Laden, der Proviant verkaufte.

Bahnbeamte drängten sich durch die Menge und verkündeten, dass der Zug gegen acht Uhr erwartet würde. Bei dieser Nachricht kamen mehrere der Leute heraus, die drinnen gesessen hatten, weil sie wohl meinten, sie hätten jetzt Zeit genug, in die Stadt zurückzukehren und sich zu stärken. Yongden machte sich die entstandene Leere zunutze, um eine Tasche mit meinen Decken in den Wartesaal zu tragen und an einen freien Platz zu stellen. Ich konnte mich also ins Trockene setzen, ein beträchtlicher Fortschritt in Richtung Bequemlichkeit.

Höflich rückte ein junger Mann einen großen Reisekorb zurück, um mir etwas mehr Platz zu verschaffen, und versuchte ein Gespräch anzuknüpfen. Mein chinesisches Vokabular war zu begrenzt, als dass ich seinen Worten hätte folgen können: Ich sagte es ihm und er schwieg.

Trotz des Gedränges hatte die Polizei die Anwesenheit einer Ausländerin bemerkt – oder war vielleicht auch vom Revier in Sinchow davon verständigt worden. Ein Polizist kam und fragte mich nach meiner Visitenkarte und meinem Pass, den er mitnahm und mir wenig später zurückgab, ohne mir auch nur die geringste Frage zu stellen.

Es war weit nach acht Uhr und der Zug kam nicht. Hingegen fuhren zahlreiche Militärzüge vorbei, überfüllt mit Soldaten, die an die Front fuhren. Auf meinen Stock gestützt, ging ich von Zeit zu Zeit hinaus, um sie mir anzusehen. Yongden setzte sich solange auf meine Tasche und bewachte meinen Platz.

Es regnete noch immer, doch auf den Platzregen war ein feiner, eisiger Regen gefolgt. Die Nacht war schwarz und dunstig; das von einem bläulich gelblichen Schein umgebene Licht der Zugscheinwerfer und der wenigen entlang der Gleise aufgestellten Laternen erhellte sie kaum.

Auf den schlammigen Bahndämmen standen Munitionskisten, Säcke mit Reis und Mehl, Packen mit Militärgütern: Hier und da waren wattierte Mäntel und Jacken aus grauer Baumwolle aufgehäuft, selten nur mit imprägnierten Tüchern überdeckt, sogen sie sich mit Wasser voll und wurden unbrauchbar.

Die Züge folgten in kurzen Abständen einer auf den anderen. So dicht bei der Front fuhren sie aus Furcht vor feindlichen Flugzeugen im Dunklen. Die meisten Wagons waren nicht überdacht; einer dicht an den anderen gedrängt, mussten die Männer stehen, da es nicht genügend Platz gab, um sich auf den Boden zu setzen.

Diese »Soldaten« auf dem Weg in die vordersten Reihen waren zu meinem großen Erstaunen keineswegs bewaffnet. Es zogen Tausende von ihnen vorbei und ich sah weder Gewehre noch Maschinengewehre noch irgendwelche anderen Geschütze. Womit würde diese Vielzahl von Männern dann kämpfen?

Später sollte ich erfahren, dass die Waffen, über die die Armee verfügte, in einem Verhältnis von eins zu drei standen: ein Gewehr für drei Männer. Zwei von ihnen warteten hinter dem Schützen, bis er getötet wurde, und übernahmen dann seine Waffe. Natürlich geschah es auch, dass einer, der wartete, bis er »an der Reihe« war, getötet oder ernstlich verletzt wurde, bevor er auch nur einen Schuss abgeben konnte. Das alles wirkte wie ein makabrer Scherz auf mich, aber Leute, die sich in so hoher Position befanden, dass sie genau informiert sein mussten, versicherten mir, dass es sich tatsächlich so verhielt.

Es ging auf Mitternacht zu. Die Kälte, die Müdigkeit, die Schmerzen, die ich immer noch im Kopf verspürte und die die Feuchtigkeit verstärkt zu haben schien, ließen mich in den Bahnhof zurückkehren.

Während meiner Abwesenheit war die Menge dort noch dichter geworden. Es war ein kompliziertes Unterfangen, sich einen Weg durch den Wirrwarr von verschiedenartigstem über die Fliesen verstreutem Gepäck und die überall ausgestreckten Schläfer zu bahnen. Der Saal war nicht beleuchtet; nur durch ein hohes Fenster, das auf den Bahnsteig hinausging, drang etwas Helligkeit herein. Die glücklichen Besitzer von elektrischen Lampen benutzten sie zur Orientierung, wenn sie sich von ihrem Platz bewegen mussten, und sobald sie sie wieder ausschalteten, war unser armseliger Schlafsaal erneut in Dunkelheit getaucht.

Ich vertrieb Yongden von meiner Tasche und setzte mich wieder. Bevor er ging, um sich an einem anderen Platz zusammenzurollen, teilte er mir mit, es sei angekündigt worden, dass der Zug gegen zwei Uhr morgens eintreffen würde.
Ich hätte für mein Leben gern geschlafen, mich ausgestreckt oder mich zumindest irgendwo angelehnt, ich befand mich jedoch weit weg von der Wand und es gab nichts in meiner Nähe, das meinem schmerzenden Rücken als Stütze hätte dienen können. Es fehlte auch der Platz, um sich auszustrecken. Unfähig, den Oberkörper aufrecht zu halten, krümmte ich mich zusammen und legte den Kopf auf die Knie. Der höfliche junge Mann, der mir einige Stunden zuvor Platz gemacht hatte, war eingeschlafen; er hatte mehr Glück gehabt als ich, denn es war ihm gelungen, sich auszustrecken, und er stützte seine Füße gegen meine geprellte Hüfte. Ein beleibter Schläfer, der ausgestreckt auf der Bank über mir lag, die entlang der Wand verlief, bewegte sich unablässig im Schlaf und stieß klagendes Gegrunze aus, weil er sich wahrscheinlich beengt fühlte. Als er sich schließlich umdrehte, kam sein gewaltiges, über die Bank hängendes Hinterteil auf meinem Kopf zu liegen. Ich hätte am liebsten den Platz gewechselt, um mich zu befreien, aber ich konnte es nicht. Auf der einen Seite war ich durch die Füße des höflichen jungen Mannes blockiert, auf der anderen durch einen Haufen von Taschen, gegen den sich eine ganze Familie stützte; vor mir kauerten Männer und meine Knie bohrten sich in den Rücken von einem von ihnen. Hinter mir auf der Bank neben dem dicken Chinesen hustete und spuckte ein anderer ohne Unterlass. Auch er bemühte sich, »höflich« zu sein. Um mich nicht zu bespucken – es kann in China keine Rede davon sein, in ein Taschentuch zu spucken –, wandte er den Kopf und spie seinen Auswurf zur Seite, doch befand sich an diesem Platz ein Schläfer. Vielleicht sah der Hustenkranke ihn nicht in der Dunkelheit, vielleicht zog er ihn auch aus Rücksicht auf mich als Spucknapf vor, da er

nur die Wahl zwischen ihm und mir hatte. Wie dem auch sei: Das Gewand des Unglücksraben, den sein schlechter Stern an diesen Platz geführt hatte, durchtränkte sich auf Ekel erregende Weise, von Minute zu Minute mehr.

Die Nacht schritt voran und unser Zug wurde noch immer nicht angekündigt. Hingegen fuhren weiterhin Militärzüge vorbei. Einmal stiegen einige Dutzend Soldaten aus; mit großer Mühe drangen sie in den Wartesaal vor und suchten dort vergeblich nach einem Sitzplatz. Ihr Verhalten und ihr Aussehen unterschieden sich erheblich von dem der chinesischen Soldaten, denen man normalerweise begegnet, und verrieten die Erziehung einer höheren sozialen Klasse. Einer von ihnen blieb einen Augenblick neben Yongden stehen und erzählte ihm, dass er und seine Kameraden Studenten seien, die sich freiwillig gemeldet hätten.

Einige dieser jungen Leute wandten sich an das Bahnhofspersonal und baten um Licht und ein Arbeiter kam und brachte eine Petroleumlaterne, die er an einem Eisendraht befestigte, der in der Saalmitte herabhing. Der Trost, den diese minimale Beleuchtung einigen von uns vermittelte, zu denen auch ich gehörte, fand nicht bei allen Anklang. Schläfer, die aufhörten zu schnarchen, protestierten mit Gegrunze, Kinder plärrten …

Die Stunden verstrichen und immer noch folgten die Züge mit offenen Wagons aufeinander, in denen sich das menschliche Vieh drängte, das zur Schlachtung gekarrt wurde.

Der Tag brach an: grau, regnerisch, trostlos. Der erwartete Zug war nicht eingetroffen. Die Reisenden erhoben sich von ihrem Gepäck, auf dem sie geschlafen oder wie ich nur gesessen hatten, reckten sich gähnend und begannen sofort mit geräuschvollem Räuspern hierhin und dorthin zu spucken, wie es die widerliche und tief verwurzelte Gewohnheit der Chinesen ist. Einige gingen zur Auskunft und kamen mit den Worten zurück, dass der Zug erst am Abend gegen fünf oder sechs Uhr durchfahren würde.

Das bedeutete einen ganzen Tag Wartezeit! Viele Leute verließen den Bahnhof. Mit der Helligkeit war die Furcht vor Bombardierungen zurückgekehrt. Vor wenigen Tagen, erzählte man sich, waren dicht beim Bahnhof zwei japanische Flugzeuge abgeschossen worden. In einem befanden sich nach Aussage der Chinesen zwei Frauen; die eine war auf der Stelle tot gewesen, die andere war kurz nach dem Absturz gestorben. Von den beiden Fliegern in dem anderen Flugzeug war der eine auch sofort tot gewesen, während man den anderen gefangen genommen hatte.
Die Gefahr lag auf der Hand. Diese Eisenbahnlinie, über die die Truppentransporte fuhren, und dieser Bahnhof, der mit militärischen Versorgungsgütern angefüllt war, mussten die Aufmerksamkeit des Feindes notgedrungen auf sich ziehen. Tatsächlich wurde an diesem Tag in nicht sehr weiter Entfernung ein Zug beschossen.
Wahrscheinlich vom Hunger getrieben, hatte unser Koch sich auf den Weg gemacht und die Umgebung erforscht; er kam zurück und verkündete uns, dass sich weiter unten an der Straße, nicht weit von uns entfernt, ein Imbiss befinde, der von den Kulis frequentiert wurde. Wir würden dort sicherer als im Bahnhof sein und könnten Tee, Brot und harte Eier bekommen. Das war eine gute Nachricht. Ich ließ einige Bahnarbeiter rufen, damit sie uns halfen, unser Gepäck zu transportieren. Sie brachten eine Schubkarre mit und beförderten alles in mehreren Fuhren zu dem Imbiss.
Es handelte sich um eine dieser armseligen Strohhütten, wie man sie zu Tausenden entlang der Straßen des riesigen China findet. Sie war durch eine Matte in zwei Bereiche aufgeteilt. Nach Meinung der Hausherren diente eine Vorhang-Tür wahrscheinlich dazu, ihnen ihre Privatsphäre in dem Bereich zu sichern, der ihr Schlafzimmer war. Doch genau gegenüber ihrem Bett gab ein Loch, das in die Matte geschnitten und offen gelassen worden war, den Blick auf Küche-Imbiss-Lokal

frei; wahrscheinlich war es zur Überwachung notwendig. Draußen, vor dem Imbiss, hatte man auf Pflöcken ruhende Mattenwände errichtet, die eine Abschirmung bildeten und den Raum für die Gäste verdoppelten.
Die Wirtin, der meine Ankunft angekündigt worden war, hatte ihre Kammer ein wenig aufgeräumt und auf den Brettern, die als Lager dienten, eine Steppdecke ausgebreitet, die von einem Baumwollgewebe mit Rankenmuster überzogen war. War diese Liege von irgendwelchen Parasiten bewohnt? Möglich wäre es allemal. Die vor Schmutz starrenden Rollen, die als Kopfkissen dienten, sprachen Bände, was die Sauberkeit der Haarschöpfe anging, die jede Nacht darauf ruhten. Doch während die Ausländer, die durch China reisen, im Allgemeinen zahllose haarsträubende Geschichten darüber zu berichten haben, wie sie von Invasionen unerwünschter Gäste heimgesucht worden sind, ist mir trotz der zahlreichen Jahre, die ich in China und Tibet verbracht habe, nur eine einzige Begegnung dieser Art widerfahren.*
Ich breitete ein imprägniertes Tuch über die schöne Steppdecke, und nachdem ich mich auf diese Weise »isoliert« hatte, legte ich mich nieder und deckte mich mit meinem Regenmantel zu.
Yongden seinerseits döste auf einer Bank; aber vor dem Einschlafen hatte er daran gedacht, ein Mahl für uns zu bestellen. Als ich erwachte, sah ich durch die Öffnung, die auf Küche-Lokal hinausging, dass sich die Wirtin an ihrem Herd zu schaffen machte, und erfuhr mit Vergnügen, dass sie für uns arbeitete.
Die meisten einfachen Chinesen besitzen nur ein einziges Gefäß, in dem sie ihre Mahlzeiten garen. Es handelt sich um eine Art Kessel aus Eisen, von sehr weiter Form, dessen Boden in das Loch der Kochstelle hineinhängt, die im Allge-

* Ich habe die näheren Umstände in *Mönche und Strauchritter* erzählt.

meinen aus Lehm gebaut worden ist, und der Rand, der sich auf einer Ebene mit dem Herd befindet, ist in diesen eingemauert. Alle Gerichte werden nacheinander darin zubereitet. Der Reis wird zuerst gekocht, dann in einen zugedeckten Holzzuber geschüttet, damit er warm bleibt. Danach werden eilig die verschiedenen Ragouts zubereitet und in Schalen oder Teller gegossen, die auf dem Herd warm gehalten werden. Da der Topf in diesen eingemauert ist, kann er natürlich nicht herausgenommen und gespült werden. Aber die Chinesen stellen keine großen Ansprüche an seine Sauberkeit. Man kratzt ihn aus und wischt ihn mit einem Tuch aus oder man kocht ein wenig Wasser darin, das man dann ausschöpft. So kann es aufgrund dieser allzu oberflächlichen Säuberung passieren, dass das Rinderhaschee nach Fisch schmeckt oder die Nudeln mit den gemischten Würzen von Zucker, Knoblauch und Ingwer angereichert sind.
Meine Wirtin machte sich also an ihrem einzigen Kochtopf zu schaffen, während ihr Mann das Feuer mit kleinen Reisigbündeln nährte und dazwischen den zahlreichen Gästen Tee, alkoholische Getränke, Brötchen oder harte Eier servierte. Unter den Gästen bemerkte ich erneut junge Soldaten von korrektem Verhalten, die ihren Verzehr bezahlten, ohne zu feilschen, und den Wirt des Lokals höflich anredeten. Diese guten Manieren waren mir unbekannt. Bei meinen früheren Aufenthalten in China vor rund fünfzehn Jahren hatte ich immer miterlebt, wie Soldaten sich nach Belieben bedienten, Wirte und Händler mit Flüchen bedachten und ihre Beute davontrugen, ohne auch nur je ans Bezahlen zu denken. Diese Soldaten der neuen Generation gehörten Regimentern der kommunistischen Armee des Südens an und begaben sich in die vorderste Kampflinie, wie man mir sagte.
Ich aß, brachte meine Reisenotizen auf den neuesten Stand und überlegte gemeinsam mit Yongden, welche Richtung wir einschlagen sollten, sobald wir Taiyuan verließen, das keiner-

lei Sicherheit für einen längeren Aufenthalt bot, da es wahrscheinlich bald von den Japanern angegriffen werden würde.
Um die Mitte des Nachmittags wurden Flugzeuge angekündigt. Die Leute, die in der Strohhütte zu Tisch saßen, verstreuten sich eilig. Eine ähnliche Unruhe machte sich am Bahnhof bemerkbar, den ich aus der Entfernung sehen konnte. Frauen trugen ihre Säuglinge fort, die Männer nahmen sich der älteren Kinder an und alle machten sich auf die Suche nach einem Unterschlupf, der sie der Sicht der Feinde entziehen würde. Die Umgebung des Bahnhofs bestand jedoch aus kahlem, flachem Terrain, und nachdem die Verzweifelten hierhin und dorthin gerannt waren, ohne eine Zuflucht zu finden, hielten sie schließlich hilflos ein. Einige warfen sich in den Schlamm, die anderen blieben stehen und suchten mit ängstlichen Blicken den Himmel ab.
Yongden und ich rührten uns nicht. Wir waren in unserer Hütte nicht besser und nicht schlechter aufgehoben als anderswo. Sie war keine Bombe wert. Allerhöchstens konnte sie, wie auch die aufgeregten Menschengruppen draußen, einen zu bösen Scherzen aufgelegten Bordschützen in Versuchung bringen.
Zwei Flugzeuge überflogen uns im Tiefflug, kreisten, flogen weiter, kehrten zurück und schienen die Gegend zu inspizieren. Nachdem das eine Weile so gegangen war, verschwanden sie und wenig später hörten wir in der Ferne das Geratter von Maschinengewehren. Wurden die Flugzeuge angegriffen oder griffen sie an?

Wir mussten zum Bahnhof zurück. Der Zug, der für fünf oder sechs Uhr angekündigt war, konnte früher eintreffen und es wäre mehr als ärgerlich gewesen, ihn zu verpassen. Die Ruhe hatte mir gut getan, mein Knie war etwas abgeschwollen und ich konnte besser laufen.
Da die von den Flugzeugen hervorgerufene Aufregung viele

Reisende vom Bahnhof vertrieben hatte, war dieser weniger überfüllt als am Vortag; hingegen wurde der mittlere Bereich des Wartesaals von zwei gewaltigen Haufen Soldatenkleidung eingenommen. Trotzdem gelang es mir, Platz auf einer Bank in einer Ecke des Raums zu finden: Das war ein wirklich erstklassiger Platz.

Das Warten begann. Die Anwärter auf eine Reise in diesem Zug trafen in noch größerer Zahl als am Vortag ein. Ich sah die Stunden auf meiner Armbanduhr vorüberziehen: fünf Uhr, sechs Uhr, sieben Uhr. Mit der Dunkelheit begannen wieder die mit Soldaten beladenen Züge zu fahren.

Es regnete nicht, aber die fast bis zum Boden hängenden Wolken hüllten Bahnhof und Gleise ein. Die Züge, die aus dem Dunst auftauchten und nach kurzem Halt wieder darin verschwanden, nahmen ein unwirkliches Aussehen an. Die nur vage erkennbaren und nur zur Hälfte sichtbaren Männer auf den offenen Wagons wirkten wie Marionetten, die von irgendeinem finsteren Puppenspieler an den Fäden gehalten wurden.

Es wurde Mitternacht. Da ich tagsüber geschlafen hatte, verspürte ich nicht mehr die Müdigkeit, die mich in der vorigen Nacht gequält hatte. Nachdem ich mich einen Augenblick im Wartesaal aufgewärmt hatte, trieb mich die bange Neugier auf das, was draußen passierte, auf den Bahnsteig zurück.

Das Schauspiel, das sich auf den Gleisen abspielte, war Grauen erregend; mir kam das Gefühl für die Wirklichkeit abhanden, ich fühlte mich in einen Traum versetzt. Unablässig fuhren Männer vorbei; bedrückt und schweigsam waren sie in Züge gepfercht, die einer auf den anderen folgten, einander fast berührten und auf diese Weise eine Riesenschlange bildeten, die sich in den Nebel hineinwand. Niemals hatte ich solche Soldaten gesehen. In der sehr ruhigen Nacht hörte man weder einen Schrei noch ein Soldatenlied,

keinerlei Stimmengeräusche, nur den kurzen Pfiff der Lokomotiven, ihr keuchendes Schnaufen, wenn sie anhielten, und die Stöße, wenn die Puffer der Wagons bei den Manövern aufeinander prallten. Diese Stille, diese Halbschatten erfüllten das Herz mit einer unaussprechlich grausamen Beklommenheit. Unwillkürlich begann man sich zu wünschen, *dass etwas passierte:* die Explosion einer Bombe, das Schwindel erregende Herabstoßen von Flugzeugen, ihre Maschinengewehre, die den Tod ausspuckten. Alles lieber als diese Stille, die über diesem weichen Nebel schwebte, in dem man böse Mächte wahrzunehmen vermeinte, die ihre krakenhaften Fangarme auszustrecken schienen, um ihre Opfer zu ergreifen und ins Nichts hineinzuziehen.
Hinter mir hörte ich auf Englisch murmeln: »Sagen Sie mir ein paar Worte …«
Ich drehte mich um, da stand ein junger Mann in Uniform: groß, schlank, blass, sah er mich mit flehender Schüchternheit an.
»Sagen Sie mir ein paar Worte … wie eine Mutter«, begann er von neuem, »gute Wünsche.«
»Wer sind Sie?«
»Ein Student der Musterschule in Taiyuan.«
»Sie ziehen in den Krieg?«
»Ja.«
»Haben Sie sich verpflichtet?«
»Ja, zusammen mit mehreren meiner Kameraden, kommen Sie und lernen Sie sie kennen.«
Ich traf sie – ein halbes Dutzend junger Männer – in den Bahnhofbüros. Nur zwei von ihnen sprachen ein wenig Englisch. Ich wünschte ihnen, dass ihnen jede Art von Unglück erspart bleiben möge und dass sie nach dem Sieg wieder gesund und wohlbehalten nach Hause zurückkehrten – und ging.
Als ich meinen traurigen Spaziergang auf dem Bahnsteig wie-

der aufnahm, trat erneut der Student an mich heran, der mich zuvor angesprochen hatte.
»Geben Sie mir Ihre Visitenkarte und wünschen Sie mir dabei etwas Gutes, wie eine Mutter es tun würde.«
Er wollte einen Talisman.
Ich kehrte in den Wartesaal zurück, nahm eine meiner Karten aus meiner Handtasche und schrieb mit dem Stift als Adresse »Französische Botschaft in Beijing« darauf. Dann kehrte ich zu dem jungen Soldaten zurück, reichte ihm die Karte, sagte, er könne mir Nachricht von sich nach Beijing schicken, drückte ihm die Hand und wünschte ihm erneut viel Glück und ein langes glückliches Leben.*
Ein Zug fuhr stampfend in den Bahnhof ein: eine schwere Maschine an der Spitze, eine schwere Maschine am Ende und was außergewöhnlich war: eine dritte Lokomotive in der Mitte des Konvois. Dieser Zug transportierte Material. Unter den Planen hoben sich die Formen von Kanonen ab, es waren die ersten, die ich auf dem Weg zur Front sah.
Auf dem hinteren Teil der längsten von ihnen befanden sich drei Männer in halb liegender Haltung. Mit einem heiseren Schnaufer ergoss die Lokomotive, die an den Wagon anstieß, Ströme von Dampf über sie aus, der sie in Wolken hüllte, die von dem Scheinwerfer am Schornstein grell erleuchtet wurden.
Diese intensive, fahle Helligkeit ließ die verhüllte Form der Kanone und die Falten der Plane rund um die drei Soldaten wie aus einem festen, grauweißen Material gemeißelt erscheinen. Sie selbst, Gesichter und Kleidung, hatten die gleiche einheitlich weiße, totenfahle Farbe angenommen, die ihnen jeden Anschein von Leben entzog. Dieser Eindruck war zu-

* Ich habe niemals ein Lebenszeichen von ihm bekommen, und da der Krieg die Postwege unterbrochen hat, war es mir unmöglich, mich unter der Adresse, die er mir gegeben hat, zu erkundigen, was aus ihm geworden ist.

tiefst bewegend. Kein Künstler hätte eine tragischere Gruppe am Fuß eines den Krieg symbolisierenden Monuments erdenken können.
Wie versteinert konnte ich meine Blicke nicht von diesen Lebenden wenden, die Leichen glichen und auf dem Weg zu den Massengräbern in nächster Nähe waren. Reglos blieb ich auf dem Bahnsteig stehen, bis der Zug sich wieder in Bewegung setzte und von der Dunkelheit verschluckt wurde. Fröstelnd, durchdrungen von eisiger Feuchtigkeit, kehrte ich sodann erneut in den Schutz des Wartesaals zurück.
Einige Schritte hinter mir ging der Student, der mich gebeten hatte ihm, »ein paar Worte wie eine Mutter« zu sagen. Hatte er wie ich die drei auf der Kanone liegenden Männer gesehen? Ähnelte sein Eindruck dem meinen? ... Er erschien mir noch bleicher als zuvor.
»Legen Sie sich schlafen«, sagte ich zu ihm, »wenn Sie heute Nacht noch nicht aufbrechen müssen, und fassen Sie Mut. In meinem Land sind vor zwanzig Jahren viele in einen großen Krieg gezogen und die meisten von ihnen sind wieder zurückgekehrt.«
Ich hütete mich, ihm von den Toten unter meinen Angehörigen und Freunden zu sprechen.
Der Zug, der uns fortbringen sollte, war noch immer nicht angekündigt. Es war drei Uhr morgens! ... Vor Kälte schlotternd, nahm ich meinen Platz auf der Bank wieder ein. Ein erstickender Gestank erfüllte den Saal, dessen Türen von den Leuten geschlossen gehalten wurden, die in deren Nähe saßen und denen die kalte Luft unangenehm war. Die Laterne rauchte abscheulich und überdeckte die unter ihr ausgestreckten Schläfer mit Ruß. Niemand in dieser erschöpften Menge sprach auch nur ein Wort; Schnarchen, das Pfeifen der vorbeifahrenden Züge und von Zeit zu Zeit einige geräuschvolle Auswürfe begleiteten unsere deprimierende Nachtwache mit einer ironischen Serenade.

Gegen fünf Uhr hieß es: »Der Zug kommt!«
Die Menge formierte sich vor dem einzigen Schalter zu einer Schlange. Mehrere hundert Menschen drängten sich im Bahnhof und davor und warteten geduldig darauf, bedient zu werden: zu erschöpft, um noch die Kraft zu haben die Öffnung des Schalters zu fordern, der geschlossen blieb, oder ihre Nachbarn beiseite zu stoßen und sich vorzudrängen. Das ging eine lange Weile so und dann begann endlich die Fahrkartenausgabe.
Yongden hatte das Glück unter den Ersten zu sein, die Fahrkarten erhielten. Sobald er zu uns zurückgekehrt war, beeilten wir uns, mithilfe eines Bahnarbeiters, den unsere Diener aufgetrieben hatten, unser Gepäck in die Nähe des Gleises zu tragen, auf dem der Zug ankommen sollte. Als dieser hielt, stellten wir fest, dass er bereits überfüllt war. Dem Koch gelang es dennoch, auf eine Plattform zu steigen, und wir begannen, ihm unsere Gepäckstücke anzureichen. Wir waren noch nicht fertig damit, als sich die Lokomotive ohne die geringste Vorankündigung wieder in Gang setzte und mit ihr der ganze Zug davonfuhr.
Yongden, der Mongole und ich blieben mit einem Teil unseres Gepäcks in dem schlammigen Zwischenraum inmitten der Gleise zurück. Wir waren nicht die Einzigen: Der größte Teil der Fahrkartenbesitzer hatte keine Zeit gehabt, den Zug zu besteigen. Eine noch größere Anzahl von Chinesen stand weiterhin Schlange vor dem Schalter, ohne bemerkt zu haben, dass er schon wieder geschlossen und der Zug abgefahren war.
Der Lama und ich standen sprachlos vor diesem Abenteuer; was den Mongolen anging, so schien er nur seine Opiumpfeifen im Sinn zu haben, da der Verzicht ihn sichtlich quälte. Bahnbeamte und Soldaten kamen zwischen die Gleise gerannt und vertrieben alle, die sich dort befanden. Militärzüge waren angekündigt, wir mussten weg, und zwar auf der Stelle. Einer

der Soldaten, den wir mit der Aussicht auf ein Trinkgeld geködert hatten, half uns, unser Gepäck wieder zurückzutragen. Und wir fanden uns in demselben verstunkenen Saal wieder, in dem wir bereits zwei ermüdende Nächte verbracht hatten.

Inzwischen war es helllichter Tag. Yongden und ich gingen zur Information. Warum war der Zug so überstürzt abgefahren? Er hatte sehr viel Verspätung und musste schnellstens eine Kreuzung erreichen, sagte uns der Bahnhofsvorsteher. Und wann war der nächste Zug zu erwarten? Der Beamte hatte keine Ahnung. Man würde es ihm mitteilen ... später. Vielleicht würde noch am gleichen Tag ein Zug durchfahren, vielleicht erst morgen oder übermorgen; er konnte keine sichere Aussage dazu machen, er legte uns allerdings nahe, uns nicht vom Bahnhof zu entfernen.

Es gab jedoch keinerlei Hinweis darauf, dass binnen kurzem ein weiterer Zug auf den folgen würde, den wir verpasst hatten. Yongden und ich ließen unsere Koffer in der Obhut von Hortche und kehrten zu der Strohhütte zurück, wo wir den vorigen Tag verbracht hatten, tranken Tee, aßen Eier mit Brot und kehrten dann zum Bahnhof zurück.

Dort erwartete uns eine Neuigkeit. Der Bahnhofsvorsteher hatte uns gesucht, und nachdem er entdeckt hatte, dass Hortche unser Diener war, hatte er ihm dringend geraten, uns zu verständigen, dass noch am gleichen Tag, entweder im Laufe des Vormittags oder am Nachmittag, ein Zug durchfahren würde. So vage diese Auskunft auch war, nahmen wir sie doch erfreut entgegen. Und den Mongolen schickten wir fort, damit auch er sich stärkte – mit dem ausdrücklichen Befehl, über der Opiumpfeife nicht die Zeit zu vergessen.

Die Information, die uns übermittelt worden war, hatte bereits die Runde gemacht. Zwischen gegensätzlichen Gefühlen hin- und hergerissen, wagten die Chinesen nicht, den Bahnhof zu verlassen, weil der Zug jederzeit eintreffen konnte, aber

andererseits fühlten sie sich dort in Gefahr, da feindliche Flugzeuge zu befürchten waren.
Leute, die aus bombardierten Dörfern kamen, erzählten fürchterliche Geschichten. Die Männer gingen häufig hinaus, um prüfend den Himmel abzusuchen, und die Mütter, von denen mehrere weinten, drückten ihre Kinder an sich. Beim geringsten undefinierbaren Geräusch verfielen alle in Schweigen und lauschten … lauschten in höchster Beklommenheit.
Draußen übten Soldaten patriotische Hymnen. Es waren an die hundert, die im Karree auf einem Gelände jenseits der Gleise standen. Ein Anführer, der vor ihnen stand, dirigierte diesen Chor, der sich für meine Begriffe einen seltsamen Ort und Augenblick für diese Probe ausgesucht hatte.
»Auf! Auf! Lasst uns marschieren! Unser Fleisch und unser Blut wollen wir geben! Wir lassen uns nicht unterkriegen! etc. etc.«, verkündeten sie im Chor. Alle patriotischen Gesänge ähneln sich, alle zielen darauf ab, Gefühlswallungen hervorzurufen … Chinesen lassen sich jedoch nicht so leicht von Gefühlen überwältigen und ich hegte begründete Zweifel, dass die Sänger, mit den Füßen im Schlamm und zweifellos starr vor Kälte, sehr angerührt waren. Wahrscheinlich hätten sie lieber im Warmen miteinander geplaudert und Tee getrunken.
Ein Zug kam an, Soldaten sprangen behände heraus und begannen, Mehlsäcke abzuladen. Sie stapelten sie im Wartesaal neben den Haufen mit Soldatenuniformen und verjagten empört einige Männer, die darauf hockten und sie völlig unbekümmert mit ihren Auswürfen beschmutzt hatten. Sichtlich angewidert gingen die Schuldigen davon, denn ihrer Meinung nach hatte man ihnen absurde Beleidigungen zugefügt, für die sie mit ihrem völlig natürlichen Verhalten keinerlei Anlass gegeben hatten.
Diese Soldaten waren ordentlich gekleidet; sie erledigten ihre

Arbeit eifrig und gut gelaunt unter der Leitung eines Offiziers, der seine Männer auf eine freundschaftliche Weise behandelte, die im Gegensatz zu der üblichen Arroganz der asiatischen Unteroffiziere stand. Da das Abladen des Wagons offenbar schnell vonstatten gehen musste, half der Offizier mit, trug ebenfalls Säcke auf der Schulter und scherzte dabei mit seinen Untergebenen. Alle waren jung und flink und machten einen außerordentlich sympathischen Eindruck.

»Sie gehören der kommunistischen Armee an«, erklärte man mir erneut. Tatsächlich waren es die kommunistischen Truppen gewesen, die herbeigeeilt waren, um den ersten Schlag gegen Shanxi abzufangen, und wie ich hörte, waren sie als Einzige diszipliniert und einigermaßen gut bewaffnet. Vielleicht stimmte das. Ich kann das weder bestätigen noch ableugnen. Sicher ist eines: Trotz des Krieges, den ihnen Tschiang Kaischek erklärt hatte, nachdem sie sich von ihm losgesagt hatten, und trotz der Massaker, die darauf folgten, haben die Kommunisten sich auf der Stelle in den Dienst des Vaterlandes gestellt, um es gegen die Angreifer zu verteidigen.

Des Umherlaufens müde, verlangte mein immer noch schmerzendes Knie nach Ruhe und ich ging wieder in den Bahnhof zurück, um mich zu setzen. Eine kleine Gruppe von Chinesen befand sich dort in einer lebhaften Debatte. Einer von ihnen hielt einen leidenschaftlichen Vortrag, von dem ich nicht ein einziges Wort begriff, dann war das Treffen beendet und die Chinesen grüßten sich mit erhobener Faust, als sie auseinander gingen. Waren auch sie Kommunisten?* Wie sehr hatte sich das China verändert, das ich vor fünfzehn Jahren verlassen hatte, nachdem ich so lange dort gelebt hatte!

* In der Folge habe ich erfahren, dass die erhobene Faust in China nicht ausschließlich ein Zeichen der Kommunisten ist. Die Kinder, die die chinesischen Kuomintang-Schulen in Tatsienlou besuchen, wo ich dies schreibe, erheben ebenfalls die Faust, wenn sie die Nationalhymne singen.

Inmitten der Menge erzählte man sich weiterhin schreckliche Kriegsgeschichten: zerstörte Häuser, Tote, überstürzte Fluchten, und über uns schwebte die Bedrohung einer plötzlichen tödlichen Explosion. Zweimal vermeinten Leute das Dröhnen von sich nähernden Flugzeugen zu hören. Die nervöse Übererregung, die Besitz von ihnen ergriffen hatte, musste dieses Hirngespinst bewirkt haben; weder Yongden noch ich vernahmen irgendein Geräusch und es zeigte sich auch kein Flugzeug. Doch die verzweifelten Gäste des Wartesaals gerieten in Panik. Er leerte sich auf der Stelle; die Chinesen rannten draußen ebenso kopflos durch die Gegend, wie sie es am Vortag gemacht hatten. Und wie am Vortag blieben der Lama und ich, wo wir waren. Das Warten zehrte an unserer Energie und wir verfielen in eine geistige Benommenheit, die an fatalistische Apathie grenzte.

Es gab jedoch noch Empfindungen in mir, die stimuliert werden konnten; einer meiner Nachbarn übernahm das am Abend.

Der Bahnhof hatte sich erneut gefüllt; mangels eines anderen Platzes oder auch weil dieser nach seinem Geschmack war, hatte sich ein struppiges Individuum in der Öffnung eines hoch gelegenen Fensters niedergelassen, das sich fast unmittelbar über mir befand. Der Mann kratzte sich ohne Unterlass heftig am Kopf, schüttelte dann seine üppige Mähne und im Anschluss seinen Hut. Fünf Minuten, nachdem er seinen Hut wieder aufgesetzt hatte, nahm er ihn wieder ab und begann von vorn mit seinem Gewese. Seine nervösen Bewegungen und sein Augenrollen waren ein deutlicher Beweis für die quälende Pein, die er verspüren musste.

Würde ich dieses Mal umfassendere Bekanntschaft mit dem Insekt machen, von dem ich nur ein einziges Mal ein Exemplar gesehen hatte? Auf einen Schlag vergaß ich den Krieg, die Bomben und die Maschinengewehre, die am Himmel drohten; die unmittelbare Gefahr, in der ich mich befand, nahm meine gesamte Aufmerksamkeit in Anspruch. Doch wie üblich verschmähten die Insekten meine bescheidene Person.

Es wurde Nacht; der Zug war noch nicht einmal angekündigt worden!

Während ich auf dem Bahnsteig auf- und abging, um ein wenig frische Luft zu schöpfen, und Yonden zweifellos döste, besetzte eine Frau, die einen Säugling im Arm hielt, meinen Platz auf der Bank. Als ich zurückkehrte, wagte ich es nicht, sie zu stören, da das Kind an ihrer Brust saugte, während sie schlief.

Ich setzte mich auf einen meiner Koffer, der am Boden stand. Hätte ich einen langen Gürtel oder eine dicke Kordel zur Hand gehabt, hätte ich sie benutzt, um sie mir umzubinden und mein Kreuz zu stützen wie es die tibetischen Einsiedler während ihrer langen Meditationsperioden tun, aber ich hatte keine. Da mich wie während der ersten Nacht des Wartens die Müdigkeit übermannte, legte ich den Kopf in die Hände, stützte die Ellbogen auf die Knie und überließ mich einem Halbschlaf.

Der Morgen graute, als es hieß: »Der Zug!«

Alle stürzten hinaus. Ich verschaffte mir einen Sitzplatz, indem ich die Bündel forträumen ließ, die ein chinesisches Paar auf die Bank gehäuft hatte. Yongden und der Mongole blieben auf der Plattform stehen.

Der Zug setzte sich in Bewegung. Ich hatte sechzig Stunden, darunter drei Nächte, mit Warten verbracht und es war der fünfzehnte Reisetag seit meiner Abfahrt von Pusa Ding. Vor vier Monaten hatte ich drei Tage gebraucht, um von Taiyuan dort hinzukommen.

Die Bahnlinie, auf der wir fuhren, war schmalspurig und die nicht in Abteile unterteilten Wagons ähnelten Straßenbahnen. Die Flüchtlinge hatten alles darin aufgehäuft, was sie von ihrer Habe hatten mitnehmen können. Es war unmöglich, die Füße auf den Boden zu setzen, weil der ganze Raum zwischen den

Bänken von riesigen Bündeln eingenommen wurde. Viele von den Bänken waren ebenfalls mit Gepäck voll geladen und die Reisenden hockten auf diesen Haufen und berührten mit den Köpfen die Decke. Da die Fenster verstellt waren, konnte man kaum hinaussehen.

Ich hatte meine Beine über einen schwärzlichen Sack gestreckt, der zwischen mir und der Bank gegenüber lag. Da ich ihn verrücken wollte, um ihn in eine für mich bequemere Position zu bringen, packte ich ihn an einem Ende: Da bewegte er sich unter meinen Händen und erhob sich und ich erblickte einen schwarz gekleideten Chinesen, den ich aufgeweckt hatte, als ich ihn am Kopf zog.

Ein belangloser Zwischenfall, meine Nachbarn dachten gar nicht daran, darüber zu lachen, und der Sohn des Reiches der Mitte, den ich aufgestört hatte, neigte erneut den Kopf, um weiterzuschlafen, und nahm wieder – schwarze Haare und schwarzer Anzug – das Aussehen eines Reisesacks an. Ich ließ meine Beine auf seinem Rücken liegen, da ich keine Möglichkeit hatte, sie anderweitig unterzubringen.

Unser Zug bewegte sich im Schneckentempo, mit endlosen Aufenthalten, mal, um auf einer Linie, die wir kreuzten, einen Zug durchfahren zu lassen, mal aus unerfindlichen Gründen und zweimal, weil Flugzeuge angekündigt waren.

Der größte Teil der Passagiere verließ daraufhin die Wagen und zerstreute sich, um sich zwischen den hohen Stämmen der Kaoliangs zu verstecken. Der zweite Alarm kam vor einem Bahnhof. In der Nähe gab es einen unterirdischen Luftschutzraum. Ich sah eine sehr füllige Sanitäterin in seine Richtung laufen: Ihre ausladenden, in die graue Uniformhose gepressten Formen wären ein amüsantes Modell für eine Karikatur gewesen. Am Eingang zu dem Deckungsgraben hielt ein Mann einen kleinen Jungen in den Armen, bereit, sich mit ihm unter die Erde gleiten zu lassen, sobald die Gefahr näher kam. Viele andere, zu denen auch ich gehörte, waren auf eine kleine Anhöhe geklettert, um zu *sehen.* Und wir *sahen* vier Flugzeuge in der Ferne vorüberfliegen. Beim ersten Alarm hatten wir überhaupt nichts gesehen.

Ein Pfiff des Bahnhofsvorstehers, und alle liefen lachend zum Zug zurück. Glücklich, noch am Leben und unversehrt zu sein.

Gegen ein Uhr mittags erreichten wir Taiyuan. Diese letzte Etappe per Eisenbahn – weniger als zweihundert Kilometer – hatte sieben Stunden gedauert.

7. Kapitel

Taiyuan unter den Bombardierungen · Nach Hankow · Tragische Reiseunfälle · Ankunft in Hankow mit nichts als den Kleidern am Leib

In Taiyuan wurde ich von Reverend Pr., dem Leiter der baptistischen englischen Mission, herzlich empfangen. Er lud Yongden und mich zu einem hervorragenden Lunch ein, den ich mir mit dem Appetit eines Menschen schmecken ließ, der seinen Appetit seit fünfzehn Tagen nicht mehr befriedigt hat. Es stellte sich heraus, dass ein möbliertes Haus, das im Zentrum der Stadt gelegen war und der Mission gehörte, zur Zeit unbewohnt war. Der Reverend und Leiter der Mission bot mir an, es mir für die Dauer meines Aufenthaltes in Taiyuan zu vermieten. Ich akzeptierte begeistert.

Nach dem Lunch ließ ich mein Gepäck in meine neue Wohnung bringen, richtete mich mit echtem Vergnügen ein und gedachte, mich dort von der Anstrengung zu erholen, die mir meine bewegte Reise verursacht hatte.

Fortwährend brachte sich mir der Unfall in Erinnerung, dem ich zum Opfer gefallen war: Mein Knie blieb steif und schmerzte und häufig fuhren mir peinigende Stiche durch den Kopf.

Die baptistische Mission besaß ein Krankenhaus, das von europäischen Ärzten geleitet wurde. Natürlich kam mir die Idee, einen von ihnen zu konsultieren. Doch als ich es gerade tun wollte, hielt mich ein Gedanke zurück: Zur Zeit ist es sehr in Mode, Medikamente mittels subkutaner Spritzen in den Organismus einzuführen. Ob zu Recht oder zu Unrecht, jedenfalls ist mir diese Methode abgrundtief unsympathisch. Was würde geschehen, wenn sie der Äskulapjünger anwenden wollte, den ich aufzusuchen gedachte? Ich würde es ablehnen, sie mir verabreichen zu lassen, und wer weiß, ob er nicht beleidigt sein und meine Weigerung Zweifeln an seiner Kompetenz zuschreiben würde. Besser, ich verschwieg meinen Unfall und die Schmerzen, die mir davon geblieben waren. Wahrscheinlich würden sie mit der Zeit vergehen.

Am Tag nach meiner Ankunft in Taiyuan ließ ich eine Rikscha rufen, die mich zum Wohnsitz von Madame X. bringen sollte. Ich wollte mir umgehend mein Gepäck zurückholen, das ich bei meiner Abreise nach Wutai Shan bei ihr eingestellt hatte, und sie vor allem fragen, wann es ihrem chinesischen Ehemann passen würde, mich zu seinem Freund zu begleiten, dem Direktor der Bank, bei der ich einen auf Beijing ausgestellten Scheck einlösen wollte. Mir waren nur noch vier chinesische Dollar geblieben.

Als ich gerade das Haus verlassen wollte, gaben die Sirenen Alarm und der Portier teilte mir mit, dass es nach einem zweiten Alarm verboten sei, sich durch die Straßen zu bewegen. Er fügte hinzu, ich solle in ein Gewölbe hinabsteigen, dessen Öffnung sich im Garten befand.

Welches mag wohl die ursprüngliche Bestimmung dieses winzigen unterirdischen Raumes gewesen sein? Es gab keinen Hinweis darauf. Man erreichte ihn, indem man etwa fünfzehn Stufen hinabstieg: Sodann verschwand die Treppe in tiefem Wasser, das etwa so hoch wie Schilfrohr über dem Boden des Kellers stand. Dieser war lediglich ein enger Gang, kaum einen Meter breit und zwei Meter lang. Der Portier hatte einige Haufen Ziegelsteine hineinversenkt, Planken darüber gelegt und auf diese Weise eine schwankende Brücke gebaut, auf der wir während der Luftangriffe stehen und den zahlreichen Mücken, die den Gang bewohnten, unser Blut zum Verzehr anbieten konnten. Nachdem das Signal angezeigt hatte, dass die Gefahr vorüber war, begab ich mich auf dem schnells-

ten Weg zu Madame X. Zu meiner großen Verblüffung fand ich dort nur zwei Diener vor. Sie teilten mir mit, dass ihre Herrschaft abgereist sei, und weigerten sich, mir mein Gepäck zu holen, wobei sie zuerst behaupteten, dass es sich nicht mehr im Haus befände, und sodann erklärten, dass sie es mir erst dann aushändigen könnten, wenn ich ihnen einen Brief von ihrem Herrn vorzeigte, der sie dazu ermächtigte.
Wo denn befand sich Rat X.? Wohin konnte ich ihm schreiben? Die Chinesen weigerten sich, mir seine Adresse zu geben. Das war ihnen untersagt worden. Ihr Herr reiste von Stadt zu Stadt, ohne sich irgendwo niederzulassen, behaupteten sie.
Was sollte ich machen? Warum hatten diese Leute, die doch wussten, dass ich unverzüglich nach Taiyuan kommen würde, ihre Diener vor ihrer Abreise nicht verständigt und ihnen die Koffer und Kisten gezeigt, die sie mir zu übergeben hatten? Und warum hatten sie mir garantiert, dass es ihnen ein Leichtes sein würde, es mir zu ermöglichen, gleich bei meiner Ankunft einen Scheck einzulösen? Die Welt ist voller gedankenloser Bösewichte; welcher unglückselige Zufall hatte mir diese über den Weg geschickt?
Jammern half gar nichts. Reverend Pr. begleitete mich zu der Bank. Aber obgleich er dort gut bekannt war, lehnte man es entschieden ab, einen auf eine Bank in Beijing ausgestellten Scheck zu akzeptieren, da die Verbindungen zwischen Taiyuan und Beijing abgeschnitten waren. Hätte ich nicht auch anderswo in China Geld gehabt, weiß ich nicht, was aus Yongden und mir geworden wäre. Zum Glück hatte ich ein Depot in Shanghai, doch Shanghai, das von den Japanern erbittert angegriffen wurde, war dicht davor, ihnen in die Hände zu fallen. Trotzdem telegrafierte ich dem französischen Generalkonsul, der ein Freund von mir war, und bat ihn, mit meinen Bankiers zu sprechen und mir telegrafisch Geld überweisen zu lassen.

»Mehr können Sie nicht tun«, sagte Reverend Pr. zu mir, »nur brauchen die Telegramme zur Zeit häufig zwei bis drei Wochen, bevor sie ihren Bestimmungsort erreichen.«
Das war ein weiterer ärgerlicher Umstand. Die Japaner waren auf dem Vormarsch; ich wollte mich bei ihrer Ankunft nicht mehr in Taiyuan aufhalten und mich dann womöglich als Gefangene wieder finden, die nicht mehr über die Kampflinien hinwegkommen konnte. Bevor ich Taiyuan verlassen konnte, benötigte ich allerdings Geld, um die Eisenbahnfahrkarten bezahlen zu können. Und während wir auf unsere Abreise warteten, die auch davon abhing, dass ich mein bei den X. festgehaltenes Gepäck wiederbekam, mussten Yongden und ich uns ernähren und unseren Dienern zu essen geben. Reverend Pr. lieh mir zwanzig Dollar. Am gleichen Abend gab ich sechzehn Dollar aus, um dem Koch seine Auslagen zurückzubezahlen und ihm wie auch Hortche etwas Geld für ihren Unterhalt zu geben: Es blieben mir erneut nur vier Dollar.
Am nächsten Morgen gab es wieder Alarm, die Bordgeschütze der Flugzeuge töteten einige Menschen am anderen Ende der Stadt.
Ein chinesischer Grundbesitzer, dessen Frau ich bei einem Essen kennen gelernt hatte, das Herr Kia bei meinem ersten Aufenthalt in Taiyuan mir zu Ehren gegeben hatte, lieh mir dreißig Dollar. Plötzlich fühlte ich mich reich.
Liebenswerte Leute, die langsam selbst wie alle Asiaten waren, taten alles, um herauszufinden, wo sich Rat X. aufhielt. Man erzählte sich sonderbare Geschichten über ihn. Da er ein Vertrauter des Gouverneurs Yen Sie-san war, hatte man ihn, wie es hieß, beauftragt, einen Schatz, den dieser ihm anvertraut hatte, mit fliegender Eile fort – und in Sicherheit zu bringen. Das konnte stimmen; solch ein Vorgang fiel nicht aus dem Rahmen der chinesischen Sitten. Vielleicht handelte es sich aber im Gegenteil auch um völlig unbegründeten Klatsch. Ich wollte auch gar nichts davon wissen.

Ich machte die Bekanntschaft eines sympathischen Schweizer Ehepaars, das der Heilsarmee angehörte: Herr und Frau B. Eines Morgens zeigte Herr B. Yongden und mir die Stadt. Sie bot nichts Bemerkenswertes. Als historisch denkwürdig besichtigten wir den Platz, an dem 1900 siebzig Ausländer, protestantische und katholische Missionare, Männer und Frauen, exekutiert worden waren. Zwei Steinstelen – die eine von ihnen halb in den Boden eingesunken –, auf denen die Namen der Opfer standen, wirkten bereits so brüchig, dass sie von einem Hauch von Vergessen umgeben schienen. In einiger Entfernung davon stand in einem Garten ein Pavillon, in dem die Verurteilten während der Tage vor ihrer Hinrichtung eingesperrt gewesen waren. Eine in diesem Pavillon errichtete Stele trug ebenfalls ihre Namen.
Wir bestiegen sodann den Trommelturm, von dem aus man die Gegend ringsum überblicken kann: unendlich weite Ebenen, die sich bis zum Fuß der Bergketten erstrecken, wo die reichen Bürger von Taiyuan den Sommer verbringen. Die Landschaft war hübsch, ohne etwas besonders Charakteristisches zu haben.
Am Markt sahen wir uns noch das Loch an, das eine der ersten auf Taiyuan gefallenen Bomben geschlagen hatte. Was die Ausmaße anging, ähnelte es in keiner Weise den Trichtern, die von bestimmten Detonationen gerissen werden, und mir kam wieder in den Sinn, was man mir in Wutai Shan hinsichtlich der »kleinen Bomben« erzählt hatte. Offensichtlich hatte es sich um eine von diesen gehandelt. Die aus Holz und Gips erbauten Läden in der Nähe waren zwar übel beschädigt, bei den meisten stand jedoch noch das Grundgerüst. Die Bombe hatte nur einen Toten und mehrere Verletzte verursacht.
Wir hatten das Glück, während dieses Spaziergangs nicht von Flugzeugen gestört zu werden. In den Hauptstraßen waren in bestimmten Abständen unterirdische Luftschutzräume angelegt worden. Wie unser Keller konnten die meisten von ihnen

die Insassen höchstens vor den Bombensplittern oder den Kugeln der Maschinengewehre schützen. Falls eine Bombe jedoch direkt darauf oder ganz in der Nähe fiel, mussten sie zwangsläufig einstürzen und alle unter sich begraben, die sich darin befanden.
Am nächsten Morgen hielt uns ein Luftangriff lange in unserem von Mücken heimgesuchten Keller fest. Am Nachmittag nähte ich eine französische Flagge, die man auf dem Dach meines Hauses hisste. Reverend Pr. hatte seinerseits eine große englische Fahne anfertigen lassen, die entfaltet und zwischen den Gipfeln zweier hoher Bäume im Garten aufgespannt wurde. Das Blau dieses »Union Jack« hatte nicht ganz den richtigen Farbton, aber es hatte sich in Taiyuan kein anderer Farbton gefunden.
Unsere Nächte waren zum Glück friedlich; die Luftangriffe fanden nur tagsüber statt. Auch blieben die Läden tagsüber geschlossen und öffneten erst nach Einbruch der Dunkelheit. Die Einwohner der Stadt machten dann ihre Einkäufe und die Straßen waren sehr belebt. Ich machte es wie die Chinesen und ging zusammen mit Yongden hinaus, um die Lebensmittel für den nächsten Tag zu kaufen. Aus Sparsamkeitsgründen besorgten wir sie selbst; ich konnte es zur Zeit nicht zulassen, dass der Koch seinen eigenen Gewinn noch auf den Preis für die Einkäufe aufschlug. Das wenige Geld, das wir besaßen, musste ausreichen, bis die aus Shanghai angeforderte Summe eintraf.
Eines Abends bemerkte ich, dass sich in allen Läden Soldaten befanden, und das Merkwürdigste daran war, dass diese Soldaten die Kunden bedienten.
Die Erklärung folgte bald. Per Dekret waren die Ladenbesitzer aufgefordert worden, sich Uniformen schneidern zu lassen, damit sie umgehend bereit waren, sobald man sie brauchte. Wozu bereit? Das fragte ich mich. Wenn es ein Lebewesen auf der Welt gibt, das völlig bar jeglichen kriegeri-

schen Schneids ist, dann mit Gewissheit der chinesische Händler. Was sollte man im Übrigen im Kampf mit diesen Leuten ohne die geringste militärische Ausbildung anfangen? Nur sehr wenige von ihnen konnten schießen. Sie würden sich zweifellos bei der ersten Gelegenheit in Sicherheit bringen und sich zum gegebenen Zeitpunkt daran erinnern, »dass ein Mann in erster Linie seiner Familie verpflichtet ist«.

Die Luftangriffe häuften sich, sie fanden jetzt täglich statt und manchmal folgten am gleichen Tag mehrere aufeinander. Eines Samstags zählte ich drei: der erste, kurz vor neun Uhr, trieb mich hastig angekleidet aus meinem Bad, der zweite unterbrach unsere Mahlzeit kurz nach zwölf und der dritte hielt uns gegen Abend vierzig Minuten im Keller fest. Flugzeuge flogen direkt über uns hinweg, ihre Bordschützen durchsiebten die Dächer, die sie überflogen, mit Kugeln; ein Haus in unserer Nachbarschaft fing Feuer.

Am nächsten Tag gab es zwei Angriffe, von denen einer fast eine Stunde dauerte; die Flugzeuge »bearbeiteten« die militärischen Anlagen außerhalb der Stadt.

Das Herannahen der Japaner brachte das Leben in Taiyuan aus dem Rhythmus. Die Händler horteten ihre unverderblichen Waren und weigerten sich, sie zu verkaufen, da sie fürchteten, dass das Papiergeld der Provinz stark entwertet werden oder seinen Wert gar völlig verlieren würde, wie es mit dem von Chahar geschehen war, von dem ich noch über zweihundert Dollar in Scheinen besaß, die niemand wollte. Der Bäcker, der uns bisher mit gutem Brot beliefert hatte, hörte aus diesem Grund auf, welches zu backen, und die Kolonialwarenhändler hielten ihre Waren in der Hoffnung auf bessere Tage zurück.

Die Luftangriffe gingen weiter, man gewöhnte sich daran. Es kam vor, dass wir uns nicht die Mühe machten, in unseren Luftschutzkeller hinabzusteigen, weil wir zu beschäftigt waren. Ich achtete jedoch immer sehr darauf, gegebenenfalls die

frisch gewaschene Wäsche abzunehmen, die draußen trocknete, oder unsere Bettdecken, die man über dem Balkongeländer auslüftete. Das war von den Obrigkeiten strengstens angeordnet worden und eine Missachtung konnte uns in den Verdacht bringen, dass wir uns im Einverständnis mit dem Feind befanden und seinen Fliegern mittels der ausgebreiteten Wäsche Zeichen gaben. In den Intervallen zwischen den Fliegerangriffen war der wackere Portier unserer Wohnanlage damit beschäftigt, unseren Zufluchtsort zu tarnen, indem er ihn mit trockenem Gras umgab. Da mich seine Einfalt amüsierte, machte ich ihn darauf aufmerksam, dass er die Grasbüschel mit den Wurzeln nach unten legen müsse, weil die Flieger sich sonst wundern würden, wenn sie das Gras mit den Wurzeln nach oben wachsen sehen würden. Er begriff auf der Stelle die Bedeutung meiner Bemerkung und Yongden und ich waren oft belustigt, wenn wir sahen, wie der gute Mann seine Tarnung sorgfältig überprüfte, um sicherzustellen, dass alle Wurzeln der Rasenstücke nach unten gerichtet waren.
Er hatte auch begonnen unseren Unterschlupf zu befestigen, und während mir die »Tarnung« Momente der Heiterkeit bescherte, beunruhigte mich die »Befestigung«, die ich vergebens in Grenzen zu halten versuchte, mehr als die Luftangriffe. Konnte das alte Gewölbe des Kellers dem jeden Tag anwachsenden Gewicht der großen Steine, die unser Mann unablässig darauf häufte, standhalten, ohne nachzugeben? Ich war mir dessen alles andere als sicher und jedes Mal, wenn ich in den Keller hinabstieg, fragte ich mich, ob uns nicht statt einer Bombe das über uns zusammenstürzende Schutzdach erschlagen würde.
Die ummauerte, ziemlich große Anlage, inmitten derer sich das Haus befand, in dem ich mich niedergelassen hatte, war der ehemalige Sitz der englischen Baptistenmission, aus dem sie ausgezogen war, um sich in sehr viel größeren Gebäuden am Stadtrand einzurichten. Über Höfe und Gärten war eine

ganze Anzahl von Häusern verteilt, von denen einige von Angestellten der Mission bewohnt wurden. Eines Tages kam während eines Alarms einer meiner Nachbarn, den ich noch nicht gesehen hatte, in den Keller herabgestiegen und während einer langen Wartezeit, in der wir auf den schwankenden Planken der improvisierten Brücke hockten, kamen wir ins Gespräch.

Er sagte mir, er sei Christ und seine Religion unterscheide sich vollkommen von der des »Herrn des Himmels«. Was bedeutete, dass er, *Xin Jiao* (Protestant), sich zu einer Religion bekannte, die völlig anders geartet war als die der *Tian Zhu Jiao* (Name, mit dem die Chinesen die Katholiken bezeichnen, von der Religion des »Herrn des Himmels«). Yongden fragte ihn, ob die Katholiken Christen seien. Er erklärte kategorisch, das seien sie nicht, und die von Yongden gestellte Frage: »Verehren die *Fu yen tan* und die *Tien du tan* den gleichen Gott?«, verneinte er.

Seine Meinung entsprach ganz und gar dem, was mir ein chinesischer Gelehrter in Beijing gesagt hatte, Professor der Philosophie an der Universität.

»Was halten die Chinesen davon«, hatte ich ihn gefragt, »dass hier zwei verschiedene christliche Religionen gepredigt werden?«

»Abgesehen von einer Minderheit von Gebildeten glauben die Chinesen nicht, dass es sich um verschiedene Formen der gleichen Religion handelt«, antwortete er mir. »In China bedeutet Christ Protestant, Anhänger der Religion von Issu (Jesus). Die Katholiken verehren den ›Herrn des Himmels‹. Meine Landsleute aus dem Volk stellen sich Religionen darunter vor, die sich ebenso sehr voneinander unterscheiden – und vielleicht noch mehr – wie Taoismus und Buddhismus.«

Hinsichtlich der jeweiligen Verbreitung der »zwei Religionen« äußerte der gleiche Gelehrte sich folgendermaßen: »Früher haben die katholischen Missionare in China die westlichen

Wissenschaften unterrichtet. Die Chinesen hielten sie für sehr gelehrt und sie fanden Anhänger in den oberen sozialen Klassen unserer Bevölkerung. Heutzutage haben die Bedingungen sich verändert. Die Protestanten – vor allem die Amerikaner – haben Universitäten und große Krankenhäuser geschaffen. Hinter ihren Einrichtungen steht viel Kapital, das es ihnen ermöglicht, sich im Unterrichtswesen wie im medizinischen Bereich die Mitarbeit hervorragenden Personals zu sichern. Natürlich sind die Studenten, die bei ihnen ausgebildet werden, manchmal zu konvertieren bereit, aber insgesamt ist die Anzahl dieser Übertritte minimal. Die Motive, die dahinter stehen, sind selten religiöser Natur. Viele chinesische Anhänger des Protestantismus sehen darin die Möglichkeit, sich eine Art Überlegenheit zu erwerben, indem sie sich den Amerikanern und den Engländern angleichen. Was die Konvertiten aus der Welt der Politik angeht, so hoffen sie, dass ihre Religionszugehörigkeit der Partei, der sie angehören, die Unterstützung des Auslands und vor allem Amerikas einbringen wird.
Den Katholiken gelingt es hingegen nur noch, Leute aus den niederen sozialen Klassen zum Übertritt zu bewegen.«
Ähnliche Auskünfte bekam ich auch von anderen gebildeten Persönlichkeiten und aufgrund meiner eigenen Beobachtungen halte ich sie für zutreffend. Für die meisten Chinesen besteht die Konversion aus einer Entscheidung, die mein Diener auf komisch-naive Weise in Worte fasste: »Herausfinden, welches die *einträglichste* ist.«
Einige Tage nach dem Gespräch, das ich mit meinem Nachbarn gehabt hatte, führte ein erneuter Luftangriff uns wieder im Keller zusammen. In der Zwischenzeit waren ihm wohl Zweifel gekommen, ob das, was er behauptet hatte, tatsächlich zutraf: Wahrscheinlich hatte er sich informiert. Er kam auf seine früheren Aussagen zurück und räumte ein, dass die Katholiken den gleichen Gott verehrten wie die Protestanten. Doch als Einschränkung fügte er hinzu, dass sie nicht ihn

allein verehrten. Sie seien Götzenanbeter und verehrten wie die Taoisten auch andere Gottheiten, was ein verhängnisvoller Irrtum sei.

Dieser brave Mann verdiente als Wanderprediger fünfzehn Dollar im Monat.

Wir konnten die Luftangriffe nicht mehr zählen. Die japanischen Flieger, die sich mit ihrer Route vertraut gemacht hatten, weckten uns bei Tagesanbruch und erschienen abends ebenso wie mitten am Tag. Die Nachrichten von der Front wurden immer schlechter; die Züge, die in Richtung Shaanxi* fuhren, ebenso wie die, welche die Linie nach Hankow ansteuerten, trugen jeden Abend tausende von Flüchtlingen fort. Ich hätte abreisen müssen, da ich nicht mehr in Taiyuan sein wollte, wenn es von den Aggressoren besetzt wurde, aber das für meine Reise notwendige Geld traf nicht ein und die Leute, die mein Gepäck in Gewahrsam hielten, gaben noch immer kein Lebenszeichen von sich.

Eines Abends, als Yongden und ich einkaufen gingen, sahen wir vier junge Soldaten, die man durch die Stadt führte. Am Nachmittag zuvor hatten sie einem Händler die Tür eingeschlagen, weil sie ihn bestehlen wollten.

Ein Chinese, der einen einfachen blauen Baumwollanzug trug, die Uniform der offiziellen Bewegung des »Neuen Lebens«**, und der ein hoher Beamter zu sein schien, folgte ihnen in einem luxuriösen Automobil, das von Offizieren eskortiert wurde. Von Zeit zu Zeit hielt der Geleitzug an. Die Persönlichkeit, die in dem Wagen saß, erhob sich sodann, hielt eine Ansprache an die Menge und zeigte ihr die vier Schuldigen.

---

* Die Provinz Shaanxi mit der Hauptstadt Xian ist nicht zu verwechseln mit der Provinz Shanxi mit der Hauptstadt Taiyuan.

** Eine soziale Erneuerungsbewegung, der es um die moralische Läuterung geht.

Es waren dies schmächtige Jugendliche mit mädchenhaften Gesichtern. Wahrscheinlich bekamen sie keinen Sold und die Kost, die man ihnen gab, war mittelmäßig und unzureichend; und so hatte die Versuchung sie überkommen ... Sie konnten einem wirklich Leid tun!
Ich begriff, dass die Obrigkeit, die ihre Truppen nicht unter Kontrolle hatte, ein Exempel statuieren wollte. Die ganze Nacht hindurch hatte ich das Bild dieser vier Jungen vor Augen, die fast noch Kinder waren und auf den Augenblick ihrer Hinrichtung warteten. Am nächsten Morgen enthauptete man sie und wie üblich wurden ihre Köpfe als blutiges Bündel an eine Mauer gehängt.
Die Fermente der Anarchie gärten von Tag zu Tag mehr. Nach Einbruch der Dunkelheit wurden die Passanten in den benachbarten Dörfern und bis vor die Tore der Stadt angegriffen und ausgeplündert. Es wurden Morde begangen. Sobald die Verbrecher gefasst waren, erfolgte die unverzügliche und grausame Bestrafung.
Ein Mann, der tagsüber bei einem Händler eingedrungen war, dessen Laden wie alle anderen in Taiyuan nur abends geöffnet war, wurde von dem Besitzer überrascht, der Alarm schlug. Der Dieb sprang in eine Rikscha, schrie auf den Mann ein, der sie zog, zwang ihn zu laufen, so schnell er konnte, da er hoffte, man würde seine Spur in dem Gewirr der Quergässchen verlieren. Aber ein Polizist, der sehr schnell von dem Vorfall verständigt worden war, griff sich das Fahrrad eines Gaffers, der gerade abgestiegen war, und jagte dem Flüchtigen hinterher. Er holte ihn ein, riss ihn nieder in seinem Gefährt und schnitt ihm mit seinem Säbel noch auf dem Trittbrett der Rikscha den Kopf ab. Man darf bezweifeln, dass ihm das gleich auf Anhieb gelang. Der Rikschazieher war davongerannt, so schnell er konnte, da er fürchtete, in die Angelegenheit verstrickt zu werden und seinerseits einer so raschen Aburteilung zum Opfer zu fallen.

Die Bevölkerung der Stadt lichtete sich immer mehr. Die Mengen von Menschen, die es an den ersten Abenden nach meiner Ankunft schwierig gemacht hatten, sich durch den Ort zu bewegen, hatten sich stark verringert und tagsüber sah man lediglich Soldaten auf den Straßen: Soldaten, die grau, blau oder in ein grünliches Khaki gekleidet waren. Die Blauen gehörten der kommunistischen Armee an, die in Khaki der der Regierung in Nanjing und die Grauen der von Marschall Yen, wie es hieß. Stimmte das? Mich interessierten diese Unterscheidungen nicht sehr. Ich befand mich in Taiyuan, weil die Umstände mich dazu zwangen, und nicht, weil ich eine Reportage machen wollte.

Was meine Aufmerksamkeit fesselte, war die seltsame Reaktion Chinas auf die Invasion. Wenn man in Europa oder in Amerika von China spricht, stellt man sich *ein* Land vor wie Frankreich oder England. Wer jedoch China über eine ganze Reihe von Jahren bereist hat, weiß, dass es ein solches China nicht gibt. Unter der Kollektivbezeichnung China findet man Provinzen vor, die jede für sich einen echten Staat mit seinen besonderen Interessen bilden – die häufig denen der Nachbarprovinzen entgegengesetzt sind – und die dem Glück und Unglück der Chinesen außerhalb ihrer Grenzen im Allgemeinen mit völliger Gleichgültigkeit gegenüberstehen.

Der gegenwärtige Krieg hat tatsächlich eine gewisse Einigung Chinas herbeigeführt und so etwas wie ein Nationalgefühl wachgerufen; doch ist dieses noch sehr oberflächlich und kaum in der Lage, die unteren Schichten der Bevölkerung zu beeinflussen, für die »die Familie« noch immer die einzig wahre Heimat ist, das Einzige, was sie tatsächlich interessiert. In Taiyuan hörte ich die gleichen Fragen, die sich auch die Dorfbewohner am Wutai Shan stellten: »Werden sich die Truppen aus Yunnan und Gansu wohl mit der Armee von Nanjing vereinigen?« Das wäre in etwa so, als wenn sich ein Franzose in Kriegszeiten fragen würde: Werden sich die Bre-

Dollars geblieben war, nicht mehr lange vorhalten. Mich bedrückten auch noch andere Sorgen: Sie betrafen meine Bücher, die zu Raritäten geworden waren, die Manuskripte und andere Dinge, die ich in meinem Haus in Beijing zurückgelassen hatte. Beijing war nicht bombardiert worden, doch konnte man sicher sein, dass die Unwägbarkeiten des Krieges nicht auch dort zu Luftangriffen führten? Und war die Gefahr der Plünderung als absolut abwegig von der Hand zu weisen?

Ich wusste in diesem Augenblick noch nicht, dass Dr. B., ein sehr alter Freund von mir in Beijing, und Diplomaten von der französischen Botschaft alles, was in meinem Haus verblieben war, in Sicherheit gebracht hatten, ohne meine diesbezügliche Bitte abzuwarten, und dafür bin ich ihnen über die Maßen dankbar.

Als Ablenkung von meinen diversen Sorgen blieben mir die Luftangriffe, die immer häufiger und immer verheerender wurden, obwohl die Japaner die Stadt offenbar mit Schonung behandelten und nicht zerstören wollten, da sie sicher waren, sie bald in Besitz zu nehmen.

Eine andere Ablenkung kam mir von meiner Arbeit. Ich brachte zu dieser Zeit mein Buch *Magie d'amour et magie noire* (dt.: *Liebeszauber und schwarze Magie*, München 1952) zu Ende, das inzwischen erschienen ist. Während ich bei meinen Spaziergängen in Wutai Shan den bereits beendeten Teil des Manuskripts bei mir trug, um es für den Fall, dass in meiner Abwesenheit eine Bombardierung meine Wohnung in

tonen und die Provenzalen mit den Parisern vereinigen, um die Angreifer zu bekämpfen?
Die Truppen selbst bildeten nicht etwa die Korps einer einzigen Armee, sondern völlig getrennte Armeen, die sich zur Zeit mit einem gemeinsamen Ziel vereint haben, ohne jedoch ein homogenes und unauflösbares Ganzes zu bilden.
Wir befanden uns lediglich in den ersten Monaten des Krieges. Kaum jemand hatte vermutet, dass er ein solches Ausmaß annehmen würde. Doch welche politischen Veränderungen er auch immer mit sich gebracht haben mag, hat er doch die gleichgültige Haltung der chinesischen Massen gegenüber den Interessen, die das ganze Land angehen, nur sehr wenig oder fast überhaupt nicht verändert. Ich habe das in Hankow, in den Häfen des oberen Jangtse, in Sichuan und im äußersten Westen Chinas, wo ich mich zur Zeit befinde, ausführlichst feststellen können. In keiner der Regionen, die ich durchreiste, riefen Kämpfe, die weitab stattfanden, irgendwelche Emotionen bei der Bevölkerung hervor, die von keiner unmittelbaren Gefahr bedroht war.
Als ich schließlich meine Abreise aus Taiyuan erwog, zögerte ich zwischen zwei Richtungen. Ich konnte mich nach Xian begeben, wo ich schon früher einmal, zur Zeit des Bürgerkriegs, gelebt hatte: Von dort aus hatte ich den extremen Westen von Gansu erreicht und es war Ausgangspunkt für meine Reisen durch Mittelasien gewesen. Ich konnte aber auch nach Hankow fahren, dem großen Hafen am Jangtse. Als ich nach China zurückkehrte, hatte ich mir vorgenommen, es diesmal auf keinen Fall zu versäumen, die berühmten Schluchten des

Flammen setzen würde, in Sicherheit zu bringen, legte ich die Blätter in Taiyuan beim ersten Alarmzeichen in einen kleinen Koffer, den ich auf dem Schreibtisch in meiner Nähe hielt, und brachte sie zusammen mit anderen Dingen, die mir wichtig waren, in den Luftschutzkeller. Ich glaube, es gibt nicht viele Bücher, die unter so außergewöhnlichen Umständen entstanden sind.
Die Zahl der Exekutionen wegen Diebstahls oder Straßenraubs nahm zu. Die Bevölkerung nahm sie mit Gleichgültigkeit hin und zeigte sich erst ein wenig betroffen, als ein General mit Namen Li das Opfer war, wie es hieß.
Offenbar hatte dieser General seinen Truppen den Befehl zum Rückzug vor den Japanern gegeben und diesen damit Gebiet ausgeliefert: Deshalb hatte Marschall Yen Sie-san ihn zum Tode verurteilt.
Hatte er sich als unfähig, als schlechter Stratege erwiesen, verdächtigte man ihn des Verrats oder war er tatsächlich besiegt und zu dem Rückzug gezwungen worden, den man ihm vorwarf? Die öffentliche Meinung war in dieser Hinsicht gespalten. Obendrein kursierte ein Gerücht, das überall anderswo als in China als verstiegen gegolten hätte. Man behauptete, dass der General keineswegs tot sei. Stattdessen habe man in aller Morgenfrühe irgendeinen armen Teufel füsiliert, der zum Tode verurteilt war – oder vielleicht auch irgendeinen Unschuldigen, der so unter Drogen stand, dass er seine Ersatzfunktion nicht ausplaudern konnte. Der General, der um den Preis eines hohen Lösegelds auf diese Weise dem Tode entronnen war, hatte sich incognito an einen abgelegenen Ort zurückgezogen.
In der Hierarchie der Armee von Shanxi hatte dieser Li den dritten Platz eingenommen. Der erste kam Marschall Yen Sie-san zu und der zweite diesem untersetzten, dickbäuchigen General, den ich in Wutai Shan gesehen hatte und der unter grotesken Begleitumständen zum Feind übergelaufen war.

Ich bezweifle, dass man im Ausland jemals die genaue Anzahl der Exekutionen von Generälen und Beamten erfahren wird, die während des Krieges in China stattgefunden haben, und die manchmal absurden Umstände, die dazu führten. Während ich mich in Hankow befand, stand in den Zeitungen, dass ein General füsiliert worden war, weil er geheiratet hatte. Offizieren ist für die Dauer des Krieges die Heirat untersagt. Der besagte General hatte sich diesem Verbot zum Trotz eine Frau genommen, und anstatt das auf unauffällige Weise zu tun, hatte er beschlossen, seine Hochzeit mit großem Pomp zu feiern. Die frisch gebackene Ehefrau war mit einem eindrucksvollen Gefolge auf dem Weg zum Haus ihres Mannes und da wurde sie schon zur Witwe, noch bevor sie es erreicht hatte.

Eines Tages unterbrach ein amüsanter Zwischenfall die monotone Routine der Bombardements. Ein kleiner Hund, der Nachbarn gehörte, trieb sich innerhalb der Ummauerung der alten Mission herum. Er hatte schnell begriffen, welcher Art meine Einstellung zu ihm war, und nachdem er sie als freundschaftlich eingestuft hatte, strich er häufig um mein Haus herum und verlangte geräuschvoll Zugang. Dieses kleine Tier besaß die wunderliche Eigenheit, dass sein ungeduldiges Geheul ganz genau dem der Sirenen glich, die die Ankunft feindlicher Flugzeuge ankündigten. Als ich nun eines Abends nach einem Spaziergang zurückkehrte, teilte der Diener mir mit, dass Herr und Frau Z. mich im Salon erwarteten. Ich begab mich sofort dorthin und fand niemanden vor. Als ich den Diener befragte, antwortete er mir, dass die Besucher schon vor geraumer Zeit gekommen seien. Ich schloss daraus, dass sie des Warten müde und, zudem mit den Örtlichkeiten vertraut, durch die benachbarte Tür der Garage hinausgegangen waren, da sie vielleicht in der Nähe der Straße zu tun hatten, auf die sie hinausführte.
Darüber war es Zeit für mein Abendessen geworden und ich

setzte mich mit Yongden zu Tisch. Wir befanden uns beim Essen, als Herr und Frau Z. in das Speisezimmer traten.
»Sie essen zu Abend«, sagte Frau Z. »Es ist dunkel geworden, sie müssten jetzt fort sein.«
»Wer *sie*? Flugzeuge? ... Es hat keinerlei Angriff gegeben. Man hat mir gesagt, dass Sie auf mich gewartet haben. Es ist sehr nett von Ihnen, dass Sie sich die Mühe gemacht haben, noch einmal zurückzukehren.«
»Zurückzukehren! ... Wir sind gar nicht fort gewesen. Wir waren im Keller ... Kein Luftangriff! ... Aber wir haben doch die Sirene gehört, als wir im Salon waren.«
»Das müssen Sie sich eingebildet haben.«
Während wir uns unterhielten, hörte das Hündchen offenbar, dass Teller auf den Tisch gestellt wurden, und da es wohl fand, dass ich ihm nicht schnell genug seinen Anteil gab, stimmte es sein sirenenartiges Lamento an.
»Oh!«, riefen meine Freunde. »Das war dieses verdammte Tier! Wir haben fast eine halbe Stunde in diesem scheußlichen Keller verbracht!«
Dieses Abenteuer war eigentlich sehr komisch gewesen und schließlich lachten sie genau wie wir aus vollem Herzen darüber.
In den Krankenhäusern stöhnten indessen die Verletzten, die man am Morgen nach einem echten Luftangriff eingeliefert hatte. Doch man gewöhnt sich an alles, an den Krieg wie an alles andere. Er verhindert nicht, dass das Leben weiter seinen Gang geht und die Menschen Handel treiben, begehren, lieben ... und lachen.
In Taiyuan schien er bei den Amateurmusikern auch die Liebe zur Musik nicht ausgelöscht zu haben.
Abends lehnte ich häufig an dem Gitter des Hofes vor meinem Haus und betrachtete mir das Auf und Ab der Passanten auf der Straße – eine der Hauptstraßen der Stadt. Mir gegenüber befand sich das Geschäft eines Instrumentenherstellers. Wenn

ich mich auf meinem Beobachtungsposten befand, sah ich dort immer Kunden eintreten. Eines Abends stiegen vor der Tür des Ladens zwei Soldaten aus ihren Rikschas. Das Gepäck, das sich in den kleinen Gefährten stapelte, und die Richtung, in der sie standen, deuteten darauf hin, dass sich die Insassen zum Bahnhof begaben. Alle beide schauten sich eingehend Flöten an, probierten sie und spielten schließlich ein Duett, das durchaus erfreulich anzuhören war. Im Anschluss zahlten sie ihre Einkäufe, steckten die Flöten in ihr Gepäck und die Kulis, die ihre Rikschas zogen, brachten sie im Eiltempo fort. Wohin fuhren sie? ... Wer weiß? ... Vielleicht an die Front.

Eines Tages gegen Mittag brachte man mir endlich einen Brief von Reverend Pr.

»Ihr Geld ist angekommen«, schrieb er mir, »und Herr X. hat seinen Dienern telegrafiert und angeordnet, Ihnen Ihr Gepäck auszuhändigen.«

Ich ging nur auf einen Sprung zur Mission, holte mir dort das Geld, das Reverend Pr. bereits per Post erhalten hatte, da es auf seinen Namen angewiesen worden war, und schickte den Koch und den Mongolen zu den X., um dort meine Gepäckstücke abzuholen.

Es war höchste Zeit, dass das Geld endlich eingetroffen war. Schon seit einigen Tagen verkehrten nur noch Militärzüge auf der zum Gelben Fluss führenden Linie, von wo aus man nach Xian gelangen konnte. Die Ausgabe von Fahrkarten an Zivilreisende war eingestellt worden und konnte nicht wieder aufgenommen werden. Hingegen war es wieder möglich, die große Linie nach Hankow über Shijiazhuang zu erreichen, aber die Japaner befanden sich auf einem sehr schnellen Vormarsch: Wahrscheinlich konnte man nur noch während einer sehr begrenzten Anzahl von Tagen nach Shijiazhuang gelangen.

Während Reverend Pr. mir diese Informationen gab, schrillten die Alarmsirenen. Wir gingen auseinander: er zu einem Luftschutzkeller, der sich, wie ich glaube, beim Krankenhaus befand, und Yongden und ich in einen anderen, tiefer gelegenen, der sich auf den Garten öffnete.

Die kleinen Mädchen des Waisenhauses suchten dort gemeinsam mit einer englischen Dame, Miss Beulah Gladbys, die für ihre Betreuung zuständig war, während der Luftangriffe Zuflucht. Sorglos, wie man in ihrem Alter ist, machte es den kleinen Mädchen großen Spaß, während des Luftalarms in den Keller hinabzusteigen, und Miss Gladbys und ich hörten ihrem Geplapper mit Vergnügen zu. Wer hätte in diesem Augenblick ahnen können, dass es dieser reizenden Frau ebenso wie einem ihrer Kollegen von der Baptistenmission, Doktor Wyatt, bestimmt war, einige Monate später auf tragische Weise ums Leben zu kommen?

Zu dem Zeitpunkt, als dieses Drama passierte, war Taiyuan bereits von den Japanern besetzt. Doktor Wyatt, Miss Gladbys und eine weitere Person waren mit einem chinesischen Chauffeur im Auto ich weiß nicht wohin unterwegs*, als das Auto in beträchtlicher Entfernung von Taiyuan beschossen wurde. Doktor Wyatt ließ es auf der Stelle anhalten, stieg aus und entfaltete eine englische Fahne. Hatten die Leute, die das Feuer eröffnet hatten, sie gesehen? Hatten sie sie erkannt? Sie hörten nicht auf zu schießen. Dem Chauffeur wurde das Handgelenk zerschmettert, Miss Gladbys wurde im Auto tödlich getroffen und Doktor Wyatt, der unablässig die Fahne geschwenkt hatte, fiel tot in den Graben neben der Straße.

Ich erlaube mir im Anschluss weiterhin den Ereignissen vorzugreifen, um zu erzählen, wie Mrs. Wyatt aufgrund einer Art

* Zu dem Zeitpunkt, da ich diesen Bericht schreibe, befinde ich mich in Tibet, weit von Taiyuan entfernt. Ich habe nur von den wesentlichen Umständen dieses traurigen Vorfalls Kenntnis erhalten, ohne die geringsten Einzelheiten zu erfahren.

von schlimmem Vorgefühl das schreckliche Schicksal ihres Mannes vorausgeahnt zu haben scheint.
Sie hatte Taiyuan mit ihren Kindern verlassen und sich nach Hankow geflüchtet, wie auch ich es vorhatte, und wohnte bei befreundeten Missionaren. Als ich nach ihr aus Taiyuan aufbrach, nahm ich Briefe für sie mit, die nach ihrer Abreise bei Reverend Pr. für sie eingetroffen waren. Ich begab mich also zum Sitz der China Inland Mission, wo sie wohnte, und der Leiter des Hauses vertraute mir an, dass er sich große Sorgen um sie machte. Ihre übermäßige Nervosität, ihre Weinkrämpfe, die flehentlichen Bitten, die sie an die Leiter der Mission richtete – ihrem Mann nicht zu erlauben, nach Taiyuan zurückzukehren und ihm einen anderen Posten zu übertragen –, überstiegen in ihrer Intensität bei weitem alle Bekundungen, die man sich von einer liebevollen, von Angst gequälten Ehefrau erwarten kann. Man hätte tatsächlich sagen können, dass die arme Frau geradezu besessen von der Gewissheit war, dass ihrem Mann ein tödlicher Unfall zustoßen würde.
Ich traf Doktor Wyatt in Hankow, als er im Begriff war, wieder in das Krankenhaus der Baptisten in Taiyuan zurückzukehren, nachdem er seine Frau und seine Kinder in Sicherheit gebracht hatte. Ich berichtete ihm von der Besorgnis, die der prekäre Nervenzustand seiner Frau allen verursachte, die sich in ihrer Umgebung befanden. Er war sichtlich betroffen, erklärte mir aber, dass seine Anwesenheit in Taiyuan unentbehrlich sei, da er, wenn ich ihn richtig verstanden hatte, inzwischen der einzige Arzt dort war. »Ich muss zurückkehren«, schloss er, »das ist meine Pflicht.«
Ein trauriges, aber rühmliches Ende: das dieser Frau, die die ihr anvertrauten Waisen nicht im Stich lassen wollte, und das des Arztes, der trotz der blutigen Wirren an seinen Posten zurückgekehrt war, weil es »seine Pflicht« war.
Ohne etwas von den bevorstehenden traurigen Ereignissen zu ahnen, hörten Miss Gladbys und ich den inzwischen vertrau-

ten Detonationslärm der Bomben, das Geknatter der Maschinengewehre und die unwirksame Antwort der Kanonen der Luftabwehr, deren Reichweite wie fast überall anderswo in China nicht genügte, um die feindlichen Flugzeuge zu treffen. Als diese verschwunden waren, setzten uns die Sirenen davon in Kenntnis. Yongden und ich verabschiedeten uns von unseren liebenswürdigen Gastgebern: Wir mussten Taiyuan am nächsten Tag verlassen.

Auf dem Heimweg begegnete ich mehreren Bahren, auf denen man blutüberströmte Verletzte fortbrachte, die alle Zivilisten waren. Wieder einmal hatten die Japaner »saubere Arbeit« geleistet.

Während meiner Abwesenheit hatten meine Diener die Gepäckstücke geholt. Es ging jetzt darum, Ordnung hineinzubringen, die halb leeren Kisten mit der Kleidung und den Büchern aufzufüllen, die ich aus Wutai Shan zurückgebracht hatte, damit der Inhalt unterwegs nicht durcheinander gewirbelt wurde. Ich musste auch alles wieder einpacken, was während meines Aufenthalts in Taiyuan aus den Koffern und Körben hervorgeholt worden war. Ich plante diese Arbeit am Abend und am nächsten Vormittag zu erledigen.

Kurz nach drei Uhr ließ sich ein amerikanischer Reporter bei mir melden, Mr. Steel, wenn ich mich recht erinnere.* »Wir reisen heute Abend um fünf Uhr nach Hankow ab«, sagte er mir, »Doktor Wyatt und Mrs. Wyatt mit ihren Kindern, Mr. Nan und ich.« Ich glaube mich zu erinnern, dass er auch noch von einer anderen Familie sprach, die mit ihnen reisen würde. »Wollen Sie mit uns kommen?«

Das war mir unmöglich. In einer Stunde war gar nicht daran zu denken – da der Zug um fünf Uhr fuhr, hätte ich das Haus

* Die Karte meines Besuchers, auf der sein Name und auch der seiner Zeitung stand, ist zusammen mit dem Koffer verschwunden, in den ich sie gesteckt hatte.

um vier verlassen müssen – dass es mir, nur schlecht unterstützt von meinen trägen Dienern, gelingen würde, alles wieder einzupacken, was in den verschiedenen Räumen meines Hauses ausgepackt worden war, und den Inhalt der Gepäckstücke zu ordnen, die ich eben erst zurückbekommen hatte.
»Unmöglich«, antwortete ich meinem Besucher, »ich muss auf mein Glück vertrauen. Ich fahre morgen.«
Ohne es zu ahnen, hatte ich das Schicksal herausgefordert und sah einem äußerst unerquicklichen Abenteuer entgegen.
Nachdem sich der Reporter verabschiedet hatte, kam eine französische Dame, die wie Madame X. mit einem Chinesen verheiratet war, und bat mich, sie zur katholischen Mission zu begleiten. Sie wollte sich in einem Gebäude, das der Mission gehörte und an deren Gärten gelegen war, eine Wohnung ansehen.
Der Ehemann meiner Landsmännin hatte einen Posten als Ingenieur innegehabt, als die Japaner den Ort besetzten, an dem er sich befand, und er ihn hatte verlassen müssen. Da er nun ohne Obdach war, suchte er eine Wohnung in seiner Heimatstadt Taiyuan. Die Töchterchen des Ehepaars wurden bei den Nonnen erzogen und so hatte die Oberin den Eltern diese Wohnung angeboten, die frei werden würde.
Ich erlebte die Überraschung, in dieser Oberin eine Nonne wieder zu erkennen, die ich früher einmal in Chengdu in Sichuan kennen gelernt hatte und an die ich eine sehr liebevolle Erinnerung bewahrt hatte.
Unter ihrer Führung besichtigten wir das Appartement, das sie meiner Landsmännin vorgeschlagen hatte. Wie der größte Teil des Gebäudes war es im Augenblick von Emigranten aus Weißrussland bewohnt.
Man ist sich allgemein darüber einig, dass die chinesische Bevölkerung der unteren sozialen Klassen als eine der unsaubersten der Welt anzusehen ist, nur was sollte man dann vom Schmutz dieser Russen sagen! Im Vergleich mit der Wohnung,

die ich jetzt betrat, war noch die schlimmste der chinesischen Herbergen von holländischer Sauberkeit.
Aus großen, hellen Zimmern, die gut belüftet waren und in denen es angenehm zu wohnen sein musste, hatten diese Elenden einen Saustall gemacht. In allen Ecken sah man Haufen von Unrat und Lumpen und sie lagen auch über den Fußboden verstreut, der wohl niemals gekehrt worden war. Kleine Kinder in verdreckten Kleidern und mit verschmierten Gesichtern krochen durch den Müll. Vier ärmliche Betten, auf denen schmutzstarrende Decken hingeknüllt lagen, standen mitten in den Zimmern und versperrten den Durchgang. Die Herrin dieser Räuberhöhle, deren ungekämmte Mähne in ein Gesicht hing, das schon lange nicht mehr mit Wasser in Berührung gekommen war, sprach einige Augenblicke mit der Oberin, dann zogen wir uns zurück.
Welcher sozialen Klasse mochten diese Russen wohl angehören? Ich fragte es mich, als ich hinausging. Es schien keine von denen zu sein, die die Auswirkungen einer proletarischen Revolution zu befürchten hatten. Warum waren sie nicht in ihrem Land geblieben? Man hätte ihnen dort wahrscheinlich die Selbstachtung eingetrichtert – oder sie zumindest ihren Kindern beigebracht –, die sich in Reinlichkeit äußert.
»Herr im Himmel!«, seufzte die französische Dame. »Es werden acht Tage und eine ganze Putztruppe nötig sein, um diese Wohnung vom gröbsten Schmutz zu befreien!«
»Und genau so sieht es in den anderen Stockwerken aus. Das ganze Haus, das diese Russen bei ihrer Ankunft sauber vorgefunden haben, befindet sich jetzt in diesem Zustand«, seufzte die Mutter Oberin. »Dabei haben sie Wasser direkt vor der Tür, im Garten, und ich habe Besen und Putzlumpen verteilen lassen! Es ist aussichtslos. Wir müssten sie hinauswerfen, aber wo sollen sie jetzt in diesen Kriegszeiten hin? Deshalb wagen wir sie nicht aus dem Haus zu weisen. Das sind arme Leute ...«

»Die Liebe ist langmütig und freundlich ... sie rechnet das Böse nicht zu ... sie verträgt alles ... sie duldet alles«,* hat der Apostel Paulus gesagt. Diese Sätze aus einem seiner Briefe kamen mir in den Sinn, als ich nach Hause ging.

Am nächsten Morgen, noch weit vor Mittag, waren meine Koffer geschlossen, die Bündel verschnürt und die Kisten zugenagelt. Yongden begab sich zum Bahnhof und erfuhr dort, dass gegen fünf Uhr abends ein Zug – der letzte, wie man versicherte – Taiyuan in Richtung Shijiazhuang verlassen würde. Was den Anschluss an den Zug nach Hankow anging, so war niemand in der Lage, irgendetwas zuzusichern. Das war nicht sehr beruhigend. Wir hatten uns zu lange in Taiyuan aufgehalten, aber wir hatten keine Wahl gehabt.

Wir mussten auf jeden Fall abreisen. Falls wir in Shijiazhuang keinen Zug bekamen, konnten wir unser Gepäck vielleicht auf einen Wagen oder auch auf Rikschas laden und in drei oder vier Tagen einen Bahnhof erreichen, der weiter von der Front entfernt war und noch von Zügen angefahren wurde. Was uns selbst anbetraf, so schreckte ein langer Fußmarsch uns nicht.

Vom frühen Morgen an füllte sich der Bahnhof schon mit einer Menge von Menschen, die abreisen wollten. In jedem anderen Land hätte man bei einem solchen Ansturm die Schalter geöffnet und nach und nach auf Anfrage die Fahrkarten ausgegeben, um ein Chaos im letzten Moment zu verhindern. Die chinesische Verwaltung sah die Dinge anders. Die Ausgabe der Fahrkarten und die Gepäckabfertigung würden beide erst um vier Uhr beginnen.

»Wir sind zu viert«, sagte ich zu Yongden, als er mir diese Neuigkeiten berichtete, »wir werden in dasselbe Abteil einsteigen und so viele Gepäckstücke mit hineinnehmen, wie wir können: zumindest alle Koffer.« Und ich erklärte den Dienern

* Brief des Paulus an die Korinther, XIII, 4–7.

eingehend meine Wünsche und bezeichnete ihnen die Frachtstücke, um die sie sich kümmern sollten.
Während wir hastig aßen, gaben die Sirenen Alarm, doch wir hatten es zu eilig, unsere Mahlzeit zu beenden, als dass wir sie unterbrochen hätten und in den Luftschutzkeller hinabgestiegen wären.
Zwei Flugzeuge flogen über uns hinweg und wir hörten das Geknatter ihrer Maschinengewehre in einiger Entfernung. Yongden und ich aßen weiter, so viel wir konnten: um auch »im Voraus« zu essen. Frühere Erfahrungen hatten uns Voraussicht gelehrt. Wir konnten nicht ahnen, wie viel Zeit vergehen würde, bevor wir die nächste Mahlzeit einnehmen konnten.
Als wir schließlich das Signal hörten, das es uns erlaubte, das Haus zu verlassen, hatten wir Schwierigkeiten, sogleich die Menge von Rikschas zu finden, die wir benötigten, um unser Gepäck zum Bahnhof zu transportieren. Die Kulis, die diese Gefährte ziehen, hatten sich während des Angriffs in Sicherheit gebracht, und als sie wieder auftauchten, wurden sie sofort von Leuten engagiert, die schnellstens an den Ort wollten, wo sie zu tun hatten, nachdem sie so lange blockiert gewesen waren.
Gleich nach dem Ende des Luftangriffs war Yongden zum Bahnhof zurückgekehrt und hatte sich in die Schlange der Reiseanwärter eingereiht, die vor dem Schalter anstanden und so schnell wie möglich ihre Fahrkarten ergattern wollten.
Gerade luden wir unser Gepäck in die Rikschas ein, die wir uns endlich zusammengerufen hatten, da kam der Lama wieder zurück und der Kuli, der ihn zog, rannte wie ein Wahnsinniger.
»Kommt, aber so kommt doch!«, schrie er außer sich. »Der Zug fährt ab. Man hat die Abfahrt um eine Stunde vorverlegt!«
Unsere Kolonne setzte sich in Bewegung. Leider konnten die

schwer bepackten Kulis keineswegs rennen. Unsere anspornenden Zurufe und ihr echtes Bemühen beschleunigten in keiner Weise ihr Tempo, das noch langsamer wurde, als sie die steilen Straßen in Angriff nahmen, die zum Bahnhof führten. Yongden, der uns vorausgeeilt war, stand davor und gestikulierte.

»Schnell! schnell! Gehen Sie und suchen Sie einen Platz im Zug und versuchen Sie, mir auch einen freizuhalten«, sagte er zu mir. »Nehmen Sie diese Taschen mit. Ich helfe Ihnen, sie bis zum Bahnsteig zu tragen. Die Burschen bringen den Rest.«

Der Zug war schon voll bis in die Gänge hinein, die von Passagieren blockiert waren, die auf ihrem Gepäck saßen. Trotzdem gelang es mir, ein Abteil ausfindig zu machen, wo es so aussah, als könnten wir uns einrichten, wenn ich zwei Säuglinge umsetzte, die auf gewaltigen Bündeln auf den Bänken lagen, und diese Bündel herunternahm. Ich machte das den Insassen des Abteils verständlich, die gerade Anstalten machten, es sich dort einigermaßen bequem für die Nacht zu machen. Nacheinander nahm ich die Säuglinge und setzte sie Frauen auf die Knie, die sich in meiner Reichweite befanden; diese wiederum befreiten sich eiligst wieder von ihnen und übergaben sie ihren Müttern. Sodann deutete ich einen Tritt in Richtung der Bündel an, was einen der Chinesen veranlasste, sie dem Haufen hinzuzufügen, der sich bereits vor dem Fenster zwischen den Bänken auftürmte. Dann stellte ich meine Taschen neben mich und teilte meinen Reisegefährten mit, dass sich auf diesen Platz gleich ein Herr setzen würde. Um keinen Zweifel aufkommen zu lassen, hatte Yongden mir seinen Mantel gegeben, den ich über die Taschen legte.

Geraume Zeit verging. Der Lama kehrte nicht zurück; würde der Zug ohne ihn abfahren? ... Endlich erblickte ich ihn auf dem Bahnsteig, gefolgt von Hortche, der mit einfältigerem Gesicht denn je ein kleines, in ein Tuch gewickeltes Päckchen trug: zweifellos sein Reiseproviant.

»Wo ist der Koch?«, fragte ich Yongden, sobald er in Rufweite war. »Und wo sind die Koffer, die Hortche und er mitbringen sollten?«
»Sie haben alle Gepäckstücke zusammen aufgegeben, während ich Sie hierherbegleitet habe«, antwortete er, »aber die Beamten am Schalter haben mir zugesichert, dass man sie einladen würde, und man hat sie sofort auf Karren fortgebracht. Ich bin ihnen mit den Augen bis zum Gepäckwagen gefolgt und der Koch ist hinterhergegangen, um sich zu vergewissern, dass man sie auch wirklich einlädt.«
Dieser traf wenig später ein, lief am Zug entlang und suchte uns. Yongden rief ihn herbei.
»Es ist alles im Gepäckwagen untergebracht«, sagte er uns.
Diese Information hätte mich eigentlich beruhigen müssen, aber ich blieb weiterhin besorgt. Der Zug setzte sich in Gang; Yongden sprang auf das Trittbrett, bahnte sich einen Weg durch den verbarrikadierten Korridor und setzte sich neben mich. Der Koch folgte ihm und machte sich auf die Suche nach seinem Gefährten.
Wir fuhren schon, als jemand auf den Bahnsteig gestürzt kam und meinen Namen rief. Ich streckte schnell den Kopf zum Fenster hinaus und hatte noch die Zeit, ein Päckchen Briefe entgegenzunehmen, die Reverend Pr. mir anvertraute und die ich in Hankow mehreren seiner Freunde übergeben sollte. Es war auch die Post für den Doktor und für Mrs. Wyatt darunter, die nach ihrer Abreise eingetroffen war. Wie ich bereits erzählt habe, erhielt ich auf diese Weise Gelegenheit, die Bekanntschaft von Mrs. Wyatt zu machen, die ich in Taiyuan nie getroffen hatte.
Der Zug, dessen Abfahrt man vor der festgelegten Zeit angekündigt hatte, fuhr tatsächlich mit über einer Stunde Verspätung ab und sehr bald wurde es dunkel.
In den Wagons, in denen sich die doppelte – und wahrscheinlich noch weit höhere – Anzahl von Reisenden befand als vor-

gesehen, hatten sich alle hastig ohne Rücksicht auf die Wagenklasse eingerichtet.* Eine auf die Täfelung gemalte Zahl wies das Abteil, in dem ich mich befand, als zur zweiten Klasse gehörig aus; doch waren die sehr schmalen Bänke völlig ungepolstert; wir saßen auf dem nackten Holz.

Nach Fahrplan sollten wir nachts in Shijiazhuang ankommen. Da ich glücklicherweise in einer Ecke am Gang saß, richtete ich mich dort mit auf asiatische Weise untergeschlagenen Beinen ein, weil ich vor dem Umsteigen ein Schläfchen machen wollte.

Während der Nacht nahm ich undeutlich wahr, dass wir häufig und lange anhielten, aber ich bemühte mich, nicht völlig aufzuwachen, was mir nicht schwer fiel, denn ich habe einen ausgezeichneten Schlaf. Ich erwachte bei Morgengrauen.

»Wie können Sie nur so tief schlafen?«, fragte Yongden. »Ich habe kein Auge zugetan.«

Und als ich mich bewegte, um meine Position zu verändern, fügte er schnell hinzu: »Passen Sie auf! Setzen Sie die Füße nicht auf den Boden!«

Ich sah mich um. Während meines Schlafs war die Anordnung im Abteil verändert worden. Die Bündel, die ich hatte forträumen lassen, um Platz zu bekommen, waren wieder auf das andere Ende der Bänke gelegt worden und ihre Besitzer hatten sich darauf ausgestreckt. Der frei gewordene Raum war von einem kleinen Tümpel bedeckt.

»Was bedeutet diese Überschwemmung?«, fragte ich den Lama. »Und ... dieser Geruch«, fügte ich hinzu, da meine vom Schlaf betäubten Sinne wieder zu funktionieren begannen.

»Das«, antwortete mein Sohn, »ist Pipi. Sie haben es zugelassen, dass die Kinder ihre Notdurft auf dem Fußboden ver-

---

* Die Tarife der chinesischen Eisenbahn verdoppelten sich von einer Klasse zur anderen. Eine Strecke, die in der dritten Klasse 10 Dollar kostete, kostete 20 in der zweiten und 40 in der ersten.

richteten, jedes Mal wenn sie das dringliche Bedürfnis verspürten.« Außer den beiden Säuglingen befanden sich auch noch drei ältere Jungen in unserem Abteil. »Und einer von beiden«, fuhr Yongden fort, »hat mehr als nur ›klein‹ in den Spucknapf gemacht. Sie haben das Gefäß unter die Bank geschoben.«

Ein am Fenster stehender Korb, auf den weitere Gepäckstücke gestapelt waren, war auf bedenkliche Weise durchtränkt davon. Seine Besitzer schien das nicht zu kümmern. Man konnte die armen Leute nicht etwa dafür tadeln. Sie waren so eingeklemmt, dass die Toilette unerreichbar für sie war. Als es mir nach energischen Bemühungen gelang, sie endlich zu erreichen, fand ich sie von drei Frauen besetzt, die dort mangels eines anderen Platzes die Nacht verbracht hatten. Eine von ihnen, die auf dem Deckel saß, stand auf, um mir den Platz freizumachen. Der Krieg machte alle von der Zivilisation aufgestellten Regeln der Höflichkeit und des Anstands zunichte: Wir wurden wieder zu Tieren.

Erneut hielten wir für längere Zeit an einem kleinen Bahnhof an. Zwei Züge kamen uns dort kurz hintereinander entgegen und alle beide waren überfüllt mit Soldaten. Es war nun schon helllichter Tag; man sah Verletzte mit blutigen Bandagen in den Wagen, andere lagen auf Bahren, die in den offenen Wagons standen.

Die Reisenden, die die Nacht im Gang ausgestreckt verbracht hatten, stiegen aus, um Luft zu schnappen; ich machte mir das zunutze, stellte eine meiner Taschen ans Fenster und benutzte sie als Sitz.

Truppen kamen in langen Reihen die Straße entlang, die das Tal hinaufführte, andere liefen neben der Bahnlinie her. Sie waren von hunderten von Maultieren, Pferden und Eseln begleitet, die mit Gepäck beladen waren. Manche Soldaten trugen auf Art der Kulis einen langen Bambusstock über der Schulter: An jedem Ende hing eine Schale aus geflochtenen

Weidenruten. Sie führten auch kleine Gegenstände mit, darunter häufig die unerlässliche, vielfach verwendbare Schüssel aus emailliertem Eisen, von der ich bereits gesprochen habe. Alle marschierten langsam und schweigend. Ihr schwerer Gang, ihre gebeugten Schultern zeugten von extremer Müdigkeit. Mit Hilfe meiner Ferngläser sah ich noch weitere Truppen auf dem anderen Ufer des Flusses und es kamen immer noch mehr von unten aus dem Tal.

»Komm, sieh dir das an«, sagte ich zu Yongden. »Eine Armee auf dem Rückzug. Das hat für uns nichts Gutes zu bedeuten.«

Werden wir bis nach Shijiazhuang gelangen, fragte ich mich.

Der Zug setzte sich wieder in Gang und fuhr vielleicht eine Stunde lang sehr langsam, dann hörte ich Schreie. Der Lokomotivführer zog jäh die Bremsen und die Wagons prallten heftig aufeinander. Die Leute schrien »Fei Ji! Fei Ji!« (Flugzeug) und stürzten hinaus. Man hörte jetzt sehr deutlich das Brummen eines Motors, das von dem Geräusch des Zuges übertönt worden war. Das Flugzeug war über uns. Undeutlich nahm ich wahr, wie es mit großer Geschwindigkeit in den Tiefflug ging, als wollte es mit den Tragflügeln die Dächer unserer Wagen aufreißen.

»Runter mit dir!«, schrie ich Yongden zu, der neben mir im Gang stand, und während ich mich auf den Boden warf, zog ich ihn an meine Seite.

Der Feuerstoß ging vorüber: Racktacktack. Das Flugzeug insistierte nicht und flog weiter. Es musste anderswo zu tun haben und hatte uns nur im Vorbeifliegen mit ein paar Salven bedacht. Unser Wagen war unbeschadet davongekommen, aber man hörte Schreie am Ende des Zuges.

Das Zugpersonal drängte die Reisenden, die ausgestiegen waren, ihre Plätze wieder einzunehmen: Der Zug würde sofort weiterfahren. Die Abteile und die Gänge waren erneut verstopft und die neugierige Menge drängte sich bis zum Ersticken in Richtung des Wagens vor, der getroffen worden

war. Wenig später hörte ich, dass es zwei Tote und drei Verletzte gegeben hatte, von denen einer sehr schwer betroffen war. Ob diese Information wohl zutraf? Ich konnte es nicht nachprüfen.
Kurz bevor wir in Shijiazhuang ankamen, sah ich drei Leichen mitten auf dem Bahnsteig eines Bahnhofs voll in der Sonne liegen. Einem von ihnen hatte man die Khakijacke hochgezogen, um ihm das Gesicht zu bedecken, so dass er nun mit nacktem Bauch dalag. Der Kopf eines anderen war blutverschmiert; bei dem dritten, dessen Mund weit offen stand, waren alle Zähne zu sehen.
Kurz nach Mittag erreichte der Zug Shijiazhuang, aber er hielt weit vor dem Bahnhof an einer breiten Allee: Sie war von Villen gesäumt, die von der französischen Gesellschaft, die die Bahnlinie gebaut hatte, für ihre Angestellten errichtet worden waren.
Trotz der Nachlässigkeit der chinesischen Verwaltung, die sich nicht um die Instandhaltung kümmerte, hatten diese noch einen schmucken Eindruck gemacht, als ich sie auf dem Weg nach Taiyuan gesehen hatte. An ihrer Stelle sah ich jetzt Haufen von zersplittertem Holz und übereinander gestürzte Steine. Die Brücke, unter der die Züge herfuhren, um dann in den Bahnhof einzurollen, war teilweise zerstört und das ganze umliegende Viertel lag in Trümmern.
Sobald die Reisenden ausgestiegen waren, stürzten Mengen von Menschen vor, die auf den Zug gewartet hatten: Sie wollten ihre Plätze einnehmen und in die Richtung fahren, aus der wir gekommen waren. So war es fast überall. In kopfloser Angst dachte die Bevölkerung nur daran, sich zu retten, ohne fähig zu sein, ihre Schritte zu bedenken. Die Bauern der Dörfer des Südens hasteten nach Norden und die des Nordens nach Süden. Flüchten … flüchten! Egal wohin, nur flüchten!
Für mich war es wichtig, mich zu vergewissern, dass mein Gepäck zum Bahnhof der Hauptlinie gebracht und dort in den

Zug nach Hankow verladen wurde. Ich ging also zum Gepäckwagen. Einige Männer waren damit beschäftigt, ihn vom Zug abzuhängen, aber er war noch verschlossen. Die Lokomotive war davongefahren, um Wasser aufzunehmen, wie mir schien. Ein vorbeirennender Mann vom Personal rief Yongden, ohne stehen zu bleiben, ein paar Worte zu: Das Gepäck würde etwas später zur Hauptlinie gebracht.
Diese Information befriedigte mich nur zur Hälfte. Da der Gepäckwagen jedoch noch immer verschlossen war, dachte ich, es sei wohl das Beste, wenn wir uns zum Bahnhof begaben. Wir würden dort die Abfahrtszeit unseres Zuges erfragen und ich würde den Koch losschicken, um Proviant zu kaufen, während der Mongole auf die kleinen Gepäckstücke aufpasste, die wir bei uns hatten. Anschließend konnte ich zum Gepäckwagen zurückkehren und mich vergewissern, dass mein Gepäck auch richtig weitergeleitet wurde.
Ich fand den Bahnhof verlassen vor; nur ein Soldat stand dort Wache. Die Gebäude, die unter den Bombenangriffen gelitten hatten, die mit Schutt bedeckten Gleise und die umstehenden Häuser, die sich in Trümmerhaufen verwandelt hatten, boten einen bejammernswerten Anblick.
Ich sichtete einen Bahnarbeiter, der bei den Weichen und dem Relais herumirrte. Auf meine Frage antwortete er, dass im Laufe der Nacht ein von Süden kommender Zug erwartet wurde, der gegen zwei Uhr morgens wieder abfahren würde.
Das waren etwa zwölf Stunden, die wir in Shijiazhuang verbringen mussten. Trotz der langen Wartezeit war es besser, am Bahnhof zu bleiben, wie ich es mir vorgenommen hatte. Die Stadt war ziemlich weit entfernt und während der Nacht mussten die Stadttore geschlossen werden. Das würde uns zwingen, die Herberge, in der wir vielleicht Unterkunft nehmen konnten, lange vor Ankunft des Zuges zu verlassen. Im Übrigen war es mir wichtig, die Ankunft und die Verladung meines Gepäcks zu überwachen.

Ich begann, den Dienern meine Pläne zu erklären, als der Wache stehende Soldat mich unterbrach.
»Gehen Sie«, sagte er. »Es ist verboten, sich hier aufzuhalten.«
»Wir müssen mit dem Zug weiterfahren«, erklärte ihm Yongden.
»Das interessiert mich nicht, dann kommen Sie eben wieder. Jetzt verschwinden Sie auf der Stelle.«
Verschwinden ... Und wohin? ... Der Bahnarbeiter, mit dem ich gesprochen hatte, erbot sich, uns zu einer Herberge in der Nähe zu führen.
Ich nahm sein Angebot an.
Statt die Stadtmauern anzusteuern, führte uns der Mann in die entgegengesetzte Richtung, wo sich die zerstörte Vorstadt befand. Die Straßen waren völlig verlassen. In gewissen Abständen sah man Soldaten, die Wache standen. Weshalb? Vielleicht um zu verhindern, dass Plünderer die Ruinen durchwühlten.
Unser Führer brachte uns zu einer verkommenen Herberge, der nur noch die Hälfte des Daches geblieben war.
Konnte man etwas zu essen bekommen? Nein. Tee? Nein.
Es war wohl doch besser, den Koch zum Proviantkauf auszuschicken.
»Haben Sie hier einen Schutzraum, wo man sich im Fall eines Angriffs unterstellen kann?«, fragte Yongden den Wirt.
»Nein, aber Sie können beruhigt sein, von dieser Seite kommen sie nicht. In diesem Viertel gibt es nichts mehr, das es sich zu zerstören lohnt.«
Das stimmte.
»Wohin wollen Sie?«, fragte uns sodann der Wirt.
»Nach Hankow.«
»Wie?«
»Mit dem Zug, der heute Nacht abfährt.«
»Hier fährt kein Zug.«
»Einer kommt heute Nacht.«

»Oh! Tatsächlich? Das ist nicht sicher. Die Japaner sind nicht weit weg.«
Nicht weit weg, das bezweifelte ich nicht; aber sie waren noch nicht da. Es blieb vielleicht noch die Zeit, uns vorzuwarnen. Und falls der Zug nicht kam, konnten wir vielleicht Transportmittel bekommen und uns etwa dreißig Kilometer nach Süden entlang der Bahnlinie bewegen, damit wir nicht zwischen den Kampflinien eingeschlossen wurden.
»Kauf so schnell wie möglich etwas zu essen«, befahl ich dem Koch. »Hortche bleibt hier und passt auf unsere Taschen auf. Ich gehe und kümmere mich um das Gepäck.«

Gemeinsam mit Yongden kehrte ich in die Allee zurück, in der unser Zug angehalten hatte. Er stand noch immer da. Ich bemerkte, dass die Lokomotive sich bewegte, als wolle sie ein Manöver vollziehen, und der abgekoppelte Gepäckwagen stand offenbar in geringer Entfernung allein auf einem anderen Gleis. Wie es schien, war man dabei, ihn zu entladen, denn die Tür war geöffnet und mehrere Kisten standen davor auf dem Boden. Wir kamen gerade rechtzeitig. Im Weitergehen ertastete ich meinen Gepäckschein in der Handtasche, denn ich wollte ihn den Arbeitern zeigen, ihnen meine Gepäckstücke bezeichnen und ein großzügiges Trinkgeld geben, damit sie sie vor meinen Augen ausluden und zum Depot der Hauptlinie brachten.
Plötzlich erklangen die Glocken und die Sirenen. Das war völlig unerwartet das zweite Signal – das die unmittelbar bevorstehende Ankunft der feindlichen Flugzeuge verkündet. Das erste Signal, das im Allgemeinen mindestens eine Viertelstunde vorangeht, war mit Gewissheit nicht gegeben worden: Nicht nur wir hatten es nicht gehört, auch die Leute in unserer Herberge und einige Passanten, denen wir begegnet waren, schienen nichts von der bevorstehenden Gefahr zu ahnen.

Auf der Stelle stürzten die Reisenden, die sich bereits im Zug eingerichtet hatten, wieder hinaus. Einige Soldaten, die in der Nähe Wache standen, kamen herbeigerannt und schrien ihnen wiederholt Sätze zu, die wir nicht verstanden.
Eine Reihe von Chinesen verschwand in einem unterirdischen Luftschutzraum, der sich auf die Allee öffnete, aber er musste sehr schnell überfüllt gewesen sein, denn ich sah Leute, die wieder nach draußen strömten. Wir hatten nicht die geringste Chance, Platz darin zu finden.
Die Mehrzahl derer, die aus dem Zug herausgestürzt waren, befand sich bereits draußen auf der Allee, rannte stolpernd dahin oder versteckte sich in den Häuserruinen entlang der Straße.
Einer der Soldaten entdeckte uns, die wir uns allein auf dem nunmehr leeren Platz befanden, und rief uns zu, wir sollten uns sofort verstecken. Das war leichter gesagt als getan: Wir waren inmitten einer breiten Allee.
In einiger Entfernung von uns, in der Richtung, aus der wir gekommen waren, sah ich ein Haus, das noch teilweise stand.
»Schnell!«, rief ich Yongden zu, der mir auf dem Weg zum Gepäckwagen vorausgegangen war, gab ihm ein Zeichen mit dem Arm, deutete auf das Haus und lief darauf zu.
Der Soldat schrie noch etwas mit aller Kraft, die seine Lungen hergaben. Ich drehte mich um und gab dem Lama erneut das Zeichen, mir zu folgen: Die Flugzeuge waren im Anflug.
Peng! ... Hinter mir eine Detonation. Sie kam nicht vom Himmel. Der Soldat hatte auf mich geschossen. Er hatte mich jedoch verfehlt, ob absichtlich oder nicht.
Wie ich bereits gesagt habe, ist es verboten, sich nach dem zweiten Alarmzeichen auf der Straße zu befinden und mehr noch zu rennen und die Arme zu schwenken. Tut man das, wird man verdächtigt, den feindlichen Fliegern Zeichen zu geben. Meine an den Lama gerichteten Gesten waren falsch interpretiert worden.

Glücklicherweise war das Pflichtgefühl bei diesem Krieger nicht so ausgeprägt, dass er noch einmal geschossen und sich damit selbst in Gefahr gebracht hätte. Als ich den Kopf wandte, sah ich, wie er auf eine Seite der Allee rannte und sich in den Graben warf.

Rack-tack-tack ratterten die Maschinengewehre. Bum! Tönte in größerer Entfernung eine Bombe. Bum! Antwortete eine weitere darauf. Rack-tack-tack …

Auf zersplitterten Brettern und inmitten der Trümmer dessen sitzend, was einmal die Wände und das Mobiliar einer Villa gewesen war, erwarteten wir das Ende dieser Plage.

Es wurde still. Die Sirenen hatten noch nicht das Signal gegeben, das den Abflug des Feindes verkündete, aber einige Soldaten erschienen, ein halbes Dutzend, und dann eine noch größere Gruppe: Sie kamen die Allee herauf.

»Können wir heraus?«, fragte sie Yongden.

Zwei oder drei von ihnen machten ein zustimmendes Zeichen. Als ich aus den Ruinen auftauchte, erkannten mich die Soldaten als Ausländerin und einer von ihnen sagte zu mir: »Ihre Diener erwarten Sie auf der Brücke.«

Was machten sie auf der Brücke? Was war denn nun wieder passiert? Ich warf einen Blick zurück zum Gepäckwagen. Aus der Entfernung sah ich, dass sich kein Bahnarbeiter in seiner Nähe befand. Ich werde später zurückkommen, dachte ich, zuerst muss ich wissen, was meine Männer von mir wollen.

Ich hatte nicht die Zeit, bis zu der Brücke zu gelangen. Der Koch kam mir völlig verstört entgegengerannt.

»Kommen Sie! Kommen Sie!«, rief er, als er mich sah. »Der Zug ist da; er fährt sofort wieder ab. Hortche ist mit den Taschen auf der Brücke. Wir müssen laufen! Das ist der letzte Zug. In einer Stunde sind die Japaner hier …«

Ich blickte in Richtung Gepäckwagen. Unter den Bäumen begann es dunkel zu werden und unsere Allee machte eine leichte Biegung, um in die Chaussee einzumünden, die über

die Eisenbahnbrücke verlief. Ich sah ihn nicht mehr und hörte nur noch das Rattern eines davonfahrenden Zuges: Es war der, mit dem wir gekommen waren und der nach Taiyuan zurückkehrte. Wahrscheinlich hatten ihn die Soldaten genommen, denen wir begegnet waren. Die Wachposten, die ich am Nachmittag an der Brücke gesehen hatte, waren nicht mehr dort.
»Das ist der letzte Zug! Die Japaner sind da!«, schrie erneut der Koch, starr vor Angst.
Der Gepäckwagen ... Mein Gepäck ... Meine Bücher, meine Aufzeichnungen, meine Fotografien, meine Arbeit von drei Monaten in Wutai Shan!
Ich blickte immer noch zur Allee hinüber, konnte mich einfach nicht losreißen. Am Himmel, der sich verfinstert hatte, stieg ein ausgedehnter roter Schein empor. Irgendwo mussten die Bomben Brände verursacht haben.
»Der letzte Zug ...«, murmelte Yongden.
Und wir rannten alle vier auf den Bahnhof zu.
Der Zug war da und er war unbeschreiblich überfüllt: Auf den Dächern der Wagen hockten Passagiere, Männer klammerten sich an den Seiten der Lokomotive fest, saßen auf der Kohle des Tenders, einige auch rittlings auf den Puffern, von denen das Bahnpersonal sie nach Kräften zu vertreiben versuchte. Ich zog mich auf ein Trittbrett hoch, Yongden stieß mich von hinten, um mich in das Gedränge hineinzuschieben: Und die Diener stießen Yongden.
Es gibt keine so dicht gedrängte Menge, als dass man sie nicht noch etwas mehr zusammenpressen könnte. Ich gelangte bis zum zweiten Abteil hinter dem Eingang, da scheiterten jedoch alle Bemühungen, weiter vorzudringen angesichts einer Barrikade von Menschen und Gepäck, die unmöglich zu überwinden war. Ich schaute in das Abteil: Zwischen den voll besetzten Bänken konnte ich mich zur Not auf ein großes Bündel bei der Tür setzen, falls sich ein etwa acht- oder neunjähriger Junge, der sich darauf niedergelassen hatte, als nicht allzu un-

gebärdig erwies; aber ich nahm mir vor, sein Gelüst, mit den Beinen zu schlenkern, unter Kontrolle zu halten.

Yongden blieb stehen, die Diener kehrten wieder in Richtung Plattform zurück und verschwanden, ich weiß nicht wohin.

Fast auf der Stelle setzten wir uns mit der Geschwindigkeit eines Güterzuges in Bewegung. Wie am Vortag waren die Wagen nicht beleuchtet, und sobald wir die Funzeln auf den Bahnsteigen hinter uns gelassen hatten, befanden wir uns in fast völliger Dunkelheit. Ebenso wie am Vortag blieben wir unterwegs lange an den Bahnhöfen stehen. Man hörte dann den Lärm von Streiterei und Geschubse. Flüchtlinge versuchten, in unseren Zug einzusteigen, aber ein noch stärkeres »Zusammenpressen« war zweifellos unmöglich geworden.

Dann waren da die Kinder – von denen sich ein halbes Dutzend in unserem Abteil befand und die ihre dringlichen Bedürfnisse unruhig deutlich machten. Es konnte keine Rede davon sein, den Fußboden zu benutzen, wie es meine Reisegefährten während der letzten Nacht getan hatten. Er war von einem Ende des Wagens bis zum anderen mit Reisenden besetzt. Wenn der Zug anhielt, hob man die Kleinen zum Fenster hinaus. Es gab auch Frauen, die es nicht länger aushielten, und mithilfe von Männern, die ihre Ehegatten zu sein schienen, stiegen zwei von ihnen zum Fenster hinaus und kehrten auf demselben Weg wieder zurück. Ein dicker Mann, der viel zu korpulent war, um es ihnen nachzutun, kniete sich schließlich auf die Bank und erleichterte sich nach draußen. Wir werden ziemlich widerwärtig, sobald wir unsere Animalität nicht mehr mit den von unserer Zivilisation erfundenen Mitteln kaschieren können.

An einer der Haltestellen stieg ein dickbäuchiger Offizier in Begleitung zweier Adjutanten ein. Seiner Ankunft war das Getöse von Handgreiflichkeiten vorausgegangen. Zweifellos hatten seine Adjutanten ihren Diensteifer bewiesen, indem sie auf die Chinesen einschlugen, die den Durchgang versperrten.

Einer von ihnen schickte sich an, die gleiche Methode bei den Insassen meines Abteils zu wiederholen, um einen Platz für seinen Vorgesetzten freizumachen. Da er mich nur von hinten sah, wollte der Soldat mich mit einem Stoß von meiner Tasche vertreiben. Ich sprang auf und versetzte dem Rüpel einen energischen Schlag mit der Faust. Der Offizier griff eilig ein und zügelte den Feuereifer seines Untergebenen. Die Eltern des Jungen, der neben mir saß, beförderten diesen schnell an einen anderen Platz und noch ein anderes Kind wurde fortgesetzt. Yongden machte sich diese Veränderungen zunutze, ließ sich neben der Tür auf die Bank gleiten und die Soldaten schoben einen große Tasche neben meine, die ihrem Offizier als Sitz dienen sollte.
Nach wie vor fuhren wir langsam, immer langsamer, wie es schien. Vorgebeugt dämmerte ich schließlich ein. Alle anderen um mich herum schliefen ebenfalls. Ein ungewohntes Gefühl weckte mich auf. Etwas Warmes und Weiches lehnte an meiner Wange. Ich tastete mit der Hand danach. Der dicke chinesische Offizier war eingeschlummert und im Schlaf war ihm der Kopf zur Seite gefallen: Er hatte mich für sein Kopfkissen gehalten. Das Etwas, das sich warm und weich anfühlte, war seine Wange an der meinen. Ich zog mich zurück, so weit ich konnte, und schob ein Ende meines Umhangs zwischen den guten Mann und mich, ohne dass meine Bewegungen ihn aufgeweckt hätten. Einer der Soldaten schnarchte, an meinen Rücken gelehnt.
Während ich mich auf der einen Seite in größerer Nähe, als ich es mir je hätte vorstellen können, zu einem chinesischen Offizier befand, saß auf der anderen Seite, ebenfalls eng an mich geklebt, eine Frau mit einem Säugling im Arm. Es geschah ein kleiner Unfall, der völlig natürlich, aber in unserer Situation höchst unwillkommen war. Die arme Mama, die zwischen der Wagenwand und mir eingeklemmt war und sich nicht rühren konnte, so wie ich zwischen den beiden Kriegern einge-

quetscht war, versuchte, Stücke von dem Kleid des Säuglings abzureißen, um sie als Windeln zu benutzen und so die Katastrophe in Grenzen zu halten. Mit dem einzigen Arm, den ich bewegen konnte, reichte ich ihr über meine Schulter Papier, das ich in der Tasche hatte ... Der Offizier drückte mir weiterhin mit seinem ganzen Gewicht die Rippen ein: Yongden hatte im Schlaf unbewusst die Beine ausgestreckt, drückte dem Offizier seine Füße in die Seite und hielt ihn so weiter gegen mich gepresst.

Man erstickte fast in dem Wagen; Leute gingen durch den Korridor und öffneten beinahe genau gegenüber unserem Abteil ein Fenster. Ein Schwall frischer Luft drang plötzlich herein, peitschte die Gesichter der Schläfer und weckte sie auf. Der Offizier richtete sich auf, sein Adjutant erhob sich und ich machte mir die Freiheit zunutze, die ihre veränderte Position mir verschaffte, und ging in den Flur hinaus, wo ich mich zwischen einen Mann und eine Frau vor das geöffnete Fenster stellte. Ich hatte so lange vorgebeugt und eingepresst auf meiner Tasche gesessen, dass ich es als erholsam empfand, mich aufrichten zu können, und es bereitete mir echtes Vergnügen die verpestete Luft auszuatmen, die meine Lungen füllte. Meine beiden Nachbarn dösten im Stehen: die Frau, gestützt von einem Gepäckberg, der den Durchgang versperrte, und der Mann, gestützt auf andere Passagiere.

Mich beschäftigten alles andere als angenehme Gedanken. Im Geist zählte ich alle die für mich so kostbaren Dinge auf, die ich verloren hatte: tibetische Bücher, Abschriften von seltenen Manuskripten, die ich in Wutai Shan gemacht hatte, zahlreiche Aufzeichnungen – Ergebnis unermüdlicher Lektüre und schwieriger Nachforschungen. Auch meine rein materiellen Verluste waren alles andere als geringfügig. Die düstere Nacht und die Müdigkeit verstärkten noch die Niedergeschlagenheit, die mich übermannt hatte.

Der Zug hielt erneut. Wir mussten vor einem Bahnhof stehen,

der sich auf der anderen Seite des Zuges befand. Ich sah nur einen Eisenbahndamm, der als Bahnsteig diente und auf dem sich Männer beim Licht einiger Laternen zu schaffen machten.
Verletzte Soldaten trafen ein, deren Kopf oder Arme verbunden waren, einer von ihnen stützte sich auf eine Krücke; es folgten zwei Bahren, die vor meinem Wagen abgestellt wurden.
Während man den Männern, die laufen konnten, in den Wagen einzusteigen half, der sich vor meinem befand, wollten die Träger einer der Bahren diese mit dem Verletzten darauf in meinen Wagen heben.
Die Tür zur Plattform musste von Passagieren und davor aufgestapeltem Gepäck blockiert sein: Den Sanitätern gelang es nicht, sie zu öffnen.
Aus irgendeinem Grund musste der Halt, der an anderen Orten übermäßig ausgedehnt worden war, an diesem hier abgekürzt werden. Es erschienen Männer in Uniform, die laut und im Kommandoton sprachen. Offensichtlich befahlen sie den Sanitätern, sich zu beeilen. Da die Tür noch immer nicht nachgab, verloren diese daraufhin den Kopf und begannen mit den Enden der langen Stäbe der Bahre, auf der der arme Soldat lag, heftig dagegen anzuhämmern.
Entweder befand sich der Unglückliche im Koma und war unempfindlich für den Schmerz oder er war nicht in der Lage, ihn zum Ausdruck zu bringen: Er gab nicht den kleinsten Schrei von sich.
Als die Träger der zweiten Bahre sahen, mit welchen Schwierigkeiten ihre Kameraden zu kämpfen hatten, hoben sie ihren Verletzten hoch und einer von ihnen trug ihn auf dem Rücken zum Zug, während der andere die an den Stangen der Bahre befestigten Kordeln löste.* Indessen schrien die Männer in Uniform ihnen weiterhin Befehle zu und trieben sie an.

---

* Man darf sich nicht vorstellen, dass diese primitiven Bahren denen der Ambulanzen vom Roten Kreuz in Europa ähneln.

Da einer der Stäbe losgebunden war, kam dem armen, von seinen Vorgesetzten getriebenen Chinesen die absurde Idee, den Verletzten in den Zug zu befördern, indem er ihn durch das Fenster schob, das er geöffnet vor sich sah. Die Laternen gaben nur spärliches Licht; ich begriff seine Absicht zu spät, als dass ich mich noch hätte bücken können. Das Ende des heftig vorgestoßenen Stabes traf mich am Mund. Er musste in diesem Moment halb geöffnet gewesen sein. Zu ihrem großen Schaden bekamen meine Zähne den Schlag voll ab. Ich kann mich nicht daran erinnern, geschrien zu haben, ich kann mich an gar nichts erinnern, ich fiel auf der Stelle in Ohnmacht.
Hatten meine beiden Nachbarn etwas bemerkt oder glaubten sie, dass ich mich hinzusetzen versuchte? Sie beachteten mich gar nicht. Als ich wieder zu mir kam, lag ich zusammengesackt auf ihren Füßen, während mein Kopf hin- und herpendelte und gegen die Gangwand schlug.
Der Zug fuhr, wir waren erneut in Finsternis getaucht. In meinem Mund spürte ich den Geschmack von Blut. Ich zog mein Taschentuch heraus, presste es auf meine Lippen und tastete mich in mein Abteil zurück.
Der dicke Offizier hatte seine Position verändert, sein Kopf lehnte an Yongdens Knien. Einige meiner Reisegefährten schnarchten, einer gegen den anderen gepresst, auf den Bänken oder dazwischen. Ich setzte mich auf meine Tasche wie zuvor ... Der Zug fuhr noch immer langsam durch die Nacht. Mir war als würde ich in alle Ewigkeit weiter so durch die Dunkelheit fahren ...
Im Laufe des Vormittags hielten wir an einem wichtigen Bahnhof an; mehrere Züge, die zwischen uns und den Bahnhofsgebäuden standen, verdeckten den Namen der Stadt, in der wir uns befanden. Ich glaube, dass es Xingtai war, aber ich hatte nicht die Zeit, mich genau zu informieren. Es wurde bekannt gegeben, dass unser Zug nicht über Zhengzhou hinaus-

fahren würde, dass aber ein anderer, der direkt nach Hankow fuhr, zur Abfahrt bereit neben uns stand.
In großer Hast stiegen wir um. Welch eine Erleichterung, in einen sauberen Wagen mit freiem Durchgang einzusteigen! Die meisten Abteile waren von Offizieren besetzt, wir fanden jedoch noch eins, das frei war: zweiter Klasse mit vier Liegeplätzen. Ich hatte mich kaum mit Yongden darin eingerichtet, als der dicke Chinese auftauchte, der mich in der vergangenen Nacht als Kopfkissen benutzt hatte. Er war ebenfalls umgestiegen. Seine Adjutanten brachten die voluminöse Tasche, auf der er in dem anderen Zug gesessen hatte und die sein ganzes Gepäck zu sein schien.
Er streckte sich sofort auf einer der Liegen aus und schlief ein. Was mich anging, so wäre ich glücklich gewesen, wenn ich mich hätte waschen und mir den geschwollenen Mund hätte ausspülen können, aber es war keinerlei Flüssigkeit – sauberes Wasser oder Tee – verfügbar.
Am Nachmittag fuhren wir durch Zhengzhou. Ich erinnerte mich, dass ich 1918, aus Beijing kommend, um zwei Uhr morgens dort ausgestiegen war und zum ersten Mal mit einer chinesischen Herberge in Kontakt gekommen war. Mir fiel wieder ein, welchen Abscheu ich am nächsten Morgen verspürt hatte, als mir eine Dienerin für meine Morgentoilette eine Schüssel mit fast kochendem Wasser ins Zimmer gebracht hatte, in der ein kleines Handtuch schwamm, das so schwarz war, als hätte man den Herd damit geputzt.
Ich begab mich zu diesem Zeitpunkt nach Gansu. Das China von damals war sehr verschieden von dem, das ich zur Zeit erlebte. Trotz der armseligen Herbergen und der schmutzigen Handtücher war es tausendmal angenehmer gewesen. Die gibt es im Übrigen immer noch, aber dafür sind eine ganze Anzahl von angenehmen und pittoresken Dingen verschwunden – zusammen mit der Freiheit, deren die Reisenden sich seinerzeit erfreuten.

An einem anderen Halt ein wenig später kamen Polizisten in mein Abteil und begannen, den dicken Offizier zu befragen. Sie sahen mich an und fragten ihn, ob ich mit ihm reiste; als er verneinte, beschäftigten sie sich nicht mehr mit mir. Die Befragung ging weiter, und obwohl ich nur sehr wenig davon verstand, war es nicht sehr schwer für mich zu erfassen, dass der Offizier ohne die geringste Achtung behandelt wurde. Er wurde schließlich wütend. Die anderen – sie waren zu dritt – bestanden darauf, dass er aus dem Zug ausstieg und seine Erklärungen ihrem Vorgesetzten abgab. Der Offizier weigerte sich, doch die drei Schergen grinsten ironisch und gewannen schließlich die Oberhand: Der Offizier erhob sich und ging mit ihnen hinaus. Verließ er den Zug oder erwartete ihn der Polizeichef im Gang am Ende des Wagens? ... Er blieb ziemlich lange fort und kam mit der mürrischen Miene eines Mannes zurück, der einen Affront nur schlecht geschluckt hat. Er musste die Kontrolleure jedoch befriedigt haben und gerechtfertigt aus dem Verhör hervorgegangen sein, denn die drei Polizisten und der vierte Mann, der ihr Vorgesetzter zu sein schien, standen aufgereiht auf dem Bahnsteig und grüßten ihn höflich, als der Zug sich wieder in Gang setzte.

Offenbar hatte man ihn gefragt, wieso er die Front verlassen hatte, wo er sich hinbegab und außerdem Einzelheiten über die Position der Truppen. Zu Anfang hatte er sich geweigert, ihnen diese preiszugeben, mit der Begründung, dass er die Todesstrafe zu gewärtigen habe, wenn er »das Geheimnis der Generäle« weitergab. Er verdeutlichte dies mit der Geste des Kopfabschneidens. Doch da die anderen beharrlich blieben, hatte er sie gezwungenermaßen wenigstens teilweise von dem, was sie wissen wollten, in Kenntnis setzen müssen.

Ausgestreckt auf meiner Liege, verbrachte ich eine ruhige und erholsame Nacht. Als ich erwachte, regnete es, wir durchfuhren eine überschwemmte Gegend. Yongden erzählte mir, dass

der dicke Offizier kurz vor Morgengrauen an einem kleinen Bahnhof ausgestiegen war.
Im Laufe des Vormittags begegneten wir mehreren Zügen, die mit Soldaten aus Sichuan oder Kanton überfüllt waren. Sie hatten Strohsandalen an ihren nackten Füßen. Eine dünne graue Baumwolldecke diente ihnen als Umhang über ihrer Uniform aus Baumwolle, die sie ohne Unterwäsche direkt auf der Haut trugen. So dürftig bekleidet, würden sie mehrere Tage und Nächte in offenen Wagons reisen und Wind und Regen ausgesetzt sein. Manche von ihnen hatten ihre Decke über Bambusrohre gebreitet, um sich ein Dach zu schaffen. Alle waren tropfnass. Am besten geschützt waren jene, die sich mit dem »Regenmantel« der Bauern ihres Landes ausgestattet hatten: einem dichten Umhang aus Stroh und einem großen Regenhut aus geflochtenem Bambus. Da man sie so ausstaffiert in den Krieg ziehen sah, hielt man instinktiv Ausschau nach ihren Pfeilen und Bogen. Tatsächlich konnte man sich nicht vorstellen, sie mit modernen Waffen kämpfen zu sehen. Im Übrigen hatten sie auch gar keine. Wie in Shanxi sah ich an diesem Morgen tausende von armen Teufeln in überfüllten Wagons vorüberziehen, erblickte aber auch diesmal keinerlei Gewehre oder Kanonen. Wo sollten diese behelfsmäßigen Rekruten sie wohl finden? Und wie lange würde es dauern, bis sie gelernt hatten, sie zu bedienen?
Es hörte nicht zu regnen auf; ein heftiger Wind hatte sich erhoben, der den Regen wirbeln ließ und Wesen und Dingen böse entgegenpeitschte. Es war kalt. Die Landschaft war in trostloses Grau getaucht: Eine Atmosphäre von deprimierender Traurigkeit lag über der lieblichen chinesischen Landschaft.
Später durchfuhren wir ein Gebirgsmassiv und überquerten den Ki-Kun-Chan-Pass (Wusheng Guan), in dessen Nähe Ausländer Sommerkurorte geschaffen haben. An einem kleinen Bahnhof bemerkte ich einen Arbeiter, der Kohle zer-

schlug. Er saß mitten auf dem Haufen und war mit einem Regenmantel bekleidet, dessen spitze Kapuze er hochgeschlagen hatte. Von hinten gesehen, ähnelte er einem heiligen Franziskus von Assisi und ich bedauerte, keinen Fotoapparat bei der Hand zu haben, um einen amüsanten Schnappschuss zu machen.

Gegen fünf Uhr fuhren wir an einem Marktflecken entlang, der Wa Hien hieß, wie ich glaube. Der Ort, der sich in seiner ganzen Länge gegenüber der Bahnlinie erstreckt, schien vom Militär besetzt zu sein. Alle Läden waren geschlossen und man sah Wachposten entlang der ganzen Straße, die ansonsten völlig menschenleer war. Ein Mann, der seine Tür einen Spalt weit öffnete, um einen Blick nach draußen zu werfen, wurde von einem Soldaten brutal ins Haus zurückgestoßen.

Kurz nach neun Uhr abends erreichten wir Hankow. Unsere Reise hatte seit unserer Abfahrt aus Taiyuan drei Tage und drei Nächte gedauert.

Reverend Pr. hatte mir die Adresse eines Hotels in Hankow gegeben, wo ich mich sofort hinbringen ließ.

»Absolut kein Platz«, erklärte mir der hinduistische Portier. (In Hankow gilt es als elegant, einen hinduistischen Portier zu haben.)

Als ich darauf bestand, mit der Wirtin persönlich zu sprechen, erschien diese im Morgenrock auf dem Treppenabsatz und bestätigte mir, dass sie nicht das geringste Eckchen mehr frei habe. Sie empfahl mir, mich an ein anderes Hotel zu wenden, das sie mir angab.

Man erteilte mir dort die gleiche Antwort: Alle Zimmer waren besetzt, Hankow quoll über von Flüchtlingen. Vielleicht könnte uns eine Dame aufnehmen, die möblierte Appartements vermietete, sagte uns der Wirt und gab uns ihre Adresse.

Auch dort war das Haus überfüllt.

Während wir uns per Rikscha kreuz und quer durch die Stadt

bewegt hatten, war die Zeit vergangen, es war fast elf Uhr abends, die Straßen waren wie ausgestorben, der Wind schneidend kalt. Yongdens Nerven, die seit unserer Abreise aus Wutai Shan überstrapaziert worden waren, begannen zu versagen: Die Tränen traten ihm in die Augen.
»Was soll aus uns werden?«, seufzte er.
Ich hingegen fand unsere Situation eher komisch und zum Lachen, doch begriff ich sehr wohl, dass es nicht endlos so weitergehen konnte.
Einer der Chinesen, die unsere Rikschas zogen, schlug vor, uns zur »Mission der Amerikaner« zu bringen. Eine Mission ist kein Hotel, dachte ich, aber vielleicht würde man uns dort Einlass gewähren und die Nacht, ganz egal wo, verbringen lassen: und wenn auch nur im Vestibül. Wir konnten uns schlecht auf die Straße setzen.
Das Haus, das der Kuli »Mission der Amerikaner« genannt hatte, war in Wirklichkeit das Heim der amerikanischen lutherischen Mission (»Lutheran Mission Home«), ein sehr großes, modernes Gebäude mit rund hundert Zimmern: Sie waren im Prinzip für protestantische Missionare gedacht, die sich auf der Durchreise in Hankow befanden, konnten aber auch an andere Reisende vermietet werden.
Ich stieß erneut auf einen hinduistischen Portier und sein: »Alle Zimmer sind besetzt.« Als Beweis für seine Behauptung zeigte er mir die Tafel, auf der neben jeder Zimmernummer ein oder mehrere Namen standen.
Ganz egal, ich war fest entschlossen, mich durchzusetzen: Ich wollte diese Nacht ein Dach über dem Kopf haben.
Energisch erklärte ich ihm, dass ich nicht gehen würde. Ich wollte den Direktor oder die Direktorin des Hauses sprechen.
Der Portier entschloss sich, mit mir in den Aufzug zu steigen und mich in die fünfte Etage zu bringen, wo er die stellvertretende Direktorin rief, die dort ihr Appartement hatte.
Diese wiederholte mir, dass kein Zimmer verfügbar sei.

Aber ich verlangte weder ein Zimmer noch ein Bett: Ich bat sie nur, mich ins Haus zu lassen. Sie konnte es nicht verantworten, dass eine europäische Frau die Nacht auf der Straße verbrachte …

Es leuchtete ihr ein, dass diese Vorstellung zweifellos sehr unangenehm war …

»Ich muss mit dem Direktor sprechen«, sagte sie. »Fahren wir hinunter.«

Der Aufzug brachte uns ins Erdgeschoss zurück und nach einem Augenblick des Wartens sah ich einen korpulenten Mann aus seinem Büro treten, wo er so spät noch bei der Arbeit war.

Einen Augenblick sah er mich prüfend an und dann rief er: »Na so was, Sie sind es!«

Er meinte mich, ich erkannte allerdings den, der mich so gut zu kennen schien, nicht im Geringsten.

Um die Wahrheit zu sagen, fürchtete ich, dass er sich irrte, aber ich glaube, ich hätte dieses Missverständnis schamlos ausgenützt, selbst wenn er mich mit einer anderen Person verwechselt hätte, so groß war mein Bedürfnis, ein Dach über dem Kopf zu haben.

Doch der Direktor täuschte sich nicht: Sein Gedächtnis war besser als meines.

»Xian«, sagte er, »Sie reisten weiter nach Gansu …«

O ja, das stimmte, wir hatten uns getroffen, als ich mich während des Bürgerkriegs über einen Monat im belagerten Xian aufgehalten hatte. Das war 1918, wenn ich mich nicht täusche.

Natürlich kam es überhaupt nicht infrage, mich fortzuschicken.

In der ersten Etage war ein in ein zusätzliches Zimmer verwandelter Salon für einen Chinesen vorbereitet worden, dessen Frau und Kinder bereits im Haus wohnten.

Das machte nichts, der Herr würde dann eben das Apparte-

ment mit seiner Familie teilen. Die Umstände verlangten, dass man seine Bequemlichkeit einschränkte.
In der gleichen Etage richtete man ein Zimmerchen für Yongden her, an den der Direktor sich ebenfalls gut erinnerte. Ich schickte die Diener fort, damit sie sich eine Unterkunft in einer einheimischen Herberge suchten.
Nachdem mein Wirt gegangen war und Yonden sich in sein Zimmer zurückgezogen hatte, blickte ich mich lange um. Wahrscheinlich sah ich aus wie ein Auserwählter, der sich das Paradies betrachtet, in das er soeben gelangt ist.
Sauberkeit, Stille, Bequemlichkeit, Frieden, Ruhe! …
Doch ein erneuter Blick zeigte mir nebeneinander aufgereiht eine kleine Tasche, ein Täschchen mit dem Regenschutz und eine Hutschachtel; der Lama hatte seine Reiseutensilien mit in sein Zimmer genommen.
Neben den Kleidern, die wir am Leib trugen, war das alles, was uns geblieben war!
Am nächsten Morgen kurz nach dem Frühstück gaben die Sirenen Alarm und ich erfuhr, dass die an Hankow angrenzende Stadt Anyang (Hanyang) einige Wochen zuvor von einem Luftangriff verwüstet worden war.
Ganz entschieden war Hankow, das ich von so weit her kommend und unter so großen Strapazen erreicht hatte, alles andere als ein »Refugium«.

Und dann? …
Dann wurde ich zu einem »Flüchtling«, wie es sie in China zur Zeit zu Millionen gibt.
Ich achte darauf, dass ich nicht zwischen den Fronten eingeschlossen werde und die Möglichkeit der Weiterreise besteht, ich möchte jedoch den Ausgang des Dramas, dessen Beginn ich als Augenzeugin mit angesehen habe, auch aus der Nähe erleben und deshalb wollte ich das Land nicht verlassen, in dem es sich abspielt.

Nachdem ich Hankow während eines Bombenangriffs verlassen hatte, gelangte ich nach Yichang, bin sodann die Stromschnellen des Jangtse durch seine gewaltigen Schluchten hinaufgefahren; und endlich legten wir in Chongqing an.
Einer der ersten Besuche der japanischen Flugzeuge dort hat im Verlauf einer Viertelstunde zehntausend Opfer gekostet, von denen viele lebendig in den Flammen ihrer Häuser verbrannt sind.
Anschließend habe ich Chengdu wieder gesehen, die reiche Hauptstadt von Sichuan, wo ich vor fünfzehn Jahren in Frieden gelebt habe.
Nach einigen Monaten der Ruhe hat dort eine Bombe das Dach des Hauses zertrümmert, in dem das Manuskript dieses Buches auf der Maschine abgeschrieben wurde. In seiner unmittelbaren Umgebung stand ein ganzes Viertel – mehr als fünfzehnhundert Häuser – in Flammen.
Auf diese Weise von Stadt zu Stadt reisend, bin ich an die Grenze Chinas gelangt, in seinen äußersten, noch wilden Westen, in das Land der Hirten, die in schwarzen Zelten leben, und der Mönche und Strauchritter, von denen ich an anderer Stelle erzählt habe.*

---

* Siehe dazu *Au pays des brigands gentilshommes*, Paris 1933. Dt.: *Mönche und Strauchritter*, Leipzig 1933.

EPILOG

In Tatsienlu (Dar dsedo, Kangding, tibetisches Grenzgebiet) · Die Gefahr rückt näher

Ohne es beabsichtigt zu haben, bin ich jetzt wieder in Tibet. Und die »Gewitterwolken« werden immer düsterer. Sie haben dieses hoch gelegene Land der Götter erreicht. Neben meiner Hütte (in zweitausendsechshundert Metern Höhe), auf der Schwelle zur großen Einsamkeit, beginnt man, Sirenen zu installieren und unterirdische Schutzräume auszuheben ... Im Hinblick auf *das, was passieren könnte.* (Während ich diese Seite noch einmal überlese, um mein Manuskript morgen an Plon abschicken zu können, verbreitet sich das Gerücht, dass Yachow, eine halbe Flugstunde von hier entfernt, im Laufe des Nachmittags bombardiert worden ist.)

Als ich vor kurzem nach einem Zufluchtsort für den Augenblick einer möglichen Gefahr suchte, habe ich mir erneut einen alten Friedhof angesehen, dessen Gräber sich an den Berghang klammern, mitten in einem Gewirr von Felsen, die von einem alten Bergrutsch herrühren ... Nachdem ich von »Refugium« zu »Refugium« geirrt bin, werde ich womöglich unter den Toten Schutz suchen müssen.

Um dem Übel zu entgehen, das aus ihrer Geistesverwirrung entstanden ist, werden die Menschen vielleicht auch bald keine andere Zuflucht mehr haben als den Tod.

Tatsienlu, tibetisches Grenzland, August 1939.